小典故
大文化

姜婷 / 编著

中国華僑出版社
·北京·

图书在版编目（CIP）数据

小典故，大文化 / 姜婷编著 . —北京：中国华侨出版社，
2019.12
ISBN 978-7-5113-8079-1

Ⅰ.①小… Ⅱ.①姜… Ⅲ.①世界史—文化史
Ⅳ.① K103

中国版本图书馆 CIP 数据核字（2019）第 256111 号

小典故，大文化

编　　著：姜　婷
责任编辑：刘晓燕
经　　销：新华书店
开　　本：787 毫米 ×1092 毫米　1/16 开　印张：25　字数：446 千字
印　　刷：河北省三河市天润建兴印务有限公司
版　　次：2020 年 8 月第 1 版
印　　次：2024 年 5 月第 2 次印刷
书　　号：ISBN 978-7-5113-8079-1
定　　价：68.00 元

中国华侨出版社　北京市朝阳区西坝河东里 77 号楼底商 5 号　邮编：100028
发 行 部：（010）64443051　　　传　真：（010）64439708
网　　址：www.oveaschin.com　　E-m a i l：oveaschin@sina.com

如果发现印装质量问题影响阅读，请与印刷厂联系调换。

前言

　　典故，也叫掌故，是指诗文中引用的古代故事和有出处的词语。它具有广泛的社会性和深远的历史性，在几千年东方文明的浸润与熏陶下，典故已发展成一种特定的语言结构，如耳熟能详的愚公移山、高山流水、替罪羊、比翼鸟连理枝、小巫见大巫、化腐朽为神奇、君子之交淡如水等。这些典故往往具有画龙点睛的作用，能以较少的词语表达较丰富的内容，能以具体生动的形式表达抽象的道理，能借古喻今增强语境，亦能使人们的言语与诗文更加简洁深刻、鲜活生动。

　　与我国的情况类似，西方各个国家和民族也流传下来众多精彩的典故，如伊甸园、挪亚方舟、特洛伊木马、斯芬克斯之谜、潘多拉的盒子、鳄鱼的眼泪、达摩克利斯之剑、丘比特神箭、象牙塔、多米诺骨牌、山姆大叔等，这些精妙的词语在《圣经》《天方夜谭》《浮士德》《伊索寓言》等文学作品中比比皆是，还有相当部分源于历史故事、民间传说、俗语谚语等。由于故事本身即带有深厚的历史性与鲜明的民族色彩，因此阅读起来更显得字字珠玑、妙趣横生，它们有的歌颂勤劳质朴的劳动人民，有的无情揭露剥削阶级的残酷与罪恶，有的反映时代潮流，有的折射处世哲理，有的针砭时弊，有的寄托理想……点点滴滴映射出西方各个国家与民族的语言魅力。

　　典故虽然言辞精妙、趣味盎然，但若用时不知其来源、不详其寓意，便会生出笑话来。为了方便读者了解典故，精确掌握典故的含义和用法，本书以"东方典故""西方典故"上下两篇，以"溯源"（典故的来源）加"释义"（典故的古今义或用法）的体例，为读者精要呈现中西方常见、常用的精彩典故。每则典故独立成文，内容涉及广泛且完整，可读性强，集知识性、故事性、趣味性于一体，带领读者从小典故中一窥中西方文化之博大精深。

目录

下篇　西方典故

022
023

上篇／东方典故

·A

◎ 阿Q精神

【溯源】 著名文学家鲁迅在中篇小说《阿Q正传》中塑造的人物形象。阿Q非常穷，穷得只剩一条裤子，甚至连姓名都没有。他每次受了屈辱，都不敢正视，反而用自我安慰的方法，说自己是"胜利者"，他的这种精神胜利法被称为阿Q精神。

【释义】 后来人们常用"阿Q精神"来比喻那种明明失败还自以为是胜利者的人。

◎ 爱莫能助

【溯源】《诗经·大雅》中记载，周宣王姬静在位时，周室中兴国泰民安，大臣伊吉甫曾撰文道："周室之所以中兴，全赖有大臣仲山甫的辅佐，只有仲山甫大力推行宣王德政，并能及时进谏批评君王，众人不能相助，无法起到他的作用，所以功劳只能归功于他。"

【释义】 现喻指有心帮助却无力施援，也多用作客套话或婉拒别人的一种托词。

◎ 爱屋及乌

【溯源】《说苑·贵德》中记载，周武王打败商纣王后，问姜太公该怎样对待他们的人员？姜太公答："我听说，如果喜爱那个人就连带喜爱他屋上的乌鸦；如果憎恨那个人就连带夺来他的仆从家吏。全部杀尽敌对分子，让他们一个也不留，您看怎样？"武王认为不妥，又问邵公，邵公说："有罪者杀，无罪者赦。"再问周公旦，周公旦主张"惟仁是亲"，即过错在于纣王，百姓无责。武王听后感慨："真是胸怀宽广呀，这样天下就可以太平了。"

【释义】 借指爱一个人连同要爱与其有关联的一切人或物。

◎ 安步当车

【溯源】《战国策·齐策四》中记载，齐宣王有心招纳在齐国隐居的饱学之士颜阖为官，却当场流露出不敬之意。颜阖直言不讳道："玉石经过雕刻，本来面貌就要失掉，有学问的人做了官，原来本色就要失掉。我情愿回乡，粗茶淡饭权当吃肉，安闲散步权当乘车，正大光明地生活着，自会知足常乐。"

【释义】 现形容慢腾腾走路，或形容怡然自得。

◎ 安得广厦千万间，大庇天下寒士俱欢颜

【溯源】 此为《茅屋为秋风所破歌》中诗句。安史之乱后，四处流浪的杜甫在四川成都浣花溪畔盖了几间茅草房，即后世所称的"浣花草堂"。第二年秋天，"浣花草堂"被大风吹破，顽劣的小孩又抱走了屋上的茅草，此时正逢大雨倾泻而下，草堂里登时透风漏雨，无法睡人。杜甫感慨良多，遂作此诗，提出了"民吾同胞"的伟大理想。

【释义】 现指惦记民众百姓，为其解除疾苦之意。

◎ 安贫乐道

【溯源】 "贫"指生活条件，"道"指规律、思想体系、学说主张。"安贫乐道"是儒家立身处世的一种修养准则。《论语·雍也》中，孔子就曾以此称赞过弟子颜回。

【释义】 现喻指在特定条件下尽管身处困境也乐于坚持某种思想或做法。

◎ 安知我不知鱼之乐

【溯源】《庄子·秋水》中记载，道家代表人物庄子与名家代表人物惠施曾有过一场著名的"鱼我之辩"，这场辩论旨在申明不要因为追求世俗之名而毁坏了天然本性，尽管"鱼""我"在"名"上有别，但"本性"归一，要谨慎保持天性不使其丧失，即返本还原、恢复本性。

【释义】 现在此句意义已经发生变化，常形容某一方强词夺理的诡辩之术。

◎ 按兵不动

【溯源】《吕氏春秋·恃君览·召类》记载：晋国大夫赵简子准备进兵卫国，他先叫太史史墨前去观察动向。史墨去了很久后才回来，赵简子问起何故，史墨说："现在卫国由蘧伯玉执政，史鳅辅佐，孔子为座上客，子贡的话国君无不听从，辅佐卫国的贤士很多。"赵简子闻之，知道卫国内政治理得极好，遂取消了进军计划。

【释义】 现指本来能有所作为，但不去有所作为。

◎ 按图索骥

【溯源】 伯乐是负责管马的星宿名称，秦国著名的相马专家孙阳因善识马被人称作伯乐。《艺林·伐山·卷七》中记载，孙阳编写了一本《相马经》，说明千里马的外部特征之一是"额头高起，光彩照日，四蹄圆实粗壮"。他的儿子随父学习相马术时不得要领，只知生搬硬套，结果将一只癞蛤蟆当成了千里马。

【释义】 用以讽刺拘泥成法、照章办事、生搬硬套、脱离实际的做法，也指按照线索去寻求。

◎ 暗度陈仓

【溯源】 "明修栈道，暗度陈仓"是古代战争史上的著名成功战例。楚汉战争中，刘邦与项羽一决雌雄。他为了迷惑项羽，防止楚将章邯率军入侵，先期烧毁了出入汉中的行军栈道，后来又派出大将韩信佯装修筑。章邯料想修复栈道绝非易事，遂毫无戒备，却不知韩信已率大军抄小路向陈仓一地进军，很快攻下咸阳，占领关中，为夺取关中之战谋定制胜之局。

【释义】 后来，人们用"明修栈道"表示公开的行动，用"暗度陈仓"表示隐藏着的真实意图。

· B

◎ 八拜之交

【溯源】 宋代邵伯温在《邵氏闻见录》中记载，国子博士出身的李稷非常傲慢，文彦博欲找机会教训他一番。某次，李稷前来拜见，文彦博故意令其久等，迟迟方才出来接见。李稷欲行礼，文彦博说："你父亲是我的老朋友，就对我拜上八拜吧。"古时世交子弟见长辈的礼节即为八拜，李稷因辈分低不敢造次，只得拜了八拜。

【释义】 表示交情深厚的两家弟子互拜长辈之礼，异姓结为兄弟时也称作"八拜之交"。

◎ 八公山上，草木皆兵

【溯源】《晋书·苻坚纪》中讲到，东晋时，前秦王苻坚自恃兵力强大，率军攻打弱小的晋国，却没想到首战即败。苻坚与弟弟苻融视察前线，远远望见晋军队伍严整，士气高昂，再北望八公山，只见山上一草一木都如晋军士兵般。苻坚后悔轻敌，转回头对弟弟说："这是多么强大的敌人啊！怎么能说晋军兵力不足呢？"

【释义】 人在极度惊恐时，稍有些风吹草动即异常紧张害怕，常形容失败者的恐惧心理。

◎ 八仙过海，各显神通

【溯源】 明代吴元泰在《东游记传》中记载：八仙欲渡东海，见波涛汹涌巨浪滔天，吕洞宾便提议每人各展一技。于是铁拐李投杖于水，自立其上乘风而过，韩湘子以花篮投水、吕洞宾以长箫投水、蓝采和以竹板投水，张果老、曹国舅、汉钟离、何仙姑分别以纸驴、玉版、鼓、竹罩投水而过。

【释义】 现在用"八仙过海，各显神通"来比喻本领高强，各有所长。

◎ 霸王别姬

【溯源】《史记·项羽本纪》中记载，西楚霸王项羽兵困垓下准备带着仅存的八百壮士杀出重围，但这位末路英雄放心不下心爱的宠妃虞姬。虞姬看出项羽心意，遂引剑自刎，项羽这才带兵突围，一路奔去乌江。

【释义】 形容如不警惕极易犯下不可挽回的错误，还可能导致生离死别的恶果。

◎ 白马非马

【溯源】《公孙龙子·白马论》中记载，有人问公孙龙："白色的马不是马，可以这么说吗？"公孙龙说可以，因为叫作马的是指外形而非颜色，所以说白色的马并不是马。

【释义】 现多指形而上学与诡辩之术。

◎ 白面书生

【溯源】《宋书·沈庆之传》中记载，南朝宋文帝刘义隆欲举兵北伐，太子步兵校尉沈庆之劝谏，文帝不听，反命两位文官刁难于他。沈庆之气愤地说："大王要去攻打他国，却找两个从来没打过仗的'白面书生'来商量，这仗怎么能打赢呢？"文帝拒不纳谏，最终导致北伐失败。

【释义】 形容阅历不多、只知书本知识却不懂得实际应对方法的读书人。

◎ 百尺竿头，更进一步

【溯源】《景德传灯录·招贤大师偈》中讲道："百尺竿头不动人，虽然得入未为真，百尺竿头须进步，十方世界是全身。"意即修行将近极点之境时，还须继续努力，才能获得进一步的成功，整个宇宙方可存于一身。这里的"百尺竿头"指很高的竿子，佛教中常用此比喻修行到了极高境界，"十方世界"泛指全宇宙。

【释义】 现指已取得很大成绩后仍要继续努力，去争取更大的成功。

◎ 百感交集

【溯源】《世说新语·言语》中记载，晋愍帝的太子洗马（官职）卫玠迫于战乱，准备南迁渡过黄河。当时他精神面貌颓丧不堪，对随从说："看这白茫茫的江水，真是令人感慨万千，许多心思汇集到了一起。若不是碰到混乱战局，谁又愿意离开自己的家乡呢？"

【释义】 表示许多纷繁思绪混杂在一起，难以理出其中头绪，难以言说个中滋味。

◎ 班门弄斧

【溯源】"班"指名匠鲁班，"班门弄斧"意即在巧匠面前卖弄斧技。柳宗元在《柳河东集》中提到，王伯仲之子与己是世交，他从远地归来时特请自己于其诗文集前作一序言。柳宗元在序文中说，我只好在能工巧匠面前，强打精神操笔而写了。

【释义】 指不自量力，妄炫其能。亦是自谦之词。

◎ 半部论语

【溯源】《鹤林玉露》中记载，北宋开国宰相赵普助宋太祖赵匡胤登临皇位。宋太祖死后，赵光义为皇。别人认为赵普一生只读《论语》，不学无术，赵光义问及，赵普便说："我是以半部《论语》来帮助君王治理天下的！"

【释义】 这是对《论语》的夸赞之辞，意即掌握半部《论语》，人的能力就会提高，就能治理国家。

◎ 半面之识

【溯源】《后汉书·应奉传注》中记载，东汉有位应奉，记忆力惊人，他在别人家做客时从门缝中曾见一个车匠的半边脸。几十年过去，两人擦肩而过，应奉居然认出了车匠。

【释义】 比喻相识很短交情浅薄，如同应奉见车匠，倏忽即逝。

◎ 半途而废

【溯源】《中庸》中记载，孔子的弟子子思说："中庸之道是道德行为的最高标准，只有圣人才能达到这种标准，遵循中庸之道，不致半途而废，孔子自己也是朝这个方向努力。"其本意是指不能始终如一地遵循中庸之道行事。

【释义】 形容做事有始无终，无法持之以恒。

◎ 包藏祸心

【溯源】 春秋时期，楚国将军公子围与郑国大臣公子段的女儿结亲，可楚国想借迎亲之机吞并郑国，便派公子围带领兵马驾驶战车意欲进城。郑国的子羽识破对方诡计，婉言说："我们郑国都城很小，你们来迎亲的人太多，实在盛不下，就在城外举行婚礼吧！"楚国不从，子羽直言："郑国同你们楚国联姻，本想依靠你们大国来保护我们小国，可是你们却心怀鬼胎暗取我国，这点我们绝不能容忍！"公子围见阴谋败露，只得放弃偷袭计划，命令全队放下武器，进城迎亲。

【释义】 形容外表不露声色实则别有用心，其目的是加害于人。

◎ 抱残守缺

【溯源】 原为"保残守缺"。《汉书·刘歆传》中记载，西汉经学家刘歆写信进言，论述禁止私人藏书的某些法律，不仅致使学术濒临绝境，也使大部分学者因陋就简，自恃些许不全的古籍轶文，怀着怕人识破的私念，没有服从真理的公心，不去认真做学问，因循守旧从未有所探求。

【释义】 指思想保守陈旧，不肯接受新生事物。

◎ 抱薪救火

【溯源】《史记·魏世家》中记载，苏秦的弟弟苏代劝魏国安釐王道："侵略者贪得无厌，你想用领土、权利去换取和平根本无法办到。只要你国土还在，就无法满足侵略者的欲望，这好比抱着柴草去救火，柴草一把一把地投入火中，火怎么能扑灭呢？柴草一天不烧完，火是一天不会熄灭的。"胆小的安釐王不听劝谏，仍然坚持割让国土，最终导致魏国灭亡。

【释义】 指期望用错误的方法去消除灾祸，结果徒劳无益反助其势。

◎ 背黑锅

【溯源】 古时盗贼夜入光棍家，找不到钱财便偷去菜刀拔去铁锅，光棍猛然惊醒大喊"捉贼"，直追了出来。盗贼扔刀回砍，紧接着背起锅便仓皇逃走，光棍赶紧拣回刀，到灶台上一看，锅居然还在，原来盗贼背走的是锅上结的硬壳。

【释义】 喻指代人受过。

◎ 杯弓蛇影

【溯源】《风俗通义·怪神》中记载，西汉应彬任汲县县令时请杜宣喝酒，杜宣见酒杯中现出蛇影竟得怪病。应彬闻后请他再次前来饮酒，杜宣这才看清蛇影其实是墙上弩影反射，怪病遂愈。

【释义】 形容把虚幻误作真实，疑神疑鬼，惊恐异常，多含贬义。

◎ 悲欢离合

【溯源】 苏轼在《水调歌头》中写下千古名句"人有悲欢离合，月有阴晴圆缺，此事古难全。"意思是讲人生无常，有悲伤有喜悦，有相聚也有离别，就像月亮的阴晴圆缺一样无法避免，这样的事从古到今都是永远无法改变的遗憾。

【释义】 现喻指人生道路上的常见之情。

◎ 悲天悯人

【溯源】 唐代文学家韩愈在《诤臣论》中讲道：古代圣贤之士都不是为了名声被重用，而是为了济世。大禹三过家门不入，孔子坐席从未温暖过，墨子家的烟囱都不黑，他们难道不知安逸吗？实在是因为敬畏天命而去多多关心百姓生活啊。

【释义】 一指哀叹时世的艰难，怜惜人们的痛苦。一指虚情假意地宣扬自己替人担忧。

◎ 本来面目

【溯源】《坛经·行由品》中记载，六祖惠能南行时，被惠明和尚追上请教佛法。惠能说："不思善，不思恶……哪个是明上座本来面目。"惠明当下大悟。"本来面目"在禅门中指不思是非善恶，一念不生时的真性情，见到"本来面目"也就是"明心见性"。

【释义】 指事物的本质或真相。

◎ 比上不足，比下有余

【溯源】《三辅决录》中记载，汉代的杜伯直、崔子玉以工楷书冠绝天下，赵袭与罗辉以草书见长。某次，伯英给朱赐写信说："我俩的书法，上比崔杜不足、下比罗赵有余啊！"字里行间充满自得之情。后人将其演化成"比上不足，比下有余"。

【释义】 即赶不上前面的却已超过后面。这是满足现状、不思进取者自我安慰的话，有时也用来劝人知足。

◎ 不得其门而入

【溯源】《论语·子张》中记载，鲁国大夫叔孙对别人说子贡的才学比孔子要强，另一大臣服景伯将这话转告子贡。子贡说："用围墙打个比方，我家的墙只有肩膀那么高，谁都可以见到墙内的美丽景物，可是孔子的围墙有几丈高，找不到大门进去，所以就看不到雄伟宗庙与奇丽房舍。能找到大门进去的人不多吧，叔孙的话不也正同此理吗？"子贡之意，即在说明君子之道不可以小知度大知。

【释义】 指摸不着头脑，找不到合适途径。

◎ 不得要领

【溯源】 原句"不得月氏要领"。《史记·大宛列传》中记载，匈奴攻破月氏，汉武帝派出使者张骞等人意欲联合月氏进攻匈奴，没想到张骞一行在途中被匈奴扣押，十年后才寻机逃到月氏。这时月氏国已安定下来，无意复仇，张骞几经游说，最终仍未能得到月氏的意愿。

【释义】 指抓不到要点或主旨。

◎ 不愤不启

【溯源】《论语·述而》中记载，孔子在教学中坚持的一个原则是：不到学生急于想弄明白某种道理而尚未弄明白时，不去开导他们，因为不在发愤想搞明白的情况下就不能得到启发。不到学生嘴里想说明白而又说不出来的情况下，不去启发他们，因为不说出来就不能表达。

【释义】 泛指不经过挫折与失败，就不能取得真正的知识与成功。

◎ 不管三七二十一

【溯源】 战国时期，为了联合抗秦，苏秦游说齐国国君："以临淄城为例，城中七万户人家，每户总不会少于三个男子吧，这样三七就是二十一万人。倘若征兵，仅临淄城就可征得二十一万人。"苏秦的这种算法显然不合实际，若是每户男子都被征去打仗，没有壮劳力从事生产，那后果会不堪设想。

【释义】 指不顾一切、不分是非情由，只知蛮干，有讥讽之意。

◎ 不寒而栗

【溯源】《史记·酷吏列传》中记载，汉武帝时的酷吏义纵虽然照章办案，不徇私情，但也常常滥杀无辜。他任定襄太守时，曾把狱中重罪轻判的二百名犯人统统处以死刑，且将来狱探视的二百多人也以"莫须有"罪名一同处死。尽管行刑那天天气不冷，但这个消息还是吓得全城人浑身发抖。

【释义】 形容因恐惧而发抖。

◎ 不积跬步，无以至千里

【溯源】《荀子·劝学》中记载战国思想家荀子的一段言论：行程千里，都是从一步一步开始；无边江河，都由一点一滴水珠汇聚而成；骏马跳跃一次也不过十步远，速度缓慢的马匹走上十天能超千里；用刀刻物，刻一刀停下，就算是朽木也刻不成；若要连续不停地刻，金子与石头都能刻出花纹。

【释义】 指学习或做事都从点滴细节中积累而成。

◎ 不羁之才

【溯源】 "羁"指马笼头，"不羁"指不受约束，"不羁之才"指反感于世俗人情之牵制的有识之士。西汉梁孝王的门客邹阳，因才智过人遭人陷害，被梁孝王下入大狱。邹阳遂在《狱中上梁王书》中说道："秦二世亡国，周有八百年天下，这是什么道理？就是因为后者能够摈弃谗言主持公道。现在君王受人牵制，听信谗言，致使那些有才学而不愿意与世俗苟合之人，落得与牛马同槽之境地，这就像周朝的介士鲍焦含愤而死。"

【释义】 指非凡的、不可拘束的才能。

◎ 不胫而走

【溯源】 原句为"无胫而走"。《论盛孝章书》中记载，孔融给曹操写信推荐盛孝章，他在信中写道："如果要光复汉室就先得着实求贤，而要得到贤人就要尊重贤人。珠玉本来没有脚，它之所以会落到人们手中，是因为有人喜欢它，何况贤人是有脚可以行走的呢？""无胫而走"一词即出于此。

【释义】 现喻事物无须推行，就已迅速地传播开去，多含贬义。

◎ 不可同日而语

【溯源】 原句为"岂可同日而言"。《战国策·赵策二》中记载，苏秦向赵王献策联合邻国共同抗秦时说道："六国国土大于秦国五倍，六国军队加起来多于秦国十倍，如果六国联合起来抗秦，秦国就会听任我们的摆布。如此看来，打败别人和被别人打败，别人向自己称臣和自己向别人称臣，是截然不同的，怎能相提并论呢？"

【释义】 形容不能相提并论，因为形势已经发生了变化，必须采取相应对策。

◎ 不平则鸣

【溯源】 唐代文学家韩愈在《送孟东野序》中提道："一切事在不平静时会发出声音。草木本来没有声音，风搅动它们就有声响。水本来没有声音，风吹打它就有声响。水浪的腾跃，或是因为有东西阻碍了它；水流奔流，或是因为有东西阻塞了它；水的沸腾，或是因为有东西在烧煮它；钟鼓乐器本来没有声音，有人敲击它亦会发出音响。人的语言也是这样啊，往往到了迫不得已的时候才慷慨陈词，人们唱歌是为了寄托情思，人们哭泣是因为有所怀恋，一切从口中发出而能成为声音大概都是有不平的缘故吧！"

【释义】 指受到委屈、压迫时就要发出不满和反抗的呼声，也指对不公平的事表示不满。

◎ 不屈不挠

【溯源】 原句为"不挠不诎"。班固在《汉书·叙传下》中记载，汉成帝的丞相王商为人耿直、作风正派，曾力排众议破除洪水谣言。大将军王凤心怀不满，勾结同伙诬陷于他，导致汉成帝听信谗言，免去王商的丞相一职。班固最后对王商的评价是"乐昌（王商）笃实，不挠不诎"，后来演变成"不屈不挠"。

【释义】 形容在困难面前不屈服不低头、意志坚定、勇往直前。

◎ 不如意事常八九

【溯源】《晋书·羊祜列传》中记载，晋武帝派羊祜平定吴国皇帝孙皓，羊祜认真调研后提出南进伐吴的主张，可是朝中大臣对此议论纷纷，晋武帝也犹豫不定，最后导致计划搁浅。羊祜无奈叹道："当下不如意，恒十居七八。"后来这句话演绎成"不如意事常八九，可与人言无二三"。

【释义】 指不合心意的事情经常发生。

◎ 不以言举人，不以人废言

【溯源】《论语·卫灵公》中记载孔子说过的一句话："有见识的人，对于别人，不能因为这个人说得好便推荐他，也不能因为一个人的品质德行不好就不加区别地废弃他好的主张。"

【释义】 指在选拔人才时要考察他的品德和实际才能，不能仅凭听他的言谈就提拔他；在听取意见时，不管他的人品、地位如何，只要是正确的意见都要采纳。

◎ 不入虎穴，焉得虎子

【溯源】《后汉书·班超传》中记载，东汉著名的军事家和外交家班超奉命出使鄯善，鄯善王起初热情款待，但在几天后匈奴使者到来时，鄯善王顿时变得态度十分冷淡，甚至派兵监视班超。班超意欲除去敌患，便召集众人道："不入虎穴，焉得虎子！"当天深夜，他带兵出击全歼匈奴使者，鄯善王见后路已断，只得与东汉言归于好。

【释义】 喻不冒危险就不能成事，也喻不经历最艰苦的实践就不能取得真知。

◎ 不甚了了

【溯源】《世说新语·言语》中记载，孔融十岁时去拜见河南太守李膺，他对门人说："我是李大人的亲戚。"门人陪他上堂，李膺却不认得，问："你是我的什么亲戚？"孔融回答："我的祖先孔子和你的祖先老子很有交情，我和你不是世交吗？"在场宾客们甚为惊奇，大夫陈韪对此很不以为然，说："小时了了，大未必佳。"孔融立刻回应："想君小时，必当了了。"羞得陈韪无言以对。

【释义】 现指对事情不太清楚或马马虎虎、不求认真的态度。

◎ 不识时务

【溯源】《后汉书·张霸传》中记载，东汉时期会稽太守张霸，学识渊博，治理会稽三年，将一个乱世治理成一个太平盛世，在百姓心目中威望很高。他急流勇退，被朝廷选为侍中，连皇亲邓骘都想拉拢他，而张霸却小心避开，众人议论张霸不识时务，不懂人情世故。

【释义】 指认识不到当前重要的事态和时代的潮流，现也指待人接物不知趣。

◎ 不贪为宝

【溯源】《左传·襄公十五年》中记载，宋国有人得到一块宝玉，把它献给子罕说："我拿给玉匠看，玉匠认为是宝物，我这才敢献给您。"子罕说："我把不贪财物当作宝物，你把玉当作宝物，你如果把玉给我，我们都失去了宝物，不如让我们都保有自己的宝物。"他婉言谢绝了对方的好意。

【释义】 表示以不贪为可贵、崇高，也指廉洁守分。

◎ 不为五斗米折腰

【溯源】"五斗米"即"五斗米道"，也叫"天师道"，原是早期道教流派之一，因为信道入教者都要交纳米五斗，因而得名。古时以此泛指微薄俸禄。《晋书·陶潜列传》中记载，陶渊明任彭泽县令时，郡府派人来当地视察，小吏告诉他要身穿官服出门迎接，陶渊明叹息道："我不能因五斗米这一点点俸禄卑躬屈膝去奉迎这种无名小辈。"于是便弃官返回故里。

【释义】 喻以节义贞操为重，不趋炎附势，不为世上任何名利浮华所改变。

· C

◎ 才高八斗

【溯源】《释常谈·八斗之才》中记载，南北朝时期山水诗作家谢灵运富有才华，宋文帝几次宴请于他，谢灵运更是骄狂自大，曾夸言道："魏晋以来，天下的文学之才共有一石（一石即十斗），其中曹子建独占八斗，我得一斗，天下其他人共分一斗。"意即除了曹子建，其他人均不放在眼里。

【释义】 形容文才极高，知识丰富。

◎ 沧海桑田

【溯源】《神仙传·王远》中记载，神仙麻姑与王远席间闲谈，说她看见东海几度变成农田，现在蓬莱海水下降，又将扬起尘土。"沧海桑田"即为原句"东海三为桑田"之概括。

【释义】 喻世事翻覆、变化极大或年代久远。

◎ 差强人意

【溯源】 《后汉书·吴汉传》中记载，光武帝刘秀称帝后，命吴汉为大司马率军伐蜀。吴汉指挥作战，在形势不利、将士惊慌失措时，仍整修兵器鼓舞士气。刘秀听到这一情况后感叹地说："吴公颇能振奋人的意志，称得上是令人满意的。"

【释义】 形容尚能令人满意。

◎ 察言观色

【溯源】 《论语·颜渊》中记载，子张问才学之人如何才能做到通达处世之道。孔子回答说："你指的名誉并非通达世情，所谓通达世事是说无论在外还是在家都能朴素正直，行事好义，对人察言观色，心存敬畏，这样即使不求有名，名自会来。"孔子在这里所说的"察言观色"，其实是指士之处世之道。

【释义】 观察别人的脸色，揣摩其心意。

◎ 蝉联

【溯源】 蝉的俗名叫"知了"，雄蝉用腹部的发音器来发出声音。蝉的幼虫栖息在土里，成虫依靠针状口器刺进树枝里，吸取汁液来维持生命。幼虫变为成虫时，便脱掉蝉壳，躯体在原来基础上得以延伸，故称"蝉联"。

【释义】 指连续相承、连续不断获得。

◎ 成人不自在，自在不成人

【溯源】 《鹤林玉露》中记载，南宋年间，福州考生陈修作了一篇《中兴之美赋》，令高宗看得凄然泪下。得知陈修年已七十三岁尚未娶妻，高宗遂下令将一位三十岁的宫女嫁给他，陪送嫁妆十分丰厚。人们戏称此为"成人不自在，自在不成人"。

【释义】 若想功成名就须刻苦勤奋，若要追求安逸就难有建树。

◎ 成人之美

【溯源】 明朝有一盲人谢榛，善作歌词，孙穆王接待他时，命宠姬贾氏在帘后弹唱他所作的词曲，谢榛听得极为入神，又奉上新词，贾氏将其一一谱曲弹唱。

孙穆王见二人如此投机，遂将贾氏与丰厚礼品赠送于他，大显君子风度。《论语·颜渊》中亦有"君子成人之美，不成人之恶"之说。

【释义】 指成全别人的好事，帮助别人实现愿望，亦指为人介绍对象。

◎ 成也萧何，败也萧何

【溯源】 萧何是汉初大臣，曾以"月下追韩信"之举向刘邦举荐韩信为大将军，韩信其后屡立战功，成为汉朝的开国元勋，后来萧何又与太后以图谋造反之罪名将韩信置于死地。所以俚语中有"成也萧何，败也萧何"之语。

【释义】 指成事与败事均由一人引起。

◎ 诚惶诚恐

【溯源】 《后汉书·杜诗传》中记载，杜诗一年中三次升迁，出任南阳太守时于心不安，遂上书武帝要求辞去太守，就任低职，书中写道："奉职无效，久窃禄位，令功臣怀愠，诚惶诚恐……愿退大郡，受小职。"武帝爱惜其才，未准奏。

【释义】 现指非常小心谨慎以至害怕不安的样子，含贬义。

◎ 城下之盟

【溯源】 《左传·桓公十二年》中记载，强大的楚国侵略弱小的绞国，因绞国严守不出，楚国一时也拿它无法。后来楚国屈瑕设下诈骗之计，将绞国打败，并迫其签订了屈辱性条约"城下之盟"。

【释义】 指在敌方兵临城下时被迫签订的屈辱和约。

◎ 程门立雪

【溯源】 《宋史·杨时传》中记载，杨时和游酢去拜会当时著名的理学家程颐。程颐正在闭目养神，二人恭敬地站在一旁等了很久。待到程颐醒来，门外已雪深一尺。

【释义】 喻诚心专志、坚持不懈、尊师重道。

◎ 惩前毖后

【溯源】 原句为"予其惩而，毖后患"。《诗经·周颂·小毖》中记载，周成王在庙堂祭祀祖先、告诫群臣时说道："我听信管叔鲜、蔡叔度的谣言吃了大亏，痛感以后做事必当慎重，以防祸患。假如你们再有人引我做坏事，那就是自讨苦吃。"

【释义】 形容过去深受惩罚，今后需吸取教训不再发生类似事件。

◎ 车水马龙

【溯源】《后汉书·明德马皇后纪》中记载，肃宗打算加封外戚，遭到马皇后下诏反对，她说："先帝注意汲取过去的教训，一直不让外戚居于枢密职位，我所以躬行节俭是为了影响后代，那些外戚却笑话我。以前我路过濯龙园门前，见到那些外戚家中问候者众多，车像流水，马像游龙，管事人衣着华丽，给我赶车的比他们差远了。我当时竭力控制自己，没有责备他们。这些人只知自己享乐，根本不为国家解忧，我怎么能同意给他们加官晋爵呢？"

【释义】 形容来往车马很多，非常繁华热闹。

◎ 车载斗量

【溯源】《吴书》中记载，三国时期，蜀国出兵伐吴。吴主孙权派出赵咨向魏文帝曹丕求援，曹丕傲慢地向赵咨发问："吴王是什么样的国君？吴国怕不怕我们魏国？"赵咨不卑不亢道："吴王是位有雄才大略的人，重用鲁肃证明了他的聪慧，选拔吕蒙证明了他的明智，俘虏于禁而不杀证明了他的仁义，取荆州而兵不血刃证明了他的睿智，据三州虎视四方证明了他的雄才大略，向陛下称臣证明了他很懂得策略。至于说到怕不怕，尽管大国有征伐的武力，小国也自有抵御的良策，何况我们吴国有雄兵百万，据江汉天险，何必怕人家？"曹丕心下叹服，又换了语气问道："像先生这样有才能的人，东吴有多少？"赵咨昂然答："聪明睿智才华出众者将近百人，像我这样的，那简直是用车装、用斗量，数也数不清！"曹丕听后，彻底为对方的外交才能所折服。

【释义】 形容数量很多，需用车拉用斗量。

◎ 痴人说梦

【溯源】《冷斋夜话》中记载，有位名叫僧伽的和尚，常行于江淮之间，有人问他叫什么、何国人，他戏称"姓何""何国人"。几十年以后，北海太守李邕为其撰写了一篇碑文，其中说明"大师姓何，何国人"。惠洪听说这事后，笑道："这正所谓对痴人说梦。"

【释义】 现指说话荒唐，不切实际。

◎ 持之有故，言之成理

【溯源】《荀子·非十二子》中记载，荀子对战国时的十二个学者一一做出评价，其中有"然而其持之有故，其言之成理，足以欺惑愚众"一句，本意是指越是把握了一定的根据，说话越有条理，就越是能欺人害人。

【释义】 现指所持的见解和主张有一定的根据和道理，可为人们理解与接受。

◎ 尺有所短，寸有所长

【溯源】 《楚辞》载《卜居》中记载，屈原被流放以后，心情极度苦闷，他去求见太卜郑詹尹，发出一连串不平之问。郑詹尹被问得无法作答，起身拱手道："卜术也有不灵之时，所谓尺有所短寸有所长，大才难免有所困厄，小才也不无所用，这种事只能凭借自己的良心意志去奋斗，我这个太卜也无法回答呀。"

【释义】 现指人人都有长短之处，彼此都有可取之处。

◎ 叱咤风云

【溯源】 《骆宾王集》中记载，武则天临朝参政后，废中宗、睿宗，登基并改国号为周。李敬业等率军讨伐武则天，请骆宾王写《讨武檄文》，其中有"暗呜则山岳崩颓，叱咤则风云变色"一句，意即胸怀愤怒的士兵，就是喘口气也能让山岳崩塌，发出声也能使风云变色。这篇《讨武檄文》被收录于《骆宾王集》。

【释义】 形容威力极大，有动止风云之势，也用来形容某人、某事发展极盛。

◎ 充耳不闻

【溯源】 由"黈纩塞耳，前旒蔽明"演化而来。"黈纩"指用棉花小球悬于耳侧，"旒"指冠冕前后平垂的玉串。《资治通鉴》中记载，大司马要将三个偷盗士兵斩首，孝文帝正巧遇见，便下令赦免。司马光评论此事道："选拔贤才，整修政治，这样使境内各得其所。因此先王冠冕上才用棉球垂于两耳，用玉串蔽开前后之明，目的就是想避免眼目只看到近处，耳朵只听见近处的弊病，使耳目之聪远达四方。像这类问题不应当只去解决路上所遇到的，没有遇到过的岂不是更多？用这种方法表示自己施行仁政，岂不是太微小了吗？况且用赦免罪人去干扰主管方执行法律，更不合乎君王身份。"

【释义】 现在指故意不听别人的话，也指对某事漠不关心。

◎ 出尔反尔

【溯源】 原句为"出乎尔者，反乎尔者也"，意指你怎么对待别人，别人就怎么对待你。《孟子·梁惠王下》中记载，邹国与鲁国交战，邹穆公向孟子问道，为什么官吏战死三十三人，老百姓却不救援？该不该杀掉他们？孟子回答："在灾荒之年，百姓弃尸于野逃荒在外，你的官吏怎么不管？粮仓里堆满粮食，库府里堆满财宝，官吏为什么谁也不报告？上位的人不关心百姓疾苦，还要残害他们。孔子的弟子曾参说过，你怎么对待别人，别人就会怎么对待你。"

【释义】 现指说话、做事反复无常，不讲信用。

◎ 出类拔萃

【溯源】《孟子·公孙丑上》中记载，学生公孙丑认为伯夷、伊尹与孔子应该相差不多，孟子引用孔子的学生有若的话道："有若曾说过，凡是同类的都可以相比较，如麒麟同其他走兽比，凤凰同其他飞鸟比，泰山同其他丘陵比，河海同水洼细流比，前者远远超过了后者。圣人和其他人也是同类，但圣人已远远超出、高过其他人了。"

【释义】 指超出同类之上。

◎ 出奇制胜

【溯源】《孙子·势篇》中记载："凡战者，以正合，以奇胜。故善出奇者，无穷如天地，不竭如江河。"战国时期，齐国的田单在燕国乐毅将军攻齐时，运用计谋成功逃到即墨城，被即墨城军民推举为守城长官。燕国还在继续侵占齐国的土地，田单利用反间计，离间燕惠王与乐毅的感情，用燕兵割齐兵的鼻子的意外战术激起齐兵的士气，最终收复齐国失地。

【释义】 比喻用意料不到的方法控制并战胜对方。

◎ 出人头地

【溯源】《欧阳文忠公文集》中记载，苏轼以送文章为名拜见欧阳修，欧阳修读罢，对诗人梅尧臣说："老夫当避路，放他出一头地也。"意即："我们应该在他前进路上避一避，让他露露头角。"因有欧阳修的识才之举，苏轼的文章终于渐渐出名。后来"放他出一头地"慢慢演变成"出人头地"。

【释义】 指高人一等，超出一般人。

◎ 出生入死

【溯源】《老子·五十章》记载有老子的观点：人出世为生，入地为死。长寿的占十分之三，短命的占十分之三，本来能活很久却中途走向死路的占十分之三。这是为什么呢？因为贪生太过分。听说善于养生者，走在路上不会遇见犀牛猛虎，在战争中也不会被杀伤，从而令犀牛无法使用其角，令猛虎无法使用其爪，兵器无法使用其利，为什么会这样？因为他们还没进入"死"之领域。

【释义】 现指冒着生命危险，不顾个人安危。

◎ 初生牛犊不怕虎

【溯源】 《三国志·蜀志》中提及：曹操派大将庞德率军前往樊城增援，庞德令人抬着口棺材走上战场，并点名要求关羽应战。两人大战上百回合，不分胜负。收兵后关羽对部将关平：“庞德刀法娴熟，真不愧是曹营猛将。”关平说：“刚出生的小牛犊连老虎都不害怕，对他万万不可轻视。”见依靠武力难以战胜这员勇将，关羽最后施计水淹七军才打败曹军，擒获了庞德，将其斩首。

【释义】 指青年人思想上很少顾虑，敢作敢为。

◎ 处事以理不以势

【溯源】 《明智部·经务》中记载，明朝时，户部尚书刘大夏到边境掌管粮饷。有人说：“北方的粮草大部分属于官宦子弟经营，你一向与这些亲贵不合，恐怕免不了因刚直而招来祸害。”刘大夏说：“处事以理不以势，等我到那里自然就会有办法。”到任不久，他贴出告示：“境内外的官吏、百姓或商人一切人等，只要愿意运米十石以上、草一百束以上的都批准收购。”此招一出，不过俩月，仓库即满。以往运米粮得高达一百石、草高达一千束才能被批准收购，因一般百姓无力竞争，只有少数官宦子弟大批购买后集中运来，利润达五成之多。自从订立新办法，有粮草的人家就可以自己运送，官宦子弟想买也买不到，于是公家得到了更多的粮草，老百姓也获得了相当的利润。

【释义】 指办事不能主观强制，要合情合理，因势利导。

◎ 处心积虑

【溯源】 《左传·隐公元年》中提及，郑庄公与共叔段兄弟俩都为母亲姜氏所生，但因郑庄公出生时难产，所以姜氏喜弟而恶兄，兄弟俩长大后经常发生争斗，就如两个敌国国君在打仗。共叔段自私而爱耍心眼，总在招兵买马争抢土地，对谋取君位比兄长还要费尽心机，郑庄公不称其为弟，认为他丧失了作为兄弟的道义，最终将其消灭。

【释义】 指存心已久、费尽心机地去谋算他人或事。

◎ 垂青

【溯源】 《晋书·阮籍列传》中记载，阮籍对尊重喜爱之人，目光正视，眼珠在中间，为青眼；对鄙薄憎恶之人，目光向上或斜视，为白眼。后人遂以"青眼"表示对人的尊重与喜爱，以垂青、垂青目、青睐等表示对人特别看重。

【释义】 指照顾、关心、提携之意。

◎ **春风得意马蹄疾**

【溯源】 孟郊在《登科后》一诗中写道："昔日龌龊不足夸，今朝放荡思无涯。春风得意马蹄疾，一日看尽长安花。"全诗意为：过去那种苦闷的岁月已经消逝，今天才得以自由自在地畅想未来。无拘无束、扬扬得意地骑马奔跑，一天就看尽长安城的鲜花美景。

【释义】 形容心情欢愉或行事特别顺利。

◎ **春华秋实**

【溯源】《三国志·魏志·邢颙传》中记载，时任庶子一职的刘桢见曹植只亲近自己，渐渐疏远被人称为"德行堂堂邢子昂"的邢颙，便上书提醒曹植，不要光注重有文采的自己，而忘掉了以德著称的邢颙。

【释义】 比喻事物的因果关系，后引申比喻文采与德行，亦指时间的流逝、岁月的变迁。

◎ **唇亡齿寒**

【溯源】《吕氏春秋·权勋》中记载，晋献公想借道虞国进攻虢国，便派人送给虞国国君价值连城的美玉与宝马。虞国大夫宫之奇听说后，连连劝阻："虞国与虢国唇齿相依互相帮助，万一虢国灭了，我们虞国也就难保了。俗话说'唇亡齿寒'，没了嘴唇，牙齿也保不住啊！万万不能借道给晋国。"虞国国君却贪图眼前小利，不听忠言，下令给晋国借道通行。宫之奇叹息不已，赶紧带着一家老小离开了虞国。晋军消灭虢国后，果然又将出城迎接的虞公抓住，灭了虞国。这个典故在《左传》《韩非子》书中都有记载，但不及此处完整。

【释义】 喻关系密切，利害相关。

◎ **此处不留人，自有留人处**

【溯源】《通俗编·平陈录》中记载，南北朝陈后主时，极度宠爱张贵妃，冷落了自己的发妻沈皇后，半年也不前去探望。偶尔去一次，也不会有什么云雨之事，暂入即还。沈皇后隐忍贤惠，当陈后主离去时便黯然相送，后主反而刁难道："你怎么也不挽留我？"沈皇后默然不语，后主作诗道："留人不留人，不留人亦去。

此处不留人，自有留人处。"

【释义】 指这里不可居留，自会有可居留的地方。

◎ 此地无银三百两

【溯源】 此句出自民间故事：张三将银子埋藏地下，上面留字道"此地无银三百两"。邻人王二偷走了银子，也留字道"隔壁王二不曾偷"。

【释义】 比喻想要隐瞒掩饰，结果反而暴露。

◎ 聪明反被聪明误

【溯源】 苏轼曾作一诗《洗儿戏作》："人皆养子望聪明，我被聪明误一生。惟愿孩儿愚且鲁，无灾无难到公卿。"全诗意即：人们养育小孩都盼望他聪明，而我却被聪明误了一生。只希望我的孩子愚笨迟钝，能够不受挫折地当上大官。

【释义】 形容自以为聪明，结果反被聪明耽误或坑害。

·D

◎ 打油诗

【溯源】《南部新书》中记载，唐朝有位张打油善于作诗，其诗内容和词句通俗诙谐，不拘于平仄韵律，大多是用白话。《升庵外集》中也记载了他的诗作《雪》："江上一笼统，井上黑窟笼。黄狗身上白，白狗身上肿。"所用皆是俚语，颇为诙谐，后人遂将此类诗歌称为"打油诗"。

【释义】 现统指不拘格律、通俗诙谐、幽默风趣的诗作。

◎ 大而化之

【溯源】《孟子·尽心下》中记载，有位齐国人听说乐正子在鲁国做官，便问孟子其人如何。孟子说："他是个好人、实在的人。值得喜欢叫好，好存在于他本身叫实在，实在充实本身叫美，不但充实本身而且放其光辉叫大，既放其光辉又融会贯通叫圣，圣到微妙不可测度叫神。乐正子的为人处于好与实在二者之中，处于美、大、圣、神四者之下。"

【释义】 现指不宜具体、细琐，有时也指马虎、含糊。

◎ 大放厥词

【溯源】 唐朝著名文学家韩愈曾在《祭柳子厚文》中用"玉佩琼琚，大放厥词"来赞扬柳宗元的文采才华，意思是说文笔秀美，尽力铺陈词藻，美如晶莹净洁的玉石。

【释义】 现反喻为夸夸其谈、大发议论。

◎ 大腹便便

【溯源】《后汉书·边韶传》中记载，边韶字孝先，教起书来才思敏捷，休息时喜欢在白天和衣而睡，弟子们私下里嘲笑他："边孝先，腹便便，懒读书，但欲眠。"意即：边孝先是个大肚皮，懒得读书只知睡觉。边韶很快知道了这个顺口溜，马上回敬道："边为姓，孝为字。腹便便，《五经》笥。但欲眠，思经事。寐与周公通梦，静与孔子同意。师而可嘲，出何典籍？"意即：边是我的姓，孝是我的字，大肚皮，是装着"五经"的竹箱子，只想睡觉是去思考"五经"的事。睡梦中可以会见周公旦，安静时可以与孔子有相同的心意。老师可以嘲笑，这规矩又出自哪家经典？

【释义】 形容人的肚子大。有时用来比喻人的某种丑态，含有贬又意。

◎ 大雅之堂

【溯源】 "大雅"是对才德高尚者的赞词，"大雅之堂"即是才德高尚者的客厅或其他聚会场所。《明一统志》中记载，宋代黄庭坚曾赞杜甫的诗作为"大雅之音"，杨素遂为此在四川眉山县南处建堂，并请黄庭坚将杜甫在四川所作的诗文全部手书一遍，再雕刻于石碑上，故而此堂名为"大雅之堂"。

【释义】 现指高尚雅致的地方。

◎ 大义灭亲

【溯源】《左传·隐公四年》中记载，春秋时卫国大夫石厝曾劝谏卫庄公，希望教育好庄公之子州吁。庄公死后卫桓公即位，州吁与石厝之子石厚密谋杀害桓公篡位，为确保王位坐稳，他派石厚去请教石厝。石厝恨儿子大逆不道，遂大义灭亲，设计让陈国陈桓公除掉了州吁与石厚。

【释义】 指为了维护公众利益，对犯下过错的亲人不徇私情，遵行法律使其受到应有的惩罚。

◎ 大意失荆州

【溯源】 《三国演义》中记载，诸葛亮派关羽镇守荆州，关羽看不起东吴孙权，出兵攻打曹操，孙权乘虚袭取，致使荆州失陷，关羽败走麦城。

【释义】 指因疏忽大意而导致重大失败或造成损失，有粗心大意、骄傲轻敌的意思。

◎ 呆若木鸡

【溯源】 《庄子·达生》篇中记载了一则关于驯养斗鸡的故事。纪渻子专门为周宣王训练斗鸡。过了十天，周宣王问训练得如何，纪渻子回答说不行，这只鸡表面看起来气势汹汹，其实没有什么底气。又过十天，周宣王再次询问，纪渻子说还不行，因为它一看到对手的影子马上就变得紧张，说明还有好斗的心理。第三个十天过去，周宣王又去催问，纪渻子认为这只鸡目光炯炯气势未消。直到第四个十天，纪渻子方才认为可以，因为鸡此时看上去呆头呆脑不动声色，如木头一般，这说明它已经进入完美的精神境界。周宣王遂将其放入斗鸡场，别的鸡一看到这只"呆若木鸡"的斗鸡，为其凝聚于内的精神所震撼，不敢应战掉头便逃。

【释义】 现形容非常愚笨或极度惊恐之状。

◎ 代人捉刀

【溯源】 《世说新语·容止》中记载，魏王曹操将要会见匈奴使臣，认为自己形象丑陋，不能够威慑远方的国家，便让身材相貌雄奇伟岸的崔季珪代替，他自己则举刀站在床边。见面完毕以后，魏国间谍向使臣发问："魏王怎么样？"匈奴使臣回答："魏王风雅威严不同常人，但床边举着刀的那个人，才是真英雄。"曹操听说之后，立即派人追杀使臣。

【释义】 现指代别人做事或替别人写文章。

◎ 待价而沽

【溯源】 《论语·子罕》中记载，春秋时期，孔子带领弟子到各国去游说推行他的政治主张，没有人接受并重用他，他并不灰心。弟子子贡以得到美玉如何处理问孔子，孔子毫不迟疑地回答："卖掉它，卖掉它，我正在等待识货的人出现呢。"

【释义】 指有才干之人要等到有人赏识重用时才肯出来效力，也指等待时机采取相应措施。

◎ 当断不断，反受其乱

【溯源】《史记·春申君列传》中记载，赵人李园先将妹妹献给春申君黄歇，待怀孕后二人又共同谋划，说服春申君将其妹献给了楚王，不久后即生子并立为太子。李园怕春申君泄密，意欲灭口，家臣朱英看出了对方的狼子野心，奉劝春申君先下手为强，可是春申君不以为然。十七天之后，楚王驾崩，李园借机屠杀了春申君全家。司马迁评论这段史实时说道："当断不断，反受其乱，这不正是春申君没有听从朱英的劝告而造成了恶果吗？"

【释义】 指做事应当机立断，稍有延误便易反受祸害，遗患无穷。

◎ 当仁不让

【溯源】《论语·卫灵公》中记载，孔子在启发弟子们坚持"仁义"主张时说道："不放肆的心叫恭，心地不狭窄叫宽，没有欺诈的心叫信，没有怠情的心叫敏，没有苛刻的心叫惠。一个人如果没有仁德就不能称为人了，如果一个人承担了'仁'的事，就要勇往直前地去做，不可有半点的谦让之心。即使老师在面前，也不必同他谦让。"

【释义】 遇到应该做的事，就勇敢地承担起来，决不推让。

◎ 党同伐异

【溯源】《后汉书·党锢传序》中记载，汉武帝即位后，采纳了董仲舒建议的"罢黜百家，独尊儒术"，儒家学说盛行起来。汉宣帝时期，因有许多儒生对儒家的五部经典之作有不同理解，宣帝遂命他们在皇家藏书楼兼讲经处的石渠阁进行了一次大规模的讨论。讨论过程中，儒生们把和自己观点一样的人作为同党纠集起来，对观点不一样的人则进行攻击。后人将此称为"党同伐异"。

【释义】 指结帮拉派，偏向同伙，打击不同意见的人。

◎ 道不拾遗

【溯源】 出自《韩非子·外储说左上》，见"国无盗贼，道不拾遗"。《战国策·秦策一》中也有记载，战国时期卫国人商鞅因逃难到秦国，主张法制国家，受到秦孝王的重用，他先后制定一系列新法，废除维护贵族特权的旧法，主张在法律面前人人平等，执法严明，不徇私情。经过一段时期的整治，老百姓的生产积极性迅速提高，军队纪律严明，民风淳朴善良，人们从不随意拿取，家家夜不闭户、道不拾遗，秦国逐渐安定、强大起来。

【释义】 原意是指道上有东西遗落，却没有人拾起来占为己有。现形容人民生活富裕，社会风气淳朴。

◎ 倒屣相迎

【溯源】《汉书·隽不疑传》中记载，汉武帝末年，暴胜之听说隽不疑是位名人，便邀其来见，隽不疑盛装而至，门吏要求解下佩剑，他却说剑是君子的装备，用来护身不能解掉，不行的话甘愿告退。暴胜之听说后，急忙命人敞开大门，远远望见隽不疑相貌庄严衣冠伟丽，遂赶紧起身，连鞋子都没穿好就出来迎接这位贵客。

【释义】 形容热情欢迎宾客。

◎ 得不偿失

【溯源】 原句为"得不补失"。《吕光据姑臧》中记载，前秦苻坚派吕光等人率军征伐西域，苻融不赞成此举，进谏道："西域荒凉遥远，过去汉武帝发兵征讨，结果得到的尚不能补偿失去的。现在又要重蹈覆辙，臣实在感到可惜。"苻坚拒不纳谏，吕光等人遂率军前往西域诸地。

【释义】 得到的报酬还不及付出的代价，形容因贪图小利而损失了更大的利益。

◎ 得道多助，失道寡助

【溯源】《孟子·公孙丑下》中记载了孟子的一段著名言论：对得道的人，帮助他的人就多；对失道的人，帮助他的人就少。帮助的人少到极点时，就连亲戚都会反对他；帮助的人多到极点时，全天下的人都会顺从他。拿全天下都顺从的力量来攻打连亲戚都反对的人，要么不战，一战必胜。

【释义】 站在正义方面会得到多数人的支持帮助，违背正义必陷于孤立。

◎ 得过且过

【溯源】《寒号虫》中记载，五台山上有种鸟叫寒号鸟，它有四只脚，翅膀肉很多，不会飞。夏天当羽毛绚丽斑斓时，它展开翅膀，自鸣得意地叫道："我真美丽，我真美丽！凤凰也不如我美丽！"冬末严寒时，当羽毛脱落浑身光秃秃时，它又自我安慰道："得过且过，得过且过。"

【释义】 形容敷衍了事，苟且度日。

◎ 得陇望蜀

【溯源】《后汉书·岑彭传》中记载，东汉初年，隗嚣割据陇地，公孙述割据蜀地，自立为王，二人相互勾结，对抗朝廷。光武帝刘秀与大将岑彭率军攻破天水后，岑彭又与偏将吴汉把隗嚣包围在西城。公孙述派兵来援救隗嚣，驻扎在上饼，刘秀再派盖延、耿弇将其包围，自己回兵东归。回到京都，他给岑彭去信说："两城若下，便可带兵向南击破蜀虏。人苦不知足，既平陇，复望蜀。"意思是平定陇后不应满足，紧接南下平定蜀。后来"既平陇，复望蜀"就演变为"得陇望蜀"。

【释义】 现形容贪得无厌、贪心不足。

◎ 得心应手

【溯源】 原句为"得之于手而应于心"。《庄子·天道》中记载，春秋时期，齐桓公在堂上读书，工匠轮扁冒冒失失上前打扰，齐桓公对他谈到的读书无用论深为不满。轮扁解释道："我做木匠的技艺得心应手，是不可能用语言传授给别人的，古代圣人学问的精妙之处也是如此。"

【释义】 心里怎么想手就怎么做，常用来比喻技艺纯熟或做事情非常顺利。

◎ 得意忘形

【溯源】《晋书·阮籍传》中描写阮籍时写道："嗜酒能啸，善弹琴。当其得意，忽忘形骸。"意即其人常纵酒谈玄，感时伤世，放浪不羁，且善于作诗弹琴，高兴时就纵声狂笑，不高兴时就大哭若狂。

【释义】 现多指浅薄之人稍有得意便忘乎所以失去常态。

◎ 登龙门

【溯源】《三秦记》中记载，龙门位于黄河上游，其流甚急，古时传说鲤鱼登此门即化为龙。《后汉书·李膺传》中也写道："膺独特风裁，以声名自高，士有被其容接者，名为登龙门。"所以后人将由低贱而致显贵者称为"登龙门"。

【释义】 现指得到有名望、有权势者的援引而身价大增。

◎ 登徒子

【溯源】 战国后期楚国的宋玉，英俊潇洒且写得一手好文章，当时的大夫登徒子说他"好色"，楚襄王向其问话，宋玉否认："好色的不是我，恰恰就是登徒子自己。"为了证实，他特地写了一篇《登徒子好色赋》，文中大意是：我家东邻有楚国最美的姑娘，她常常攀上墙头看我，整整三年我一直未接受她的美意。登徒子大夫与我截然不同，虽然妻子相貌丑陋，他却和她恩爱非常，连生了五个孩子。究竟谁好色，不是再明白不过了吗？楚襄王看过后认为言之有理，便不再追究此事。

【释义】 好色之徒的代名词。

◎ 颠倒黑白

【溯源】 此句由屈原《九章·怀沙》中的"变白以为黑兮，倒上以为下"一句演化而来。屈原受楚怀王信任，遭到奸臣嫉妒，经过多次挑拨离间，楚怀王渐次疏远了屈原。屈原痛恨奸臣的丑恶行径，遂作《怀沙》进行讽刺批判。原句本意为：把白的说成黑的，把高等的说成低下的。

【释义】 现比喻歪曲事实，混淆是非。

◎ 点卯

【溯源】 古时，皇帝规定每天卯时，即早晨五至七时在宫中接见文武百官，官吏有事无事都必须上朝。各级官署衙门遵循此礼，并将官员查点人数时称作"点卯"，吏役听候点名称作"应卯"，点名册称作"卯册"，需签到的称作"画卯"。

【释义】 现在泛指点名，亦指做事敷衍，应付差事。

◎ 雕虫小技

【溯源】 《法言·吾子篇》中记载，有人问扬雄小时候是否喜欢诗赋，扬雄说："是啊，那不过是小时候的一些雕虫篆刻小技，不足称道。"西汉时期，大多数儿童要学习秦书八体，虫书、刻符是其中两体，共同特点是纤细小巧，难以手工。扬雄所言即比喻诗赋如同雕琢虫书、篆写刻符一般，属儿童小技。

【释义】 现比喻微不足道的技能，可表示自谦，也可表示他贬。

◎ 掉以轻心

【溯源】 原句为"以轻心掉之"。唐代著名文学家柳宗元被贬到永州当司马，韦刺史的孙子韦中立非常仰慕他，便写信要拜师学艺。柳宗元治学特别严谨，当下修书一封《答韦中立论师道书》，其中提到"故吾每为文章，未尝敢以轻心掉之"，意即"我写文章从来不敢以轻率的思想去对待它。"

【释义】 指对事情采取轻率、轻浮、漫不经心的态度。

◎ 丁是丁，卯是卯

【溯源】 丁是天干的第四位，卯是地支的第四位，虽然都位居第四但二者不能混淆。此语也作"钉是钉，铆是铆"，意即安装器物时，某个钉子定要安在相应的铆处，不能有丝毫差错。

【释义】 形容做事认真，毫不含糊。

◎ 东边日出西边雨，道是无晴却有晴

【溯源】 唐代诗人刘禹锡在《竹枝词》中写道："杨柳青青江水平，闻郎岸上踏歌声。东边日出西边雨，道是无晴却有晴。"意即：江边青青的杨柳，映衬着如镜江水。姑娘突然听到江上传来熟悉的歌声，心想他为什么不直接对我表白呢？就像这晴雨不定的天气，东边阳光灿烂西边阴雨绵绵，真是无情又有情，让人捉摸不定。这首词看似写景，实则以"晴"喻"情"，以双关谐音方式情景交融地表达出初恋少女的复杂心境。

【释义】 形容这样又那样，究竟该如何。以谐音隐喻感情，"道是无晴却有晴"即为"道是无情却有情"，多含褒义。

◎ 东窗事发

【溯源】 《西湖游览志余》中记载，南宋奸臣秦桧与妻子在东窗下设计谋害了抗金名将岳飞。秦桧死后不久，儿子秦熺也死了，妻子王氏请来道士为儿子超度亡灵，道士在阴间见到正在收审的秦桧。秦桧神情黯淡地对他说："烦你转告我夫人，东窗下定计害死岳飞的事情已被揭发了。"

【释义】 指阴谋败露，自食恶果。

◎ 东道主

【溯源】 本意即指东方道路上的主人。《左传·僖公三十年》中记载，晋文公和秦穆公的联军包围了郑国国都，郑文公走投无路，派出老臣烛之武深夜潜出，私下会见秦穆公。秦、晋虽为联军却矛盾不断，烛之武深谙其理，对秦穆公道："郑国要是灭亡对贵国毫无好处，因为从地理位置上讲，秦、郑之间隔着晋国，贵国要越过晋国控制郑国并非易事，最终得到好处的还是晋国。晋国的实力若增一分，秦国的实力就会相应地削弱一分。"秦穆公沉默不语，烛之武继而说道："要是你能把郑国留下让其作为你们东方道路的主人，那么贵国使者来往经过郑国，郑国一定会做好充分的安排，这难道不好吗？"秦穆公终于被说服了，与郑国签订和约，

晋文公无奈地只得同意退兵。

【释义】 现指接待或请客之人，也指某项赛事的主办国家、城市或单位等。

◎ 东方渐白奈晓何

【溯源】 李白在《乌栖曲》中写道："姑苏台上乌栖时，吴王宫里醉西施。吴歌楚舞欢未毕，青山欲衔半边日。银箭金壶漏水多，起看秋月坠江波。东方渐高奈晓何！"全诗大意为：太阳就要落山，吴楚两国欢乐的歌舞还未尽兴。计算时间的水漏已滴下许多水，月色西沉，东方渐泛白色，沉溺于迷梦中的人们也该清醒了。末句原为"东方渐绂奈晓何"，"绂"指白色，"高"为其假借字，后来演绎为"东方渐白奈晓何"。

【释义】 寓意不顾历史教训者，必将为历史潮流所淘汰，有时也用以比喻太阳从东方升起是无法更改的事实。

◎ 东郭先生与中山狼

【溯源】 《东田集·中山狼传》中记载，东郭先生在路上遇到逃窜的狼，经不住狼的苦苦哀求，将其藏在自己的书袋中。追狼的赵简子赶上来询问时，东郭先生胡乱指个方向，骗过赵简子。躲过一劫的狼钻出书袋后立即变了脸色，要吃掉东郭先生，正僵持时碰见个老农。双方便让他评判，老农装作不相信如此小的书袋怎能装下一只狼，为了证实所言非虚，狼又重新钻进，老农挥起锄头趁机将其打死。东郭先生居然问："你这不是加害狼吗？"老农道："这种伤害人的野兽不会改变本性，你对狼讲仁慈，简直太糊涂了，你的仁愚不可及！"

【释义】 "东郭先生"代指不分善恶、滥施仁慈者；"中山狼"代指恩将仇报、忘恩负义之人。

◎ 东山再起

【溯源】 《晋书·谢安列传》中记载，前秦苻坚率领八十万大军逼近江南，驻在建康的晋孝武帝与满朝文武吓得惊慌失措，唯恐江南落入苻坚之手，都盼望着宰相谢安出面定夺。文武全才的谢安二十多岁即担任官职，但一个多月后即辞官隐居在东山，直到四十多岁方才再度出入朝廷。面对这次重兵压境，谢安沉着应战，指挥谢石、谢玄、刘牢之等人以八万兵力大败苻坚的八十万大军，终在淝水大获全胜。后来人们便称谢安任职、隐居、复职为"东山再起"。

【释义】 指退隐后再度出任要职，也指失势后重新恢复地位。

◎ 东施效颦

【溯源】《庄子·天运》中记载，西施是春秋时期越国人，非常美丽，她有心痛的毛病，犯病时会皱起眉头用手抚住胸口，看上去比平时更娇弱美丽。同村女子东施学她的样子皱起眉头抚住胸口，因其相貌丑陋，再加上刻意模仿别人的动作，更显其容貌怪样举止异常，让人尤为生厌。

【释义】盲目而生硬地胡乱模仿，只会取得相反的结果。

◎ 斗胆

【溯源】《三国志·蜀志·姜维传》中记载，魏元帝派遣大将邓艾、钟会率军征伐蜀国，蜀军将领姜维坚守剑阁与钟会对峙时，却不想昏庸无能的蜀国后主刘禅已向邓艾投降，姜维无奈，只得向钟会投降。不久，钟会谋划背叛魏王，姜维假意与钟会勾结想乘机恢复蜀国，结果事情败露，两人均被处死。魏军剖开其腹部时，却见胆大如斗。

【释义】形容胆量很大，现在多作谦辞。

◎ 独善其身

【溯源】《孟子·尽心上》中记载，孟子曾有一段关于"修身"与"平天下"关系的论述，他说："古之贤者得志于君国时，则使德泽加于民众，不得志时，则修身正操立于世间。不能推行自己的主张，则独善其身不失操行，得以推行自己的主张，则要以治身之道治理天下。"其意是说若不能实现平生抱负，则宁可退隐也不放弃自己的主张，含褒义。

【释义】现指只顾自己而不管别人，含贬义。

◎ 独占鳌头

【溯源】《北江诗话》中记载，唐宋时期，皇帝大殿的石阶正中，有一块雕刻着大海龟（即鳌）的石板，新科状元须站立其上向皇帝行礼。后来人们遂将此举称为"独占鳌头"。

【释义】指占据首位、第一名。

◎ 读书破万卷，下笔如有神

【溯源】此为唐代诗人杜甫在《奉赠韦左丞丈二十二韵》中的诗句。意即只要博览群书，下笔时自然文思泉涌有如神助。

【释义】沿袭古意，仍指若想提笔万言必须阅读很多书。

◎ 妒贤嫉能

【溯源】 《史记·高祖本纪》中记载，刘邦即位，宴请群臣，问及"项羽为何失去天下？"高起、王陵回答："项羽妒贤嫉能，加害功臣，怀疑贤士，对战胜敌军者不予嘉奖，对夺得疆土者不予利益，所以会失去天下。"

【释义】 指妒忌品德与才能强于自己的人。

◎ 杜撰

【溯源】 古时有个叫杜默的人，喜欢作诗却内容乏味，凭空捏造又不讲格律，还常在末尾署上"杜默撰"三字。旁人耻笑于他，一提及此人及其诗作便讥讽地简称为"杜撰"。

【释义】 指毫无根据地瞎编乱造。

◎ 短兵相接

【溯源】 战国时期，楚国诗人屈原为英勇奋战的将士写下《九歌·国殇》一诗，诗中有"操吴戈兮披犀甲，车错毂兮短兵接。旌蔽日兮敌若云，矢交坠兮士争先"等句。这里的"短兵接"是指敌我战车车轴挤着车轴，双方用短小武器混战的局面。

【释义】 指面对面地、近距离进行激烈战斗。

◎ 断章取义

【溯源】 此句由"赋诗断章，余取所求焉"衍义演绎简化而成。《左传·襄公二十八年》中记载，齐国国君庆舍掌权后，卢蒲癸返回齐国，庆舍将女儿嫁给他。他的手下问卢蒲癸："卢蒲氏和庆氏都姓姜，同姓不能结婚，你为什么同姓结婚呢？"卢蒲癸回答："这事公子庆舍都不回避，我为什么要回避呢？就好比赋诗，只取一章一节，各有所求，我有求于庆舍，哪还能顾及同姓不能结婚的问题呢？"此处提到的"赋诗断章"由春秋时期的一种礼仪而来：卿士出国访问，在宴会上主客双方都要诵读《诗》中的一章一节或一段话，取其义以表达己方的意愿。

【释义】 指征引别人的文章或言论时，不顾上下文，孤立截取其中的只言片语，导致原意被篡改。

◎ 对酒当歌，人生几何

【溯源】 此句出自曹操的《短歌行》，原意为"举起酒杯放声高歌，人生又能有几回？"该诗吟作之时正值曹操兵败赤壁，全诗以此起句，于气势壮伟间略显几丝悲凉。

【释义】 现多用来指代悲观思想与享乐主义。

◎ 对牛弹琴

【溯源】《弘明集·理惑论》中记载，公明仪对牛弹奏古雅的清角调琴曲，牛埋头吃草丝毫不为所动，这不是它不听，是因为曲调不悦其耳。公明仪又用琴模仿蚊虫和牛蝇的叫声，还有孤独小牛的声音。牛于是摆动尾巴竖起耳朵，小步走动并倾听着。

【释义】 比喻说话不看对象或对愚蠢的人讲深奥的道理。

◎ 对症下药

【溯源】《三国志·魏志·华佗传》中记载，东汉有两位叫倪寻与李延的州官都患有头痛病，华佗看后，分别开以泻药与发散药，两人不解遂问何因，华佗说："倪寻头痛是伤食引起，李延是外感风寒，所以用药不一样。"后来人们将其概括为"对症下药"。

【释义】 针对事物的问题所在，采取有效措施。

◎ 多难兴邦

【溯源】 此句由"多难以固其国"演变而成。《左传·昭公四年》中记载，楚灵王为称霸诸侯，派伍举出使晋国，想征得晋平公的同意，建议双方国君在楚地相晤。晋平公也欲称霸，不愿答应，司马侯却说应该去。晋平公问："晋国地处险要，兵强马壮，楚国近来犯下骄傲奢侈之患，有了这几条，晋国无往不成，还怕他干什么？"司马侯回答："恰恰相反，依靠地势险要、战马众多、对邻国的灾难幸灾乐祸，这其实是三个危险的信号……对邻国的灾难不可以幸灾乐祸，因为多灾多难也许会使得国家得到进一步巩固，并努力扩展寻找新的疆土。没有灾难也许反而会沦丧国家失去疆土，我们为什么希望别国发生灾难呢？"

【释义】 困难越多越会成为国家或集体兴旺发达的推动力。

◎ 多行不义必自毙

【溯源】《左传·隐公元年》中记载，郑国的郑武公和武姜生下两个儿子庄公与共叔段，因为庄公是难产而生，惹得武姜非常厌恶，不断要求立共叔段为太子，武公没有同意。武公死庄公即位后，共叔段在武姜的支持下，四处扩充地盘，郑国大夫祭仲向庄公提议设计铲除其人，庄公采取欲擒故纵之策，说道："他干尽坏事，最后必将自己搞垮自己，你就等着瞧吧。"

【释义】 形容坏事做多只会自取灭亡。

◎ **咄咄逼人**

【溯源】《世说新语·下·排调》中记载，东晋文学家顾恺之到殷仲堪家中做客，桓温的儿子桓玄也在，三人高兴抽签玩起了"危"字游戏。桓玄先说："矛头淅米剑头炊。"殷仲堪接道："百岁老翁攀枯枝。"顾恺之又道："井上辘轳卧婴儿。"桓玄还未及续句，殷仲堪的一位参军突然出语："盲人骑瞎马，夜半临深池。"一只眼盲的殷仲堪听后顿时惊呼："咄咄逼人。"

【释义】 形容气势汹汹、盛气凌人，也指形势发展迅速，给人压力极大。

◎ **顿开茅塞**

【溯源】《孟子·尽心下》中记载，战国时期，齐国人高子拜师于孟子，但他在学习上缺乏持之以恒的精神，三天打鱼两天晒网，孟子批评道："山上的小道虽窄，如果经常有人走，就会变成一条大路，如果一段时间没人走，就会被茅草堵塞。你的心被茅草堵塞了，所以不能进步。""顿开茅塞"即由孟子教诲之语"茅塞子之心"反其意而成。

【释义】 形容受到启发，思想豁然开窍，立刻明白了某个道理。

·E

◎ **阿堵物**

【溯源】《世说新语》中记载，西晋的王衍是所谓"品行高尚"的清谈之士，他嘴里从不提"钱"字。王妻想试探虚实，趁王衍熟睡之时，叫仆人绕着床边铺上一大圈钱，王衍早晨醒来时无法下床，便叫仆人"举却阿堵物"，意即"拿开这些东西"。

【释义】 钱的别称，含讽刺之意。

◎ 恶贯满盈

【溯源】 《尚书·泰誓》中记载，商朝末年，商纣王暴虐无道，激起极大民愤，为了推翻他的残暴统治，周武王出兵讨伐，大军逼近商都朝歌时，周武王发出誓言，名曰《泰誓》，其中说道："商纣王作恶多端，就像穿钱的绳子一样，已经到头了，上天命我杀死他。""恶贯满盈"即出于此。

【释义】 形容罪恶极多，已到末日。

◎ 尔虞我诈

【溯源】 原句为"我无尔诈，尔无我虞"。《左传·宣公十五年》中记载，楚国大臣申舟出使齐国，在途经宋国时没有借路，被宋国的执政大夫华元杀死。楚庄王兴兵伐宋，华元鼓励宋国军民拼死抵抗，两军相持不下。某日夜，华元悄入楚营，从床上叫起楚帅子反，说："我们君王叫我把宋国现在的困苦状况告诉您：粮草早已吃光，大家已经交换死去的孩子当饭吃。柴草也早已烧光了，大家用拆散的尸骨当柴烧。虽然如此，但你们若想以此来胁迫我们订立丧权辱国的城下之盟，那么我们宁肯灭亡也不会接受。如果能退兵三十里，那你怎么吩咐我就怎么办！"子反向楚庄王禀告，楚庄王应允，下令退兵三十里，楚宋之间这才恢复了和平。两国在签订盟约时，清楚写明："我不欺骗你，你也不必防备我！"

【释义】 指互相欺骗、互不信任。

◎ 耳提面命

【溯源】 《诗经·大雅·抑》中记载，推行残暴统治的周厉王死后，卫武公在晚年作诗批评周厉王，其大意是要防范恶政，同时提出，对于我的那些幼子晚辈，不仅要面对面地教诲他们，还要提着他们的耳朵令其听从教诲。

【释义】 指提着耳朵当面指点，多用来形容长辈对晚辈的殷切教诲。

◎ 耳闻不如一见

【溯源】 始出《荀子·儒效》，荀子详细论述："说、闻、见、知，最终是为了行。闻而不见，必谬；见而不知，必妄；知而不行，必困。如果既不闻又不见，就算能恰当地分辨是非，也不算仁。在这种情形下做出的主张，自然不会有好结果。"《说苑》中亦记载了战国初期魏文侯委派西门豹治邺时，嘱其要认真调查研究，不要轻信传闻。

【释义】 意指只有经过亲自调查、亲身实践，方能做出正确抉择。

◎ **翻手为云，覆手为雨**

【溯源】 唐朝时期，诗人杜甫处于盛唐走向衰弱的时期，他深切体会官场上的背信弃义、反复无常与尔虞我诈、人情淡薄，更想起春秋时期管鲍之交的真情友谊，遂在《贫交行》一诗中写道："翻手作云覆手雨，纷纷轻薄何须数。"

【释义】 现形容人反复无常或惯于玩弄权术。

◎ **反唇相讥**

【溯源】《汉书·食货志下》中记载，武帝与张汤想制造白鹿皮币，询问颜异的意见，颜异不赞成，武帝"微反唇"，此句指唇动而不语，以示不满之意。《汉书·贾谊传》中记载了一段贾谊上书陈述政事的言论："商鞅变法两年，破坏了秦之风俗习惯。富人子弟长大后与父母分居，穷人子弟就到妻子家去入赘，妇女有了孩子还在哺乳期即不和婆家同居，姑嫂之间不和，计较得失且互说长短。"这段古语言论中出现有"反唇相稽"一词，意指打嘴仗、斤斤计较。

【释义】 形容受到指责后不服气，反过来讥笑、讽刺对方。

◎ **防患于未然**

【溯源】 东汉经史学家荀悦在《申鉴·杂言上》中提到对皇帝进献忠告的三种方法："事情没有发生前提出忠告叫防，事情已经发生能采取有效措施去弥补叫救，事情已经形成恶果再去责备叫戒。三者防为上策，补救次之，责戒为下策。"

【释义】 沿袭古意，仍指在祸患发生之前加以预防。

◎ **防微杜渐**

【溯源】《后汉书·丁鸿传》中记载，东汉和帝即位后，窦太后专权。她的哥哥窦宪官居大将军，任用窦家兄弟为文武大官，掌握着国家的军政大权，大臣丁鸿决心为国除掉这一祸根。几年后，天上发生日蚀，丁鸿趁此上书皇帝，指出窦家权势对于国家的危害，建议迅速改变这种现象，他说道："如果皇帝执掌朝政，防微杜渐，则国家的祸害就可以消除，人民就得以幸福安康。"和帝本来早有预感，借机撤下窦宪，逼其自杀。

　　【释义】　指防范坏思想、坏事或错误要从微小处开始，以杜绝其蔓延、滋长。

◎ 放荡不羁

　　【溯源】　《晋书·王长文传》中记载，晋朝学者王长文自幼刻苦好学，性格孤僻，放荡不羁。州里征召他时，他偷着溜走，后又闭门不出潜心著述《通玄经》。几年后，四川天旱，官府开仓借粮，他因为借粮过多无法偿还而惹上官司，刺史徐干知其为人，遂免去其债务，王长文连句客套话也没有，转身扬长而去。

　　【释义】　指不受道德常规的约束，也指行为放纵不检点。

◎ 飞蛾扑火，自取灭亡

　　【溯源】　《梁书·到溉传》中记载，南朝梁时才子到荩是朝廷金紫光禄大夫到溉的孙子，自幼擅长诗文，深受皇帝萧衍的喜爱。某次，萧衍读罢到荩的文章，与到溉笑说："你的文章是由孙子代笔的吧？"同时亦赐《连珠》诗一首，大意为：砚台与毛笔的磨损如同飞蛾投火追求光明一样，即使焚身也在所不惜。

　　【释义】　现喻自投罗网。

◎ 飞扬跋扈

　　【溯源】　《北史·齐本纪上》中记载，北齐时，侯景势力逐渐强大，甚至敢同皇室分庭抗礼。北齐执政高欢的儿子高澄代父起草诏书召见侯景，却久不见人，高澄很是恼火，高欢说："侯景统治河南长达十四年，早就心怀不轨，骄横放肆，必有反叛之心，此人非尔等所能驾驭啊。"不多久，侯景果然举兵叛乱。

　　【释义】　沿袭古意，仍指骄横放肆，不受约束。

◎ 非驴非马

　　【溯源】　《汉书·西域传下》中记载，汉朝时，西域龟兹国国王绛宾多次到访，他特别喜欢汉朝文化，回国后开始大力推广，这与西域的传统习俗大相径庭，人们认为他推广的这一套并不适于当地，如同驴马杂交的骡子般不伦不类。

　　【释义】　比喻不伦不类，什么也不像。

◎ 废寝忘食

　　【溯源】　《论语·述而》中记载，楚国叶县大夫沈诸梁听说孔子是位有名的思想家、政治家，便向其学生子路打听他的为人，子路虽然跟随孔子多年，一时间却不知如何作答，就没有吱声。不久后，孔子听说了这事，就对子路道："你为什么不回答他：'孔子的为人呀，努力学习而不厌倦，甚至于忘记了吃饭，津津乐道于授业传道，而从不担忧受贫受苦，自强不息，甚至忘记了自己的年纪'这样的话呢？"此番话，意在显示孔子因为具有远大理想，所以生活得非常充实。

【释义】 指顾不得睡觉，忘记了吃饭，形容专心致志从事某项工作或学习。

◎ 分道扬镳

【溯源】 《北史·魏诸宗室·河间公齐传》中记载，南北朝时，洛阳京兆尹元志恃才傲物，从不肯对达官显贵让步。某次他乘车外出，碰到御史中尉李彪的车子迎面而来，元志的官职较低理应让路，可他偏偏不作退避，李彪仗势责备，两人争吵不休，告到孝文帝那里。孝文帝笑着说："洛阳是我的京城，我认为你们可以分开走，各走各的，不就行了吗？"二人遂用尺将路面分成两等分，此后各走各路。

【释义】 比喻志趣不同，各行其道。

◎ 分庭抗礼

【溯源】 《庄子·渔父》中记载，春秋时期，孔子与弟子在树林中弹琴。一位渔夫突然求见，当面指责孔子无官无职而举行礼乐，实乃多此一举。孔子虚心接受，最后恭恭敬敬送别渔夫。学生子路很奇怪，问道："我跟随老师很长时间，从没见老师如此以礼相待。就是诸侯君主与老师相见，即便是分庭设置礼仪迎接相见，老师仍然倨傲不下，没想到今天却对一个渔夫如此厚礼相待、尊如师长，这未免太过分了吧。"孔子回答："对长者不敬是失礼，对贤者不尊是不仁，渔夫讲话有理，当然应该受到尊敬。"

【释义】 原指宾主相见，分站在庭的两边相对行礼。现比喻平起平坐，彼此对等可以抗衡。

◎ 焚书坑儒

【溯源】 《史记·秦始皇本纪》中记载，博士淳于越反对秦始皇推行的郡县制，要求延续古制分封子弟，丞相李斯加以驳斥，主张禁止百姓以古非今，以私学诽谤朝政。秦始皇采纳李斯的建议，下令焚烧《秦记》以外的列国史籍《诗》《书》等，并禁止私学，此举即为"焚书"。第二年，术士侯生与卢生暗地里诽谤秦始皇并连夜逃走。秦始皇勃然大怒，迁怒于全国儒生与术士，最后坑杀了四百六十多人，此举即为"坑儒"。两件事合称"焚书坑儒"。

【释义】 现泛指某些过分的极端措施。

◎ 奋发图强

【溯源】《三国志·魏志·司马朗传》中记载，东汉时期，董卓意欲篡位，当时任职治书御史的司马防因要随献帝前往长安，便让大儿子司马朗先回家中留条退路。有人抓住此事大做文章，污蔑司马朗想逃跑，董卓遂将其抓捕。司马朗几经贿赂才获释回家，他对父老乡亲们说："董卓行将篡位，欲成为天下人的仇敌，现在正是忠臣义士振作精神反对之时……"随后即动员全家搬走。未过几月，果见董卓起兵，民死过半。

【释义】 指振作精神以求强盛。

◎ 风马牛不相及

【溯源】《左传·僖公四年》中记载，齐桓公凭借各诸侯国的军队进攻蔡国，打败蔡国后又进攻楚国。楚成王派屈完为使者，对齐桓公说："你们居住在大老远的北方，我们楚国在遥远的南方，相距很远，即使是像马和牛与同类发生相诱而互相追逐的事，也跑不到对方的境内去，没想到你们竟然进入我们楚国的领地，这是为什么？"齐桓公无以应答，这场谈判几经交锋，最后以齐国退兵告终。

【释义】 比喻事物彼此毫不相干。

◎ 风声鹤唳

【溯源】《晋书·谢玄传》中记载，淝水之战时，晋将谢玄派使者向前秦军将领苻融提议，请他们稍微后退，让晋军渡过河再作决战。秦军中大多数将领纷纷拒绝，可是主将苻坚另有想法："不妨将计就计，引兵稍退，待晋军渡过一半时趁机消灭。"于是，秦军在主将的命令下，开始向后撤退，谢玄等晋军将领立即指挥兵马冲乱敌方队形，一路奋勇拼杀，将秦军打得大败而逃。那些四散奔逃的秦兵，听见耳边呼呼的风声与鹤的叫声，以为后面的晋军又追了上来，不敢休息，拖着疲累之身拼命前窜，结果战死、累死、冻饿致死加起来竟伤亡了十之七八。

【释义】 有一点风吹草动或其他声响就惊恐不安，形容惊慌失措或自相惊扰。

◎ 冯唐易老，李广难封

【溯源】 语出王勃的《秋日登洪府滕王阁饯别序》。"初唐四杰"之一的王勃遭遇放逐，途中他在即兴题写《滕王阁序》时感慨自己："时运不齐，命运多舛，冯唐易老，李广难封。"据《史记·冯唐列传》记载，冯唐是一位颇负盛名、德才兼备的人才，在汉文帝时年事已高，但官职卑微，不受重用。到景帝时，略有升迁，但不久即被免官闲居，后来汉武帝寻求贤才，听到人们盛赞冯唐，就召见了他，但这时冯唐已九十余岁，不能复职为官，此为"冯唐易老"的故事。李广是汉武帝时的名将，英勇善战，参战七十多次，人称"飞将军"，可就是这样一位令匈奴闻风丧胆的名将，却在最后一次追击匈奴的战斗中迷失道路，引咎自杀，那些才能和声望远远比不上他但被封侯的竟达数十人之多，这就是"李广难封"的悲剧。王勃借此比喻自己怀才不遇，仕途坎坷，深恐如以上二人遭受不幸。

【释义】 现形容用人之弊，不能知人善任，或批评用人不当。

◎ 逢人说项

【溯源】 唐朝时期，江东年轻人项斯为人正直，文才出众，刚开始参加会考没有什么名气，别人拿他的卷子给杨敬之看。杨敬之特别喜欢，遂作诗一首《赠项斯》："几度见诗诗尽好，及观标格过于诗，平生不解藏人善，到处逢人说项斯。"意即我这一辈子不理解埋没人才会有什么好处，所以我会到处宣扬你的为人与才华。项斯的名气由此渐渐传开，没多久他就被唐宣宗钦定官职。

【释义】 现比喻为某人某事四处吹嘘，说尽好话。

◎ 凤毛麟角

【溯源】 此句由"凤毛"与"麟角"两词组合而成。"凤毛"出自《南史·谢超宗传》，文中讲到，宋文帝见到谢灵运之子谢超宗所作祭文时，称赞"超宗殊有凤毛"，意即文采较高。"麟角"出自《抱朴子·内篇·极言》，原句"为者如牛毛，获者如麟角也"，意思是开始做的人很多，成功的人却如麒麟头上的犄角般少之又少。

【释义】 形容难得的人才或事物。

◎ 扶摇直上

【溯源】《庄子·逍遥游》中引用《齐谐》的记述："鹏迁往南海时，水花被激起三千里高，它的翅膀拍打着飓风上升到九万里高，它的背如同泰山般大，两翅如同悬挂在天边的云彩，背负青天乘着六月大风飞向南海。"庄子通过这般描述，主要表现无往而不胜的精神境界。

【释义】 形容地位、名声、价值等迅速上升。

◎ 斧正

【溯源】《庄子·徐无鬼》中记载，楚国的郢人、匠石互为好友，两人各有一套绝技：郢人在鼻尖上用白粉涂上苍蝇翅膀似的薄薄一层，匠石抡起大斧，顺着郢人的鼻尖削下，只听得斧子在空中"呼"的一声，白粉就完全被削掉，鼻子却丝毫不受损伤，郢人更是脸不变色若无其事。宋元君得知此事后，托人请来匠石表演，欲一睹绝技，不料匠石说道："对不起，现在没法表演了，因为好朋友郢人已经去世，我失去了表演绝技的唯一伙伴。"人们据此故事，引申出"斧正"一词，意思是请别人像匠石抡起斧头削白泥那样来帮助自己删减文章。

【释义】 沿袭古意，是请别人修改文章的敬词。

◎ 福无双至，祸不单行

【溯源】《说苑·权谋》中记载，韩昭侯大兴土木修建一座巨大高门，屈宜臼对他说："就算建成了这个高门，恐怕您也没有机会从这座门走出去。为什么这么说呢？因为您建这个高门的时不对。我所说的时，并不是指时间的长短，而是指时机。每个人都有顺利、不顺利的时候。过去您时运好时，没有修建高门，去年秦国攻占了我们的宜阳，今年国内又大旱，您不在这个关键的时候抚恤百姓，解决百姓的困难，反而要大兴土木如此挥霍，这是在困难的时候去做奢侈的事情啊。所谓福不重至，祸必重来，我说的不合时宜正是指此。"

【释义】 指幸运事不会连续到来，祸事却会接踵而至。

◎ 俯首帖耳，摇尾乞怜

【溯源】 唐代诗人韩愈十七八岁应试时给中书舍人写了封《应科目时与人书》，他在信中说："南海之滨有条龙被困，得水便能化风雨，只要举手投足即可使其在困顿之地发挥作用。不过这条龙说：'宁可烂死在泥沙里，也不愿低头耷拉着耳朵，像狗那样摇着尾巴向主人乞怜，因为这不是我的志愿。'现在我韩愈的处境犹如此龙，所以写信予您，希望能得到怜察。"

【释义】 形容低头耷耳、卑躬屈膝地效力于他人，以乞求恩赐。

◎ 釜底抽薪

【溯源】 语出北齐魏收所作的《为侯景叛移梁朝文》。定州刺史侯景先是投降魏相高欢，后又投降梁武帝，再逼死梁武帝扶立简文帝，最后杀之，自立为汉帝。魏收在文中提出对侯景这样的人必须"抽薪止沸，剪草除根"，意即把柴火从锅底抽掉，斩草必须除去根端。

【释义】 比喻从根本上解决问题，也指暗中进行破坏。

◎ 负薪之议

【溯源】《后汉书·班固传》中记载，东汉史学家、文学家班固尚未成年即给辅政的东平王苍写了封信，信中说道："将军担负着重任，追随周公之政绩，以远大抱负与先见之明统揽诸事，深信六艺经典，明辨是非，既能采纳狂妄无知者的合理主张，又能不违背地位卑微者的言论。"原句中的"负薪之议"即指地位卑微者的言论。

【释义】 现形容见解低下，有时也作自谦之词。

◎ 负重致远

【溯源】《三国志·蜀志·庞统传》中记载，周瑜病死后，庞统送葬到吴郡。吴郡很多文人包括陆绩、顾劭，全琮等人前去看望他。相聚谈话时，众名士请庞统评论一下在座人员。庞统先评江东著名学者陆绩，他说："陆先生像一匹跑不动但脚力强劲的马，有超逸的才能。"接着又评顾劭："顾先生好比是一头跑得很慢但极耐劳的牛，能够背负重物送到远方。"有人请他评评自己，庞统颇为自负地说："为帝王出谋划策，治理天下，我还是可以胜任的。"

【释义】 背着重东西走远路，意指能够肩挑重任。

◎ 富贵不能淫，贫贱不能移，威武不能屈

【溯源】《孟子·滕文公下》中记载了一段孟子与景春之间的对话。景春问："公孙衍张仪难道不是大丈夫吗？一发怒，诸侯就害怕，安居无事，天下就没有冲突。"孟子回答："这怎能算是大丈夫呢？你没有学礼吗？男子行冠礼时父亲训导他，女子出嫁时母亲训导她，亲自送到门口，告以顺从是为人之妻的道理。居住在天下最广大的居所里，站立在天下最正大的位置上，行走在天下最广阔的大道上，能实现志向就与民众一起去实现，不能实现志向就独自固守自己的原则，不受富贵诱惑，不为贫贱动摇，不为武力屈服，这才叫大丈夫。"

【释义】 沿袭古意，仍指高官厚禄收买不了，贫穷困苦折磨不了，强暴武力威胁不了。

◎ 赴汤蹈火

【溯源】 语出《东汉·晁错传》。刘启继位称作汉景帝后，经常听从"智囊"

晁错的意见。晁错主张中央集权、巩固边防、重农粟的政策，并在一篇奏章中具体提出鼓励将士保卫边疆，能打胜仗或坚守不退的就升级，攻破敌人城池或阵地的就奖赏，这样才能使将士们"冒着敌人的利箭和石炮，甘愿奔向滚汤烈火，奋不顾身去拼命"。原句中的"赴汤火"日后渐扩充、演化为"赴汤蹈火"。

【释义】 沿袭古意，仍指不避艰险，奋勇向前。

◎ 覆水难收

【溯源】 《拾遗记》中记载，姜太公隐居时，家境窘困。妻子马氏不愿与他共同生活，任凭姜太公如何挽留却兀自离去。后来，姜太后在周文王的重用下，联合各路诸侯攻灭商朝，建起了西周王朝，马氏见其登临高位执掌重权，请求重新恢复夫妻关系。姜太公令人将壶中水全部倒在地下，而后让马氏收起，马氏急忙趴地取水却只能收到星点泥浆，姜太公此时冷冷说道："你已离我而去就不能复合，好比这倒在地上的水再难收回。"《汉书·朱买臣传》也记载了朱买臣与其妻的类似故事。

【释义】 比喻事情已成定局，无法挽回。

· G

◎ 盖棺定论

【溯源】 原句为"阖棺定谥"。《三国志·魏志·邓艾钟会传》中记载，司马昭派邓艾、钟会分头领兵征伐西蜀，刘禅、姜维被逼投降。随后，钟会设计污蔑邓艾有反叛之心，借司马昭之令将邓艾押解回去。他因与姜维谋反，怕邓艾揭露实情，又伙同他人杀害了邓艾父子。此件冤案后经段灼上书，司马昭终于为邓艾平反。书中即提到了"使艾阖棺定谥，死无所恨"，意即"使邓艾能够在盖棺之后确定封谥，死而无憾"。后来此句演变为"盖棺定论"。

【释义】 指一个人的是非功过到死后才能做出结论。

◎ 甘拜下风

【溯源】 原句为"敢在下风"。《左传·僖公十五年》中记载，春秋时期，晋献公死后，秦穆公将晋公子夷吾送回国做了国君，即晋惠公。晋惠公以前曾答应过秦穆公，要把黄河环曲南面的五座城池送给秦国。但晋惠公执政后却没有遵守诺言。晋国发生饥荒时，秦穆公曾送粮食给晋国，可后来秦国发生饥荒时，晋惠公关闭了两国的粮食贸易市场。秦穆公决定攻打晋国，面对强大的秦军，刚愎自用的晋惠公反而主动下战书。开战之时，本就对这场自取灭亡之战极度不满的晋国大臣们不但袖手旁观，而后又处处解救秦穆公于危难之时，直到秦军俘虏了晋惠公。获胜的秦穆公表示不杀晋侯。晋国大臣们纷纷叩头下拜说："贤君脚踏后土，头顶皇天，皇天后土都听到你的话，我们也敢于在下风头证实听到你在上风头的讲话呀。""敢在下风"日后便演变为"甘拜下风"。

【释义】 表示真心佩服，自认不如，甘居对方之下。

◎ 肝脑涂地

【溯源】《史记·刘敬叔孙通列传》中记载，刘邦平定中原，群臣提议定都洛阳，他在考察洛阳时，有位叫娄敬的人直言："陛下想建都洛阳，难道是想和周朝较量兴隆的盛况吗？"刘邦答曰不错，娄敬又道："陛下获取天下和周朝不同。周武王的祖先积累恩威几十年，人们愿意跟随他，没有经过多少杀戮，便取得了天下。陛下从丰沛起事，统兵三千，经历无数战斗而席卷蜀汉地区，平定三秦，又和项羽抗衡决战中原。就拿成皋孤城之争来说，经历大战七十、小战四十，让天下无辜百姓肝脑涂地、尸体遍野，哭泣之声不绝于耳。那些受创伤的人还没有复原，你就想和西周较量兴隆盛世，我私下以为陛下不能这样做啊！"刘邦几经思量，终于采纳了他的意见，取消建都洛阳的念头，并赐娄敬为刘姓。

【释义】 原指死亡惨重，肝血脑浆涂抹满地，现形容竭尽忠诚，任何牺牲都在所不惜。

◎ 刚愎自用

【溯源】《左传·宣公十二年》中记载，春秋时期，晋楚在郑国发生战争，晋军将领先縠不听统帅荀林父的命令擅自进攻楚军，楚国大夫伍参对楚庄王说："晋军元帅荀林父是新上任的，还不能真正让下属听从他的命令。荀林父的辅佐官先縠刚愎自用，不仁不义，不肯听从荀林父的命令。晋军三帅，专断行事，想听从命令也没有上级的命令。三军主帅尚且如此，晋军将士又该听谁的呢？这一次，晋军一定会吃败仗。再说了，你是国君，晋军主帅是臣，一个国君见了敌军的臣子就吓跑了，你该怎么面对你的臣民呢？"楚庄王听后遂令出兵，最后大获全胜。

【释义】 强硬固执，自以为是，根本不考虑别人的意见。

◎ 高山流水

【溯源】《列子·汤问》中记载，先秦琴师俞伯牙有次在荒山野地弹琴，樵夫钟子期竟能体会到"巍巍乎志在高山""洋洋乎志在流水"，二人因此成为知心好友。钟子期死后，俞伯牙痛失知音，从此不再抚琴。

【释义】 代指知音或知己，也指乐曲高妙。

◎ 高枕无忧

【溯源】《战国策·齐策四》中记载，冯谖教孟尝君应付危难时说道："一只兔子要有三个洞藏身，才能免除被猎人猎杀的危险。您现在住在薛地，就好像兔子只有一个洞，非常危险。万一齐国国君前来追杀，连其他躲处都没有，所以，您现在还不能把枕头垫高，安心地睡觉。"

【释义】 垫高了枕头睡觉，无忧无虑，比喻平安无事。

◎ 隔岸观火

【溯源】《三国志·魏志·袁绍传》中记载，东汉末年，袁绍兵败身亡，袁尚、袁熙兄弟投奔乌桓，曹操领兵击败乌桓，袁氏兄弟又投奔辽东太守公孙康。部将建议曹操先征公孙康再擒袁氏兄弟，曹操哈哈大笑说："你等勿动，公孙康自会将二袁的头送上门来的。"随后即班师静候。不多久，那公孙康果然派人前来进献二袁首级，曹操笑对众将道："如果我们急于用兵，反会促成公孙康与二袁合力抗拒。我们退兵隔岸观火，他们定会自相火并。看看结果，确实不出我所料。"

【释义】 比喻置身事外，采取袖手旁观的态度。

◎ 各自为政

【溯源】《左传·宣公二年》中记载，郑国出兵攻打宋国，宋国任命华元为主帅。两军交战前，华元为鼓舞士气杀羊犒劳将士，忙乱中忘了分给马夫羊斟，羊斟便怀恨在心。交战时，羊斟对华元说："分发羊肉的事你说了算，驾驭战车的事我说了算。"说毕他故意将战车赶到郑军阵地里去。结果堂堂宋军主帅华元轻易被郑军活捉，宋军惨败。

【释义】 形容不顾整体利益，各行其是。

◎ 耿耿于怀

【溯源】 原句为"耿耿不寐"。《诗经·邶风·柏舟》中记载，卫顷公近小人远贤者，使贤者虽然身在其位却又不忍离去，其内心如同柏木之舟与众物一同泛流中游，又担心别人危害自己而焦灼不安、难以入睡。

【释义】 现指心事重重，不能忘怀。

◎ 工欲善其事，必先利其器

【溯源】《论语·卫灵公》中记载了孔子回答子贡的一段话。他说："一个做手工或工艺的人，要想把工作完成并做得完善，应该先把工具准备好。那么为仁是用什么工具呢？住在这个国家，想对这个国家有所贡献，必须结交上流社会，乃至政坛大员、政府中坚，和这个国家社会上各种贤达之士都要交成朋友。换句话说，就是要先了解这个国家的内情，有了良好的关系，才能得到有所贡献的机会，来完成仁的目的。"

【释义】 比喻要做好一件事，先要做好准备工作。

◎ 功败垂成

【溯源】《晋书·谢玄列传》中记载，东晋大将谢玄在叔叔谢安的指挥下取得了淝水大战的全面胜利，迫使前秦王苻坚逃回关中，谢玄乘胜追击，收复了北方的大片领土。就在北方快要统一的时候，东晋皇帝听信谗言令其收兵驻守淮阴。统一北方未遂，人们感叹他是功败垂成。

【释义】 指事情接近成功的时候却遭到了失败。含有惋惜之意。

◎ 恭敬不如从命

【溯源】《笋谱》中记载，小姑子为刁难新过门的嫂嫂，大冬天居然要吃笋，嫂嫂丝毫不犯难满口应承下来。别人问她去哪里找笋，她说："冬天哪里有笋呢，答应下来就是，这不过是以顺从谦让去承担责任罢了。"这就是俗语所说的"恭敬不如从命，受训莫如从顺"。

【释义】 指一味谦恭礼让不如遵其所命，多用于客套与应酬。

◎ 勾心斗角

【溯源】 原句"钩心斗角"。唐代诗人杜牧曾作《阿房宫赋》来讽谏晚唐帝王大修宫室之举，在文中有"各抱地势，钩心斗角"之句，意指阿房宫建筑结构的庞杂豪华，殿角檐牙相凑有如众牛之角相斗，精巧异常。

【释义】 现形容用尽心机，明争暗斗。

◎ 狗尾续貂

【溯源】《晋书·赵王伦传》中记载，晋武帝司马炎死后，儿子司马衷继位，史称晋惠帝。晋惠帝生性愚钝，贾后乘机专权，被赵王司马伦杀死。司马伦后来又废掉晋惠帝自立为皇，并为宗族、亲信、同党等封官晋爵，下令佩戴用貂尾装饰的帽子。由于人数太多，貂尾一时不够用，最后只好用狗尾来代替，人们据此讥讽为"貂不足，狗尾续"，后来简称"狗尾续貂"。

【释义】 比喻以坏续好，前后不相称。现有时用于自谦，有时亦用于贬斥他人。

◎ 沽名钓誉

【溯源】"沽名"始出《论语·子罕》。弟子子贡以得到美玉如何处理问孔子，孔子毫不迟疑地回答："卖掉它，卖掉它，我正待价而沽，等待识货的人出现呢。""钓誉"原为"钓名"，始出《管子·法法》，内容为"钓名之人，无贤士焉"，意即"追求名誉的人，不会是贤达之士"。

【释义】 指用某种不正当的手段捞取名誉。

◎ 姑妄言之，姑妄听之

【溯源】《庄子·齐物论》中记载，瞿鹊子问长梧子："我从孔夫子那里听说：圣人不屑于世俗事务，不追逐名利，也不躲避困难，不喜欢贪求，不捐弃大道，没说什么等于已经说了，说了些什么又好像什么也没说，悠游于红尘之外。孔夫子认为这是无稽之谈，我倒认为是妙道之入门途径，先生以为如何？"长梧子回答："这些话连黄帝听了也会疑惑不解，孔丘怎么能明白呢？你也太操之过急了，看见了鸡蛋就想鸡鸣报晓，看见了弹弓就想吃斑鸠肉，我不过是随便说说，你也就随便听听，何必较真？"

【释义】 沿袭古意，指说者随意说，听者随意听，不必认真究其根底。

◎ 姑息养奸

【溯源】《礼记·檀弓上》中记载过孔子的弟子曾参病危时说过的一段话。当时他儿子曾元、曾申守护在侧，旁边一小孩说曾参病榻上的席子真好看，曾参听后即命儿子将席子换掉。曾元的意思是父亲病重行动不便，待病好后再换也不迟，曾参却说："君子爱人在于德，普通人只顾眼前一点利益，过分宽容就会助长坏事。何况我用这个席子不合乎《周礼》，如果你们真的爱护我就应该换掉。"

【释义】 指无原则地宽容只会助长坏人作恶。

◎ 孤陋寡闻

【溯源】 《礼记·学记》中记载了古时儒家学者总结的六条失败教训，其中一条为"独学而无友，则孤陋而寡闻"，意即"关起门教学，不与外界来往，就会见识短浅"。

【释义】 沿袭古意，形容学识浅陋、见闻不广。

◎ 孤掌难鸣

【溯源】 由《韩非子·功名》中的"一手独拍，虽疾无声"演变而来。韩非在文中讲到君王立功成名的四个条件为天时、人心、技能与势位，势位牢固就有呼必有应，如果有呼无应就好比一只手拍巴掌，虽然疾速却怎么也发不出声。

【释义】 现喻势单力孤，难以成事。

◎ 孤注一掷

【溯源】 《宋史·寇准列传》中记载，北宋初年，辽国萧太后亲率大军南下侵宋，宰相寇准坚持抗战，并请宋真宗督战，宋真宗采纳建议，亲临澶渊，宋军士气高昂，果在澶渊取得大捷。王钦若忌妒寇准，某次陪皇帝赌博时趁机说道："赌博最危险的是一次将所有的赌本都押上，这样可能会输得精光。上次澶渊之战，寇准分明是将皇上作为赌本全押上了，丝毫不顾及皇上的安危啊！"宋真宗听后勃然大怒，不久便将寇准从宰相贬为陕州知府。

【释义】 比喻倾尽所有力量来搏一胜负。

◎ 固若金汤

【溯源】 《汉书·蒯通传》中记载，秦末时期爆发了陈胜吴广大起义，起义军将领武臣一路攻打，逼得范阳县令徐公誓死守城。这期间，著名辩士蒯通前来求见徐公，张口就是致哀、道贺，弄得徐公莫名其妙。蒯通解释说："大人当范阳令十多年来，杀戮抢夺，逼得人民妻离子散，弄得百姓对你怨声载道。只因先前有严厉的秦法在为你挡灾阻祸，百姓才对你无可奈何。现在天下大乱，秦法不管用了，百姓还不把你剥皮剔骨以报昔日之仇？这是我向你致哀的原因。"徐公还是不解为何道贺，蒯通继续说："我准备去向武臣献计，就说范阳县令贪生怕死，想投降又怕你不给好处，其他城镇官员还是会拼死抵抗。这样武臣就会加强围困，把城变成金城，把护城河变成汤池，暂时不作进攻，且会将你先行接来，在周围地区发布公告。其他城镇官员即会相互效仿，陆续前去投降。如此一来，不但保得大人性命安全，还可享受荣华富贵。"徐公闻之有理依言而行，果然附近的守城官吏都纷纷向武臣投降，徐公自然也如愿以偿。

【释义】 泛指不可动摇或牢不可破。

◎ 瓜熟蒂落

【溯源】 《梁书·侯景传》中记载，南北朝时期的侯景，先降高欢又降梁武帝，接着又举兵谋反。对侯景的这种做法，有人问陆法和，陆法和说："等他的勾当干完了自己也就完了，如同瓜果熟透，不摘也会自行落地。"果不出他所料，侯景后来逼梁武帝、太子自杀，自立为汉帝，但第二年亦落了个自杀的结局。

【释义】 指条件成熟，不需任何外力，即会自行解决问题。

◎ 瓜田李下之嫌

【溯源】 唐朝有位叫郭宁的官员把两个女儿送入宫中，唐文宗将其委派官职，人们对此议论纷纷，都认为郭宁是因献女才得此官职。唐文宗遂问柳公权："郭宁的两个女儿是献给太后并不归朕，而且他任职大将军以来没有什么过失，现在朕只让他出任邮宁这个小小地方的主官，又有什么不妥呢？"柳公权回答："瓜田李下的嫌疑，人们哪能都分辨得清呢？"这里的"瓜田李下"源于《古乐府·君子行》中的"君子防未然，不处嫌疑间。瓜田不纳履，李下不正冠。"意指两处均处于易引起嫌疑的环境，必须避嫌。

【释义】 沿袭古意，仍指容易引起嫌疑的场合。

◎ 刮目相看

【溯源】 《三国志·吴志·吕蒙传》中记载，吕蒙十七岁时只是一名都尉，孙权教其勤学知识，他便学而不倦坚持读书，后来连一些老儒生都比不了了。鲁肃一向视吕蒙为一介武夫，言语间总露出对其不屑之意。某次在酒宴上双方谈起战场对敌之术，鲁肃无法应答，吕蒙却一口气说出五种应对方法，这让鲁肃佩服之至，他一步跨过酒桌，拍着对方的肩膀诚恳地说："我原以为你只有武略，却不知道你学识如此渊博，见解如此非凡！"吕蒙遂答："士别三日，当刮目相看。"意即"士人相别三天，应该换一种新眼光来看待"。

【释义】 沿袭古意，仍指去掉旧看法，换用新眼光看待。

◎ 挂羊头卖狗肉

【溯源】《晏子春秋·内篇杂下》中记载了一段关于齐灵公改变女穿男装的故事。某段时期，齐国女人流行穿男装，齐灵公特地下旨："凡是被发现穿男装的女人，一律剥光衣服示众。"可此令并没改变现状。齐灵公很苦恼，这时晏婴说道："外禁内不禁，就好像挂羊头卖狗肉，如要禁止就先治理宫内。"齐灵公依言而行，不到一月，国内即再无女扮男装者。

【释义】 指以好的名义做招牌实际上兜售低劣的货色，形容内外不一。

◎ 观棋不语

【溯源】《潜研堂文集·弈喻》中记载，清代进士钱大昕有回观棋，屡加指点，棋手败后还讥笑其技不如己。一盘下毕，那棋手招呼钱大昕对局，两人刚下几子，钱大昕即穷于应付，下到一半时已步步维艰，下完后居然输掉十三子。他非常难堪，此后观棋再不敢随意指点了。

【释义】 即不喜评论是非，多用来形容良好的品格与风度。

◎ 管鲍之交

【溯源】《列子·力命》中记载，春秋时期，齐桓公身边有两位著名的政治家管仲和鲍叔牙，他俩自幼即是好朋友，互相帮助，真诚相待。管仲曾说过："我当初贫穷时，曾和鲍叔牙一起做生意，分钱财，自己多拿，鲍叔牙不认为我贪财，他知道我贫穷啊！我曾经替鲍叔牙办事，结果使他处境更难了，鲍叔牙不认为我愚蠢，他知道时运有利有不利。我曾经三次做官三次被国君辞退，鲍叔牙不认为我没有才能，他知道我没有遇到时机。我曾经三次作战三次逃跑，鲍叔牙不认为我胆怯，他知道我家里有老母亲。公子纠失败了，召忽为之而死，我却被囚受辱，鲍叔牙不认为我不懂得羞耻，他知道我不以小节为羞，而是以功名没有显露于天下为耻。生我的是父母，了解我的却是鲍叔牙啊！"后来人们就常用"管鲍之交""管鲍遗风"来盛赞二人之间深厚的友谊。

【释义】 喻交情深厚的朋友。

◎ 管窥蠡测

【溯源】《庄子·秋水》中公孙龙与魏牟有一段对话。公孙龙说："我少学先王之道，年长之时明辨仁义之理，自以为最高明不过，可是听了庄子的言论又变得迷惘起来。"魏牟笑说："你的智慧不足以了解是非究竟，就像蚊子想背动大山那样不能胜任。庄子的理论上至天空下至地底，不分南北四面无际，已经深不可测，你却想支离破碎地去寻求，这简直就像用竹管去观天之大，用锥子去探地之深，未免太过渺小了。"《汉书·东方朔传》中有一段东方朔的言论，其中提及"用竹管观察天体，怎能看清星辰之分布？用贝壳去测量海水，怎能知道蕴藏之广大？用细竹条去撞钟，怎能发出钟鸣？"首次提到了"管窥蠡测"之句。

【释义】 形容见识短浅，对事物的观察和了解狭窄又片面。

◎ 鬼斧神工

【溯源】《庄子·达生》中记载，春秋时期，鲁国巧匠梓庆用木头削雕成一把精美的锯子，别人看后都不相信它出自凡人之手，而像出自鬼神之手。鲁国国君见到锯子后也惊奇地询问用何种法术如何制作，梓庆笑答："我一个凡人哪有什么法术。在制作前我忘掉名利聚精会神，只想着怎样才能制作成功，连自己的四肢形体都忘了，待心中对锯有了具体形象后再到山林里仔细寻找合适的木材。制作时我把所有的心血都凝聚在此，经过一番专心致志和精雕细刻，最后终于制成了这把锯子。"鲁国国君这才明白了其中缘由。

【释义】 形容高超精巧的人工雕琢，也形容神奇雄伟的自然造化。

◎ 郭璞生花

【溯源】《南史·江淹传》中记载，南北朝时期，江淹被权贵贬黜到浦城当县令时，某夜于山上歇宿，梦见晋代文学家郭璞授他一支五彩神笔，醒后他文思泉涌，渐成一代风流文章之魁首。晚年时江淹又于某夜梦见郭璞对自己说："我有一支五彩笔留在你处多年，请归还吧。"江淹遂从怀中取笔返还。其后，他的文章日渐失色，再无美句。这就是"江郎才尽"与"郭璞生花"的典故。

【释义】 形容文采斐然，笔力不凡。

◎ 裹足不前

【溯源】《史记·李斯列传》中记载，秦始皇即位不久，来自韩国的水利专家郑国修建了郑国渠，后来反被人污蔑其真实意图是在耗费秦国的财力、物力，惹得秦始皇大动肝火，欲下令将秦国境内的所有别国人驱逐出去。当时尚是一名普通客卿的李斯来自楚国，自然在被驱逐之列，他在此种危境下写了著名的《谏逐客书》。其中说道："我觉得您这样做不妥，错误很严重。一个国家要想有个大国的样子，就应该能容纳人才。江河之所以大是因为纳入了很多细流，高山之所以高是因为容纳了很多沙土。俗话说，国富则民强，地广才粮多，您因为这一件事就把所有他国来的贤士都驱赶走了，后果会难以设想。将来这些人去外面说，秦国不任用本国之外的人，那么所有贤士听了都将裹足而不前。既然您不能广纳天下贤士，将来又怎能建立大业呢？"秦始皇看后觉得言之有理，遂收回了逐客令。

【释义】 形容有所顾虑而止步不敢向前。

◎ 过河拆桥

【溯源】《元史·彻里帖木耳传》中记载，元朝大臣彻里帖木耳一心想督促朝廷废除科举制度，得到元顺帝的支持，而参政许有壬却屡次反对。这日，元顺帝特意召集满朝文武听读废除科举制度的诏书，并责令许有壬站于首位，许有壬不敢不从。听读结束后，御史普化走上前讥讽道："参政，这下你可成为过河拆桥的人啦。"意即：许参政靠科举当上官，现在宣读废除科举制度的诏书，你又在最前列，似乎是废除科举制度的领头人，就像一个人过了桥后又拆桥一样。许有壬羞愤交加，遂借口生病再不上朝。

【释义】 指达到目的后，把曾经帮助自己的人一脚踢开。

◎ 过五关，斩六将

【溯源】《三国演义》中记载，三国时期，刘备和张飞在袁绍营中效力，而关羽被曹操收留。得到大哥的消息之后，关羽不顾一切前去投奔刘备，曹操阻拦不住只得放行，手下部将却紧紧追赶。关羽单骑一人接连闯过东岭关、洛阳关、氾水关、荥阳关、滑州黄河渡口等五道关隘，斩杀韩福、孟坦、孔秀、卞喜、王植、秦琪等六员守将才成功逃走。

【释义】 指克服重重困难。

◎ 过犹不及

【溯源】《论语·先进》中记载，春秋时期，孔子的学生子贡问同学子张和子夏哪个更贤明一些，孔子说："子张常常超过周礼的要求，子夏则常常达不到周礼的要求。"子贡又问，子张能超过是不是好一些，孔子回答说："超过和达不到的效果是一样的。"

【释义】 现指超越客观实际，反会阻碍事物的发展。

◎ 含沙射影

【溯源】《搜神记》中记载，传说江淮间出产一种怪异甲虫，名叫蜮，也叫射工、射影、短狐、水狐。蜮的背上长有硬壳，头上有角，有翅无眼，听觉特别灵敏，口中长有像弩的东西。它只要听到人声便口中含沙突然射击，被射中者不久就会染病生疮，即便只射中影子也会生病。

【释义】 喻暗地里诽谤、中伤、陷害他人。

◎ 韩信点兵，多多益善

【溯源】《史记·淮阴侯列传》中记载，韩信被贬为淮阴侯后，某次刘邦召他入宫中闲谈。

在评完各位将领统率能力后，刘邦问："依你看来，我能统率多少兵马？""不超过十万。"韩信答。"那你自己呢？""当然多多益善。""既然多多益善，怎么会被我逮住呢？"刘邦讥讽道，韩信急忙转口："陛下虽然带兵不多，但有驾驭将领的能力。"经过此番对话，刘邦探知被降为淮阴侯的韩信仍然内心狂妄后，很不高兴，遂开始对其心存戒备。

【释义】 现形容贪多之意。

◎ 邯郸学步

【溯源】《庄子·秋水》中记载，燕国一位寿陵少年听说赵国的邯郸人走路姿势极美，便偷偷跑去学人家走路。一到邯郸，他看到小孩走路活泼而可爱，便学；看见老人走路沉着而稳健，亦学；看到妇女走路摇曳多姿，还学。结果不到半月，他不仅什么也没学会，自己反而不会走路了，最后只好爬回寿陵。

【释义】 形容不善于学习，盲目模仿，不仅学无所成反而丢掉了固有技能。

◎ 汗牛充栋

【溯源】 唐代诗人柳宗元在《陆文通先生墓表》中写道："自从孔子修改过《春秋》以后，给它作传的就多起来了，当时就有《左传》《公羊传》《谷梁传》《邹氏传》

《夹氏传》五家。后来历朝历代又有成百上千的人为它们作注讲疏，写出很多见解不一的著作。这些书堆起来能塞满屋子，运出去连牛马都要累得出汗。"

【释义】 形容藏书非常多。

◎ 汗青

【溯源】 《后汉书·吴祐传》中记载，古时在竹简上记事，会先选择上等的绿竹即"青"，将其削成长方形的竹片，再用火逐片烘烤，一是为了便于书写，二是为了干燥防虫。烘烤之时，本来新鲜湿润的青竹片，被烤得冒出水珠像出汗一样，所以人们将这道工序称作"汗青"。后来"汗青"逐渐代称竹简。

【释义】 现泛指书籍史册。

◎ 好高骛远

【溯源】 由《宋史·程颢列传》中的"病学者厌卑近而骛高远，卒无成焉……"演变而来。此句是对北宋理学家、教育家程颢治学主张的评说，意思是：程颢教学上务求使人对事物之理做到循序渐进，那些学习态度上存有毛病者却不愿从当前实际出发，只一味追求过高过远、虚无缥缈的目标。

【释义】 沿袭古意，仍指不切实际地追求过高过远的目标。

◎ 浩如烟海

【溯源】 北宋史学家司马光与他人耗时十九年，取材正史、野史、传状、文集、谱录等222种，续编成《资治通鉴》，该书共计291卷、300万字，前后记录了1362年的历史，花费了极大心血。他在《进〈资治通鉴〉表》中介绍该项编撰工作时用"简牍盈积，浩如烟海，抉摘幽隐，枝计毫厘"来形容文章典籍数量之多、容量之大。

【释义】 指广大繁多如茫茫烟海，多用来形容书籍、资料、文献等非常丰富。

◎ 和氏之璧

【溯源】《韩非子·和氏》中记载，楚国卞和在荆山里得到一块璞玉奉献给楚厉王，但玉工说这只不过是一块石头，楚厉王大怒，以欺君之罪砍下卞和的左脚。楚武王即位后，卞和再次捧玉去见，玉工仍说只是一块石头，卞和因此又失去了右脚。楚文王即位后，卞和抱着璞玉痛哭了三天三夜，哭干了眼泪又继续哭血，楚文王派人询问原因，卞和说："我并不是哭被砍去了双脚，而是哭宝玉被当成了石头，忠贞之人被当成欺君之徒，无罪却受刑辱。"楚文王遂命人剖开璞玉，果见内中是块稀世之玉，当时即命名为和氏璧。

【释义】 喻珍奇宝物。

◎ 涸泽而渔

【溯源】 也作"竭泽而渔"。《吕氏春秋·义赏》中记载，春秋时期，晋文公率军在城濮与楚国对峙，他问狐偃如何胜强大的楚军，狐偃献计用欺骗的办法。他又问雍季如何处理，雍季说："有人为了捉鱼把池塘里的水都抽干了，鱼是捉到了但以后就无鱼可捉了，有人想捕鳄兽，就把山上的树都烧光了，野兽是捕到了但明年就无兽可捕了。欺诈的计策也是这样，偶然用一次也许会成功，可是以后再用就不灵了，这不是长远的良策。"晋文公最后用狐偃的计策打败了楚军，但在论功行赏时雍季在狐偃之上，因为他认为一时之利远远比不上百年大计重要。

【释义】 抽干池水捉鱼。比喻做事不留余地，只顾眼前利益，不顾长远利益。

◎ 鹤立鸡群

【溯源】 《世说新语·下·容止》与《晋书·嵇绍列传》中均记载，西晋的嵇绍身材挺拔、姿容秀美，是当时著名的美男子。他年轻时到过洛阳，有人告诉司徒王戎，说嵇绍站在人群中好似仙鹤立于鸡群，王戎说你还没见过他父亲嵇康呢，那更是气宇非凡的人中龙凤。

【释义】 指某人的仪表或才能在周围群体中非常突出。

◎ 横眉冷对千夫指，俯首甘为孺子牛

【溯源】 "横眉"原为"横目"，指人类。《庄子·天地》中记载谆芒与苑风的一段对话，当谆芒说想去东海游览一番时，苑风发问："夫子无意于横目之民乎？"意即"难道你对人类一点兴趣也没有吗？"《史记·平标书》曾出现过"千夫"一词，指少数敌人。"孺子牛"始出《左传·哀公六年》，原句为"女忘君之为孺子牛而折牙齿乎？"意即"你难道忘了齐景公为儿子当牛而折断牙齿的事吗？"这里的"孺子牛"即"儿子的牛"。现代著名文学家鲁迅在《自嘲》一诗中写有"横眉冷对千夫指，俯首甘为孺子牛"，其意为：怒目面对敌人的猖獗气焰毫不屈服，低下头情愿为人民大众做牛马。

【释义】 形容对敌人决不屈服，对人民大众甘心像牛马一样俯首听命。

◎ 哄堂大笑

【溯源】 《因话录》中记载，唐代御史有台院、殿院、察院之分，由台院一

名年资最高者主杂事，称作"杂端"。凡在公堂进食者都不准笑言，如杂端先笑则三院之人随之大笑，此种情形称作"哄堂"，不做处罚。

【释义】 形容全屋子的人同时大笑。

◎ 鸿沟

【溯源】 鸿沟是中国古代最早沟通黄河和淮河的人工运河，即今天河南荥阳东南的贾鲁河。《史记·项羽本纪》中记载，项羽与刘邦楚汉争霸时，曾在鸿沟划地为界，鸿沟以东归项羽，鸿沟以西归刘邦，并议定暂不相扰。

【释义】 现形容彼此之间存在着不可逾越的分歧或隔阂。

◎ 鸿门宴

【溯源】 鸿门宴指的是暗藏杀机的宴会。《史记·项羽本纪》中记载，秦末时期，刘邦、项羽各自率军攻秦，兵力较弱的刘邦先行拿下咸阳，项羽大怒，又接刘邦左司马曹无伤密报，疑其欲在关中称王，遂驻军灞上与之对峙。项羽的季父项伯将此事告知刘邦，刘邦为迷惑对方遂于新丰鸿门简装赴宴。项羽的亚父范增在酒宴上一再暗示除去刘邦，但项羽几次都默然不应，范增便召项庄舞剑，项伯为保护刘邦也拔剑起舞。此时刘邦部下樊哙带剑持盾闯入军门连连质问项羽，刘邦这才乘机脱逃，回营后即刻杀掉曹无伤。

【释义】 形容外表礼遇，内含杀机。有时也作诙谐之语。

◎ 侯门深似海

【溯源】《云溪友议》中记载，唐朝年间，秀才崔郊与一婢女情投意合，可是后来婢女被卖给显贵于某，崔郊悲伤不已。寒食节时他碰见了外出的婢女，写下一首《赠婢诗》："公子王孙逐后尘，绿珠垂泪滴罗巾。侯门一入深似海，从此萧郎是路人。"于某读到此诗深为感动，遂让崔郊把婢女领回，促成了一段美好姻缘。

【释义】 指双方之间疏远隔绝，亦指踏入仕途后与群众日渐脱离。

◎ 后顾之忧

【溯源】《魏书·李冲列传》中记载，北魏宰相李冲办事认真公正，深得孝文帝的信赖。孝文帝每次出征，他都将朝中的事打理得井然有序。李冲病故后，孝文帝痛惜不已，在他的墓前说道："我如出征，朝事交给你就无后顾之忧了。"

【释义】 指对未竟之事放心不下，有时亦指需防范隐患。

◎ 后来居上

【溯源】《史记·汲郑列传》中记载，汉武帝时，大夫汲黯因直言不恭官职停留不进，公孙弘、张汤等阿谀奉承之辈却步步高升，汲黯对此愤愤不平，对汉武帝语含讥讽道："陛下使用群臣，跟码劈柴一样，是后来者居上啊。"汉武帝当然听得出这是发牢骚，他转脸对臣子们说："人真是不能不学习啊，你们听汲黯说话，越来越离谱了。"

【释义】 指后来的超过先前的。

◎ 后起之秀

【溯源】《世说新语·上·赏誉》中记载，东晋时期，经学家范宁有个外甥王忱年少有才。某次，王忱去看望舅舅，碰到了小有名气的张玄。因为张玄年纪较大，他希望王忱能先打招呼，故端坐不动，但没想到王忱也沉默不语，两人对坐一会儿均感无趣，遂快快而别。事后，范宁责备外甥不该如此，王忱说："他要是真心想和我来往，完全可以来找我先谈嘛。"范宁听后反倒称赞起来："你这样风流俊逸，真是后来的优秀人才。"

【释义】 表示后来出现或新成长起来的优秀人物。

◎ 怙恶不悛

【溯源】 原句为"长恶不悛"。《左传·隐公六年》中记载，春秋时期，卫国联合宋国、陈国攻打郑国，郑庄公向陈国求和，陈桓公不许。大臣陈公子陀劝其接受，但陈桓公认为宋国、卫国都是大国，陈国是小国，现在不攻郑国早晚是陈国之祸，遂不听劝告，结果郑国吃了大亏。没想到三年之后，郑庄公发兵进攻陈国取得了极大胜利。有人便说："陈桓公坚持作恶不去改正，随之而来的就是自取其害，别人是挽救不了的。"

【释义】 指坚持作恶，不肯悔改。

◎ 囫囵吞枣

【溯源】《碧岩录》中记载，有个人看书时只会大声念诵，却从来不想想其中道理。某次聚会，一位客人感慨道："这世上很少有两全其美的事，就拿吃水果来说，梨对牙齿很好但是吃了伤胃；枣子能健胃可惜吃多了又会伤牙齿。"此人自作聪明道："这很简单嘛，吃梨子时不要吃进果肉就不会伤胃；吃枣子时一口吞下就不会伤牙啦！"旁人笑他："你这不是囫囵吞枣吗？"

【释义】 指对事物不加分析思考，只知笼统接受。

◎ 华而不实

【溯源】《左传·文公五年》中记载，春秋时期，晋国大夫阳处父在返晋途中到达鲁国，鲁国的宁赢见此人相貌堂堂仪表非凡，表示愿意与他同行。可是走不多远，宁赢便离开了，他回来后对妻子说："阳处父性格太过刚强……又喜欢夸夸其谈，像是只会开美丽花朵而不会结果。他这样容易和别人结怨，我怕不仅得不到他的好处，反会受害，所以就离开他回来了。"

【释义】 比喻外表好看内容空虚，也指表面上很有学问，实则腹中空空的人。

◎ 哗众取宠

【溯源】 东汉文学家、史学家班固在《汉书·艺文志》中评论儒家学说之得失时讲道："然惑者既失精微，而辟者又随时扬抑，违离道本，苟以哗众取宠。"意思是"有些对儒家学说掌握不当或了解不够的人，背离其根本宗旨，以不正当的争吵、浮夸的言论来博取人们的信赖"。

【释义】 沿袭古意，指以浮夸的言论迎合群众，骗取群众的信赖和支持。

◎ 化腐朽为神奇

【溯源】 庄子发现了事物之间的相互转化，把转化看成相对循环，他认为世间万物都统一存在于这种循环变化中，所以在《庄子·知北游》中提到"臭腐复化为神奇，神奇复化为臭腐"。

【释义】 变坏为好，变死板为灵巧，变无用为有用，变一切陈旧、没有生机的东西为崭新而生机勃勃、活力无限的东西。

◎ 画饼充饥

【溯源】《三国志·魏志·卢毓传》中记载，三国时期，魏国人卢毓为官清正，敢于直言，且忠心耿耿，深得魏明帝的信任。当时朝中有诸葛诞、夏侯玄等不务实只空谈之人，魏明帝对他们很不满意，在选拔中书郎时，便向主管官员的卢毓提出："这次选拔，要由你来推荐。选拔的人不要只看名声。名声就像在地上画个饼一样，其实是不能吃的啊。"卢毓回答："靠名声是不可能衡量才能的，但可以发现一般的人才。修养高、行为好又有名声的不应该厌恶他们，我认为应对他们进行考核，看是否真有才学。现在废除了考试法，全靠名誉提升或降职，所以真伪难辨虚实混淆。"魏文帝遂下令制定考试法。"画饼充饥"一词即出自于此。

【释义】 现比喻用空想来安慰自己。

◎ 画地为牢

【溯源】 秦汉时期，民间俗语有"画地为狱""刻木为吏"，分别指画成的牢狱、木制的狱吏。史学家司马迁受刑出狱后，在《报任少卿书》中写道："虎在深山，百兽都怕它，可一旦陷入栏圈不得不摇尾乞怜。在地上画条线就能成牢狱，削根木头就能当作狱吏，自己当前就处于这种境地，没有什么别的办法，此时还要讲什么不愿受辱的话，那都没用。但自己确实不甘心如此，所以才撰写《史记》，这样死了也会觉得更有意义。"

【释义】 比喻将行动限定在某种范围内，不得逾越。

◎ 画虎不成反类犬

【溯源】 "画虎不成反类狗"本是民间俗语，反改"狗"为"犬"成为书面语言。东汉伏波将军马援听说侄子马严、马敦行为不轨，便写了封《诫兄子严敦书》。书中说道："龙伯高为人慎重厚道，不随便议论是非，清正廉明极有威望，我很器重他，希望你们向他学习。杜季良为人豪爽侠义，乐人之乐忧人之忧，我也很器重他，但不希望你们去仿效。因为学伯高学不到家总还可以做一个谨慎的人，所谓刻天鹅不像总还可以像个鸭子，而学杜季良学不成就会堕落下去，所谓画虎画不成反倒成了条狗。"

【释义】 比喻仿效失真，反而弄得不伦不类。

◎ 画龙点睛

【溯源】《历代名画记》中记载，张僧繇是梁朝著名的画师，某次皇帝命令他在金陵安乐寺的墙壁上画龙，很快，张僧繇绘出两条栩栩如生的龙。皇帝发现两条龙都没有眼睛，就问为什么，张僧繇回答说："画上眼睛的话，它们就会飞走的。"皇帝不信，张僧繇只好给其中一条龙点上了眼睛。霎时间电闪雷鸣，那条龙果真飞走，墙上只剩下一条龙。"画龙点睛"一词即出于此。

【释义】 现比喻办事善于抓住要领，或于整体中突出重点。

◎ 画蛇添足

【溯源】《战国策·齐策二》中记载，齐国使者陈轸出使楚国，见到意欲伐齐的楚国大将昭阳时说到一个故事：几人分酒，因酒不多遂提议各自在地上画蛇，谁先画好谁就喝整壶酒。有一人最先画完，他端壶欲喝又自语道还能再添几只脚，说罢再描画起来。没等他给蛇添完脚，另一人画完，说你既已添脚那画的就不是蛇，而后一把抢过酒壶喝个精光。该故事即为"画蛇添足"。

【释义】 形容自作聪明只会弄巧成拙。

◎ 怀抱琵琶半遮面

【溯源】 唐代诗人白居易被贬任九江司马后，某个秋夜在船上为朋友饯行，偶闻有女弹奏琵琶，遂写成一首《琵琶行》。文中有"移船相近邀相见，添酒回灯重开宴。千呼万唤始出来，犹抱琵琶半遮面"之句，意思是：我听见琴声就叫船儿移近，添酒点灯重新开宴，几番呼唤才令她出面，因为见到生人有些害羞，她出舱时怀里抱着琵琶还半遮着脸。

【释义】 现形容遮遮掩掩，不好意思。

◎ 淮橘为枳

【溯源】 《晏子春秋·内篇杂下》中记载，春秋时期，齐相晏婴出使楚国，楚王设宴招待。正饮酒间，官吏押解一人经过酒席，问是何人，官吏答是个犯下偷盗罪的齐国人。楚王便颇有深意地问晏婴："齐人善于偷盗吗？"晏婴巧妙作答："我听说橘生淮南是橘，移栽到淮北就变为枳。这两者叶子相似但味道不同，实是因水土不一样啊。眼前这个齐人在齐不偷入楚便偷，怕是因为楚国的环境才使他偷盗的吧。"楚王尴尬无言。

【释义】 指人或事物因环境变化而随之改变。

◎ 环顾左右而言他

【溯源】 原为"王顾左右而言他"。《孟子·梁惠王下》中记载，孟子问齐宣王："你的臣民远行前，把他的妻子儿女托付给朋友照顾，等他回来时，却看见妻子儿女在受冻挨饿，应该把朋友怎么办？"齐宣王说："抛弃他。"孟子又问："士师不能管理士卒，应该把他怎么办？"齐宣王说："罢免他。"孟子再问："君王没有治理好国家，应该把他怎么办？"齐宣王不愿正面回答，回头左右环顾身边侍从，说起了其他事情。

【释义】 形容无话对答，有意避开讨论的主题，用别的话搪塞过去。

◎ 患得患失

【溯源】 《论语·阳货》中，孔子评论得失之心太重者时说："鄙俗的人难道可以和他共事吗？这样的人，当他没有得到权势禄位侍奉君王时，生怕得不到，已经得到后又总怕失去。假如总是唯恐失去权势禄位，那就什么事都可能做得出来。"

【释义】 担心得不到，得到了又担心失去，形容计较个人得失。

◎ 黄粱一梦

【溯源】 《枕中记》中记载，唐朝时期，少年卢生终日梦想着求取功名，某日在邯郸客店偶遇道士吕翁。吕翁劝解后不见成效，便让卢生在他的枕头上睡觉，卢生在梦里历经大起大跌，最后在荣华富贵中度过余年。做完梦醒来一看，他发现店主人蒸的黄米饭竟还没有熟。

【释义】 比喻虚幻、不能实现的梦想。

◎ 黄金台

【溯源】 《战国策·燕策一》中记载，智者郭隗以马作比喻，说古代有人以五百金买千里马的头骨，结果一年内获得三匹千里马，他劝燕昭王以厚金招纳贤士。燕昭王遂为其建起黄金台，行拜师之礼，此举引得魏国军事家乐毅、齐国阴阳家邹衍、赵国游说家剧辛等人纷纷前来投奔，落后的燕国很快变得人才济济。

【释义】 指贤良荟萃之地。

◎ 讳疾忌医

【溯源】 周敦颐在《周子通书·过》中写道："今人有过，不喜人规，如护疾而忌医，宁灭其身，而无悟也。"后人在使用中将"护"改为了"讳"。全句意思是：人有过失却不喜欢别人规劝，就像有病害怕医治，宁可毁灭其身也不愿悔悟觉醒。

【释义】 现形容隐瞒缺点错误，不愿接受别人批评帮助。

◎ 讳莫如深

【溯源】 春秋时期鲁庄公喜欢妃子孟任，想让孟的儿子般继承王位，叔牙想让庆父为王位继承人，庄公不同意，季友杀死叔牙让般当上了国君。庆父后来又杀死般，让开当王，一年后杀死鲁公。他想自立为王，却由于季友号召国人起来反对而感到害怕，遂逃往齐。庆父两次弑君并出逃的事，《左传》在记载时写成"公子庆父如齐"，《谷梁传·庄公三十二年》对此解释为"讳莫如深，深则隐"，意即：庆父逃齐，不说逃而说如齐，是因为他犯下的罪行太严重了，只能加以隐讳。

【释义】 现指隐藏得很深。

◎ 祸起萧墙

【溯源】《论语·季氏》中记载，季孙要攻打附庸国颛臾。辅佐季孙的冉有、子路两人将此事告知孔子，孔子说他们未尽到助手之责理应解职，两人又转而说应该攻打颛臾，孔子生气地说："你们两人辅佐季孙，不能招致远方的人前来归附，却要在国境内使用武力，我看季孙的忧虑不在颛臾，而在萧墙里面呀。"这里的"萧墙"是指古代国君宫殿大门内外起屏障作用的矮墙，孔子引用此语，是担忧将要发生内乱。

【释义】 表示内部祸乱。

·J

◎ 鸡鸣狗盗

【溯源】 原指有一技之长者。《史记·孟尝君列传》中记载，齐国贵族孟尝君有门客三千，秦昭王请他出任秦国宰相。不久，有人说孟尝君身为齐人却在秦国为相，实是危险人物，秦昭王便将其软禁，准备处死。孟尝君托人向秦昭王的幸姬求情，幸姬想要他那件已经献给秦昭王的宝物白狐皮袄，正在孟尝君为难之时，一位门客自告奋勇，施展偷盗之技深夜取回白狐皮袄，幸姬大为高兴，设法说服秦昭王放弃了杀孟之心。孟尝君连夜逃奔至函谷关，按秦国法规，函谷关每天鸡叫才开门，半夜时候，鸡可怎么叫呢？众人正犯愁时，另一门客"喔喔喔"学起了雄鸡啼鸣，引得城关外的雄鸡相继鸣叫，守关士兵遂开门放行。孟尝君就这样靠着鸡鸣狗盗之士逃回了齐国。"鸡鸣狗盗"一词即出于此。

【释义】 现指卑贱下流的勾当。

◎ 疾风知劲草

【溯源】《后汉书·王霸传》中记载，东汉时期，刘秀路过颍阳时接纳了王霸等人，王霸随他参加昆阳之战，立下了赫赫战功。后来刘秀被王郎打败，跟随他的人纷纷离去，只有王霸仍忠心侍主。刘秀不由感慨道："过去在颍阳跟随我的人都跑光了，只有你还跟着我为我出力，真是只有在疾风中才能识别出坚韧之草啊。"

【释义】 比喻只有在危难之中才能验证出坚强之人。

◎ 集思广益

【溯源】《教与军师长史参军掾属》中记载，三国时期，蜀主刘备死后，刘禅继位，蜀国的大小政事都由丞相诸葛亮处理。诸葛亮在朝野的威望很高，但他并不居功自傲，经常注意听取部下的意见。有部下反对他如此做法，他认为这是为了集中众人的智慧和意见，广泛地听取有益的建议。

【释义】 沿袭古意，指集中多方智慧，思考并广泛吸取有益的意见，使大家受益。

◎ 纪昌学射

【溯源】《列子·汤问》中记载，神箭手甘蝇有个弟子叫飞卫，飞卫学成之后，射箭本领远超师傅，纪昌慕名前来要拜飞卫为师，飞卫让他先练习不眨眼睛。于是纪昌回家后仰面躺在妻子的织布机下注视着梭子开始练习，三年之后，就算是用锥子尖刺向眼皮，纪昌也不会眨下眼睛。飞卫又让他练习视物，纪昌遂用牦牛尾毛系住一只虱子悬挂在窗口，天天凝视着它，十天之后，他眼里的虱子渐渐变大；三年之后，虱子看起来竟有车轮那么大。纪昌便用弓箭射向悬在窗口的虱子，结果穿透了虱子的心，牦牛尾毛却没有断。飞卫知道他的练习结果后，高兴地说："你已经掌握了射箭的诀窍。"

【释义】 形容做事专心致志持之以恒。

◎ 寄人篱下

【溯源】《南史·张融传》中记载，南齐的张融其貌不扬但反应机敏，南齐太祖萧道成有次问他家在哪里，张融说："我住在陆地上但不是房屋里，住在船上但不是水上。"萧道成不明白，兄弟张绪解释说是在东山附近岸边的一只小船里。又一次探讨书法时，萧道成说他书法颇具骨力，但还缺少王羲之与王献之的法度，张融马上回应："二王亦无我之法。"在写文章方面，张融也主张要有自己的风格，他在《门律自序》中写道："男子汉大丈夫，写文章应当像孔子删编《诗》《书》，制定《礼》《乐》那样，发扬自己的创造性，为什么要模仿别人像鸟雀那样寄居在人家的篱笆下面呢？""寄人篱下"即出于此。

【释义】　依附于他人篱笆下。比喻依附别人生活。

◎ 既来之，则安之

【溯源】《论语·季氏》中记载，春秋时期，季孙要攻打附庸国颛臾，作为季孙氏家臣的冉有、子路两人将此事告知孔子，孔子批评二人，你们两人辅佐季孙，不但不能招致远方的人前来归附并将其安顿下来，反而使邦内谋动武力，弄得不像样子。

【释义】　意指既然来了就要安下心来。

◎ 既往不咎

【溯源】《论语·八佾》中记载，鲁哀公约孔子的弟子宰予交谈拜祭土地神之事，哀公问供奉土地神的木牌位用什么木料，宰予说夏代用松木，商代用柏木，周代用栗木，并语意颇深地说周代用栗木的意思是使黎民百姓害怕得战战栗栗，此句暗指鲁哀公的政治企图。孔子知晓这番对话之意后批评宰予："已经完成的事就不要再说，正在顺势办的事就不要再劝阻，对已经过去的事应既往不咎，不必再予追究了。"

【释义】　指对以往的过错不再追究。

◎ 驾轻就熟

【溯源】　唐代诗人韩愈在《送石处士序》中记载，河阳军节度使乌公任后之三月，拜求贤人名士。有人向他推荐石洪，并说石洪为人清简，信守诺言，谈古论今时如黄河决口倾泻而下，又如四匹马驾驶轻车走在熟悉的大路上，与古时善御者不相上下，预测事情就像卜卦预见吉凶一般。后来石洪顺利踏入仕途，韩愈特为此写下这篇序文。

【释义】　指对某事或某行业非常熟悉，做起来得心应手。

◎ 嫁祸于人

【溯源】《史记·赵世家》中记载，韩国上党太守冯亭派使者求见赵王，以十七座城池表示不愿归秦而愿归赵之诚心。赵王非常高兴，便问平阳君赵豹此事如何，赵豹回答："现在秦国正像蚕吃桑叶般慢慢侵吞韩国土地，从中间隔绝了韩国，不让韩国与上党相通，自以为可以稳坐而接受上党的土地。韩国所以不把上党让给强大的秦国而主动送给赵国，实质上是想嫁祸给我们赵国。强大的秦国天天在打主意而得不到，弱小的赵国却坐收其利，这是无故之利，有害无益。"赵王没有采纳赵豹的意见，派军队占领了上党，后来果然导致秦赵之战，赵国惨败。

【释义】 把祸害转嫁到别人身上。

◎ 兼听则明，偏信则暗

【溯源】《资治通鉴》中记载，唐太宗问宰相魏征："我作为一国之君，怎样才能明辨是非不受蒙蔽？"魏征回答说："作为国君，只听一面之词就糊里糊涂，常常做出错误的判断。只有广泛听取意见，采纳正确的主张，您才能不受欺骗，下边的情况您也就了解得一清二楚了。""兼听则明，偏信则暗"即出于此。

【释义】 指要同时听取各方面的意见，才能正确认识事物，若相信单方面的话，必然犯片面性的错误。

◎ 见怪不怪，其怪自败

【溯源】《见异录》中记载，老翁魏元忠做饭时有个猿猴替他烧火，有次老翁叫仆人，狗却应声而至。该书中还讲了其他许多怪异之事，并说"见怪不怪，其怪自败"。《夷坚志》中也记载，说有个饲养母猪的人叫姜七，某次他家请客，忽闻母猪说了人话，姜七亦道："见怪不怪，其怪自坏。"这两句话意思是说，刚开始还视为怪异，后来渐渐习惯也就不足为奇了。

【释义】 发现怪事怪物不要惊慌，习以为常后它就不具有危害了。

◎ 见利忘义

【溯源】 原为"见利思义"。《论语·宪问》中记载，子路问孔子怎样才称得上是个完人，孔子说："只要他们见到利能想到该不该得，遇到危险肯牺牲自己，长期困窘而不忘平日的诺言，就可以算是完人了。"《汉书·樊郦滕灌傅靳周传》中又记载，西汉时期，刘邦死后，大权落在吕后手里，吕氏安排吕产、吕禄掌握国家大权，不得人心。吕后死后，老臣周勃、陈平想办法铲除吕家势力，就请老丞相郦商的儿子郦寄出面约他的好朋友吕禄外出打猎，借机杀掉吕禄，郦寄遂被封为大将军。后人评论郦寄时遂说此为"见利忘义"之行为。

【释义】 指见有利可图就不顾道义。

◎ 见异思迁

【溯源】《管子·小匡》中记载，春秋时期，齐国相国管仲为国家的强盛做出重要的贡献，齐桓公问他如何使民众安居乐业，管仲回答说，把民众分为士、农、工、商四个行业分开居住，使他们便于学习与钻研本行业的技能，"不见异物而迁"，这样就可以达到目的了。现在"不见异物而迁"已演化为"见异思迁"，意即看见别的事物就改变原来的主意。

【释义】 指意志不坚定，喜好不专一。

◎ 箭在弦上，不得不发

【溯源】《三国志·魏志·陈琳传》中记载，"建安七子"之一的陈琳在袁绍手下任职时，曾写下一篇讨曹檄文，文中不但历数曹操几大罪状还骂其祖宗三辈。当时曹操正患头风病，见到此文后立即病愈，并说："像陈琳这样有才学的人为袁绍服务，实在可惜。"后来曹操打败袁绍，任用陈琳掌管文书，发问道："当初你为袁绍写文章骂我，只说我个人罪状即可，为什么还要骂我的祖宗三辈呢？"陈琳脑筋一转，道："我为袁绍办事，那是箭在弦上不得不发呀。"曹操大笑，再不提及此事。

【释义】 比喻情势危急到不得不为。

◎ 渐入佳境

【溯源】《晋书·顾恺之传》中记载，东晋画家顾恺之生活上比较随便，一次朋友送了捆甘蔗给他，他正在聚精会神地观赏风景，竟从甘蔗末梢吃起来，朋友问他感觉如何，他说渐渐甜起来，这才是甘蔗正常的吃法。"渐入佳境"遂得于此。

【释义】 比喻境况逐渐好转或兴趣逐渐浓厚。

◎ 江河日下

【溯源】 清代文学评论家宗山在《词学集成·序》中认为：自唐代诗人李商隐至两宋时期，词赋走的还是正道，可在其后就开始粗制滥造，令人感到有如江湖之水，一天天地向低处流去。

【释义】 形容事情进展不顺，每况愈下。

◎ 将相和

【溯源】《史记·廉颇蔺相如列传》中记载，战国时期，赵国舍人蔺相如奉命出使秦国，不辱使命，完璧归赵，所以被封了上大夫；而后又陪同赵王赴秦王设下的渑池会，使赵王免受侮辱。为表彰蔺相如的功劳，赵王封蔺相如为上卿。老将廉颇居功自傲，对此不服，屡次故意挑衅，说以后"让他下不了台"，蔺相如以国家大局为重，始终忍让。后来廉颇终于顿悟，向蔺相如负荆请罪。将相和好，共同辅国，从此传为一段佳话。

【释义】 指内部团结。

◎ 将欲取之，必先予之

【溯源】《老子》中记载了老子关于辩证法的一段言论："凡是事物发展到极限必向相对方面转化，打算收敛姑且扩张，打算软弱姑且强盛，打算废弃姑且兴建，打算夺取姑且给予，这些就是所谓事物的征兆。"《周书》亦说过："想要打败他姑且先帮助他，想要取得时姑且先给予他。"

【释义】 沿袭古意，即要想夺取些什么，得暂且先给予些什么。

◎ 交浅言深

【溯源】《淮南子·齐俗》中记载，孔子的弟子服子对客人说起他的一位客人："你的客人很不讲礼貌，见我就笑是对我的怠慢，谈话时不称呼先生是对我不敬，互相还不熟悉就深入谈论是不懂事理。"客人解释说："不是这样，他见你就笑是出于和气，谈话不称先生是表示通达不惑，交情虽浅但讲出很深的见解是出于忠告。"

【释义】 现指跟交情浅的人深入交谈，易语出不慎，造成差误。

◎ 骄兵必败，哀兵必胜

【溯源】 "骄兵必败"原为"兵骄者灭"。《汉书·魏相传》中记载，西汉时期，汉朝军队经常在边境地区和匈奴的军队发生战争。某次，汉军夺得车师，匈奴也派骑兵袭击了车师。汉宣帝召集群臣商议对策，右将军赵充国当时主张出击匈奴右翼，以解车师之围，但丞相魏丞认为："如果我们出兵的话，即使是打了胜仗，也会后患无穷。仗着国大人多而出兵攻打别人，炫耀武力，这样的军队就是骄横的军队。而骄横的军队一定会灭亡。"汉宣帝最后采纳了魏丞的意见。"哀兵必胜"原为"哀者胜"。《老子》中记载："古代善于用兵的人讲过，我不能主动进攻他人，但要迎击敌人的进攻，不能入侵他国一寸土地，但也不能让出自己国土一尺，这就是所谓的柔可克刚之理。但祸患莫大于轻敌，轻敌就将葬身，所以说对敌两军在兵力相当的情况下，因受侵害而愤慨的一方必定战胜另一方。"两句总合而言，意指恃强轻敌的军队必打败仗，受欺侮而奋起抵抗的军队必能取胜。

【释义】 表示胜不骄、败不馁，含劝诫之意。

◎ 骄奢淫逸

【溯源】《左传·隐公三年》中记载，春秋时期，卫国国君卫庄公溺爱儿子州吁，州吁专横霸道，到处惹是生非。庄公对其听之任之，从不严加管教。卫国大夫石碏劝告他："我听说，父亲喜爱孩子，应当用道义来教育他，不要让他走上邪路，骄横、奢侈、荒淫、好逸的恶习都来自邪恶。这些恶习所以产生，就是因为父母宠爱得太过分。"卫庄公没有听从大夫的忠告，州吁变得越来越坏，不久卫庄公病死，太子姬完继位后次年便被州吁杀死，州吁篡夺了王位。卫国人强烈反对如此暴君专政，石碏便联合陈国国君又将州吁杀死。

【释义】 现形容生活放纵奢侈，荒淫无度。

◎ 矫枉过正

【溯源】 西汉时期，汉景帝担心诸侯势力过大会自己称王，出现中央管不住地方的局面，就采用晁错的建议，借故削去几个诸侯王的封地。吴王刘濞竟借清君侧的名义企图谋反，迫使汉景帝杀死了晁错，出现历史上的"七国之乱"。此为"矫枉过正"的典型史实之一。

【释义】 指纠正偏差超过了适中的限度。

◎ 节外生枝

【溯源】 原句为"节上生枝"。宋代理学家朱熹在《朱子全集》中认为，读书要从文章的思想内容、逻辑推理上去读，不要管别的问题，吕祖谦的弟弟吕子约不同意这种观点，朱熹便说："读书贵在专一，不要根据一句话、一个情节便走向歧义，以免节上生枝。"意指主要线索上不要另生歧义，后来"节上生枝"演变成"节外生枝"。

【释义】 比喻原有问题之外又岔出了新问题，使问题不能顺利解决。

◎ 结草衔环

【溯源】《左传·宣公十五年》中记载，晋国大夫魏颗在父亲死后，未遵从父意将他的一位爱妾殉葬而嫁给了别人。后来他与秦国大力士杜回作战，正当二人杀得难解难分时，一位老人用草编的绳子套住杜回，使魏颗将他当场擒获，后又大败秦军。此为"结草"的典故。《后汉书·杨震列传》中记载，东汉时期，杨震父亲杨宝九岁时，将一只受伤快死的黄雀救回家养护多日后放飞。某夜，他梦见一黄衣小孩自称西王母的使者，特来感谢救命之恩，并赠送四枚白玉环，祝其四代显赫。正如黄衣小孩所言，杨宝的儿子杨震、孙子杨秉、曾孙杨赐、玄孙杨彪四代官职都至太尉，而且刚正不阿，为政清廉，深为后人颂扬。

【释义】 比喻感恩报德，至死不忘。

◎ 捷足先登

【溯源】 原句为"高材疾足者先得"。《史记·淮阴侯列传》与《汉书·蒯通传》中均有记载，西汉时期，韩信在辩士蒯通的帮助下打败齐王田广，占据山东临淄。当时刘邦正被楚军围困，召韩信为其效力，蒯通劝韩信三分天下却未能成功。后来韩信被吕后与萧何诛杀，刘邦又派人抓获了蒯通，意欲烹死。蒯通遂说："秦朝失去天下，纲纪松弛，函谷关、崤山以东原六国旧地大乱，六国后代英雄辈出，人人都来追逐帝位，本领高强、行动迅速的人先得天下，这是很自然的事。就像盗跖的狗咬明君尧，那是因为狗的眼里只有盗跖。我是韩信的人，眼里只有韩信，没有陛下呀。况且想当皇帝的人很多，你能把他们都烹死吗？"刘邦认为此番话很有道理，遂放了他。

【释义】 指行动快的人先达到目的。

◎ 解嘲

【溯源】《汉书·扬雄传》中记载，汉哀帝时，丁傅与董贤掌握朝政权势很大，很多人投靠他们获得官职。扬雄却埋头写作不去趋炎附势，有人便嘲笑他没有取得显赫官位，扬雄为此专门写下一篇《解嘲》文章表明自己的立场。"解嘲"一词遂出于此。

【释义】 被人嘲笑而自作解释。

◎ 借刀杀人

【溯源】《韩非子·内储说下》中记载，春秋时期，郑桓公袭击郐国之前，先打听了郐国有哪些有本领的文臣武将，开列名单，宣布打下郐国，将分别给他们封官爵，把郐国的土地分给他们。并煞有介事地在城外设祭坛，把名单埋于坛下，对天盟誓。郐国国君一听到这个消息，怒不可遏，不分青红皂白便责怪众臣叛变，将名单上的贤臣良将全部杀掉，结果郑桓公轻而易举就灭了郐国。"借刀杀人"一词始出于此。《三十六计》中亦有"借刀杀人"之计。

【释义】 现指假借他人之手达到自己目的的一种策略。

◎ 借东风

【溯源】《三国演义》中记载，赤壁之战前夕，周瑜欲发动火攻一举烧毁曹军的战船，但他没想到连日来竟刮西北风，若用火攻，反会烧了自己而根本无损于曹军。周瑜为此事闷闷不乐竟病倒了，诸葛亮心知病因，更预测到几日后天气将会变转为东风，所以特地开出一纸药方："破曹军，须用火攻。万事俱备，只欠东风。"他让周瑜派人建起一座七星坛，自己装模作样地上坛作法，到了作战当天，果见东南风大起，周瑜乘机发起火攻，击败了曹军。

【释义】 现指遇到困难时借助他人之力得以解决。

◎ 借花献佛

【溯源】 相传，某小镇闹蝗灾，加上猛兽侵扰，镇民惶恐不安，释迦牟尼得知此事后，施展佛法灭除了蝗虫，也驯服了猛兽。镇上有位穷人为表谢意，送来一束鲜花，释迦牟尼见他破衣烂衫身上脏污，却捧着如此美丽的鲜花，便问他是否需要帮忙。那穷人说："佛啊，我不敢欺骗您。我家里是很穷，就连这束花都是借来的，可这代表了我一片诚心，所以您一定要收下。"释迦牟尼非常感动，遂让镇上所有的穷人过上了幸福安逸的日子。

【释义】 现指用别人的东西做人情。

◎ 今朝有酒今朝醉

【溯源】 唐代诗人罗隐十考进士不中，自感前程渺茫，遂写下《自遣》一诗："得即高歌失即休，多愁多恨亦悠悠。今朝有酒今朝醉，明日愁来明日愁。"后两句是过一天算一天，只顾今天不管明天如何的意思。

【释义】 沿袭古意，形容人只顾眼前，没有长远打算。

◎ 金石为开

【溯源】《西京杂记·第五》记载，西汉时期，飞将军李广在打猎时张弓搭箭射向猛虎，却发现中箭者不过是块形似猛虎的石头，因力道极大那支羽箭竟连箭尾也没入石中。李广非常惊讶，不敢相信是自己所为，便又连射几箭，却再也未能射入大石。人们觉得奇怪去请教扬雄，扬雄说："如果诚心实意，即使像金石那样坚硬的东西也会被感动的。""精诚所至，金石为开"这一词语便流传下来。

【释义】 形容心诚志坚，力量无穷。

◎ 金投暮夜

【溯源】《后汉书·杨震传》中记载，王密被太守杨震推荐为昌邑县令后，为感知遇之恩，他怀揣黄金，趁着天黑无人时前去致谢，并说无人知晓，杨震反问："天知地知、我知子知，何谓无知？"王密无言以对，抱着黄金羞愧地退了出去。

【释义】喻秘密行贿。

◎ 金玉其外，败絮其中

【溯源】《卖柑者言》中记载，杭州有个卖水果的人很会贮藏柑子，贮藏一年的柑子外表光泽鲜亮，售价很高。打开之后，内里却干枯如破棉絮，人们连声质问他为何要做如此骗人之勾当，这人却借一个柑子暗讽当朝官员："当今那些佩带兵符、坐虎皮椅子的人，一副威风凛凛的样子，好像是捍卫国家的人才，他们真的能够传授孙武、吴起的韬略吗？那些高高地戴着官帽、腰上拖着长长带子的人，一副神气活现的样子，好像是朝廷的重臣，他们真的能够建立伊尹、皋陶的功业吗？盗贼兴起却不知道抵挡，百姓贫困却不知道解救，官吏狡诈却不知道禁止，法度败坏却不知道整顿，白白地耗费国家仓库里的粮食却不知道羞耻……他们哪个不是外表像金玉、内里像破絮呢？您对这些不去分析明辨，却来查究我的柑子？"一番话说得质问者无言以对。

【释义】喻指外表漂亮，内里破败。现常用来形容某些华而不实、外表光鲜美丽而无修养内涵的人。

◎ 锦囊妙计

【溯源】"锦囊"是旧时封藏机密文件或诗稿的织锦口袋，"锦囊妙计"是指封在锦囊中的神机妙算。《三国演义》中记载，东吴大将周瑜听说刘备的妻子刚刚去世，就设计装作要将孙权的妹妹许配给刘备，让刘备到东吴入赘，到时将他幽囚狱中，并用他换取荆州。诸葛亮识破此计，决计派赵云伴随刘备入东吴成亲。临行，诸葛亮悄悄对赵云说："你保护主公到东吴，我给你三个锦囊，囊中有三条妙计，你到东吴后依计而行。"后来赵云果然依计而行，保刘备成亲，并携新夫人安全返回荆州，使得周瑜的计谋成为泡影。

【释义】现比喻能及时解决紧急问题的方法。

◎ 锦书

【溯源】《晋书·列女传》中记载，东晋有位女诗人苏蕙，善写"回文诗"。

她丈夫窦涛被流放到西北后，苏蕙非常想念，就写了一首纷繁复杂的"回文诗"表达思夫之情。后人遂将这种织在锦上、需回旋往复阅读才能尽晓其义的诗文称作"锦书"。

【释义】 现专指夫妻间来往的书信。

◎ 谨言慎行

【溯源】 原句为"谨于言而慎于行"。《礼记·缁衣》中提到，要想让民众不乱说话，行为有所约束，首先朝廷说每一句话都要考虑后果，推行主张时要预先避免坏影响，这样民众也就能谨言慎行了。

【释义】 现指言语行动小心谨慎。

◎ 近水楼台先得月

【溯源】《清夜录》记载，宋仁宗时期，很多人得到杭州知府范仲淹的推荐提拔，有一个外地巡检苏麟到杭州办事，送范仲淹一首诗，诗中写道"近水楼台先得月，向阳花木易为春"，范仲淹看后心知其意，随后便也提拔了他。

【释义】 指具备某种便利条件而获得优先机会。

◎ 惊弓之鸟

【溯源】《战国策·楚策四》中记载，战国时代，六国联合抗秦之际，赵国使者魏加问楚国春申君物色好主将没有，春申君准备任用临武君，魏加不同意但不好直说，就讲了则故事：魏国有一神箭手更羸对空拉弦虚发一箭，就令天上一只孤雁坠落下来。魏王不解，更羸便解释说这是只受过伤没康复的孤雁，原本就心中恐慌，一听弦响欲振翅高飞，结果导致伤势发作，不得不掉下来。说毕，魏加又道："临武君过去与秦交战吃过不少败仗，如今再叫他迎战秦军，就会像惊弓之鸟般，挡不住秦军的进攻啊。"

【释义】 现喻受过惊吓的人碰到一点动静就非常害怕。

◎ 精卫填海

【溯源】《山海经》中记载，上古时期炎帝最疼爱的小女儿女娲在东海被水淹死，她的灵魂化作一只鸟儿，总是飞到西山叼来小石头和小树枝扔进东海，誓要填平东海为自己报仇。因为它的叫声音似"精卫"，人们就将其称为"精卫鸟"。

【释义】 现借指意志坚定，不畏艰难。

◎ 鲸吞

【溯源】《旧唐书·萧统等传论》中记载有"自隋朝维绝，郡县瓜分，小则鼠窃狗偷，大则鲸吞虎踞。"意思是：隋朝末年，人们不堪忍受隋炀帝杨广的横征暴敛，全国三分之二的地方发生暴乱，小的像鼠狗那样奔窜偷盗占村占寨，大的像鲸鱼吞食老虎盘踞那样占州占县，到处是豪强割据、相互兼并之事。

【释义】 指食量奇大，也用来比喻侵吞土地。

◎ 井底之蛙

【溯源】《庄子·秋水》中记载，浅井里住着只青蛙，从未出过井外，也不知道井外的世界有多大。某天，来自东海的大鳖出现在井口，青蛙便向它夸口，说自己的井如何好，在这里生活如何自在。海鳖便向它讲述了东海如何之大，可怜这只井底蛙丝毫体会不到，只能两眼圆睁，呆呆发愣。

【释义】 形容见识短浅、思路狭窄之人。

◎ 九牛一毛

【溯源】《汉书·司马迁传》中记载，史学家司马迁因替败降匈奴的李陵辩解而被汉武帝下入大狱，遭受残酷的宫刑折磨。他在给任安的回信中，写下自己屡受迫害的经过与完成《史记》的决心，其中讲道："若我这样死去，在那些人眼里也不过像九牛损失一根汗毛，这和死个蝼蚁又有什么两样？"意即他的生命在当朝之人眼里根本无足轻重。

【释义】 沿袭古意，形容微不足道。

◎ 久处其上，必不为下

【溯源】《曹操篡汉》中记载，汉献帝时，袁绍的门客逢纪建议袁绍占据冀州地盘，袁绍便派外甥陈留与荀谌等人去说服冀州的韩馥。荀谌向韩馥说道："袁绍是这一时代的人中豪杰，将军在'容众、智勇、布德'三方面都不如他的条件，却又长期处其之上，他必然不会屈居将军之下。冀州是天下物产丰富的重要地区，他要是与公孙瓒合力夺取冀州，将军立刻就会陷入危亡的困境。袁绍是将军的旧交，又曾结盟共讨董卓，现在的办法是，如果把冀州让给袁绍，他必然感谢您的厚德，而公孙瓒也无力与他来争。这样，将军便有让贤的美名，而自身则比泰山还要安稳。"韩馥生性怯懦，于是便同意让出冀州。"久处其上，必不为下"即出于此。

【释义】　现常用来说明居高位者若不体察下面的情况，就很难做出正确抉择。

◎ 居安思危，有备无患

【溯源】　《左传·襄公十一年》中记载，春秋时期，宋、齐、晋、卫等十二国联合出兵攻打郑国。郑国国君急忙向十二国中最大的晋国求和，晋国同意后，其余十一国也就停止了进攻。郑国特意送去丰厚的礼物，晋悼公欲将其分给功臣魏绛，魏绛却谢绝好意，并劝道："咱们国家的事情之所以办得顺利，首先应归功于您的才能，其次是靠同僚们齐心协力，我个人有什么贡献可言呢？但愿您在享受安乐的同时，能想到国家还有许多事情要办。《书》上有句话说得好，'居安思危，思则有备，有备无患'，意思是处在安乐环境中，要想到可能有的危险，现谨以此话规劝主公！"晋悼公高兴地接受了魏绛的意见。后来此句简化为"居安思危，有备无患"。

【释义】　指要提高警惕，防止祸患的发生。

◎ 居不重席，食不二味

【溯源】　《左传·哀公元年》中记载，吴王夫差为报复楚国，进攻楚国的附属国陈国。楚国大夫们很害怕，但大夫西子认为："我们楚国如果群臣和睦就不必害怕，过去吴王阖闾吃饭不到两个菜，住宿不用两套被褥，平地筑室不设高坛，器物不施丹漆雕刻，宫室不设台榭，舟车不加修饰，选取坚固耐用之物，不尚纤巧虚靡之品。对于国家政务躬身俯视资给用度，有什么好吃的都与士兵共享，老百姓就是累死也不会抱怨。过去楚国大夫正与阖闾相反所以才被打败。现在夫差居有台榭之奢，宿有妃嫔之乐，玩物如命视民如仇，不断发动战争，他已经打败了自己，怎能战胜我们楚国呢？"这里的"居不重席，食不二味"形容胸怀大志，省吃俭用，与民同甘共苦。

【释义】　现指省吃俭用，生活俭朴。

◎ 鞠躬尽瘁，死而后已

【溯源】　三国时期，蜀主刘备死后，昏庸无能的刘禅继位，他只知享乐，把国内的军政大权交给诸葛亮处理。诸葛亮联吴伐魏，南征孟获，积极准备北伐，在最后一次北伐前夕写下著名的《后出师表》，其中有"臣鞠躬尽力，死而后已"一句，意即竭尽全力去效劳，一直到死为止。

【释义】　沿袭古意，表示呕心沥血、竭尽所能去做，至死方休。

◎ 开诚布公

【溯源】 原为"开诚心，布公道"。《三国志·蜀志·诸葛亮传》中记载了作者陈寿对诸葛亮的一段评语："诸葛亮之为相国也，抚百姓，示仪轨，约官职，从权制，开诚心，布公道。"意思是：诸葛亮担任宰相，抚恤百姓，昭示法规，精简官职，权事制宜，诚心待人，公正无私。

【释义】 沿袭古意，指待人坦荡无私，诚恳公正。

◎ 开卷有益

【溯源】 宋朝初年，宋太宗命人编写了一部规模宏大的分类百科全书，共计一千卷，内分五十五门，收录书籍一千六百多种，因为年号叫太平兴国，所以这部书就叫《太平编类》。《渑水燕谈录·文儒》中记载，宋太宗每天都要阅览几卷，如果有事耽误一定会改天抽时间补上，并说："只要打开书本总会有好处的，何况我并不觉得劳神。"

【释义】 沿袭古意，指多读多看能增长见识得到益处。

◎ 开门揖盗

【溯源】《三国志·吴志·吴主传》中记载，三国时代，江东孙策遭暗算重伤而死，他的弟弟孙权才十八岁，只会天天啼哭根本无力管理朝政。谋士张昭对孙权说："现在天下大乱，豺狼遍道，如果你只顾悲啼，不理国事……这好比大开着房门，拱着手把强盗请来，必将自取其祸。"孙权觉得言之有理，马上换上朝服视察军队去了。文中的"开门揖盗"即是指开门请强盗进来。

【释义】 比喻引进坏人，招来祸患。

◎ 开源节流

【溯源】 战国时期，思想家荀况在《荀子·富国》中阐述了富国策略：若要国家富强，就要爱护百姓，在收支上开源节流，百姓才能安居乐业、发展生产，国家才能富强。如果不顾生产，只顾浪费物资，百姓就会十分贫困。原文中提到的"节其流，开其源"后来演变为"开源节流"。

【释义】 沿袭古意，指扩大收入来源，节省开支流出。

◎ 开宗明义

【溯源】《孝经》第一章题目即为"开宗明义"。北宋经学家邢昺作注解道："开，张也；宗，本也；明，显也；义，理也。言此章开张一经之宗本，显明五孝之义理，故曰开宗明义章也。"

【释义】 现指说话、写文章一开始就讲明主要意思。

◎ 康庄大道

【溯源】 原为"康庄之衢"，意指宽阔通畅的大路。《史记·孟子荀卿列传》中记载，稷下是春秋时齐国都城临淄的稷门，齐国曾在此设稷下学宫，招揽文学游士数千人，此地遂成为战国时的学术中心。齐威王时，为嘉许在稷下讲学、议论的文学游士，特封淳于髡、慎到、环渊、接子等人为列大夫，并为他们建造高大的屋宅与平坦畅达的大路，使其倍受恩宠。

【释义】 现喻美好光明的前途。

◎ 柯云罢弈

【溯源】《述异记》中记载，晋代人王质进山砍柴，见两仙童对弈，王质便放下斧子在旁观战。童子递了几枚枣子给王质吃，他吃后不知肚饥。一局未终时童子问他怎么还不回去，王质恍然起身，却见斧头柄（柯）都已烂掉。当他下山回到故里，人间已过百年，亲戚旧友早已无人存活。

【释义】 形容光阴飞逝，世事变幻无常。

◎ 克己奉公

【溯源】《后汉书·祭遵传》中有一段对祭遵的评论，说他虽然出身富豪之家，却为人廉洁为官清正，处事谨慎克己奉公。虽然常受刘秀的赏赐，但他每次都将这些财物分给手下人。祭遵生活十分俭朴，即便在安排自己后事时，他仍嘱咐手下人不许铺张浪费，只要用牛车装载自己的尸体和棺木，拉到洛阳郊外草草下葬就可以了。

【释义】 沿袭古意，指约束自己的私欲，以公事为重，比喻对自己要求严格，一心为公。

◎ 空城计

【溯源】 "空城计"本是军事作战中的计策之一，一般都以为"空城计"源于《三国演义》，其实早在《左传》一书中就有相关记载：春秋时期，楚国令尹子元率六百兵车攻打郑国，当进入郑国外郭门至内城前时，只见城门洞开，楚军生疑不敢入城，此时又闻齐、鲁、宋三国援郑之师将至，只得趁夜深而逃。

【释义】 指在危急处境下掩饰空虚、骗过对方的高明策略。

◎ 空前绝后

【溯源】 由"顾冠于前，张绝于后"演变而来。《宣和画谱》中记载，晋代画家顾恺之被人称为"三绝"，即才绝、画绝与痴绝。南北朝时的梁朝又出了位张僧繇，善于画龙，到了唐朝，吴道子更有所成，一日之间竟画出嘉陵江几百里山水。后人在评价这三位画家时，认为顾恺之超越前人，张僧繇后人莫及，吴道子则兼两人之长处。"空前绝后"一词即源于此。

【释义】 形容前无古人后无来者，独一无二之意。

◎ 空中楼阁

【溯源】 佛教书籍《百句譬喻经·三重楼喻》中记载，有位傻财主看到别人家的三层楼房，宽敞明亮，高大雄伟，心中赞叹不已。他回家后赶紧找来造楼的工匠，要求依原样再造三层楼，工匠们摩拳擦掌开始工作。傻财主不解地问这是在干什么，工匠回答依你的吩咐造楼呀，傻财主急忙申明："不对不对，我只要第三层，下面两层都不要，快拆掉，先造最上面的第三层。"这句话惹得工匠们当场哈哈大笑起来。"空中楼阁"一词即出于此。

【释义】 现喻虚幻的事物或脱离实际的空想。

◎ 口蜜腹剑

【溯源】《资治通鉴·唐玄宗天宝元年》中记载，唐朝宰相李适之声誉极高，受人称赞，李林甫心生妒意，在唐玄宗李隆基面前说尽他的坏话，致使李适之被解除官职。李林甫还用欺诈之法结交唐玄宗身边的宦官妃子，多方骗取皇帝信任，在朝中执掌大权十几年。时间久了，人们都看清了他的伪善面目，说他是个口里有蜜腹中藏剑之人。

【释义】 沿袭古意，形容口是心非、阳奉阴违、阴险狡诈的两面派。

◎ 口若悬河

　　【溯源】　形容讲话像瀑布倾泻，滔滔不绝。《晋书·郭象列传》中记载，西晋著名清谈家郭象喜欢研究老庄学说，口才极好，后来到朝中出任黄门侍郎。当时的太尉王衍十分欣赏他，常常在别人面前赞扬郭象："听郭象说话，就好像一条倒悬起来的河流，滔滔不绝地往下灌注，永远没有枯竭的时候。"

　　【释义】　形容能说会道，口齿伶俐。

◎ 口诛笔伐

　　【溯源】　班固在《白虎通义》中解释：诛指责备、追究之意，诛其人即追究其罪行。东晋经学家范宁在《春秋谷梁传集解·谷梁传序》中提到"一字之褒，宠逾华衮之赠，片言之贬，辱过市朝之挞"。意思是：一个字的褒扬，受宠能超过赠给王公的服饰；而片言只语的贬伐，屈辱却大过社会舆论之鞭挞。"口诛笔伐"一词即根据上述语言材料简化而成。

　　【释义】　现指用语言和文字对坏人坏事进行揭露和声讨。

◎ 夸而有节，饰而不诬

　　【溯源】　南北朝时期著名的文学理论家刘勰在《文心雕龙·夸饰》中说道：文章作品中的抽象道理即使精心描写与模仿也难以表达，而形象事物运用夸饰手法则易于揭示。《诗经》《尚书》中运用夸饰使含义旷达，这是很有价值的。但如扬雄、司马相如那样夸饰过分，反而不好。所以夸张必须有节制，做到"夸而有节"；修饰必须不妄，做到"饰而不诬"，这样才能叫作恰到好处。

　　【释义】　沿袭古意，指文章的夸张、修饰不能脱离实际，做到夸饰与真实统一才能起到好的作用。

◎ 脍炙人口

　　【溯源】　"脍炙"原指古时炒烤肉丝的一种肉食。《孟子·尽心下》中记载，曾参的父亲曾哲生前很喜欢吃一种叫羊枣的野生小柿子，他死后，曾参再不忍吃羊枣。孟子的弟子公孙丑不知内情，觉得奇怪，就去问孟子："脍炙与羊枣孰美？"孟子回答当然是脍炙。公孙丑再问曾参为何不吃"羊枣"时，孟子遂告知了缘由。此典故后来演绎而成"脍炙人口"这一词语。

　　【释义】　现引申为人人赞美的事物和传诵的诗文。

◎ 旷日持久

【溯源】 原为"旷日弥久"。《韩非子·说难》中记载一段关于游说的论词，意思是：游说之士取得君王信赖绝非一日之功，既能提出见解又不被怀疑、加罪，就要公开以利害，引导君王之功业，或以是非修饰君王之人品，这是游说成功的要领。原文中提到的"旷日弥久"形容拖延时日很久。

【释义】 指荒废时间，拖延很久。

◎ 傀儡

【溯源】 即木偶人。《列子·汤问》中记载，周穆王西巡昆仑，在返途中有能工巧匠偃师造了一个会跳舞唱歌的傀儡，当场表演给周穆王和他的宫姬看。表演即将终止时，那具傀儡竟然滚动眼睛探看左右宫姬，周穆王大怒，欲下杀令。偃师吓得急忙剖开傀儡，里面不过是些草木、胶漆、里白、丹青之物。

【释义】 现指受人操纵、没有自主权的人或事物，如傀儡政府。

·L

◎ 兰亭会

【溯源】 东晋时期，王羲之、谢安、孙绰、李充、许询、支遁等文人墨客四十一人在兰亭聚会宴咏，并将当日诗作集为《兰亭集》，王羲之还特意为此作序。

【释义】 后来人们常用"兰亭会"代指高朋聚首，饮宴游乐。

◎ 滥竽充数

【溯源】《韩非子·内储说上》中记载，齐宣王让人吹竽时喜欢听三百人一起吹，不通音律的南郭处士便请求给齐宣王吹竽，由于三百人一起演奏难以分清水平高下，宣王便统一对待，南郭处士占得不少便宜。齐宣王死后，齐湣王继位，齐湣王喜欢让乐师们独奏，冒充乐师的南郭处士无法继续遮掩，只好灰溜溜地逃走了。这就是"滥竽充数"的故事。

【释义】 形容以次充好，有时也用作自谦之词。

◎ 狼狈为奸

【溯源】 《酉阳杂俎》中记载，狼和狈是一类动物。狼的前腿长后腿短，狈则相反，前腿短后腿长。狈每次出去都必须依靠狼，把它的前腿搭在狼的后背上才能行动，否则就寸步难行。有一次，狼和狈走到一户人家的羊圈外面，虽然里面有许多只羊，但是羊圈既高又坚固，于是它们想出了一个好主意：狼骑在狈的脖子上，再由狈用两条长的后腿直立起来，把狼驮得很高，然后狼就用它两条长长的前脚攀住羊圈，把羊叼走。人们由这个故事派生出"狼狈为奸"一词。

【释义】 现形容互相勾结干坏事。

◎ 老当益壮

【溯源】 《后汉书·马援传》中记载，马援常对跟随他的人说："大丈夫要有志气，穷怕什么，越穷困志向越要坚定；老怕什么，越年老志气越要健旺。"后来他将自己的所有资财分给亲友，参加刘秀军队，官至伏波将军。

【释义】 沿袭古意，指年纪虽老但志气豪壮。

◎ 老马识途

【溯源】 《韩非子·说林上》中记载，管仲、隰朋跟随齐桓公去讨伐孤竹国，春季出征，冬季返回，迷失了道路。管仲说："可以利用老马的才智。"遂放开老马前行，大家跟随在后很快找到了路。走到山里没有水喝，隰朋说："蚂蚁冬天住在山的南面，夏天住在山的北面。地上蚁封有一寸高的话，地下八尺深的地方就会有水。"于是又挖地得到了水。"老马识途"一词即出自此。

【释义】 形容有经验的人对事情比较熟悉。

◎ 老生常谈

【溯源】 本意是指老书生经常说的话。《三国志·魏志·管辂传》中记载，三国时期，管辂通晓占卜术，某次，吏部尚书何晏、侍中尚书邓飏召其占卜，管辂也早就想教训这两个倚仗权势胡作非为之人。何晏这几天晚上总梦见苍蝇叮鼻子，便问是什么预兆，管辂道："从前周公忠厚正直，辅助周成王建国立业，国泰民安；现在你的职位比周公还高，可感恩你的人很少，惧怕你的人很多，这恐怕不是好预兆。你的梦按照占卜术来测，也是个凶相啊！要想逢凶化吉，消灾避难，只有多效仿周公等大圣贤们，发善心，行善事。"一旁的邓飏听了很不以为然，连连摇头说："这都是些老生常谈，没什么意思。"此事过去不久，转至新年，就传来消息说何晏、邓飏与另一位曹爽因谋反而遭诛杀。管辂知道后连声说："老生常谈的话，他们却置之不理，所以难怪有如此下场啊！"

【释义】 现指人们听惯了的、没有新鲜意思的话。

◎ 老态龙钟

【溯源】 宋代诗人陆游年老时病魔缠身，不能清闲安静地度过晚年生活。某夜，天降大雨，听着窗外潇潇雨声，陆游不禁感慨起自己的身世和遭遇，遂作《听雨》诗一首："老态龙钟疾未平，更堪俗事败幽情。纱橱笛簟差堪乐，且听萧萧暮雨声。"这里的"老态龙钟"指年老体衰，其状似龙弓腰、似钟扣地之意。

【释义】 沿袭古意，指年老体衰、行动不便的样子。

◎ 乐不可支

【溯源】《后汉书·张堪传》中记载，东汉初年，张堪被任命为渔阳郡太守。在任时期，张堪赏罚分明说到做到，不仅打败前来骚扰的万余匈奴骑兵，而且命人带领百姓耕种田地，开出稻田八千多顷，使郡内百姓殷实富足。渔阳人民编歌颂扬他以表爱戴。有一首歌唱道："桑无附枝，麦无两歧。张君为政，乐不可支。"这里的"支"作支撑讲，"乐不可支"意指快乐到不能撑持的地步。

【释义】 沿袭古意，形容快乐到极点。

◎ 乐不思蜀

【溯源】《三国志·蜀书·后主传》中记载，三国时期，刘备占据蜀地，建立蜀国。他死后，儿子刘禅继位，刘禅昏庸无能，完全靠良臣辅佐，当那些大臣也相继去世后，蜀国很快就被魏国所灭。刘禅投降后，魏王曹髦封他为毫无实权的"安乐公"，并将他迁至魏国京都许昌居住。魏王自己其实也无实权，掌大权的是司马昭，在一次宴会上，司马昭当着刘禅的面故意安排表演蜀地的歌舞，刘禅手下的随从想到灭亡的故国都非常难过，刘禅却对司马昭说："此间乐，不思蜀。"意思是他一点也不想念蜀国。后人遂根据这个故事引申出"乐不思蜀"一词。

【释义】 指在新环境中得到乐趣，不再想回到原来环境中去。

◎ 乐此不疲

【溯源】《后汉书·光武帝纪·下》中记载，刘秀建立东汉政权后，每天早早上朝，直至日落时仍在研究国事，散朝后还与大臣们讲论经书，忙到半夜才肯休息。太子见他如此操劳，便劝其要多加休息，刘秀说："我喜欢这样做事，所以不会感到有什么疲倦，正是由于能够兢兢业业，才能明察秋毫，不会犯下大错啊。""乐此不疲"一词即出于此。

【释义】 形容对某事特别喜爱而沉浸其中。

◎ 梨园弟子

【溯源】 《新唐书·礼乐志》中记载，唐玄宗李隆基喜欢音乐，精通音律，尤其欣赏清雅的《法曲》，于是他就挑选了三百乐工在皇宫里的梨园专门教他们演奏《法曲》，李隆基亲临指导，称这些乐工为"皇家梨园弟子"，这就是"梨园弟子"的由来。

【释义】 现泛指戏剧演员。

◎ 李代桃僵

【溯源】 原为"李树代桃僵"。《乐府诗集·鸡鸣》写道："桃在露井上，李树在桃旁，虫来啮桃根，李树代桃僵。树木身相代，兄弟还相忘。"其大意是：李树生长在桃树身边，虫子去咬桃树根，李树愿替桃树护卫。树木之间还能患难相助，兄弟之间却会忘掉情谊。

【释义】 现比喻互相顶替或代人受过。

◎ 礼贤下士

【溯源】 旧时用来形容封建君主或官员尊敬和重视人才。《新唐书·李勉列传》中记载，唐朝时期，李勉从地方官升到宰相，他从不妄自尊大，待人亦诚恳而有礼貌。当李勉发现县尉王晬为人正直很能干，就提拔他为南郑县令，他发现李巡、张参很有才干，就请他们出来做官，人们称其为"礼贤下士"的典范。

【释义】 意指对贤者以礼相待，对学者非常尊敬。

◎ 立锥之地

【溯源】 《荀子·儒放》中记载，秦昭王问荀子："儒家学说对治国安邦有什么好处？"荀子答："能使百姓诚实忠厚，即使贫困冻饿也不去奢贪，即使没有立锥之地也能以国家大局为重。"这里的"锥"指锥尖，意指极小。

【释义】 形容极小的地方或极小的安身之处。

◎ 力不从心

【溯源】《后汉书·西域传》中记载，东汉时期，班超在西域一带屡建奇功，经过二十七年之后，他年老力衰思乡心切，就写了封请调信让儿子捎回汉朝，此信一直未见回音。妹妹班昭又重新修书上表，书中说道："班超和他同去西域的人中，年龄最大，现在已过花甲之年，体弱多病，头发已白，两手不遂，耳朵不灵，眼睛不亮，拄着手杖才能走路……如果有猝不及防的暴乱事件发生，班超有心却无力阻止，这样，对上会损害国家的长治之功，对下会毁坏忠臣好不容易取得的成果，实在令人痛心呀！"和帝刘肇深为感动，立即传旨调班超回汉，结果班超回到洛阳不到一月即告病亡。

【释义】 沿袭古意，指心里想做可力量却达不到。

◎ 力透纸背

【溯源】 唐代书法家颜真卿在《张长史十二意笔法记》里评论张长史的书法时说："常欲使其透过纸背。"意思是"笔锋简直要透到纸张背面"。

【释义】 现形容书法或文章功力深厚之意。

◎ 力挽狂澜

【溯源】《进学解》中记载，唐代文学家韩愈某次与学生对话，学生历数他对学业如何勤奋，对政治如何劳苦，对文学如何见著，为人又如何成熟，却一直未被重用，并暗笑说："保卫百川归于东流，挽回被狂澜摧倒的险情，先生对于坚持儒家主张可以说是非常辛苦的了。"原文中的"挽狂澜于既倒"后来演变为"力挽狂澜"。

【释义】 现比喻尽力挽回危险的局势。

◎ 厉兵秣马

【溯源】《左传·僖公三十三年》中记载，春秋时期，秦穆公派杞子、逢孙、杨孙三人领军驻守郑国，却美其名曰：为帮助郑国守卫其国都。后来杞子秘报秦穆公说他已掌握北门钥匙，如果秦国发起进攻，他将做内应。秦穆公遂派兵攻郑，当秦将孟明、西乞术、白乙丙三位将军率大军来到距郑国不远的滑国时，正巧被在此做生意的郑国商人弦高碰到。弦高一面派人急报，一面谎称自己是代表郑国前来慰问的，秦军怀疑郑国已经做好了迎敌准备，不敢妄自行动。郑穆公接报后，急忙派人到都城北门查看，果见驻守在这里的秦军"束载、厉兵、秣马矣"，即人人扎束停当，兵器磨得雪亮，马喂得饱饱的，完全处于一种作为内应的作战状态。郑穆公派人对杞子说："很抱歉，恕未能好好款待各位。你们的孟明就要来了，跟他去吧！"杞子等人见事已败露，赶紧逃往他国，孟明得知此消息后，也怏怏地下令撤军。"厉兵秣马"即由此而来。

【释义】 现形容做好准备工作。

◎ 利令智昏

【溯源】 《史记·平原君虞卿列传》中记载，战国时期，赵武灵王的儿子赵胜被封为平原君，他喜交贤士，有门客数千人。秦国攻打邯郸时，平原君因有毛遂相助，与楚王订下合约，联力抗秦。司马迁在书中说他是位身处乱世、举止洒脱的青年公子，但由于不识大体，利令智昏，贪图小利，几乎使赵国亡国。这里的"利令智昏"指贪利而丧失理智。

【释义】 形容被利益蒙蔽了智慧头脑，做出错事。

◎ 连篇累牍

【溯源】 《隋书·李谔传》中记载，隋朝初年，大臣李谔感于当时文章承袭六朝时的骈文，追求词章表面华丽而不注重内容的不良风气，便向隋文帝写下《请上正文体书》，他说道："现在一些人写文章，丢开内容义理，追求文章表面的细枝末节，为了一个韵脚的新奇或一个字眼的精巧，不惜笔墨，冗长赘述，造成刻削上的很多困难。现在这种文章堆满书案，真是浩如烟海般。"原文中的"连篇累牍"意指废话连篇，刻削起来很受拖累。

【释义】 现形容篇幅过多，文辞冗长。

◎ 良药苦口利于病，忠言逆耳利于行

【溯源】 本是一句民间谚语。孔子曾在《孔子家语·六本》中说："药酒苦于口而利于病，忠言逆于耳而利于行。圣明君王因为能听进忠言直谏，所以国家得以昌盛，残暴君王只能令人唯命是从，最终导致国家败亡。"

【释义】 沿袭古意，指苦口的药虽然很难让人吞咽却有利于自己痊愈，逆耳的话虽有点伤人却能帮助我们的一言一行。

◎ 梁上君子

【溯源】《后汉书·陈实传》中记载，东汉时期，陈实家中遭贼，小偷不知道陈实早已发觉，伏于梁上只等夜深再行窃。陈实喝了会儿茶，把家人全部叫来，对大家说："做坏事的人，本性不一定就坏，多是渐渐染上坏习惯才到这般地步，

现在你们抬头往上看，屋梁上的那人就是一个活生生的例子。"小偷惊得当时就爬下屋梁，下跪认错。"梁上君子"一词即由此而来。

【释义】 沿袭古意，代指窃贼。

◎ 两虎相争，必有一伤

【溯源】《史记·张仪传》中记载，卞庄子发现两只老虎，立即拔剑在手准备刺杀，身边小童劝阻道："您看两只老虎正在共食一牛，它们一定会因为肉味甘美而互相搏斗起来。两虎相斗，大者必伤，小者必死，到那时您再刺杀伤虎就能一举两得。"卞庄子觉得言之有理，便站在一旁等待。一会儿，那两只老虎果真为了争食相互撕咬起来，小虎被咬死，大虎也受了伤，卞庄子此时突然跳出，拔剑直刺！伤虎果然难以抵挡，顷刻便倒地而死。卞庄子一举擒获两虎。

【释义】 指两位强者互相搏斗，必有一方要遭到严重损害。

◎ 量力而行

【溯源】《左传·隐公十一年》中记载，鲁隐公联合齐僖公、郑庄公打败许国，许庄公逃往卫国。齐僖公主张把许国让给鲁国，鲁隐公对郑庄公说："是你说许国不纳贡，我才帮助你来攻打。现在许国既已服罪，即使是齐侯有话，我也不能接受。"最后许国还是让给了郑国。郑庄公又叫回许庄公继续当政。作者对此评论说，郑庄公是知礼之人，因见许国不执行条约法令才去攻打，令其屈服后又让许国自主，按德行标准去处置两国关系，斟酌自己的力量所及去对待，不致后来会有拖累，这真可谓知礼啊。原文中的"度得而处之，量力而行之"后来演变为"量力而行"。

【释义】 现多指在符合自己能力范围内做事。

◎ 量体裁衣

【溯源】《南齐书·张融列传》中记载，南朝齐国官员张融深受齐太祖萧道成的器重和宠爱，说他是"不可无一，不可有二。"某次，萧道成派人送给张融一件旧衣服，说是自己以前穿的，现叫裁缝根据他的身材改做好了，一定会合身的。此举令张融非常感动，"量体裁衣"一词即由此出。

【释义】 现指按照实际情况办事。

◎ 了如指掌

【溯源】《论语·八佾》中记载，古代帝王都要建始祖庙，在庙里按始祖的等级依次排列设置灵位，每逢有重大行动或节日，帝王们就进庙祭祖，此举称为"啰"礼。很多人对啰礼不理解，向孔子请教，孔子认为鲁国的宗庙违背了周礼，他避而不谈，指着手掌说："知道啰礼的人治国就像了解自己的手掌。"这就是"了如指掌"的典故。

【释义】 形容对事物了解得非常清楚。

◎ 临渊羡鱼，不如退而结网

【溯源】 站在河塘边，与其急切地期盼着、幻想着鱼儿到手，还不如回去下功夫结好渔网，这样就不愁得不到鱼。此为春秋战国时期的民间谚语，最早记载于《淮南子·说林训》，原为"临河而羡鱼，不如归家而织网"。

【释义】 表示与其空空羡慕，不如动手去干。

◎ 令行禁止

【溯源】 由"令则行，禁而止"演变而来。春秋初期，管子在《管子·立政》中谈到固国之本时说道："令则行，禁则止，宪之所及，俗之所破。如百体之从心，政之所期也。"意思是：有了法令立即去施行，不准做的要马上停止。法令和习惯达到之处，如同身体各部分听从心意的指示，这是司政所要求达到的目标。

【释义】 现表示法纪严明。

◎ 留取丹心照汗青

【溯源】 南宋末年，文天祥在广东兵败被元军俘虏，被押往北方囚禁，途中经过零丁洋，他写下《过零丁洋》一诗，其中有"人生自古谁无死，留取丹心照汗青"一句。意思是：古往今来人生哪能无生无死，留下赤心永垂青史。

【释义】 现用来表示赤心无瑕，可为历史所鉴证。

◎ 流水不腐，户枢不蠹

【溯源】 为春秋战国时期的民间谚语，始见于《吕氏春秋·尽数》。"户枢"指门轴，"不蠹"指不被虫蛀。意思是：流动的水不会发臭，经常转动的门轴不会腐烂。

【释义】 现代指经常运动的东西不易受侵蚀。

◎ 六月飞霜

【溯源】《淮南子》中记载，战国时期，燕昭王姬平请齐国的邹衍等贤人来帮助治理国家，燕国的部分人对邹衍不满，在燕王面前进谗言，令邹衍蒙冤入狱。当时正值盛夏六月，天上突降大风雪，燕王意识到邹衍的冤屈，遂赶紧下令释放。

【释义】 现代指冤狱或指冤情感天动地。

◎ 露马脚

【溯源】 麒麟与龙、凤、龟并称"四灵"，是古人心目中的瑞兽、仁兽。古代节日庆典或祭祀时，往往会将描画装扮好的麒麟皮披在马或驴身上，当作一种娱乐游戏。由于马或驴的蹄部难于严密包裹，很容易显露真相，所以就有了"露马脚"一说。

【释义】 指暴露出隐蔽的事实真相。

◎ 鹿死谁手

【溯源】《晋书·石勒传下》中记载，东晋时期，十六国中后赵的开国皇帝石勒某次在酒宴上问大家自己比得上自古以来的哪一位君王，大臣徐光讨好道："您非凡的才智超过汉高祖刘邦，卓越的本领又赛过魏太祖曹操，从三皇五帝以来，没有一个人能比得上您，您恐怕是轩辕黄帝第二吧！"石勒听后笑说："人怎么能不了解自己呢？你说的也太过分了。我如果遇见汉高祖刘邦，一定做他的部下听从指挥，倒是可以和韩信、彭越这样的人争个高低，假如碰到光武帝刘秀，我就和他在中原一决雌雄，不知到最后谁胜谁负，鹿死谁手？""鹿死谁手"便随着这则典故流传开来。

【释义】 现泛指比赛中不知谁会取得最后的胜利。

◎ 落井下石

【溯源】 唐代诗人韩愈在《柳子厚墓志铭》中写道："现在有些人，他们平时和睦相处，无不以肺腑之言相告，甚至可以涕泣誓死，使人不能不信以为真。可是一旦有了如毛发般微小的利害冲突，就会翻脸不认人。你掉进井里他不但不去拉一把，反而会向下挤你，甚至向井里扔石头，对于这种禽兽都做不出来的事，他自己却以为得计。若听到柳宗元主动上书请愿把好地方换给刘禹锡的事，也就该知道什么叫惭愧了。"原文中的"落陷阱，不一引手救，反挤之，又下石"，后来简化为"落井下石"。

【释义】 指乘人之危再加害于人。

◎ 洛阳纸贵

【溯源】 《晋书·文苑·左思传》中记载，晋朝时期，左思言语迟钝但文采惊人，他用一年时间写出《齐都赋》，后来又写出《三都赋》。这几篇名著令人们争相传抄，由于抄写者众多，原来每刀千文的纸一下子涨到三千文，后来竟倾销一空，不少人只好到外地买来纸张抄写这篇千古名赋。"洛阳纸贵"即由此传开。

【释义】 形容作品极好，流传极广。

◎ 络绎不绝

【溯源】 《后汉书·东海恭王刘彊（强）传》中记载，刘秀与皇后郭氏所生的儿子刘彊，初为太子，后来让位被封为东海恭王。刘秀死后刘庄继位，他在刘彊病重时经常派人去看望，刘彊临死时写信说："太后和陛下对我十分关照，前来探望和前来治病的人络绎不绝。"意指门前车马往来不断。

【释义】 现形容某种前后连续相接从不间断的现象。

◎ 屡见不鲜

【溯源】 《史记·郦生陆贾列传》中记载"一岁中往来过他客，率不过再三过，数不见鲜，无久慁公为也。"意思是：一年当中我还要去别家走走，到你家大概不过两三次，常来常往的，你们不必特意为我杀鸡宰猪，我不会长期打扰你们。"数"指屡次，"鲜"指新杀的、供食用的禽畜，"数不见鲜"后来演变为"屡见不鲜"。

【释义】 现指见到多次就不觉得新奇。

◎ **马革裹尸**

【溯源】 用马皮把尸体包裹起来。《后汉书·马援传》中记载，东汉名将伏波将军马援率军凯旋，朋友们都来迎接。孟冀和在座的朋友一起祝贺马援，马援说："我希望你有好话教导我，怎么反而同众人一样呢？我立了小功就接受了一个大县，功劳浅薄而赏赐厚重，像这样怎么能够长久呢？先生有什么来帮助我呢？"孟冀推说自己智力低下。马援又道："现在匈奴和乌桓仍然在北边侵扰，我想攻击他们。男子汉应该死在边疆战场，用马皮包着尸体下葬，怎么能安心享受儿女侍奉而老死在家里呢？"孟冀赞道："确实应当如此。"

【释义】 指军人战死疆场。

◎ **马首是瞻**

【溯源】《左传·襄公十四年》中记载，战国时期，晋悼公联合十二个诸侯国，委派大将荀偃率领联军攻秦。联军行至泾河边休整时，不想秦军已在上游投毒，很多将士因喝泾水而死。郑国的司马子峤气得率军另行，荀偃见秦军毫无投降之意，只得发令准备战斗，他说："明天早晨。鸡一叫就开始驾马套车出发。各军都要填平水井，拆掉炉灶。作战的时候，全军将士都要看我的马头来定行动的方向。我奔向那里，大家就跟着奔向那里。"此令一出，其他将领皆认为荀偃太过专横，故意率军乱行。荀偃仰天而叹："既然下的命令不能执行，就不会有取胜的希望，一交战肯定会让秦军占得先机。"他只好下令将全军撤回。

【释义】 现指服从指挥或依附某人。

◎ **买臣负薪**

【溯源】《汉书·朱买臣传》中记载，朱买臣家境贫穷但极爱学习，他以打柴为生，经常一边挑柴一边看书。成亲后，他生活日益艰难，不但仍以打柴度日，而且常因读书受到妻子的责难。妻子受不了这种贫困的日子离家出走，朱买臣耳边无人聒噪，自由看书自由写作，他的文章广受好评，人们争相拜读，后来被举荐为会稽太守令、主爵都尉，一直官至丞相长史。

【释义】 现喻指刻苦学习或大器晚成。

◎ 买椟还珠

【溯源】 《韩非子·外储说左上》中记载，楚国有个商人把他的珍珠卖给郑国人，珠宝用木兰树的木制盒子装，用桂椒来熏盒子，用精美的珠玉点缀其上，用美玉点饰，用翠鸟的羽毛装饰。郑国人非常喜欢这个盒子，买下它却把珠宝还给了商人。此为"买椟还珠"的由来。

【释义】 形容没有眼光，取舍不当。

◎ 瞒天过海

【溯源】 《永乐大典·薛仁贵征辽事略》中记载，唐太宗御驾亲征，率领三十万大军去平定东辽。这天，大军来到海边，只见海涛汹涌、雾气浩渺，唐太宗心里畏惧不愿过海，薛仁贵忽生妙计：瞒着唐太宗在海边建起一座大型的海上建筑，里面设施齐备，有市场、有宫殿、有各种娱乐活动；再让军士们扮作老百姓的模样，在里面自由活动，整个建筑就像一座小型城镇。待这座建筑建成，唐太宗身处其中不觉悠然自得，转眼之间，他已渡过了茫茫大海。《孙子兵法》中亦将"瞒天过海"作为胜战计第一计。

【释义】 现指用欺骗的手段在暗地里活动。

◎ 满城风雨

【溯源】 宋代诗人潘大临曾写过不少好诗。某年秋天，好友来信问他最近有没有新诗，他回信说："秋天的景物，件件都可以写出好的诗句来。昨天我靠在床铺上闭目养神，听着窗外吹打树林的风雨声，起身在墙上刚刚写完一句'满城风雨近重阳'，催交租税的人就忽然闯了进来，使诗兴一扫而光，无法再继续写下去了。现在我只有把这一句寄给你。"本意形容重阳节前的雨景之词"满城风雨"即由此来。

【释义】 比喻某件事流传广泛，到处招致议论。

◎ 满招损，谦受益

【溯源】 出自《尚书·大禹谟》。《大禹谟》是大禹向舜帝汇报治水经过与功劳时的一篇记录稿。其中载，治水时有苗氏部落不听调动，禹用军队包围了这个部落，三十天后他们仍不服从。有苗氏部落认为舜帝不预先发出公告，现在又动用军队很不合适。只有有德之士才能感动上天，修养德操方能致远，在德行面前自满会受到惩罚，只有谦虚谨慎才能得到上天的眷顾，这是天人之理。

【释义】 沿袭古意，指自满会招致损失，谦虚可以得到益处。

◎ 慢条斯理

【溯源】 《儒林外史》中记载，王冕天性聪明，善画荷花，画出的荷花栩栩如生，他不求官也不结交朋友，终日在家读书作画。某日，县官派人求画，王冕拒不赴约，无奈，县官只得亲自来请，敲了半天门才出来一老太太，慢腾腾地说自己儿子不在家，县官随从怒气冲冲道："老爷亲自在这里，传你家儿子说话，怎么还慢条斯理的，快说在哪里，我好去传。"

【释义】 原指说话做事有条有理，不慌不忙。现形容言行迟缓，慢慢腾腾。

◎ 芒刺在背

【溯源】 《汉书·霍光传》中记载，汉武帝死后，刘弗陵即位，史称汉昭帝。按照武帝遗诏，由大司马大将军霍光、御史大夫桑弘羊等辅政掌握朝廷军政大权。昭帝年纪轻轻便告身亡，霍光遂把武帝孙子刘贺立为皇帝。刘贺生活放荡不羁，只知寻欢作乐，后来被霍光等大臣废黜，另立武帝曾孙刘询为帝。刘询就是汉宣帝，汉宣帝即位后要去谒见祖庙，当他登上装饰华丽的马车时，霍光就坐在马车一侧陪侍，这令他不由自主地心生恐惧，就像有芒刺在背上那样难受。直到霍光病死，他才感到无拘无束、行动自由。

【释义】 如同有芒刺扎在背上，形容内心惶恐、坐立不安。

◎ 毛遂自荐

【溯源】 《史记·平原君列传》中记载，秦军围攻赵国都城邯郸，平原君去楚国求救，门下食客毛遂主动请求一同前去。到了楚国，平原君与楚王谈了半天毫无结果，毛遂挺身而出陈述利害，楚王这才派兵去救赵国。

【释义】 喻自告奋勇，自己推荐自己担任某项工作。

◎ 冒天下之大不韪

【溯源】 《左传·隐公十一年》中记载，春秋时代，息国发兵攻打邻近的郑国，结果战败。评论者说："息国进军郑国，犯下五大错误，一是不衡量出兵是否正当，二是不考虑自己有多大力量，三是不实行睦邻友好，四是不辨进兵有无理由，五是不考察进攻有无害处。冒犯了这五点公认不对之事就去征伐他人，那么战败不是很合情理吗？"

【释义】 去做普天下之人都认为不对之事。指不顾舆论的谴责而去干坏事。

◎ 每况愈下

【溯源】 《庄子·知北游》中记载，战国时期，东郭子向庄子请教"道"在何处，庄子说在蚂蚁洞里。东郭子奇怪地说，如此高尚的东西怎会存在于如此卑下之地。庄子接连又答在稗草砖瓦碎石中、在屎尿之中，东郭子听后很不高兴。庄子这才向他做出解释："要满足您的要求，把'道'的本质说明白，就得像在集市上检查猪的肥瘦一样，愈是猪的下部，愈能看出猪的肥瘦。因为猪腿的下部是最难长膘的，如果腿部也长满肉，其他部位当然更肥了。所以，我今天告诉您'道'所在的地方，尽是卑贱的地方，这些地方都有'道'，那么'道'存在于其他的地方，也就不言自明了。"他的意思即是说，越从低微的事物上推求就越能看出道的真实情况。

【释义】 现指不仅没有发展反而日渐下落之意。

◎ 门户之见

【溯源】 《韩非子·内储说上》中记载，韩非认为君王有七种厌事之法，其中之一是说对众人的言行不但要观其行还要听其言，进行参照比较后才能不偏向于任何一方。若不进行多方比较，诚实的言行就不会向上传达，而若只听信门户之见解，就会堵塞言路。

【释义】 现指因派别不同而产生的偏见。

◎ 门可罗雀

【溯源】 《史记·汲郑列传》中记载，汉朝大臣汲黯曾为太子洗马、东海太守，政绩卓越，他为人刚正不阿，敢于直言，被汉武帝称作"社稷之臣"。由于受到朝廷内外器重，汲黯府前宾客盈门，后因他反对汉武帝独尊儒术、用兵匈奴与用人政策而日渐失宠，这些宾客顿时变得疏远起来，门庭一度冷落到可以设下箩筐捕捉鸟儿。待他官复原职，那些多日不见的宾客又再度盈门。

【释义】 形容门庭冷落、宾客稀少之况，有时也代指事业由盛转衰。

◎ 门庭若市

【溯源】 《战国策·齐策一》中记载，邹忌身长八尺形体俱佳，某日他问妻与妾，我和城北的徐公谁美，妻妾都说他比徐公美，问及来客，来客也说他美。

可当邹忌第二天亲眼看到徐公时，方才自叹不如。晚上他躺在床上想，妻子说我漂亮是因为偏爱我，小妾说我漂亮是因为害怕我，客人说我漂亮是因为对我有所要求。隔日，他上朝拜见齐威王讲述这件事说道："我确实知道自己不如徐公漂亮。可是我的妻子偏爱我，我的妾害怕我，我的客人有求于我，他们都说我比徐公漂亮。如今齐国土地方圆千里，一百二十座城池，宫里的妃嫔和身边的侍卫没有不偏爱您的，朝中的大臣没有一个不害怕您的，全国范围内的人没有不有求于您的。由此看来，大王已受到蒙蔽很深！"齐威王认为他讲得有理，便下令："所有大臣、官吏、百姓能够当面指责我的过错可得到上等奖赏，上书劝谏我可得到中等奖赏；在众人聚集的公共场所指责、议论我的缺点，传到我耳朵里可得下等奖赏。"此令刚出，群臣都来进谏，王宫庭院内像集市一样人来人往。几个月以后，还可见到偶尔有人前来进谏，但一年以后，即使有人想进谏，也没什么话可说了。

【释义】 门前像市场一样。形容来的人很多，非常热闹。

◎ 迷途知返

【溯源】《三国志·魏志·袁术传》中记载，东汉末年，黄巾起义几乎推翻了汉朝，袁术占据南阳过着奢华生活。后来董卓被袁绍和曹操打败，袁术见汉室岌岌可危，写信给朋友陈栖，希望帮他称帝。陈栖回信说你已走上迷路，如果知道回返就可避免一场灾难。袁术不听，称帝不久即被吕布打败。

【释义】 迷了路才意识到回来。比喻知错能改。

◎ 靡靡之音

【溯源】《史记·殷本纪》中记载，商末之时，殷纣王叫乐师师延谱写了一曲专供北里妓女唱歌跳舞用的忧伤乐曲。不久武王伐纣，师延抱着乐器投濮水而死。五百年后，卫国卫灵公前往晋国船行濮水时，忽然听到一支曲子，他叫随行乐师师涓谱写下来，见过晋平公之后，卫灵公又叫师涓现场演奏。一曲未毕，晋平公的乐师师旷阻止说："这支曲子是五百年前师延为殷纣王谱写的乐曲，颓废忧伤萎靡不振，结果成了亡国之音，不能再演奏了！"

【释义】 泛指忧伤颓废、低级趣味的音调。

◎ 民不聊生

【溯源】《史记·春申君列传》中记载，楚国贵族、战国四公子之一的春申君黄歇担心秦国举兵灭楚，便给秦昭王写了封信，要求秦楚联合共灭韩、魏，信中提到"民不聊生，族类离散"等民生之艰辛状况。后来秦昭王听取了他的意见，与楚国结为盟国。《史记·张耳陈余列传》中又记载，陈胜、吴广率领起义军攻下陈地后，派武臣北渡黄河，把河北邻近几县的头面人物召集起来，对他们说："秦国的残酷统治，弄得百姓家家无余财，户户无劳力，生活十分困苦，'财匮力尽，民不聊生'，还订立苛刻的法令以维持他们的统治。现在我们要攻打敌人，报仇雪恨！"以上两处的"民不聊生"均指百姓生活困难，没有赖以生存之物。

【释义】 现用来形容劳动人民在剥削阶级的残酷统治下极端贫困，无法生存。

◎ 民以食为天

【溯源】《史记·郦生陆贾列传》与《汉书·郦食其传》中记载，秦亡后，刘邦和项羽争霸。刘邦据守荥阳、成皋。荥阳西北有座敖山，山上有座小城叫敖仓，是当时关东最大的粮仓。项羽发起猛烈进攻，刘邦欲把成皋以东让给对方，他想听听郦食其的想法，郦食其便说："王者以民为天，而民以食为天，楚军不知道守护粟仓而东去，这是上天帮助汉朝成功的好机会啊！如果我们放弃成皋，退守巩、洛，把如此重要的粮仓拱手让给敌人，这对当前的局面是非常不利的啊！希望你迅速组织兵力，固守敖仓，目前不利局势一定会得到改变。"刘邦依计而行，终于取得了胜利。

【释义】 "天"在这里表示靠山、根本或赖以生存的最重要之物，"民以食为天"是指人民以粮食为生活之重。现喻指农业和粮食在战争与人民生活中的重要地位。

◎ 名落孙山

【溯源】《过庭录》中提到这样一则故事：孙山与周生同时进城赶考，乡人后来问起周生考得如何，孙山说："发榜名单的最后一名是孙山，周生还在孙山之后。"意即没有考中。

【释义】 现指考试或选拔没有录取，也泛指不及格。

◎ 名正言顺

【溯源】《论语·子路》中记载，春秋时期，子路问孔子："卫国国君想请你帮他理政，您将先做什么？"孔子说先正名分。子路又问名分有什么好正的，孔子说道："你太过鲁莽！名不正则言不顺，言不顺则事不成，事不成则教化不兴，教化不兴则刑罚不当，刑罚不当则老百姓不知所措，当然要先正名。""名正言顺"一词即出于此。

【释义】 现泛指名义正当，言行道理才能讲得通。

◎ 明察秋毫，不见舆薪

【溯源】《孟子·梁惠王上》中记载了孟子与齐宣王之间的一场辩论。齐宣王问他德行达到何种地步才可以成王？孟子说能保民安民即可王天下，并用"以羊易牛"为例来证明。孟子还反问道："如果有一个人向您报告'我的膂力能够举重 5000 斤，却拿不起一根羽毛；我的目力能够把秋天鸟的细毛看得分明，一车子柴火摆在眼前却看不见'，您能相信这种话吗？"齐宣王当然说不，孟子即道："如今您的恩惠足以使动物沾光却不能使百姓得到好处。这是为什么呢？这样看来，人拿不起一根羽毛只是不肯用力的缘故，看不见一车子柴火只是不肯用眼睛的缘故，百姓得不到安定的生活只是不肯施恩的缘故。所以您统治天下做得不好，不是不能做好而是不去做好。""明察秋毫，不见舆薪"即出于此。

【释义】 目光敏锐，可以看清鸟兽的毫毛，而看不到一车柴草。现指鼠目寸光，只看小节却不着眼大处。

◎ 明目张胆

【溯源】 原为"瞋目张胆"。《史记·张耳陈余列传》中记载，陈胜率军起义，张耳与陈余加入起义军，因战功卓著分别出任相与大将军。张耳在进攻赵地前，曾对大将军陈余说："……将军瞋目张胆，出万死不顾一生之计，为天下除残也。"这里的"瞋目张胆"有怒目而视，奋勇当先，不畏生死之意。《晋书·王敦列传》中载有"明目张胆为六军之首"，这里的"明目张胆"表示敢作敢为。

【释义】 原指有胆识、敢作敢为，现已由褒义转为贬义，形容公开放肆地做坏事。

◎ 明修栈道，暗度陈仓

【溯源】 栈道是古时在悬崖峭壁上凿石开洞用木架起来的道路，陈仓是古时地名，在现今陕西宝鸡市东，为古代战略要地。《史记》中记载，刘邦采用韩信的计策，从汉中出兵攻打项羽，表面上派兵修复栈道，暗地里却绕道陈仓去攻打关中。

【释义】 现指佯装做某事来掩人耳目，实际上却另有所图。

◎ 明哲保身

【溯源】《诗经·大雅·烝民》中记载，周宣王即位后，任贤使能，大臣仲山甫到齐地筑城，保障周朝边疆安全。另一大臣尹吉甫写下《烝民》一诗相赠，这里的"烝"指国君，诗中写道："既明且哲，以保其身，夙夜匪解，以事一人。"意思是：仲山甫深明事理，明辨善恶，清楚是非，以此择安去危，日夜操劳，不敢懈怠，效忠辅佐君王。后来"明哲保身"又演绎为明智者善于辨别是非，择安去危，保全自己，免遭祸害之意。

【释义】 "明哲"原是古代表示君臣关系和士人修身的道德规范与美德。现指因怕连累自己而回避矛盾，保全个人利益的处世态度。

◎ 明者远见于未萌，智者避免于无形

【溯源】《史记·司马相如列传》中记载，汉景帝刘启在位时，司马相如任武骑常侍，他劝谏皇帝不要只顾贪玩打猎，并说："明者远见于未萌而智者避危于无形，祸固多藏于隐微而发于人之所忽者也。"意思是：聪明的人在事情还未发生前就预料到，在危险还未形成前就已设法避免。祸害固然隐藏在微小之处，但往往是由于人们对它的忽略才造成的。

【释义】 沿袭古意，指事物还没有发生之前就预见到了事情的发生，危险出现之前就已经安排好了避免危险的方法，喻指要着眼长远，居安思危。

◎ 明珠暗投

【溯源】《史记·邹阳传》与《汉书·邹阳传》中均记载，谋士邹阳在《上梁王书》中说道："臣闻明月之珠、夜光之璧，以暗投人于道，人莫不按剑相眄者，何则？无因而至前也。"意思是：我听说把珍贵的隋侯之珠、和氏之璧偷偷扔在路上，过路人见了都不敢正视，不敢去取，这说明无缘无故突然出现在眼前的宝物，只能结怨于人而不能讨好于人。邹阳本意是在劝说梁孝王不要轻信他人谗言而残害忠良。

【释义】 现泛指怀才不遇，也比喻好东西落入不识货人的手里。

◎ 墨守成规

【溯源】《墨子·公输》中记载，楚国要攻打宋国，请公输班设计制造出一种攻城用的云梯，墨子赶到楚国，想说服楚王放弃攻宋。但楚王和公输班不愿闲置刚刚发明的攻城器械，想在战争中试其威力。墨子遂解下衣带围作城墙，手持木片作武器，让公输班与他分别代表攻守两方进行表演。公输班用九种不同方法进攻，俱被墨子挡回；他的攻城器械已使用完毕，而墨子的守城之计还绰绰有余。墨子精于守城之技迅速传开，后人遂将固守、善守称作"墨守"。"成规"是指现

成的或久已通行的规则、方法。

【释义】 现形容思想保守，守着老规矩不肯改变。

◎ 莫逆之交

【溯源】《庄子·大宗师》中记载，子桑户、孟子反、子琴张三人相聚交谈说："谁能够相交在无所谓相交的关系中，互相帮助在无所谓互相帮助之中？谁能登升上天，游荡云雾之中而循环往复无所穷尽呢？谁能互相把生而忘却无所谓死呢？"三人说完，相视而笑，莫逆于心，深感彼此心意相通，遂结为知心好友。

【释义】 指非常要好或情投意合的朋友。

◎ 莫须有

【溯源】《宋史·岳飞传》中记载，南宋名将岳飞被捕后，韩世忠不服，到奸臣秦桧府上找其质问。秦桧说，岳飞儿子岳云给张宪的反叛信虽然找不到，可"其事体莫须有"，意即我认为有就有。韩世忠随即反问："'莫须有'三字，何以服天下？"

【释义】 指凭空捏造、诬陷。

◎ 谋事在人，成事在天

【溯源】《三国演义》中记载，诸葛亮见魏延引诱司马懿入谷后燃起大火，心中非常高兴，以为司马懿此番必死无疑。没想到此时天降大雨，大火很快被浇灭，不一会儿，哨兵来报说司马懿父子都已逃走，诸葛亮叹道："谋事在人，成事在天，不可强求啊。"

【释义】 意指出谋划策在于人，能否成事在于天。

◎ 木秀于林，风必摧之

【溯源】 三国魏人李康在《昭明文选·运命论》中强调："林木长得过于突出必会受到大风的摧残，土堆伸到岸边过远必会受到水流的冲刷，言行高于他人太过必会受到他人的诽谤。"这句话本意是在探讨国家治乱与士人个人出处之间的关系问题。

【释义】 现多用来形容才能或品行出众的人，容易受到嫉妒、指责。

◎ 目不窥园

【溯源】《汉书·董仲舒传》中记载，西汉时期，少年董仲舒读书非常刻苦，经常是夜以继日地读书。虽然书房紧靠着姹紫嫣红的花园，他三年都没有进过花园，甚至连一眼都没瞧过。后来董仲舒被征为博士，公开聚众讲学，弟子遍布四方。"目不窥园"一词即由此来。

【释义】 现一是形容专心致志，二是比喻不切实际。

◎ 目无全牛

【溯源】 《庄子·养生主》中记载，庄子讲到一个故事：厨师庖丁替梁惠王宰牛，只见他技艺非常娴熟，刀子在牛骨缝里灵活地移动，没有一点障碍且很有节奏。梁惠王看呆了，直夸他技术高超，庖丁说："我最初杀牛时眼睛所看见的是整只牛，三年之后再动刀，只会看到牛的筋骨结构而不是全牛。"

【释义】 现指技艺娴熟到了得心应手的境地，有时也指缺乏整体观念。

◎ 沐猴而冠

【溯源】 《史记·项羽本纪》中记载，鸿门宴之后，项羽领兵西进，杀了秦王子婴，火烧秦王宫室，大肆搜罗财宝美女后想回江东。这时有个叫韩生的人对他说："关中一带，东有函谷关，南有武关，西有散关，北有崤关，四面有险可守，而且土地肥沃，非常适合建都完成霸业。"项羽刚刚一把大火烧毁宫室，对此地毫无停留之意，便说："富贵不归故乡，有如锦衣夜行，有谁能知道呢？"他没有采纳对方的建议。其后韩生遂对别人说："人人都说楚国人好似穿戴着人之衣冠的猴子，果不其然。"这话最后传到项羽耳朵里，直接命人将他扔进锅里烹煮而死。

【释义】 指猴子即使穿衣戴帽，也装不成人。现多用来讽刺虚有其表而无远见卓识、难成大业者。

◎ 南柯一梦

【溯源】《南柯太守传》中记载，淳于梦做梦梦见自己到大槐安国担任南柯太守，享尽荣华富贵，醒来才知是美梦一场，那大槐安国就是住宅南边大槐树下的蚁穴。

【释义】 现泛指远离现实的梦想，有时也比喻一场空欢喜。

◎ 南辕北辙

【溯源】《战国策·魏策四》中记载，魏国谋臣季梁为劝阻魏安厘王出兵攻伐赵国，讲了一个故事：某人说要去南方的楚国，却乘车往北跑。季梁提醒他楚国在南边，他回答说他的马好。季梁提醒说，马虽好但这不是到楚国去的路。那人又说他的路费多，季梁又说，路费虽多但这不是到楚国去的路。那人又说他的车夫驾驶技术好。季梁知道，这人只能离楚国越来越远了。他讲这个故事其实是将魏安厘王比作其人。

【释义】 指行动和目的正好相反。

◎ 难得糊涂

【溯源】 清代书画家、文学家郑板桥痛恨官场黑暗，一面嬉笑怒骂，一面失望悲观，他提笔写下"难得糊涂"几个大字，并在字幅的题跋中写道："聪明难，糊涂尤难，由聪明而转入糊涂更难。放一着，退一步，当下安心，非图后来福报也。"表达其悲观出世、极为复杂的心境。

【释义】 形容人在屡经世事沧桑之后的成熟和从容。

◎ 难兄难弟

【溯源】《世说新语·德行》中记载，陈寔有元方、季方两个儿子，都是功业有成，尊长爱幼，德行甚佳。某次，陈元方的儿子长文与陈季方的儿子孝先谈论起人品问题，都非常自豪地夸耀自己父亲的功劳，两人僵持不下，就去找祖父陈寔评理，陈寔笑着说："元方难为弟，季方难为兄。"其意是指两兄弟才德都好，难分高下。"难兄难弟"一词遂由此出。

【释义】 现指共患难的人或彼此处于同样困境的人。

◎ 鸟尽弓藏，兔死狗烹

【溯源】 《韩非子·内储说下》中记载，吴王夫差战败，向越王勾践求和，勾践欲同意，但遭遇范蠡、文种等人的反对。吴王的太宰伯嚭因此给文仲写信挑拨道："兔子被猎犬抓没了，猎犬就要被煮吃了。吴国若是灭亡，你这个谋士也就没什么用场了，何不趁此帮一下吴国，这样你也能继续被重用呀！"《史记·越王勾践世家》中亦记载，越国灭亡吴国后，帮助勾践打天下的范蠡弃官经商改名陶朱公，他在临行前写信给文种说："飞鸟已尽，良弓该藏起来了，兔子全无，猎犬该煮吃了。越王勾践可与人共患难，却不能共安乐。"文种没有听从他的劝告，以后果然被越王下令处死。

【释义】 指事情成功后，把出过力的人抛弃或杀死。意与"卸磨杀驴"相近。

◎ 宁教人负我，不教我负人

【溯源】 《资治通鉴》中记载，唐代翰林院学生陆贽上书要求皇帝派人对淮西地区的水灾灾民进行赈抚，德宗却以淮西从不交纳贡赋而未准，陆贽说："过去秦晋之间曾是仇敌，但在晋国受灾时秦穆公还派人去赈济。现在天下统一，各国归顺，靠的就是德与义，宁可教别人对不起我，我也不能对不起别人。"原文中的"宁人负我，无我负人"后来演变为"宁教人负我，不教我负人"。

【释义】 宁愿他人违背我，而不是我违背他人。形容待人忠厚，不因对方的好坏而改变。

◎ 宁为玉碎，不为瓦全

【溯源】 《北齐书·元景安列传》中记载，东魏的孝静帝元善见被迫让位给丞相高洋后被毒死。高洋同时还杀害他的儿子及所有亲属，并扬言还要杀尽他的远房宗族。当时元氏宗亲无不惶恐，北魏将军元景安主张改姓高氏，以保全自身，陈留王元景皓反对，他说："大丈夫宁可玉碎，不能瓦全。"意思是：大丈夫宁可作为玉器被打碎，也不要去做一块瓦片苟且偷生。后来他被元景安告密，遭到高洋的杀害。

【释义】 喻指宁愿为正义而死，也绝不苟且偷生。

◎ 弄潮儿

【溯源】《江南曲》是首闺怨诗，诗中写道："嫁得瞿塘贾，朝朝误妾期，早知潮有信，嫁与弄潮儿。"全诗写出妻子对经商的丈夫思念又抱怨，联想到潮水涨落都有一定的时间，而丈夫却迟迟不归，留下自己一个人寂寞孤独，后悔当初何不嫁与船夫。这里的"弄潮儿"意指船夫。

【释义】 现喻指站在时代前列，敢闯敢干的人。

◎ 奴颜婢膝

【溯源】 东晋葛洪自称抱朴子，曾为晋元帝丞相。他在《抱朴子·交际》中写有"以奴颜婢睐者为晓解当世"之句，意在指斥那些专门跟有地位、有权势者混在一起的人，唾其一脸奴才之相。

【释义】 形容某人低三下四、拍马讨好，奴才相十足。

◎ 怒发冲冠

【溯源】《史记·廉颇蔺相如列传》中记载，战国时期，秦昭襄王为得到赵国的和氏璧，允诺赵惠王以十五座城池交换。迫于秦国势力，赵王派蔺相如带和氏璧去交换，秦昭襄王却闭口不谈城池的事，蔺相如用计夺回和氏璧，倚柱而立，气得头发直竖将帽子都顶了起来，他大声说："如果不以城池交换，我就与和氏璧同归于尽。"秦昭襄王无法，只得同意斋戒五天后再接受玉璧，蔺相如知其不可能交付城池，赶紧派人将玉璧又悄悄送回赵国。

【释义】 指愤怒得头发直竖，顶起帽子，形容极端愤怒。

· P

◎ 拍马

【溯源】 原为西北方言，也叫"拍马屁"。西北地区多以马代步，当地人以拥有良马为无上荣耀。他们平日里牵马相遇，常常互相拍着马股道："好马！好马！"表示欣赏、赞叹之意。时日长久，有人就不管是良马劣马，但凡碰到欲讨好之人牵马前来，一贯拍股称其好马。

【释义】 现指讨好、奉承之意。

◎ 盘古开天辟地

【溯源】《太平御览·三五历记》中记载，天地未分之前，宇宙混沌如鸡蛋似的气团。盘古孕育其中，经过一万八千年醒来，用板斧劈开气团，气团较轻的部分上升为天，较重的部分降落为地，再也不是混沌状态了，人类开始有了历史。这就是"盘古开天辟地"的故事。

【释义】 喻指世界的开端。

◎ 抛砖引玉

【溯源】《常建集·题破山寺后禅院》中记载，常建与赵嘏俱是唐朝诗人，某次，常建听说赵嘏要到苏州游玩，猜测他可能到灵岩寺，就在寺内墙上题写了半首诗"清晨入古寺，初日照高林，竹径通幽处，禅房花木深"。赵嘏后来果真去了灵岩寺，看见那半首诗后提笔补道"山光悦鸟性，潭影空人心，万籁此俱寂，但余钟磬声。"因为续诗好过前诗，所以人们评论当时常建的做法是"抛砖引玉"。后经考证，这首诗均为常建所作。

【释义】 抛出砖头引来美玉。比喻用粗浅、不成熟的意见引出别人高明、成熟的意见。

◎ 庖丁解牛

【溯源】《庄子·养生主》中记载，梁惠王看到厨师庖丁正在分割一头牛，但见他手起刀落，既快又好，遂连声夸奖他的好技术。庖丁答道："我所以能干得这样，主要是因为我已经熟悉了牛的全部生理结构。开始我眼中看到的都是一头全牛，现在我看到的却再不是一头全牛。哪里是关节，哪里有经络，从哪里下刀，需要用多大的力，全都心中有数。因此，这把刀虽然已经用了十九年，解剖了几千头牛，但是还同新刀一样锋利。不过，如果碰到错综复杂的结构，我还是兢兢业业，不敢怠慢，下刀很轻，而且小心翼翼的。"这番话说得梁惠王连连点头道："我从庖丁这番话里，学到了养生的大道理。"

【释义】 现指经过反复实践，掌握了事物的客观规律后，做起事来得心应手，运用自如。

◎ 赔了夫人又折兵

【溯源】 《三国演义》中记载，周瑜假意将孙权的妹妹许配给刘备，准备等刘备来东吴招亲时，乘机将其扣留再夺回荆州。没想到，刘备到东吴真的成了亲，还设计带着孙夫人逃出了吴国。蜀国士兵讥笑他"周郎妙计安天下，赔了夫人又折兵"。

【释义】 比喻想占便宜，反而受到双重损失。

◎ 彭祖寿长

【溯源】 彭祖是神话传说中的养生人物。孔子、庄子、荀子、吕不韦等人都有关于彭祖的言论。《庄子·刻意》曾把他作为导引养性之人的代表人物，《楚辞·天问》说他善于食疗，《史记》等史书也有相关记载，道家更将他奉为先驱和奠基人之一，晋代葛洪在《抱朴子》一书中认为彭祖在八百岁时得道成仙，若按现在的历法计算，彭祖的实际寿命为一百四十多岁。因其善于养生，故后人有"彭祖寿长"一说。

【释义】 形容幸福长寿，多用作祝寿词。

◎ 鹏程万里

【溯源】 战国时期道家代表人物庄子在《庄子·逍遥游》中记载：北方大海里有种大鱼叫"鲲"，后来变成大鸟叫"鹏"。它的脊背好似巍峨的泰山，它展开双翅宛如遮天的乌云，大鹏乘着旋转的狂飙盘旋向上，搏击一下翅膀就激起海面三千里的浪，乘着旋风一下子就可以飞出九万里。

【释义】 借指前程远大。

◎ 捧腹大笑

【溯源】 《史记·日者列传》中记载，西汉时期，中大夫宋忠和博士贾谊来到东市拜访有名的占卜专家司马季之，见他在教弟子日月运行和阴阳吉凶的有关知识，二人被他的谈话内容吸引住了，当问及为什么干此卑贱的工作时，司马季之捧腹大笑道："你们这些高官欺上瞒下、尔虞我诈就高贵吗？"

【释义】 用手捂住肚子大笑。形容遇到极可笑之事，笑得不能抑制。

◎ 披肝沥胆

【溯源】 原为"披腹心，输肝胆"。《史记·淮阴侯列传》与《汉书·蒯通传》中记载，项羽围攻刘邦于荥阳，韩信于刘邦受困之时成功立王。项羽知道后派武涉前去游说，意欲策反韩信，但遭到了拒绝。武涉走后，辩士蒯通又扮成相面先生劝说韩信："当前楚汉相争，谁胜谁负命运取决于将军，你向汉，汉胜；你向楚，楚胜。我愿为先生披腹心，输肝胆，这样对楚汉都有好处，双方都不受损害，你还可以和他们三分天下。"后来"披腹心，输肝胆"简化为"披肝沥胆"。

【释义】 本指露出肝脏、滴出胆汁，现形容真心相待、忠诚不贰。

◎ 披荆斩棘

【溯源】 《后汉书·冯异传》中记载，冯异是东汉初期光武帝刘秀手下的开国功臣之一，他因平定关中被刘秀封为阳夏侯，出任征西大将军。某次，冯异到京城洛阳朝拜时，光武帝向文武百官介绍："他是我当年起兵时的主将，为我在创立基业的道路上劈开丛生的荆棘，扫除重重障碍，平定关中广大地区，是位有功之臣啊！"原文中的"披荆棘"后来扩为"披荆斩棘"。

【释义】 本意是指劈开丛生多刺的野生植物，现比喻在前进道路上清除障碍，克服困难。

◎ 皮之不存，毛将焉附

【溯源】 《左传·僖公十四年》中记载，春秋时期，晋国公子夷吾以给五座城池为代价，请求秦国帮他登上王位，秦国助其遂愿之后，成为晋惠公的夷吾违背诺言，并没有交付五座城池。后来晋国发生饥荒，向秦国求买粮食，秦不计前嫌卖出粮食。一年后，秦国遇到饥荒便向晋国买粮，晋惠公却不想卖。大夫庆郑说："背弃秦国过去的恩惠就不会有人同我们亲近了。邻国有灾我们高兴是不仁，贪爱自己不去救济他人是不信，激怒邻国是不义，这几样德行都丢掉了还怎么守卫自己的国家呢？"大臣虢射却反对说："皮都不存在了，毛还能附在哪里？"意思是：秦晋友好的基础已经不存在了，即使卖些粮给秦国又有什么用呢？晋惠公最终没有采纳庆郑的意见，拒绝供给秦国粮食。

【释义】 本指皮都没了毛还怎么存在，现指事物失去了借以生存的基础就不能存在。

◎ 疲于奔命

【溯源】《左传·成公七年》中记载，春秋时期，楚国战胜宋国，大将子重要求封赏两地，因大臣申公巫臣的极力反对而未能如愿。另一大臣子反欲娶夏姬，最后亦被巫臣抢走逃往晋国。子重和子反便杀光巫臣族人，瓜分其财产和妻妾，巫臣知道后给二人写了封信说："我一定要叫你们受命奔走，疲竭而死！"为了实现诺言，他带领军马帮助落后的吴国，待吴国渐渐强大后，再逐个攻击楚国东边的属国，把它们并入吴国版图。前方告急文书不断传至楚国都城。楚王多次派子重、子反率军救援，一年中竟有七次之多，两人被弄得筋疲力尽，大大削弱了楚国的战斗力，巫臣终于达到了复仇目的。

【释义】 原指因奉命奔走而弄得精疲力尽，现形容忙于奔走应付而搞得非常疲劳。

◎ 匹夫之勇

【溯源】《孟子·梁惠王下》中记载，齐宣王问孟子同邻国的关系应该怎样相处，孟子说要以仁爱之心对待小国，齐宣王说他喜欢勇猛怕对待不好小国。孟子遂说："手握利剑，口中大喊谁敢挡我？这是匹夫之勇，只能抵挡一个人。请不要喜好'小勇'，而应把'勇'扩大来理解。"

【释义】 "匹夫"泛指一介平民百姓，"匹夫之勇"指不用智谋、单凭个人的勇气。

◎ 翩若惊鸿，婉若游龙

【溯源】 三国时期曹魏诗人、文学家曹植在《洛神赋》中描绘洛神美态时称："翩若惊鸿，婉若游龙。荣曜秋菊，华茂春松"，意思是：她长得体态轻盈柔美像受惊后翩翩飞起的鸿雁，身体健美柔曲像腾空嬉戏的游龙；容颜鲜明光彩像秋天盛开的菊花，青春华美繁盛像春天茂密的青松。

【释义】 现常形容美女体态轻盈，有时也形容笔法遒劲有力。

◎ 萍水相逢

【溯源】 唐代诗人王勃在《秋日登洪府滕王阁饯别序》中写道："关山难越，谁悲失路之人；萍水相逢，尽是他乡之客。"意思是：人生仕途如同关隘山川难以逾越，有谁去可怜那些不得志的人呢？今日盛会，大家都像浮萍一样随水漂动，邂逅相聚于一处，都是从不同地方云集而至的宾客。"萍水相逢"即由此出。

【释义】 本指像浮萍随水漂泊，偶然聚在一起。现喻互不相识的人偶然相遇。

◎ 破釜沉舟

【溯源】 原为"焚舟破釜"。《孙子兵法·九地》中记载古代军事上一种被称作"焚舟破釜"的战术是：在必须投之死地而后生的情况下，要断绝后路、烧掉船只、打破锅碗，这样号令三军就可以像驱赶群羊一样，勇往直前。《史记·项羽本纪》中讲到项羽大败秦将王离就用此战术。

【释义】 本指把饭锅打破，把渡船凿沉，现喻不留退路、义无反顾地去做某事。

◎ 破镜重圆

【溯源】《本事诗·情感》中记载，南北朝末期，陈国后主陈叔宝的妹妹乐昌公主下嫁江南才子徐德言，夫妻二人极为恩爱。陈国行将灭亡之际，乐昌公主被掳北上，眼看二人即将分别，公主遂将梳妆台上的一面铜镜摔成两半，与夫君约定：以后每年的正月十五在长安街市上沿街叫卖，以镜为凭，直至找到对方的下落。陈国亡后，乐昌公主被杨素所得。第二年正月十五，徐德言历尽千辛万苦赶至长安，果见一老头叫卖半面铜镜，遂取出自己半面与之对合，并题诗一首让老头带回。乐昌公主得知消息悲哭不止，水米不进。杨素知其原委后深受感动，立即派人将徐德言召入府中，令夫妻二人团聚。"破镜重圆"一词即由此来。

【释义】 现喻夫妻失散或决裂后重新团聚与和好。

◎ 破天荒

【溯源】《北梦琐言》中记载，唐朝年间，荆南地区派人参加京城科举考试，四五十年竟无一人考中。于是人们称荆南地区为"天荒"，把那里遣送的考生称作"天荒解"，讥笑那里几十年没能有一个人上榜题名。若干年之后，荆南应试的考生中终于有个叫刘锐的考生一举考中，总算破了"天荒"。镇守荆南的魏国公崔弦写信表示祝贺，并赏钱七十万。刘锐不肯接受这笔巨资，在回信中写道："五十年来，自是人废；一千里外，岂曰天荒。”

　　【释义】　旧时文人常用“破天荒”来表示突然得志扬名。现指从未有过或第一次出现的新鲜事。

◎ 扑朔迷离

　　【溯源】　出自《木兰诗》中的“雄兔脚扑朔，雌兔眼迷离，双兔傍地走，安能辨我是雄雌？”全句意思是：提着兔子耳朵悬在半空时，雄兔两只前脚时时动弹，雌兔两只眼睛时常眯着，所以容易辨认。如果两只兔子贴着地面并排跑，谁能分辨出哪一个是雄兔、哪个是雌兔呢？

　　【释义】　“扑朔”与“迷离”在这里本意是指到处搔爬、眼睛半闭。“扑朔迷离”现喻指事情错综复杂，使人难明真相。

· Q

◎ 七不堪

　　【溯源】　西晋文学家、竹林七贤之一的嵇康与山巨源本为好友，后因山巨源加入司马政权并举荐他出任选曹郎一职，使得本就不满司马政权的嵇康当场写下《与山巨源绝交书》，并在书中说自己从小不经涉学，疏懒成性，与礼相背，受不了官场礼法的种种约束，同时指出其中不堪忍受的七件事，即“七不堪”，表达自己不愿为官的决心。

　　【释义】　现代指疏懒或才能不够。

◎ 七步诗

　　【溯源】《世说新语·文学》中记载，曹植是曹操的四儿子，从小就才华出众，曹操死后，哥哥曹丕当上了魏国的皇帝。因为曹植和弟弟曹熊在父亲亡时没来看望，曹丕一再追问此事，曹熊因为害怕自杀身亡，曹植被押进朝廷。最后四兄弟的母亲卞氏开口求情，曹丕勉强给了曹植一个机会，让他在七步之内脱口成诗，否则杀无赦。曹植便念出一首《七步诗》"煮豆燃豆萁，豆在釜中泣。本是同根生，相煎何太急？"曹丕明白其中弟弟暗指兄弟情义，只好放了曹植。

【释义】 现形容人才思敏捷。

◎ 欺世盗名

【溯源】《荀子·不苟》中记载，战国思想家荀子曾举两例：一是春秋时卫国大夫史鱼因劝谏卫灵公不成，就嘱咐儿子待自己死后不要入殓，想以此来劝谏卫灵公重用遽伯玉，罢免弥予瑕；二是战国时齐国的田仲有位担任高官的哥哥，他却不肯接受哥哥的帮助去做官，而宁肯去种菜。荀子认为，史鱼和田仲在用欺骗手段"盗名于暗世者也"，意即于动乱世道窃取虚名之人属于最大的危险。"欺世盗名"一词即由此而来。

【释义】 指欺骗世人，盗取名望。

◎ 奇货可居

【溯源】《战国策·秦策五》与《史记·吕不韦列传》中记载，春秋时代，各国国君为了联合各国常把自己的儿子或孙子送到别国去做人质。秦昭王的孙子、夏姬的儿子异人就曾被送往赵国做人质，后因秦国不断攻赵，赵王迁怒于他，令其环境非常窘迫。当时的大商人吕不韦结识他时，准备以异人为资本进行一场政治投资，所以他自言道："此奇货可居也。"这里的"奇"指少有的东西，"货"指货物或某种东西，"居"指存储。意即指把少有的货物囤积起来，等待高价出售。

【释义】 现喻拿某种专长或独占的东西作为资本，等待时机，以捞取名利和地位。

◎ 骑虎难下

【溯源】 原为"骑兽之势，必不得下"。《隋书·后妃·文献独孤皇后》中记载，隋文帝杨坚的妻子独孤氏分析形势，叫人捎话给夫君："形势已经如此，骑在野兽的背上，逼迫你下也下不来，只能因势而进了。"杨坚明白这是在暗示他趁势夺取皇位，便用接受禅让的形式废黜了北周幼主，建起隋朝，立独孤氏为文献皇后，逐渐统一了南北朝。后来此句演变为"骑虎难下"。

【释义】 本指骑在老虎背上下不来，现指事情进行到中途，迫于形势不能停止，只好继续做下去。

◎ 歧路亡羊

【溯源】《列子·说符》中记载，战国时期的哲学家杨子听说邻人跑丢的羊因为岔路太多而无法追找后，整天沉思不语。学生们问何至于此，他也不吭声，有一位弟子孟孙阳把这些情形告诉了心都子，而后两人一齐去见杨子，心都子问："兄弟三人，同学于一位老师，对于什么是仁义却有两种不同理解，究竟谁的对呢？"杨子回答说："住在河边的船夫因为善于游泳，挣钱较多，许多人成群结队地去向他学习，结果被淹死的能有一半。本来是想学习游泳但后果截然相反，你看哪一个对呢？"两人没作声退了出来，孟孙阳责怪心都子问得拐弯抹角，老师又回答的稀奇古怪，搞得自己糊里糊涂，心都子道："大路上岔道太多而丢了羊，学习的人因学说太不一致可丧失生命。学问的本源并没有什么不同，没有什么两样，它的末流却有这样大的差异。只有把分歧的末流回归到本源上来，才不会有得失利害的差别，你成长在老师门下，学习老师的学问，但老师的比喻你都不能理解，真是可叹啊！"原文中的"大道以多歧亡羊"后来演变为"歧路亡羊"。

【释义】 本意指因岔路太多无法追寻而丢失了羊，现比喻事物复杂多变，没有正确的方向就会误入歧途。

◎ 棋逢对手

【溯源】 原为"棋逢敌手"。《晋书·谢安传》中记载，东晋名将谢安迎战前秦苻坚时，派弟弟谢石、侄子谢玄为将，谢玄心中害怕，问计于谢安，谢安却说已有安排，便与他下起围棋来。其实谢玄棋艺较高，但由于心中恐惧，难以聚精会神，所以这次与谢安下棋，总是无法取胜。

【释义】 本意指下棋遇到对手，现喻争斗双方实力或才智不相上下、难分高低。

◎ 旗鼓相当

【溯源】《后汉书·隗嚣传》中记载，西汉末年，隗嚣组织武装力量反抗王莽统治，攻占陇西、张掖、酒泉、敦煌等地，刘秀任其为西川大将军。为阻止占据成都的公孙述势力向外发展，刘秀写信给他，希望能联兵出击，信中写道："如公孙述进兵汉中，图谋长安，我希望能借将军的兵马联合对敌，这样我们同公孙述的兵力就算是旗鼓相当了。""旗鼓相当"一词即由此出。

【释义】 沿袭古意，形容敌对双方的实力相差无几。

◎ 起死回生

【溯源】《史记·扁鹊仓公列传》中记载，春秋战国时期，扁鹊来到虢国，听说虢国太子暴亡，便问太子的属官中庶子，中庶子说是气血不调昏厥而死，不足半日还没装殓。扁鹊就告诉他，太子未亡，如果不信可以探看一下，必然发现鼻子肿大，肢体温暖。中庶子大惊，急入宫禀报国君，虢君召人探棺，果如扁鹊所说，他赶紧亲自出来迎接这位神医。扁鹊命人扶起太子，施以针灸，刺激太子三阳五会等穴，不一会儿即见太子醒来，经过扁鹊的精心治疗下，太子不到一月就痊愈了。这件事传出后，人们都说扁鹊有起死回生的绝技。

【释义】指医术高明，也指成功挽救看起来没有希望的事情。

◎ 杞人忧天

【溯源】《列子·天瑞》中记载，杞国有个人胆子很小，常因天若塌下来自己该怎么办这个问题愁闷不已。朋友见他精神恍惚、脸色憔悴，开导说："天不过是积聚的气体罢了，没有哪个地方没有空气的。你的一举一动一呼一吸，整天都在天空里活动，怎么还担心天会塌下来呢？"那人又道："既是天体，那日、月、星、辰不就会掉下来吗？""日、月、星、辰也是空气中发光的东西，即使掉下来也不会伤害什么。""那如果地陷下去怎么办？""地不过是堆积的土块罢了，填满了四处，没有什么地方是没有土块的，你行走跳跃，整天都在地上活动，怎么还担心地会陷下去呢？"杞人这才高兴起来。"杞人忧天"一词即出于此。

【释义】指不必要、无根据的忧虑和担心。

◎ 千金买邻

【溯源】《南史·吕僧珍列传》中记载，南北朝时期，吕僧珍因品德高尚极受人们的尊敬和爱戴。某次，宋季雅被罢免南康郡太守一职后，在吕僧珍宅院附近买下一所房子，吕僧珍问他多少钱买下，他说共花费了一千一百两银子，问及为何花这么多钱，宋季雅回答："买房子只用了一百两银子，那一千两是为了买你这样的好邻居。""千金买邻"即由此出。

【释义】意指在为人处世过程中，要有选择地进行交往。

◎ 千里之行，始于足下

【溯源】春秋时期，著名的哲学家老子根据事物的发展规律提出谨小慎微和慎终如始的主张，他在《老子》中提出一项观点：处理问题要在它未发生以前，治理国家要在未乱之前。合抱的大树是细小的幼苗长成，九层的高台是一筐一筐泥土砌成的，千里之远的行程是从脚下开始的。

【释义】 本意指走一千里路，也要从迈第一步开始，现指事情的成功是由小到大逐渐积累起来的。

◎ 千虑一得

【溯源】《晏子春秋·内篇杂下十八》中记载，春秋时期，齐国相国晏婴为人正直为官清廉，生活非常俭朴。齐景公手下人目睹晏婴的贫困生活，就向齐景公汇报，齐景公派人送去千金给他接待宾客用，晏婴百般推辞不受，并说："圣人考虑一千次，总有一次失败；普通人考虑一千次，总有一次成功。过去管仲接受是其失，现在我不要是我之得。""千虑一得"即由此出。

【释义】 意指再愚笨的人经过细致考虑，其意见也会有可取之处。

◎ 前车之鉴

【溯源】《荀子·成相》中记载荀况的一段言论，大意是：实在是患难啊，大搞歪门邪道，以邪术为自己言行之先导，放着智慧的头脑不用，偏偏去听信那些相术者的主张。前面的车子已经倾倒还不知改正，这种人到何时才能觉悟？《汉书·贾谊传》中记载，贾谊在《治安策》一文中分析了秦王朝奸臣当道、实施暴政、由盛而衰的惨痛教训，并总结说："前车之覆，后车之鉴。秦朝的失败应该引起我们足够的警惕呀！否则，我们也会重犯秦朝的错误，那可太危险了！"

【释义】 本指前面车子翻倒，后面的车子可引为教训，现指先前的失败，可以作为以后的教训。

◎ 前功尽弃

【溯源】《战国策·西周策》中记载，战国末年，纵横家苏厉游说周赧王去阻止秦国的大将白起进攻魏国都城大梁。他说："秦将白起曾大破韩、魏两国，并夺取赵国两地，如今又攻打魏国都城大梁，倘若大梁不保，整个周王朝就危险了。"见周赧王没什么反应，苏厉又说："可以对白起这样讲：将军过去立下很多功劳，如今进击大梁战线过长，一旦失败可就前功尽弃了。如此看来，不如托病不去攻打魏国为好。"尽管苏厉极尽所能，但那时周室已衰微，无力控制诸侯势力，所以他的主张未能实现。

【释义】 指以前的功劳与努力全部白费。

◎ 前事不忘，后事之师

【溯源】 西汉初年著名的政论家、文学家贾谊在《过秦论·下》中有一段精彩的论证。他说："先王懂得周文王、周武王的治国安邦之道，知道阻塞忠良与蒙蔽皇上这种行为的危害，所以就设置官职，整饬法令和刑罚，使天下得以大治……可是秦朝治本、治标的方法都不对，所以不能维持多久，这样看来，使国家安定与危乱的做法，两者相差得实在太远了！俗语说'前事之不忘记，后事之师也'，要想学习明君治理国家，就要借鉴古代的盛衰，参考他人的成败，实践于当代，谨慎于当前形势和权力的运用，依据时间条件决定政策，这样才能历时长久，使国家社会得到安宁。"

【释义】 沿袭古意，指汲取从前的经验教训，作为以后行事的借鉴。

◎ 强词夺理

【溯源】 《三国演义》中记载，诸葛亮在刘备失利之后意欲说服孙权联手抗曹，受到东吴谋士的诘难。陆绩说刘备是中山靖王之后，此说法无稽可考，诸葛亮反问，什么叫无稽可考。严峻又接着说："你所说的都是强词夺理，均非正理，不用再说，我还要问问你，这些说法出自何种典籍？"诸葛亮再道："如此说来，那伊尹、姜子牙、张良、陈平、邓禹等人都有匡世之才，他们的生平又出自何种典籍？他们能像你们这些腐儒们只会寻章摘句、舞文弄墨吗？""强词夺理"即由此出。

【释义】 指无理强辩，没理硬说成有理。

◎ 强弩之末

【溯源】 由秦汉时期的民间俗谚"强弩之极，矢不能穿鲁缟"简化而成。《史记·韩长孺列传》中记载，西汉武帝时，匈奴派使者前来请求和亲，汉武帝召集众臣商议。主管外交事务的大臣王恢反对和亲，主张继续西征，御史大夫韩安国赞成和亲，他说："派军队去千里之外作战，不会取得胜利。现在匈奴倚仗军马的充足，怀着禽兽般的心肠，迁移如同群鸟飞翔，很难控制他们。我们得到它的土地也不能算开疆拓土，拥有了它的百姓也不能算强大，从上古起他们就不属于我们的百姓。汉军到几千里以外去争夺利益，那会人马疲惫，敌人就会凭借全面的优势对付我们的弱点。况且最强劲的弓弩连鲁地所产的最薄白绢也射不穿，从下往上刮的强风到最后连飘起雁毛的力量都没有了，并不是它们开始时力量不强，而是到了最后力量已衰竭。所以发兵攻打匈奴实在是很不利的，不如跟他们和亲。"群臣多数都附和韩安国，于是皇上便同意与匈奴和亲。

【释义】 本意指弩所发的箭已达射程的尽头，现喻指强大的力量已经衰弱，起不了什么作用。

◎ 敲门砖

【溯源】 古代科举考试必考八股文，应考的人便将八股文的套路练熟。考生如果没考中就说"撞太岁"，意思是冒险撞运气；如果考中了就把八股文的那一套程式称之为"敲门砖"，意思是进了门即可以扔掉敲门的砖头。

【释义】 现指借以谋取名利的工具，一达目的就可抛弃。

◎ 敲竹杠

【溯源】 "敲竹杠"源于三种说法。第一种说法是：清朝末年，水上走私鸦片的贩子为躲避关卡检查，把毒品密藏在竹制的船篙里，随船从水路运往各地。某日，缉私人员检查一艘商船遍寻无果，正欲离开时，一位师爷吸着长烟筒，信手在撑船的竹篙上敲烟灰，"嘟嘟嘟"敲了几下。船主惊得脸色大变，以为师爷看出其中端倪，赶紧偷偷塞给大把银子，请他别再敲了。师爷这才反应过来，没吱声就随其他人一同下船去了。后来"敲竹杠"就成了讹诈财物的代名词，一直沿用下来。第二种说法是：在四川山区地带，有钱人进山烧香时要乘坐一种用竹竿做的滑竿由人抬上山。往往走到半山腰时，抬滑竿的人就敲着滑竿，要求加工钱，否则就不抬人，乘坐者只好加钱。第三种说法是：旧上海城里有家店铺，只要是陌生顾客进门，老板就会敲一下竹杠，示意正在接待的伙计暗中提价。

【释义】 现指利用别人的弱点或以某事为借口进行讹诈。

◎ 巧取豪夺

【溯源】 《王右军帖》中记载，宋朝大书法家、大画家米芾的儿子米友仁精于摹仿，为求书画珍贵真本，耗费了大量资财，甚至不惜采用欺骗手法。他经常在摹完真本后，将真本与摹本一同送还主人，由于摹仿技艺极精，常常骗得主人收走摹本而留下真本，这样他就获得了许多真本古画。米友仁才华出众，确实值得人们敬仰，可他那种偷梁换柱的行为，却令人不齿，于是有人把他这种行为称作"巧偷豪夺"，后来此语渐渐演化为"巧取豪夺"。

【释义】 形容以各种巧妙方式骗取或用野蛮办法抢夺财富。

◎ 巧言令色

【溯源】 "巧言"指花言巧语，"令色"指讨好的表情。《尚书·皋陶谟》中记载夏禹与皋陶之间的一段对话，其中夏禹在回答时提及"能哲而惠，何忧乎骥兜，何迁乎有苗，何畏乎巧言令色孔壬"一句，意思是：帝又哲又惠，也还担心骥兜这样的佞人乱政而把他流放，也还怕有苗氏作乱而将其迁徙，也还怕奸佞之士孔壬的巧言令色。

【释义】 形容以花言巧语和媚态伪情来迷惑、取悦他人。

◎ 锲而不舍

【溯源】 《荀子·劝学》中记载了荀子的一段言论，即"锲而舍之，朽木不折；锲而不舍，金石可镂。"意思是：如果镂刻不能坚持下去，就连朽木也不会被折断；但若坚持不停地镂刻，就是金属、石头也会被镂穿。后人根据此句意思总结出"锲而不舍"一词。

【释义】 指做事不能半途而废，只要坚持到底就能获得成功。

◎ 秦晋之合

【溯源】 春秋战国时期，晋武公之子姬诡诸继承君位，即晋献公。晋武公晚年娶齐桓公女儿齐姜，齐姜则与当太子的姬诡诸有私情。姬诡诸继位后，把庶母齐姜娶为夫人，生女伯姬及子申生。伯姬又在后来的秦晋政治联姻中嫁给秦穆公为夫人，这便是最初的"秦晋之合"。

【释义】 原指政治上的联姻，是国家之间的一种联合，后来泛指两家联姻。

◎ 青出于蓝而胜于蓝

【溯源】 《荀子·劝学》中记载了荀子的一个观点：学习不可以停止。靛青是从蓼蓝中提取的，但它比蓼蓝的颜色更青；冰是由水凝冻成的，但它比水更冷。木材直得合乎拉直的墨绳，如果给它加热使它弯曲做成车轮，它的弯度就可以合乎圆规，即使又晒干了，也不会再挺直，这是因为人工使它弯曲成这样。所以木材经墨线量过就笔直了，金属刀具在磨刀石上磨过就锋利了。君子广泛地学习而且每天对照检查自己，就会智慧明达，不会犯错。原文中的"青，取之于蓝，而青于蓝"后来演变为"青出于蓝而胜于蓝"。

【释义】 指学生胜过老师、后人胜过前人，此为事物的发展规律。

◎ 青梅竹马

【溯源】 "青梅"指青色的梅子，"竹马"指把竹竿当马骑。唐代诗人李白曾在《长干行》里描绘女子回忆与夫君幼年时一起嬉戏："郎骑竹马来，绕床弄青梅，同居长干里，两小无嫌猜。"借此形容小儿女天真无邪玩耍游戏的样子。

【释义】 现指男女幼年时亲密无间。

◎ 青山遮不住，毕竟东流去

【溯源】 南宋词人辛弃疾在《菩萨蛮·书江西造口壁》中写道："郁孤台下清江水，中间多少行人泪，西北望长安，可怜无数山。青山遮不住，毕竟东流去，江晚正愁予，山深闻鹧鸪。"大意为：沅赣两江合流一带被金兵侵略屠杀，多少人见此而愤慨，向北望京都，可怜这大好河山！然而，高山虽能遮住人们的望眼，却挡不住那滚滚奔流的江水。江边的夜晚真使人愁闷啊，就连山里的鹧鸪叫声也好似在说你这种想法行不通。其中的"青山遮不住，毕竟东流去"是说青山怎能把江水挡住，浩浩江水终于向东流去。

【释义】 喻指暂时的困难与挫折改变不了历史发展的必然规律。

◎ 青云直上

【溯源】 《史记·范雎蔡泽列传》中记载，战国时期，魏国人范雎跟随魏中大夫须贾出访齐国，齐襄王很赏识他便赐予黄金，他拒绝接受，须贾知道后回国诬告他里通外国，并将其痛打一顿扔进厕所里。范雎装死逃出，潜往秦国改名张禄，后来当上了相国。须贾在向秦求和时认出范雎，急忙叩头请罪道："我真是罪该万死，没想到先生能获此高官显爵。须贾从此再不敢读书任职了。"原文中的"青云直上"在这里指身居高位。

【释义】 "青云"指青天，"直上"指直线上升，"青云直上"形容迅速升到很高的地位。现形容官职升迁很快，也有"平步青云"一说。

◎ 倾国倾城

【溯源】 《汉书·外戚传下·孝武李夫人》中记载，汉武帝时的音乐家李延年能歌善舞，极博武帝欢心。某次，李延年起舞歌道："北方有佳人，绝世而独立，一顾倾人城，再顾倾人国。宁不知倾城与倾国，佳人难再得！"汉武帝自叹道，世上真有这样的美人吗？他身边的平阳公主趁机说，李延年的妹妹就是这样的人。汉武帝急召入宫，果然其妹容貌秀丽，举世无双，而且歌舞俱佳，她后来被汉武帝封为李夫人。

【释义】 原指因女色而亡国，现泛指绝代佳人。

◎ 请君入瓮

【溯源】《资治通鉴·唐纪·则天皇后天授二年》中记载，武则天手下有两位酷吏周兴和来俊臣，某次，周兴被人密告伙同他人谋反，武则天便派来俊臣审理此案。这日，来俊臣请周兴喝酒，装出满面愁容问他有什么新方法逼迫犯人招供，周兴得意地说："我最近才发明一种新方法，不怕犯人不招。用一个大瓮，四周堆满烧红的炭火，再把犯人放进去。再顽固不化的人也受不了这个滋味。"来俊臣立即命人照此布置一番，而后突然翻脸道："有人告你谋反，如果不老实招供，那我只好请君入瓮了！"周兴这才知道中计，当即俯首认罪。"请君入瓮"即出于此。

【释义】 现指以其人之道还治其人之身。

◎ 请缨

【溯源】《汉书·终军传》中记载，西汉武帝时，南越王请求与汉和亲，武帝打算趁机说服南越王归附汉朝。谏议大夫终军主动请求说："请您给我一根长缨，我一定会把南越王绑来送到您的殿下。"终军不辱使命，最终说服南越王向汉朝称臣，但没想到的是，南越国宰相随后即煽动他人发起叛乱，杀害了南越王，终军也在这场叛乱中当场身亡。

【释义】 "缨"指拘系人的绳子。本意是请求给一根长缨，现指主动请求担当重任。

◎ 茕茕孑立，形影相吊

【溯源】《晋书·李密传》中记载，司马炎建起西晋王朝成为晋武帝后，为笼络蜀国旧臣，特意征召李密到京城洛阳出任太子洗马，即太子老师一职，但李密不愿去，便写了《陈情表》，上书陈述他的祖母已年老体弱，身边没有任何亲属，连个小童都没有，只有自己孤身一人，整日里和自己的影子相互安慰。

【释义】 "茕茕"指孤独的样子，"孑"指孤单，"形"指身体，"吊"指慰问。原文中的"茕茕孑立，形影相吊"意指孤单凄凉。今沿袭古意，形容无依无靠、非常孤单。

◎ 取之不尽，用之不竭

【溯源】 苏东坡在《前赤壁赋》中写道："唯江上之清风，与山间之明月，耳得之而为声，目遇之而成色，取之无禁，用之不竭。"大意是：江上的清风有声，山间的明月有色，江山无穷，风月长存，天地无私，声色娱人，可以徘徊其间享受这无穷无尽的怡然之乐。后来，原句中的"取之无禁，用之不竭"演变为"取之不尽，用之不竭"。

【释义】 沿袭古意，指拿不完、用不尽，非常丰富。

◎ 权宜之计

【溯源】《后汉书·王允传》中记载，东汉时期，董卓废汉少帝另立幼小的汉献帝，而后他掌握朝政，胡作非为。司徒王允敬献美女貂蝉，利用吕布杀死董卓，王允见祸害已除，做事也不循权宜之计，同手下人渐渐疏远，结果让董卓的部将李傕等杀回长安，赶走吕布，他自己也命丧当场。

【释义】 "权"指权且，"宜"指适宜。现泛指为了应付某种情况而暂时采取的办法。

◎ 犬牙交错

【溯源】 出自《汉书·中山靖王传》中的："诸侯王自以骨肉至亲，先帝所以广封连城，犬牙相错者，为磐石宗也。"此句意思是：我们都是皇室至亲骨肉，先帝封给土地，使封地像狗牙似的交错在一起，为的就是能够相互援助，保卫京都，使刘氏天下坚如磐石。原文中"犬牙交错"是指土地交错的状况像狗牙一样相互嵌入。

【释义】 原指界线曲折，现也指情况复杂，有多种因素参差交错。

◎ 群策群力

【溯源】《法言·重黎》中记载，西汉文学家扬雄对项羽作过一个评论。他说，楚汉相争之所以楚亡汉胜是因为刘邦善于发挥众人才智，采纳了萧何、张良、韩信、陈平等人的意见，用集中起来的众人智慧去调动、发挥众人的力量。"汉屈群策，群策屈群力"即是此意。而项羽只凭匹夫之勇，连范增的意见都不听，导致最后坐失良机，被韩信围困于垓下，被逼于乌江自刎。这完全就是"战之罪"，哪里是什么"天之亡我"呢。

【释义】 沿袭古意，指众人的智慧和力量。

· R

◎ **燃眉之急**

【溯源】 《五灯会元》中记载，蒋山法泉禅师问："如何是急切一句？"大师回答："火烧眉毛。"意思是：像火烧眉毛那般紧急。"燃眉之急"即由此演变而来。

【释义】 现形容事情非常急迫。

◎ **人非圣贤，孰能无过**

【溯源】 《左传·宣公二年》中记载，春秋时期，晋灵公十分残暴，滥杀无辜，大臣赵盾和士季进宫劝谏，晋灵公态度非常冷淡，很不情愿地承认自己错了。士季叩头拜倒说："谁能没有过错，有过能改，那就再好不过了。"可是，晋灵公早将两人记恨在心，随后便派人暗杀了赵盾。

【释义】 指一般人犯错在所难免。

◎ **人浮于事**

【溯源】 原为"人浮于食"，《礼记·坊记》中写道："君子辞贵不辞贱，辞富不辞贫，则乱益亡。故君子使其食浮于人也，宁使人浮于食。"古代以粮食的石数计算俸禄，所以称为"食"，"浮"指超过。这句话的意思是：俸禄和职位超过了自己的能力和奉献，那就类似于贪污，自己的能力和贡献超过了俸禄和职位，就可称得上廉洁。后来此语演变为"人浮于事"。

【释义】 本指用人数量超过俸禄承担的能力，或指职务才能应当超过支付给自己的俸禄，现指人多事少，没有多少工作可从事。

◎ **人微言轻**

【溯源】 原为"人微权轻"。《史记·司马穰苴列传》中记载，春秋末期，齐国大夫穰苴因官至司马也被人称作司马穰苴。他为人执法严明，深通兵法，齐景公命他率军迎击晋燕联军时，他说："我出身卑贱，恐怕军中诸将不能归附听命，百姓也不拥护，资望浅薄，权威不足以服众，希望能派一位君王的亲信，在朝廷中有威望的人到军中做监军，这样我才可以赴任。"齐景公答应了他的要求。可是派去的监军不遵军纪，时时轻慢司马穰苴，结果被斩首示众。此举极大振奋了军威，全军将士奋勇作战，最后一举收复失地。此语后来演变为"人微言轻"。

【释义】 原用来比喻资望较浅，权威不足以服众，现指社会地位低，说话不被别人重视。

◎ 人为刀俎，我为鱼肉

【溯源】 《史记·项羽本纪》中记载，鸿门宴中，刘邦逃脱之际因为没向项羽告别，自觉失礼，这时樊哙说道："大丈夫做事应该着眼于大事，不必讲究小节，现在人家正如刀和砧板，而我们就像砧板上待宰割的鱼和肉，你还讲什么礼节？"

【释义】 喻指生杀大权掌握在别人手里，自己处于被宰割的地位。

◎ 人心不如水，平地起波澜

【溯源】 唐代诗人刘禹锡在《竹枝词九首》中的第七首写道："瞿塘嘈嘈十二滩，人言道路古来难。长恨人心不如水，等闲平地起波澜。"全诗以瞿塘峡的滩险水急暗指人世间亦能平地起波澜，末尾诗句后来简化成"人心不如水，平地起波澜"。

【释义】 现喻指小人心怀不轨或拨弄是非之行径，也常用来感慨人心变幻、世态炎凉。

◎ 人心不足蛇吞象

【溯源】 《山海经·海内南经》中记载"巴蛇食象，三岁而出其骨。"意思是一种叫巴蛇的蟒吞吃大象，三年才将骨头吐出来。《通俗编》中也记载明代罗洪先在诗中写道："人心不足蛇吞象，世事到头螳捕蝉。"意思是：胃口虽小却贪得无厌，就像一条蛇想吞大象，结果会怎样？此举犹如一只螳螂只知道去捕食前面的蝉，却不知后面的黄雀正准备啄食自己。

【释义】 本意指人贪心，就像蛇想吞食大象一样，现用此抨击贪念过重的言行。

◎ 人言可畏

【溯源】 古时，一位叫仲子的男子恋上一位姑娘，想偷上她家幽会。姑娘因为这段恋情还没得到父母的同意，怕父母知道后会责骂她，所以写了首诗劝恋人别这样做。这首诗收录于《诗经·郑风·将仲子》中，共分三段，大意为：希望仲子不要偷着爬墙到我家，不要折断我家的檀香树木，父母和兄长都会责骂我。

我哪里是爱惜那些树木，我是怕别人说闲话呀。仲子你一定要记住，人们的闲话足以使我们惧怕呀。末句提及的"人之多言，亦可畏也"后来简化成"人言可畏"一词。

【释义】 沿袭古意，指流言蜚语很可怕。

◎ 人之将亡，其言也善

【溯源】 《论语·泰伯》中记载，曾子因病卧床不起，孟敬子前去探问，曾子说道："鸟快要死的时候，鸣叫的声音是悲哀的；人快要死的时候，说出来的话也是善良的。"

【释义】 指人临死前说的话都是真诚而善意的。现常用此句表示将死之人所说的话，应当作好话来听。

◎ 任重道远

【溯源】 《论语·泰伯》中记载，曾子说："士不可以不弘毅，任重而道远。人以为己任，不亦重乎？死而后已，不亦远乎？"意思是：有志者不可以不培养坚强的意志，因为责任重大而且道路遥远。以实现仁德为自己的责任，这样的责任不是很重大吗？为此理想奋斗终身，这样的道路不是很遥远吗？

【释义】 本意指担子很重，路程很远。现喻责任重大，要经过长期奋斗。

◎ 忍辱负重

【溯源】 《三国志·吴志·陆逊传》中记载，东汉末年，孙权夺取荆州杀害了关羽，刘备十分气愤，调集大批人马亲自东征东吴，连拔东吴数城，孙权只好启用陆逊为大都督全力抵抗。由于陆逊资历不深，很多将领不服，陆逊便召集众将擎剑在手道："我虽是一介书生，但蒙主上委以重任而使大家屈居为部下，必定是因为我还有可取之处，能够忍受眼前一时的屈辱而担起重任。军令如山，以后有令必行，违令者斩！"众将顿时全被镇住，再不敢不听从命令。接下来的战事中，刘备仗势轻敌，陆逊坚守不战，将对方拖得疲惫不堪，最后借顺风放火取得了胜利。

【释义】 指忍受屈辱，承担重任。

◎ 日暮途穷，倒行逆施

【溯源】 《史记·伍子胥列传》中记载："吾日暮途远，吾故倒行而逆施之。"春秋时期，楚平王听信大臣费无忌的谗言，杀害大臣伍奢及他的儿子伍尚。伍奢的二儿子伍子胥历尽千辛万苦把太子建的儿子带到吴国，辅佐吴王阖闾，后来他率军讨伐楚国，此时楚平王已死，他便掘其坟墓，鞭尸三百下。楚国贵族申包胥批评他做得太过分，伍子胥回答："我好像一个太阳将要落山而旅程仍很遥远的行路人，故而我的所作所为与常理相违背。""日暮途穷，倒行逆施"一词即由此出。

【释义】 本意指天色已晚，路至尽头。现指处境十分困难，也指穷困到了极点。

◎ 如鸟兽散

【溯源】《汉书·李陵传》中记载，汉武帝刘彻任命大将李广的孙子李陵为骑都尉，驻守北方边境。一次他率领五千人马攻打匈奴境内的浚稽山时，把三万匈奴兵杀得大败，匈奴单于又派八万大军前来包围，汉军孤立无援，李陵只好对所剩不多的伤员说："现在我们已无力再战，与其坐而待俘不如大家各作鸟兽逃散，或许还能有人跑出去向皇帝报告军情。"李陵后来被匈奴逼迫投降。

【释义】 原指如飞鸟走兽一样逃散或溃败，现形容军队、集团或组织解散后，成员四散奔逃。

◎ 如鱼得水

【溯源】《三国志·蜀志·诸葛亮传》中记载，东汉末年，刘备经徐庶推荐，三顾茅庐始见诸葛亮。诸葛亮提出三分天下的局势，并提出夺取政权之大计，刘备听后茅塞顿开，将其奉为上宾。关羽、张飞等心腹将领很是不服，刘备说道："我得到孔明的辅助，就好像鱼得了水一样非常快捷自如，诸位莫再多言了。"后来刘备在诸葛亮的辅佐之下，终于建起西蜀政权。

【释义】 现形容极适合自己的环境。

◎ 如坐针毡

【溯源】《晋书·杜锡传》中记载，晋武帝司马炎死后，司马衷即位为晋惠帝，晋惠帝立司马睿为太子。司马睿很不争气，没有政治抱负，爱好经商。他恨经常劝他从政的太子中舍人杜锡，就把针插在杜锡的座垫上，扎得杜锡坐卧不安，臀部流血。"如坐针毡"即出于此。

【释义】 本意指像坐在插着针的毡子上，现形容心神不定、坐立不安。

◎ 孺子可教

【溯源】《史记·留侯世家》中记载，张良在未遇到刘邦之前，因刺杀秦始皇未成功而隐居在下邳时，遇到一位圯下老人。老人令其拣鞋、穿鞋，又经过五次约会试探，终于授给他一本《太公兵法》说："你是个值得教诲的小伙子。只要能钻研透彻这本书，以后就可以做帝王的老师。"老人离去后，张良认真研读《太公兵法》，最终成为汉高祖刘邦麾下第一谋士，为汉王朝的建立立下汗马功劳。

【释义】 本指小孩子可以教诲，后形容年轻人有出息，可以造就。

◎ 孺子牛

【溯源】《左传·哀公六年》中记载，齐景公非常疼爱儿子荼，作为一国之君的他竟可以口里衔根绳子让儿子牵着走，哪知荼不小心一跤跌倒，把齐景公的牙齿给拉折了。齐景公在死前立荼为国君，但他死后，大臣陈僖子要立公子阳生为国君，另一位大臣鲍牧对陈僖子说："你忘了当初为孺子装作牛而折断牙齿的事了吗？怎能违背先王的遗命呢？"

【释义】 原意是表示父母对子女过分疼爱。现指为人民大众服务的人。

◎ 乳臭未干

【溯源】《汉书·高帝纪》中记载，楚汉相争时期，刘邦因西魏王魏豹欲率军背叛而准备出兵讨伐。他向郦食其询问关于魏豹的将领情况，郦食其说魏豹的大将是柏直，刘邦认为柏直"是口尚乳臭，不能当韩信"。意思是：他嘴里还有奶腥味，根本挡不住韩信。于是就派出韩信、灌婴、曹参等人率军前去攻打魏豹，最后活捉了魏豹获得胜利。

【释义】 本意是指身上的奶腥气还没有退尽，现指对年轻人表示轻蔑的说法。

◎ 入木三分

【溯源】《书断·王羲之》中记载，晋成帝在北郊祭地时，王羲之奉命在木板上书写祝词，工匠用刀刻字时，发现字痕透入木板竟有三分深。

【释义】 形容书法极有笔力。现多比喻思想、见解很深刻。

◎ **塞翁失马**

【溯源】《淮南子·人间训》中记载，靠近长城边塞居住的人中，有位擅长推测吉凶掌握术数的老翁。某次，他的马无缘无故跑去胡人住地，人们都来宽慰他，老翁却说："这怎么就不是一件好事呢？"过了几个月，那匹马带着胡人的良马回来，人们前来祝贺他，老翁又说："这怎么就不能是一件坏事呢？"他的儿子爱好骑马，结果从马上掉下来摔断大腿，人们前来安慰，老翁又道："这怎么就不是一件好事呢？"一年后，胡人大举入侵边塞，壮年男子都拿起弓箭去作战。靠近长城一带的人大部分都死了，唯独他儿子因为腿瘸的缘故免于征战，父子俩才得以保全。

【释义】 虽一时受损，反而能因此获益，指福祸互相转化。

◎ **三寸不烂之舌**

【溯源】《史记·平原君虞卿列传》中记载，秦军包围赵国邯郸，赵王派平原君到楚国去请求援兵，毛遂通过自荐与平原君一道同行。在平原君与楚王会谈时，毛遂展开雄辩之才与非凡胆识，迫使楚王答应联合抗秦。平原君回到赵国后，和别人谈起毛遂的功劳，感慨万分道："毛先生的三寸不烂之舌，强于百万之师。"意思是：毛先生对楚王的那一席话，胜过了百万雄师。

【释义】 喻指能说善辩的口才。

◎ **三顾茅庐**

【溯源】 汉末时期，刘备与关羽、张飞带着礼物到隆中卧龙岗去请诸葛亮出山辅佐，诸葛亮不在家，三人只能失望而回。不久，三人冒着大风雪再度去请，偏巧诸葛亮又出外闲游去了。刘备吃了三天素，准备再去请诸葛亮。关羽说诸葛亮也许徒有虚名不用再去，张飞却打算用绳子将其捆来，但这两种说法均被刘备驳回。第三次造访时，诸葛亮正在睡觉，三人一直站到他醒来方才坐下谈话。诸葛亮见对方确有诚意，遂答应出山相助。后来，他在《出师表》中亦说道："先帝不以臣卑鄙，猥自枉屈，三顾臣于草庐之中。"

【释义】 现喻真心诚意，一再邀请。

◎ 三过其门而不入

【溯源】 《孟子·滕文公上》中记载，上古时期，黄河流域洪水泛滥，灾情严重，鲧治水无功，舜帝便鲧的儿子禹继承父业。禹为了消除水患，日夜操劳，那时他刚刚结婚，三次路过家门也没有回去探望妻子。数年之后，禹终于治水成功，舜便把帝位让给了他。"三过其门而不入"即由此出。

【释义】 原是夏禹治水的故事，现形容热心工作，因公忘私。

◎ 三令五申

【溯源】 《史记·孙子吴起列传》中记载，春秋时期，军事学家孙武带着《孙子兵法》去见吴王阖闾，吴王看过之后，召集了一百八十名宫中美女让他当场训练演示。孙武将其分为两队，说明指令，并搬出古时一种叫铁钺的刑具，三番五次向她们解释。演练时，宫女们不听号令嬉笑玩闹，孙武当即命令将两队队长推出斩首，宫女们再不敢掉以轻心，乖乖听从指令行动。后来人们便将孙武向宫女再三解释的做法引申为"三令五申"。

【释义】 现指再三向下级命令告诫。

◎ 三迁之教

【溯源】 《列女传》中记载，孟母带着年幼的孟子，起初住在公墓附近，孟子就模仿哭丧；后迁居集市，又跟着学商人自吹自夸；孟母迁居学堂附近，孟子从此学习礼节，要求上学。此为"三迁之教"，也称"孟母三迁"。

【释义】 指选择居住合适的环境利于教育子女。

◎ 三人行，必有我师

【溯源】 《论语·述而》中记载了孔子的一段言论："三人行，必有我师焉。择其善者而从之，其不善者而改之。"意思是：几个人同行，其中必定有我的老师。我选择他好的方面向他学习，看到他不好的方面就对照自己改正缺点。

【释义】 指应该虚心地向一切有长处的人学习，有时也作自谦之词。

◎ 三十六策，走为上计

【溯源】 《南史·王敬则列传》中记载，齐明帝病危时，次子萧宝卷为防范辅国将军王敬则起兵谋反，正在召集众臣议事。忽有人报征虏亭失火，他以为王敬则率兵杀来，赶紧准备躲开。别人把这事告诉了王敬则，王敬则说："檀公三十六策，走是上计，你们父子无能，早就应该走了！"此为双关语，意在劝其下台交权。

【释义】 原指无力抵抗敌人只能将逃走视为上策。现指事情已到无法控制的地步，只能出走。

◎ 丧家之犬

【溯源】《史记·孔子世家》中记载，孔子到郑国去，路上和学生们走散了，他就独自站在城郭东门。有个郑国人对孔子的学生子贡说："东门口站着的那人，额头像尧，后颈像皋陶，肩膀与子产类似，但腰部以下相差禹有三寸，疲劳得像失去主人到处流浪的狗。"子贡将其言告诉了孔子，孔子笑说："说我的外形像谁是小事，然而说我像失去主人到处流浪的狗，确是如此啊。"原文中的"丧家之狗"后来演变为"丧家之犬"。

【释义】 形容无所依归的狼狈相。

◎ 扫除天下

【溯源】《后汉书·陈蕃传》中记载，东汉大臣陈蕃在十五岁时，从不打扫自己所住居室，以致庭院房间内脏乱不堪。父亲的朋友薛勤问他为什么不清扫庭院，陈蕃答："大丈夫处世，当以扫除天下为自己的任务，怎么能局限于整理一间房呢？"薛勤知其有整治天下的大志向，颇为惊奇。

【释义】 指胸怀大志，见识非凡。

◎ 杀鸡焉用牛刀

【溯源】《论语·阳货》中记载，春秋时孔子提倡以礼乐教化百姓，他的学生子游在武城做官时，提倡礼乐。孔子到武城听到乐器的弹奏和优雅的歌唱，就开玩笑地问："杀鸡焉用牛刀？"子游解释说："我时常听先生说，君子学了礼乐就会爱人，小人学会了礼乐就听使唤。我之所以用礼乐来教化他们，就是让他们能有修养。现在城里的百姓都讲礼让，都能互相谦让，这正是我初时制定政策的目的。"孔子听后，十分赞许这种做法。

【释义】 本指杀只鸡何必用宰牛的刀，现指小题大做。

◎ 山不让土，而成其大

【溯源】《史记·李斯列传》中记载，秦国丞相李斯曾在著名的《谏逐客书》中写有"泰山不让土壤，故能成其高，江海不择细流，故能就其深"一句。意思是：泰山之所以有这样的高度，正是因为不拒绝渺小的土壤，堆砌而成才能形成如今的巍峨。江河之所以有这样的深度，正是因为不拒绝细微的溪流，汇流而成才能形成如今的规模。"山不让土，而成其大"即由此而来。

【释义】 现多指学业知识需点滴积累，或指要善于容纳不同意见、说法等。

◎ 山重水复疑无路，柳暗花明又一村

【溯源】 南宋诗人陆游被免职回乡后，独自到西山游览，写下一首《游山西村》："莫笑农家腊酒浑，丰年留客足鸡豚。山重水复疑无路，柳暗花明又一村。箫鼓追随春社近，衣冠简朴古风存。从今若许闲乘月，拄杖无时夜叩门。"其中"山重水复疑无路，柳暗花明又一村"意为：走过一重重山，跨过一道道水，正疑心前方再无路可走时，忽然望见一处绿柳成荫、山花烂漫的新村庄。

【释义】 本指村庄的美好春光，现指突然出现新的好形势。

◎ 山外青山楼外楼

【溯源】 南宋诗人林升，因不满于南宋朝廷不进行抗金斗争而过着花天酒地的生活而极为愤慨，便在临安城一家旅店墙壁上题写了一首《题临安邸》："山外青山楼外楼，西湖歌舞几时休。暖风熏得游人醉，直把杭州作汴州。"这里的"山外青山楼外楼"本意是指重重叠叠的青山，鳞次栉比的楼台。

【释义】 现喻指人上有人。

◎ 山雨欲来风满楼

【溯源】 唐朝诗人许浑登上咸阳古城楼观赏风景，见太阳西沉，乌云滚来，凉风阵阵，于是即兴作诗《咸阳城东楼》："一上高楼万里愁，兼葭杨柳似汀洲。溪云初起日沉阁，山雨欲来风满楼。鸟下绿芜秦苑夕，蝉鸣黄叶汉宫秋。行人莫问当年事，故国东来渭水流。"其中的"山雨欲来风满楼"看似描写当时景色，实则表现了诗人对唐朝行将没落、农民大起义即将爆发的局势之忧虑。

【释义】 现常用来形容重大事件发生前的紧张气氛。

◎ 上梁不正下梁歪

【溯源】 魏晋时期的哲学家杨泉在《物理论》中写有"上不正，下参差"一句，

指出决定事物的发生发展方面（即上）如果偏斜，那么被决定的方面（下）则必长短不一、高低不齐。首次明确提出"上梁不正下梁歪"的是清代玩花主人在戏曲剧本《缀白裘》中的《铁冠图·夜乐》说道："不要怪他们，这叫作上梁不正下梁歪。"

【释义】 本意是指房屋的上梁不正，那么下梁自然会偏斜。现引申为上级或长辈行为不正，那么下级或晚辈自然也会跟着做坏事。

◎ **上穷碧落下黄泉，两处茫茫皆不见**

【溯源】 唐代诗人白居易与王质夫一同游玩时谈起唐玄宗与杨贵妃，王质夫请他据此写成诗歌，白居易欣然应允，这就有了后来的《长恨歌》。"上穷碧落下黄泉，两处茫茫皆不见"即出自《长恨歌》，本意是指上天入地到处寻找杨贵妃，却空荡荡地遍寻不着。

【释义】 有时形容心境无处着落，有时指完全脱离客观实际。

◎ **上下其手**

【溯源】《左传·襄公二十六年》中记载，春秋时期，强大的楚国出兵侵略弱小的郑国，郑国战败，郑将皇颉被楚将穿封戌俘虏。战事结束后，楚军中的楚王弟弟公子围想冒领俘获皇颉的功劳，穿封戌和公子围二人发生争执，彼此都不肯让步，他们请来伯州犁评判。伯州犁的解决办法本来很公正，他主张询问被俘的皇颉，于是命人带出了郑皇颉。伯州犁说明原委后，接着伸出二指，用上手指代表楚王弟弟公子围，用下手指代表楚将穿封戌，然后遮掩起手指，问他被谁俘获。郑皇颉因被穿封戌俘虏，心中很是气愤，便指着上手指表明被公子围俘获。伯州犁遂判定此为公子围的功劳。后人根据这个故事概括出"上下其手"一词。

【释义】 现指暗中勾结，随意玩弄手法，串通作弊。

◎ **赏不虚施，罚不妄加**

【溯源】《诸葛亮集·便宜十六策》中一篇关于论述赏罚的文章。其中诸葛亮说道："赏赐知其所施，则勇士知其所死，刑罚知其所加，则邪恶知其所畏。故赏不可虚施，罚不可妄加，赏虚施则劳臣怨，罚妄加则直士恨。"此句意思是：通过赏赐，应该使他们知道给予赏赐的原因，那么勇士就知道为什么而死。通过刑罚，应该使他们知道施加刑罚的原因，那么做坏事的人就知道应该畏惧什么。所以赏不可无功受赏，无功受赏会使有功劳的人心生愤怨；所以罚不可胡乱加罚，胡乱加罚会使正直的人心存不满。"赏不虚施，罚不妄加"即由此演变而来。

【释义】 泛指赏罚必须公平合理、有根有据，才能使人信服。

◎ 少见多怪

【溯源】 东汉牟融写过一本用儒家的话证明佛家道理的书，即《理惑论》。当时佛教传入未久，有人问："说佛有三十二相、八十种好，恐怕只是说得好听，未必是事实吧？"牟融用了一句俗谚回答："少所见，多所怪，睹骆驼言马肿背。"意思是：少见多怪的人第一次看见骆驼，会说是背肿的马。"少见多怪"一词即由此出。

【释义】 原指见识不广的人见到新鲜的事物，就以为怪诞、不可信，现形容见识浅陋。

◎ 舍生取义

【溯源】《孟子·告子上》中记载："鱼，我所欲也，熊掌，亦我所欲也；二者不可得兼，舍鱼而取熊掌者也。生，亦我所欲也，义，亦我所欲也。二者不可得兼，舍生而取义者也。"意思是：鱼，是我所喜爱的，熊掌，也是我所喜爱的，如果这两种东西不能同时得到的话，那么我就只好放弃鱼而选取熊掌了。生命是我所要的，正义也是我所要的，二者不能同时都得到，就选择正义而舍去生命。"舍生取义"即由此出。

【释义】 现指宁可牺牲自己最宝贵的东西，也愿去维护公正、合理的东西。

◎ 身在曹营心在汉

【溯源】《三国演义》中记载，东汉末年，刘备被曹操打败，关羽为了保护刘备的夫人被迫投降曹操。曹操对关羽关怀备至，送他宅院、美女、战袍及宝马，关羽还是无动于衷，一心想打听刘备的下落。张辽问他为什么身在曹营心在汉，关羽说他与刘备有过生死誓言。

【释义】 指人身在此地心却另想别处。

◎ 慎终追远

【溯源】《论语·学而》中记载曾子说过的话："慎终追远，民德归厚矣。"意思是：曾子说，要谨慎对待父母的死亡，追念远代的祖先，这就会使百姓归于忠厚老实。"慎终追远"一词即是说要慎重地办理父母丧事，虔诚地祭祀远古祖先。

【释义】 现指谨慎从事，既要考虑结果也要考虑未来。

◎ 生灵涂炭

【溯源】《晋书·苻丕纪》中记载，东晋十六国时期，后燕、后秦联合攻打前秦，前秦的国都长安被人包围，苻坚退守至五将山，本想等待时机东山再起，却不想后来被后秦活捉处死。苻坚的儿子苻丕当时一直驻在邺城，前秦的幽州刺史王永听说苻坚已死，就请苻丕到晋阳。于是，在王永等人的拥护下，苻丕登上皇位，加封王永为左丞相。王永随后写了一篇诏告，想号召前秦的部队去讨伐后秦和后燕，他在诏告中说："自从苻坚被害，国都长安沦陷后，国家就开始一蹶不振，老百姓好像生活在泥沼和炭火之中，十分痛苦。各地官员接到这份诏告以后，要派出兵马到临晋会师准备作战。"虽然诏告发出，可因后秦的军队太过强大，王永无法获得胜利，前秦逐渐衰落下去，不久即被后秦所灭。原文中的"生灵涂炭"是形容人民陷于泥塘和火坑中。

【释义】沿袭古意，形容人民百姓处于极端困苦的境地。

◎ 生吞活剥

【溯源】《唐诗纪事》中记载，唐朝初年，枣强县尉张怀庆喜欢抄袭著名文人的文章。当朝大臣李义府曾写了一首五言诗，原文是："镂月成歌扇，裁云作舞衣，自怜回雪影，好取洛川归。"张怀庆将这首诗改头换面，在每句的前头加上两个字，变成一首七言诗："生情镂月成歌扇，出性裁云作舞衣，照镜自怜回雪影，来时好取洛川归。"人们读了张怀庆的这首诗，无不哗然大笑，有人讥讽他这种手段是"活剥张昌龄，生吞郭正一！"此故事在《大唐新语·谐谑》里也有记述，人们据此引申出"生吞活剥"一词。

【释义】原指剽窃或照抄别人现成的词句、理论、经验等，现多指生搬硬套、囫囵吞枣，而不会创新求变。

◎ 生于忧患，死于安乐

【溯源】《孟子·告子下》中记载，孟子以舜、傅说、胶鬲、管夷吾、孙叔敖、百里奚六人为例来说明他们都是经历过生活的煎熬与颠沛流离，受到精神上的打击与物质上的困苦，才能担当大任。所以他们懂得忧患可以使人发愤图强从而得生，而安闲享乐则可使人懈怠以致其死的道理。"生于忧患，死于安乐"即由原文中的"然后知生于忧患而死于安乐也"简化而来。

【释义】原意为忧患使人奋发，生存使人发展；而安逸享乐使人萎靡，必将导致灭亡。现多用此语激励人们不要饱食终日而应有所作为。

◎ 声名狼藉

【溯源】《史记·蒙恬列传》中记载，秦始皇死后，中车府令赵高与宰相李斯合谋篡改遗嘱，立胡亥为帝，赐死扶苏，又逼大将蒙恬自杀，同时令其兄弟蒙毅自尽。蒙毅在临死前说："从前秦穆公杀死奄息等，秦昭襄王杀白起，楚平王杀伍奢，夫差杀伍子胥，他们在诸侯中声名狼藉。"这里的"声名狼藉"是形容名声如"狼藉"般混乱不堪，受人唾弃。

【释义】"狼藉"本是指狼睡觉的地方，因它喜欢睡在草堆上，离开时用爪子再扒乱草堆消除痕迹，所以人们常用"狼藉"来形容杂乱无章、混乱不堪。沿袭古意，形容声望、名誉坏到极点。

◎ 盛气凌人

【溯源】《史记·赵世家》中记载，战国时期，赵太后辅佐年幼的赵孝成王执政，秦国趁机进攻赵国。赵国向齐国求救，齐国要求赵太后的小儿子长安君到齐国当人质，赵太后不肯。大臣触龙求见，赵太后"盛气而揖之"，即摆出一副态度傲慢、盛气凌人的样子，经过触龙一番入情入理的开导，终于使赵太后同意了齐国的要求。原文中的"盛气而揖之"是说赵太后板着脸傲慢地拱手相见。到了南宋时期，朱熹在《学五·教人》中写有"尚气凌人"一词，后来才引申为"盛气凌人"。

【释义】指以骄横的气势压人，常用以形容傲慢自大、气势逼人。

◎ 失之东隅，收之桑榆

【溯源】《后汉书·冯异传》中记载，东汉时期，刘秀登基成为光武帝后，派大将冯异率军西征，征伐赤眉军。赤眉佯败，在回溪之地大破冯军。冯异败回营寨后，重招散兵，复使人混入赤眉，然后内外夹攻，在崤底之地大破赤眉军。汉光武帝刘秀得其详情后，说冯异虽然先期失利但能取得最终胜绩，"可谓失之东隅，收之桑榆"，理应论功行赏。

【释义】"东隅"指东方日出处，即早晨；"桑"与"榆"指日落处，即日暮。指原在某处先有所失，后在该处又有所得。

◎ 十年树木，百年树人

【溯源】春秋时期政治家管仲任齐国丞相四十多年，帮助齐桓公在经济、政治、军事等方面进行改革，使齐国成为春秋五霸之首。后人根据他在政治活动中的言论编成《管子》一书，并在其中的《权修》篇中记载了管仲富国强兵、重视培养人才的观点："一年之计，莫如树谷；十年之计，莫如树木；终身之计，莫如树人。一树一获者，谷也；一树十获者，木也；一树百获者，人也。"此句意思是：做一年的打算，没有赶得上种植庄稼的；做十年的打算，没有赶得上栽种树木的；做一生的打算，没有比得上培养人才的。培植以后一年就有收获的是庄稼；培植以后十年才有收获的是树木；培植以后百年才有收获的是人才。"十年树木，百年树人"即根据此句演化而来。

【释义】 本意是指十年的时间可以培养一棵树木，百年的时间才可以培育出一个人才。现多形容培养人才很不容易。

◎ 是可忍，孰不可忍

【溯源】《论语·八佾》中记载，春秋末期，按照周礼制定的礼法要求，只有天子才能使用列为八行的舞乐队，诸侯使用列为六行的，大夫使用列为四行的。季康是鲁国大夫，因为当时鲁国大权已落入季康氏家族手中，所以他就在自家宗庙使用八行舞乐队。孔子认为此举违反了周礼，愤怒地说："是可忍，孰不可忍也。"意思是：这种事如果都能容忍，那还有什么不可以容忍的呢？

【释义】 忍无可忍之意，有时也指因一时意气所说。

◎ 势不两立

【溯源】《三国志·吴志·周瑜传》中记载，东汉末年，曹操率数十万大军进攻孙权和刘备。孙权召集大臣商讨对策，张昭等主张投降，而周瑜认为要联合刘备，利用曹军不能打持久战的特点抗击曹军。孙权采纳了周瑜的建议，挥剑砍断案桌并发誓说："孤与老贼势不两立。"这里的"势不两立"意即不是你死就是我活。

【释义】 现形容双方矛盾或仇恨很深，无法化解或调和。

◎ 势如破竹，迎刃而解

【溯源】《晋书·杜预传》中记载，三国末年，晋武帝司马炎准备出兵攻打东吴，他召集文武大臣们商量灭吴大计。多数人认为，此时消灭吴国时机不到，日后再作计划，但大将杜预坚持立即攻战，便写了一道奏章呈给晋武帝。晋武帝与心腹大臣张信商量后，决定任命杜预做征南大将军，率领二十多万兵马分作六路水陆并进，前去攻打吴国。晋军一路斗志昂扬，接连拿下几城，在杜预进军吴国国都建业时，有人担心长江水势暴涨，提议不如暂且收兵等到冬天进攻更为有利。杜预没有采纳，他说："从前，乐毅凭借济西一仗而一举吞并了强大的齐国。目前，我军兵威已振，这就好比破竹，破开数节之后全都迎刃而解，不会再有费力之处了。"说罢，他指挥大军一路直冲吴都建业，不久即拿下建业、灭了吴国。

【释义】 本意是指就像劈竹子，头上几节破开以后，下面各节顺着刀势就分开了。现比喻节节胜利，毫无阻碍。

◎ 事倍功半

【溯源】《孟子·公孙丑上》中记载了孟子同他的弟子公孙丑谈论齐国统一天下易如反掌时提及的一句话："故事半古之人，功必倍之。"意思是：所以齐国只要做到古人的一半，效果就会大于古人的一倍。后来此句缩写为"事半功倍"，意指措施得当，出力少但会效果极大，几经演变后，又取反义作"事倍功半"。

【释义】 下一倍功夫，收一半成效，指做事费力大却收效小。

◎ 手舞足蹈

【溯源】《诗经·周南·关雎》中有一段关于诗的言论，大意是说：诗是志的表现，在心中的志，以韵律语言抒发出来就成了诗。内心情感冲动就以语言形式表达出来，语言不足以表达情感就赞叹不已，赞叹也难以表达激情就以歌咏之，可咏仍未尽意，不知不觉中就会手也舞、脚也跳起来。原文中的"不知手之舞之足也蹈之也"后来演变为"手舞足蹈"一词。

【释义】 两手舞动，两只脚也跳了起来，形容高兴到极点。有时也指手乱舞、脚乱跳的狂态。

◎ 授人以柄

【溯源】《汉书·梅福传》中记载，西汉末年，大司马大将军王凤专权朝政，朝廷内外许多官吏都拜其门下，京兆尹王章因为直言不讳被王凤杀害，其他官吏都不敢再多语。只有小小的南昌县尉梅福多次上书进谏，建议削弱王凤的权柄，他在书中说："由于秦王无道，才使陈涉、项羽等人起兵，这就好像把宝剑的剑柄递给西楚霸王一样。"汉成帝却不纳其言，梅福因此险遭杀身之祸。

【释义】 本指把剑柄交给别人，现指将权力交给别人或让人抓住缺点、失误，使自己被动。

◎ 授受不亲

【溯源】《孟子·离娄上》中记载了孟子与齐国辩士淳于髡的一段言论。淳于髡问孟子男女之间不用手递受物品合乎礼，那么嫂子掉进水里，小叔子用手去救合乎礼吗？孟子认为合乎礼。淳于髡又说天下的人都掉进水里，你为什么不去救？孟子回答说应该用道去救，而不是用手去救。"授受不亲"即出于此。

【释义】"授"指给予，"受"指接受。本指男女不能互相亲手递受物品，现指儒家束缚男女的礼教。

◎ 书中自有黄金屋

【溯源】宋真宗赵恒在《劝学篇》里写道："富家不用买良田，书中自有千钟粟。安居不用架高堂，书中自有黄金屋。出门无车毋须恨，书中有马多如簇。娶妻无媒毋须恨，书中有女颜如玉。男儿欲遂平生志，勤向窗前读六经。"全文均在说明将读书作为个人求取功名、升官发财的必经之路，所谓金钱、美女、功名、官禄都可通过读书获取，所以在古时即有"书中自有黄金屋"一说。

【释义】现以此代指知识宝库。

◎ 熟能生巧

【溯源】《欧阳文忠公文集·归田录》中记载，陈尧咨擅长射箭，他经常以此自夸。某次他在练习射箭时，有位观看的卖油老翁只是略微地点点头。陈尧咨问老翁自己的本领还不够精湛吗？老翁说："无他，但手熟尔。"意思是没什么稀奇的，只不过是手熟罢了，陈尧咨很气愤。老翁又说："凭着我倒油的经验就可以知道这个道理。"他取过一个葫芦立放在地上，用铜钱盖在它的口上，慢慢地用勺子把油倒进葫芦，油从铜钱的孔中注进去，却丁点儿不曾沾湿铜钱。陈尧咨见此，只好笑着将老翁打发走了。原文中的"无他，但手熟尔"后来引申为"熟能生巧"。

【释义】比喻只要勤学苦练、反复实践即能技艺精熟或行事顺利。

◎ 熟视无睹

【溯源】西晋竹林七贤之一的刘伶因为不满司马集团的专权统治与虚伪礼教，终日纵酒浇愁，他在《酒德颂》中写道："静听不闻雷霆之声，熟视不睹泰山之形。"意思是：醉得连轰鸣的雷声也听不见，连眼前的泰山也看不见。"熟视无睹"一词即由此出。

【释义】 "熟视"指经常看到，"无睹"指没有看见。指对某项事物视而不见、听而不闻。

◎ 数典而忘祖

【溯源】《左传·昭公十五年》中记载，某次，晋大夫籍谈出使周朝。宴席间，周王问籍谈，晋为什么这么长时间没有贡物进献？籍谈答道，晋从未受过王室的赏赐，何来贡物。周王就列举起王室赐晋器物的旧典来，并责问籍谈，身为晋国司典的后代，怎么能"数典而忘其祖"，也就是说怎能列举古代的典制而忘了祖先的职掌呢？"数典而忘祖"即由此出。

【释义】 现多指忘了事物的根本。

◎ 束之高阁

【溯源】《晋书·庾翼传》中记载，东晋时期，庾翼在战争中屡立奇功，被封为都亭侯，官至征西将军。与他同时代的殷浩善于高谈阔论，先做扬州刺史，后又调任建武将军，在战争中却屡打败仗。他被革职后，有人向庾翼建议让其重新为官，庾翼认为殷浩徒有虚名，只会高谈阔论没有真才实学，于是带着鄙夷的神情说："他像无用之物一样，只能捆起来放到高楼上去，等天下太平后再考虑任用。"这便是"束之高阁"的典故之说。

【释义】 "高阁"指储藏器物的高架，原意指捆起来以后放在高高的架子上。比喻放着不用，也比喻把某事或某种主张、意见、建议等搁置起来，不予理睬和办理。

◎ 树欲静而风不止

【溯源】《韩诗外传》中记载，某次孔子出行，路遇皋鱼身披粗褐、手执镰刀正在哭泣，孔子问他怎么了，皋鱼回答说："我有三个过失：小时候喜欢学习，周游各诸侯国，没有照顾好自己的亲人，这是过失之一。我的志向高尚，想做大事业，不愿侍奉庸君，结果年岁已晚仍一事无成，这是过失之二。我与朋友交往很深厚，但是都中断了，这是过失之三。大树想停下来可是风停不下来，儿子想孝敬父母可是父母已经不在了，过去了再也追不回来的是岁月，逝去了再也见不到的是亲人。我要去陪伴亲人，现在就请求离开！"说罢便自刎而死。

【释义】 本意指树想要静止，风却不停地刮动它的枝叶，现比喻形势与自己的愿望相违背。

◎ 双管齐下

【溯源】《图画见闻志·故事拾遗》中记载，唐朝著名画家张璪擅长画山水和松石。他作画时可以双手握笔，一手画松树树干，一手画松枝，两手同时进行，所画松石形神俱妙。当时有人评论道："张璪作画，真是双管齐下。"

【释义】 原意指双手执笔同时作画，现指做某事两方面同时进行或两种方法同时使用。

◎ 谁执牛耳

【溯源】 春秋时期，诸侯订立盟约要割牛耳歃血，由主盟国的代表拿着盛牛耳朵的盘子，所以称主盟国为执牛耳。《左传·哀公十七年》中记载，鲁国的孟武伯问高柴道："诸侯盟，谁执牛耳？"意思即为：诸侯盟会，由谁来主持？

【释义】 现泛指在某一方面居最有权威的地位。

◎ 水滴石穿

【溯源】《汉书·枚乘传》中记载，西汉时期，吴王刘濞以诛晁错为名联合七国欲进军京师，时任刘濞属下郎中的枚乘上书劝阻说道："泰山之霤穿石，单极之绠断干。水非石之钻，索非木之锯，渐靡使之然也。"意思是说：细小水流和绳子，看起来力量微小，但时日一久可以穿透石头、锯断木头。《鹤林玉露》亦记载一则故事：张乖崖在崇阳当地方官，某小吏从库房出来，张乖崖见他发旁头巾下藏有一个铜钱，就问从何而来，他说是库房中的。张乖崖下令棍棒伺候，小吏大为生气说："才一个铜钱而已，你就要棒打我。你能打我，可你能杀我吗？"张乖崖提笔写下判语："一天一个铜钱，一千天就是一千个铜钱；绳子不断去锯木头，木头终究要断；水滴不断滴着石头，石头终究会被水穿透。"说完，他拿着剑走下台阶，斩下小吏的头。

【释义】 本意指水一直向下滴，时间长了就能把石头滴穿。现比喻只要坚持不懈地去努力，就一定会取得成功。

◎ 水深火热

【溯源】《孟子·梁惠王下》中记载，齐国攻打燕国凯旋后，齐宣王设下酒宴招待文武百官。席上，齐宣王问道："有人对我攻打燕国有意见，现在我五十天就征服了他们，这不是天意吗？"群臣无人作声，齐宣王点名让大学问家孟子发言，孟子遂说："如果您占领燕国，燕国人民很高兴，您就去占领吧！"接着又道：

"如水益深，如火益热，燕国的百姓会来送水、送饭，争相欢迎吗？"原文中的"如水益深，如火益热"后来演变为"水深火热"。

【释义】 原指老百姓所受的灾难像水那样越来越深，像火那样越来越热，现常用来比喻困苦生活与重大灾难等。

◎ 水至清则无鱼，人至察则无徒

【溯源】 《汉书·东方朔传》中记载，东方朔以"水至清则无鱼，人至察则无徒"作比喻，委婉地要求汉武帝不要求全责备，而应广揽人才、大胆起用人才。《后汉书·班超传》中亦记载此语。驻守西域三十多年的班超年老多病，他在归朝之际，对接替者任尚说："塞外士兵多是因犯法充边而来，加上西域人不了解中原文化，习俗与中原大有不同。你为人性急，待人过苛，对上述两方面必须注意。水清无大鱼，管理政务计较小事，下边的人就会怨恨，这是至关重要的。"可是任尚没能听进忠告，最后激化了同西域的矛盾，只能撤回驻在西域的军队。以上原文中的"水至清则无鱼，人至察则无徒"之本意是：水太清澈鱼就不易存身，为人做事如果明察过甚，责人过苛，不能容众，就会丧失群众，才能之士亦不会为其所用。

【释义】 不属重大问题，不要过于纠缠，那样会丧失群众。不要体察过于苛刻，要善于容纳，才能团结群众。

◎ 司空见惯

【溯源】 "司空"是唐代一种官职名称，相当于清代的尚书。唐代文学家刘禹锡被贬作苏州刺史时，当地有位曾担任过司空官职的李绅极仰慕他的名声，特意请其前来饮酒。酒宴上，歌妓起舞，酒意阑珊，刘禹锡一时诗兴大发，遂作诗道："高髻云鬟新样妆，春风一曲杜韦娘，司空见惯浑闲事，断尽苏州刺史肠。""司空见惯"一词即由此出。它在诗中的本意是指：李司空对这样的事情，已经见惯，不觉得奇怪了。

【释义】 现形容习以为常，不足为奇。

◎ 司马昭之心

【溯源】 东晋史学家裴松之在《三国志·魏志·高贵乡公髦传》中作注引《汉晋春秋》时记载，三国时期，魏文帝曹丕死后，司马懿和曹爽辅佐曹睿执政。曹睿死后，司马懿又杀了曹爽，他的儿子司马师立曹髦为皇帝。司马师的弟弟司马昭不把曹髦放在眼里，威胁要其封自己为晋公。曹髦气愤地说："司马昭之心，路人所知也。"果不其然，不久，他即被司马昭派出的武士所杀。"司马昭之心"一词遂由此出。

【释义】 现指人所共知的阴谋或野心。

◎ 思如泉涌

【溯源】《旧唐书·陆贽传》中记载，唐代政治家、文学家陆贽曾任翰林院学士，他协助唐德宗处理军机要务时，一天要写几百件下达的诏令，但他似乎从未有为难之感，通常都是"贽挥毫起草，思如泉注"。后来此词改为"思如泉涌"。

【释义】 沿袭古意，指才思像喷涌的泉水，多用来形容才思敏捷。

◎ 四海之内皆兄弟

【溯源】《论语·颜渊》中记载，弟子司马牛某次向孔子请教怎样做君子。孔子说："君子不忧愁，不害怕。"司马牛不解其意，孔子又说："君子经常反省自己，所以内心毫无愧疚，那还有什么可忧愁、可害怕的呢？"司马牛后来见到师兄子夏，他忧愁地说道："人家都有兄弟，那是多么的快乐呀，唯独我没有。"子夏安慰道："我听说一个人的死与生，要听从命运的安排，他的富贵是由上天来安排的，君子对工作谨慎认真，不出差错，和人交往态度恭谨而合乎礼仪，那么普天之下到处都有兄弟，你又何必担忧没有兄弟呢？"原文中的"四海之内，皆兄弟也"后来演变为"四海之内皆兄弟"。

【释义】 表示天下的人都像兄弟一样相亲相爱，和睦共处，常用来形容无论到何处都有人愿意来帮助你。

◎ 四面楚歌

【溯源】《史记·项羽本纪》中记载，楚汉战争末期，项羽最后败退垓下困守当地，弹尽粮绝之际，刘邦的汉军和韩信、彭越的军队又层层包围上来。夜晚，忽听得四周的汉军都在传唱着楚地歌谣，项羽以为楚地尽失，顿感大势已去，遂带兵逃至乌江边，最后拔剑自刎。后人把这个故事概括为"四面楚歌"。

【释义】 原指四面全是敌人，陷入孤立无援的窘迫境地。现指环境险恶，备受围迫与攻击。

◎ 四体不勤，五谷不分

【溯源】《论语·微子》中记载，弟子子路跟着孔子周游列国，某天行路时，他落在了后面，便询问路边的一位老人老师何在。老人说："四肢不勤快，五谷不分辨，谁承认是你的老师？"子路拱着手恭敬地站在一旁，老人后来将子路带至家中食宿。第二天，子路找到孔子向他诉说此事，孔子说老人一定是位隐者，再去寻时却怎么也没有找见。"四体不勤，五谷不分"即出于此。

【释义】　"四体"指四肢；"五谷"指五种谷物，一般指黍、稷、麦、稻、麻。现形容好吃懒做，不学无术。

◎ 死灰复燃

【溯源】　《史记·韩长孺列传》中记载，韩安国字长孺，原在汉景帝之弟梁孝王刘武手下当差，后因事被捕，关押在蒙地监狱。狱吏田甲常常凌辱他，韩安国怒道："你把我看成熄了火头的灰烬。难道死灰就不会复燃？"田甲笑说："倘若死灰复燃，我就撒尿浇灭它！"韩安国气得语塞。不久，入狱一事引起太后关注，韩安国遂被释放，出任梁孝王的"内史"。狱吏田甲怕遭报复连夜逃走，韩安国故意放言，说他再不回来就宰其一家老小，田甲无奈，只好回来叩头请罪。韩安国讽刺道："现在死灰复燃，你可以撒尿了。"田甲吓得面无人色，连连求饶。"像你这样的人，才不值得我报复！"韩安国说罢，拂袖而去。"死灰复燃"一词遂流传下来。

【释义】　"死灰"指烧余的灰烬，"复"指再或重新之意。本意指冷灰重新燃烧，用以形容官复原职。现指失势的人重新得势，亦指行将灭亡者作垂死挣扎。

◎ 死马当作活马医

【溯源】　古时有位病入膏肓的患者，无人能治。一位外地大夫在切完患者脉搏之后，也觉得没有希望了，就说死"脉"当作活"脉"医吧。因他所说的是地方方言，旁人误听成死"马"当作活"马"医，这句俗谚就此流传下来。

【释义】　明知事已无望，还要做最后努力，也泛指做最后的尝试。

◎ 死有余辜

【溯源】《汉书·路温舒传》中记载，西汉时期的路温舒，掌握丰富的历史知识，熟悉各项律令，因为他做过狱吏，深知监狱的黑暗，便给汉宣帝敬上《尚德缓刑书》。路温舒在奏疏中说，狱吏滥用酷刑，犯人受不了拷打就乱编口供，审问之人不但全信假口供，并还进行诱供，上报时想出种种办法使上级相信罪名成立。"盖奏当之成，虽咎繇听之，犹以为死有余辜。"此句意思是：这样一来，即使像咎繇那样公正的人听了，也会认为判处死刑还抵偿不了他的罪恶。汉宣帝非常重视这道奏疏，不久即提升了路温舒。

【释义】 沿袭古意，形容罪大恶极，即使处死也不能抵偿其犯下的罪行。

◎ 似是而非

【溯源】《庄子·山木》中记载，战国时期，庄子带学生游学各地，见伐木工人砍树问为什么不去砍大树，工人说因为它已没有用处了。到了朋友家，仆人问杀鸡的事，主人说杀不会打鸣的鸡。庄子以此为例，对学生说："应该处于有用和无用之间，似是而非，这样才谁也抓不住把柄。"

【释义】 指事物似真而实假，或似正确而实错误。

◎ 随波逐流

【溯源】《史记·屈原贾生列传》中记载，楚国大夫屈原第二次被放逐后，踉踉跄跄行到汨罗江边。一打鱼老翁问他何故如此，屈原说："世上全都肮脏只有我干净，个个都醉了唯独我清醒，因此被放逐。"渔父说："通达事理的人对客观时势不拘泥执着，而能随着世道变化推移。既然世上的人都肮脏龌龊，您为什么不也把那泥水弄得更浑浊而推波助澜？既然个个都沉醉不醒，您为什么不也跟着吃那酒糟、喝那酒汁？为什么您偏要忧国忧民行为超出一般与众不同，使自己遭到被放逐的下场呢？"屈原说："我听过这种说法：刚洗头的人一定要弹去帽子上的尘土，刚洗澡的人一定要抖净衣服上的泥灰，哪里能让洁白的身体去接触污浊的外物呢？我宁愿投身湘水，葬身在江中鱼鳖的肚子里，又哪里能让玉一般的东西去蒙受世俗尘埃的沾染呢？"渔翁不再言语，离开了。原文中的"随其波而扬其流"后来演变为"随波逐流"。

【释义】 本意指随着波浪起伏，跟着流水飘荡。现指无原则、无立场的混世态度。

◎ 它山之石，可以攻玉

【溯源】《诗经·小雅·鹤鸣》中记载有"它山之石，可以为错……它山之石，可以攻玉。"这里的"它山"指异国或其他地方，"石"指走入仕途之贤才，"玉"指朝廷。"它山之石，可以攻玉"的意思为别国的贤才可以用来治理本国。

【释义】 现指借助外力，弥补自己的缺失。

◎ 太公钓鱼，愿者上钩

【溯源】 此句根据民间故事而来。据说，八十岁的姜太公常在溪旁垂钓，线上的钓钩是直的，上面从来不挂鱼饵，距离水面有三尺高，姜太公通常在举起钓竿时还自言自语道："不想活的鱼儿呀，你们愿意的话，就自己上钩吧！"打柴的武吉见此情景就说："老先生，像你这样，一百年也钓不到一条鱼。""说实话吧，我不是为了钓到鱼，而是为了钓到王与侯！"姜太公回答。这种奇特的钓鱼方法后来传到周文王耳朵里，他接连派出士兵、大臣去请，都未成功，最后只得自己亲自出马，诚心相请，姜太公这才答应为其效力，辅佐他兴邦立国，并帮助他儿子周武王灭掉了商朝。"太公钓鱼，愿者上钩"遂由此出。

【释义】 现指心甘情愿地上当。

◎ 贪小失大

【溯源】《刘子新论·下·贪爱》中记载，战国时期，秦惠文王想吞并物产丰富的蜀国，有人献计制作巨大的石牛送给蜀侯。贪心的蜀侯果然中计，真以为石牛能下金粪，下令民工开山填谷、铺筑道路前去迎接石牛。秦惠文王立即命令大军跟在运送石牛的队伍后，趁机消灭了蜀国，人们嘲笑蜀侯贪小利而失大利竟致亡国。原文中的"贪小利而失大利"后来简化为"贪小失大"。

【释义】 因为贪图小便宜而失掉大的利益，比喻只谋求眼前好处而不顾及长远利益。

◎ 谈笑自若

【溯源】《三国志·吴志·甘宁传》中记载，三国时期，东吴名将甘宁率军直逼夷陵城，与魏军守将曹洪激战。曹洪败走，甘宁命令部下迅速夺取夷陵，由于他的兵力很少，只有几百人，遂在入城后立即招兵，但也不过千人。当天黄昏，驻守南郡的魏将曹仁派出曹纯和牛金引兵与曹洪汇合，共聚五千余人将夷陵城团团围住。曹军架设云梯攻城，被甘宁守军击退。第二天，又堆土构筑高楼，然后在高楼上向城中射箭。不少吴兵被射死射伤，将士们都恐惧起来，唯独甘宁跟平时一样，谈笑风生非常自然。他命人收集曹军射来的数万枝箭，选派优秀射手，与魏军对射。正在危急时刻，周瑜的援兵到来，解除了夷陵之困。

【释义】沿袭古意，指在危急情况下有说有笑，镇定如常。

◎ 叹为观止

【溯源】《左传·襄公二十九年》中记载，春秋时期，吴公子季札来到鲁国，表示愿与鲁国结盟，世代友好下去，鲁国请他欣赏周南、召南、小雅、大雅、鲁颂、商颂乐曲和武舞、文舞、乐舞选装，精通舞乐的季札逐个品评，当欣赏到《韶箾》舞时，季札断定是最后一个节目，说："看到这里已经看到了乐舞之止境，如果再有别的音乐，我也不用再要求看了。""叹观止矣"由此而出。

【释义】现指赞美所见到的事物好到了极点。

◎ 螳臂当车

【溯源】《庄子·人世间》中记载，春秋时期，卫灵公听说鲁国名士颜阖学识渊博，就想请他担任儿子蒯聩的老师。蒯聩为人凶残骄奢，勇武好斗，经常肆意杀人，颜阖不知道自己能否教导这样的人，于是就请教卫国贤人蘧伯玉。蘧伯玉说："你想去教育蒯聩，这是很困难的。如果你真的要当他的老师，应该处处小心谨慎，尽量不去触犯他，以免招来杀身之祸。"接着，他又举了个例子："你知道螳螂吗？有一次我乘车外出，看到路边有只螳螂奋力地举起两条前腿想阻挡车轮前进。它意识不到只靠自己的力量根本不可能成功，结果自然被车轮轧死。螳螂就是因为不自量力才被车轮碾得粉身碎骨。如果你也不自量力，要去触怒蒯聩的话，恐怕结局也会和螳螂一样。"颜阖听后，决定不去教导蒯聩，并尽快离开了卫国，而蒯聩因为胡乱滋事后来终被别人杀死。

【释义】"螳臂"指螳螂的前腿。本指螳螂想要用前腿来阻挡车子前进，现形容不自量力。

◎ 螳螂捕蝉，黄雀在后

【溯源】《庄子·山木》中记载，春秋时期，吴国国王阖闾准备攻打楚国，遭到众臣反对，吴王恼火地警告："谁敢劝阻就处死谁！"王宫中一个青年侍卫官自知人微言轻，谏必无用，便每天早晨拿着弹弓、弹丸在后花园转来转去，弄得露水湿透衣裳，连着三天俱是如此。吴王见后很奇怪细问原因，侍卫说："园子里有棵树，树上有只知了，知了停息在树上一边放声鸣叫一边吸饮着露水，却不知道有只螳螂就在它的身后；螳螂紧贴树枝弯起前肢，想捕捉知了，却不知道有只黄雀就在它身旁；黄雀伸长脖子想要啄食螳螂，却不知道有个小孩举着弹弓在树下要射它。这三样东西，都极力想要得到眼前利益，却丝毫没有考虑到身后隐伏的祸患。"吴王认为他讲得极有道理，便放弃了攻打楚国的计划。

【释义】 本指螳螂正要捉蝉，不知黄雀在它后面正要吃它。现多形容目光短浅，不知潜在危险。

◎ 滔滔不绝

【溯源】 原为"滔滔不竭"。《开元天宝遗事》中记载，唐代宰相张九龄以善于言谈而著称，每当与宾客们谈论起经书时，总是滔滔而言没完没了，就像从山坡上端往下滚动泥丸一样。后因得罪权贵李林甫，张九龄被免去宰相一职。

【释义】 说话如滔滔江水般连续不断，形容口才很好，说话不间断，有时也含贬义。

◎ 桃李不言，下自成蹊

【溯源】《史记·李将军列传》中记载，西汉时期，李广擅长骑射，勇猛善战，一生与匈奴打过七十多次仗，人称"飞将军"。李广待人和气，与士兵同甘共苦，每次朝廷给他的赏赐，他都分给官兵们。打起仗来，他也身先士卒，英勇顽强，深受官兵爱戴。李广为人恭厚诚信，不善言谈，且不贪名利，虽然许多比他不如的人都获加官晋爵，他却一直未被封侯。史学家司马迁为其作传时赞他"桃李不言，下自成蹊"，意思是：桃李有着芬芳的花朵、甜美的果实，虽然它们不会说话，但仍然会吸引人们到树下赏花尝果，以至树下都走出一条小路。

【释义】 现形容为人真诚笃实，德才兼备，自会感召人心。

◎ 桃李满天下

【溯源】《资治通鉴·唐则天皇后久视元年》中记载，宰相狄仁杰因德高望重，敢于直言进谏，深得武则天赏识。就连他上朝时，武则天也不让其跪拜，并说："见狄公下拜，我浑身都痛。"武则天采取多种措施，广罗人才，曾令狄仁杰推荐将相之才，狄仁杰便推荐了张柬之、姚崇等数十位贤能之士。有人赞他道："你可真是位了不起的人物，朝廷里有才能的大臣都是你推荐的，真是桃李满天下啊。"

【释义】 形容培养的后辈或所教的学生各地都有。

◎ 天翻地覆

【溯源】 据说，东汉末年匈奴入侵，蔡文姬被匈奴王掳为妻，写下《胡笳十八拍》，其中有"天翻地覆谁得知，如今正南看北斗"一句，意思是：感到天地都翻转过来，就连北斗七星都转到南方去了。此句暗寄蔡文姬思念故土的沉重心情。

【释义】 现形容变化巨大或秩序极为混乱。

◎ 天高皇帝远

【溯源】《闲中今古录》中记载，北宋末年，浙江台州、温州一带大旱，百姓饿死很多，朝廷奢侈浪费成风，对救灾一事置之不理，反而加重赋税，人们忍无可忍，竖起造反大旗，旗上写道"天高皇帝远，民少相公多。一日三遍打，不反待如何？""天高皇帝远"遂由此出。

【释义】 原指中央权力达不到的偏远地方，后比喻僻远地区不遵守法纪的恶势力。现泛指机构离领导机关远，遇事自作主张，不受约束。

◎ 天花乱坠

【溯源】《高僧传》中记载，南朝梁国的开国皇帝梁武帝萧衍特别笃信佛教，他请云光法师宣讲佛法，在讲《涅槃经》时，梁武帝从早到晚认真听讲，没有丝毫倦意。云光法师说得绘声绘色，竟感动了上天，香花从空中纷纷落下。梁武帝从此更加信佛，后来干脆出家。"天花乱坠"一词遂由此出。

【释义】 现形容说话夸张而不符合实际。

◎ 天经地义

【溯源】《左传·昭公二十五年》中记载，春秋时期，周王室发生了激烈的王位之争，晋顷公召集各诸侯国的代表商讨如何使王室安宁。与会者有晋国的赵鞅、郑国的游吉、宋国的乐大心等。赵鞅向郑国的游吉请教什么叫"礼"，游吉回答说："我国的子产大夫在世时曾经说过，礼就是天之经、地之义，也就是老天规定的原则、大地施行的正理！它是百姓行动的依据，不能改变，也不容怀疑。"赵鞅与其他诸侯国的代表听后都表示极为赞同，接着他又提出各诸侯国应全力支持敬王，提供兵卒、粮草，并且帮助他把王室迁回王城。敬王遂很快恢复王位，结束了周王室的王位之争。原文中的"天之经也、地之义也"后来简化为"天经地义"。

【释义】 指绝对正确、不能改变也不容置疑的道理。

◎ 天若有情天亦老

【溯源】 唐代诗人李贺在《金铜仙人辞汉歌》中写道："衰兰送客咸阳道，天若有情天亦老。"本句意思是：送我的只有咸阳道上凋残的兰花，天倘若有情意，也会因悲伤而衰老的。

【释义】 现多用来形容强烈的伤感情绪。

◎ 天时不如地利，地利不如人和

【溯源】 《孟子·公孙丑下》中写有"天时不如地利，地利不如人和"一句，意思是：有利于作战的天气和时令不如有利于作战的地理条件，有利于作战的地理条件不如作战中的人心所向、内部团结。能否取得人心，在于统治者能否"得道"。这个"道"即是指孟子推行的仁政学说思想体系。

【释义】 现多用此形容人心所向、内部团结的重要性。

◎ 天网恢恢，疏而不漏

【溯源】 《老子》中记载，春秋时期，大哲学家老子认为人世上的一切都是命中注定，命运已经安排好了的东西，人们想改变它是不可能的，只能顺从自然的摆布，不要去争取，这样反而得不到什么好处，说不定还会有害处，这就叫"天网恢恢、疏而不失"。后来，该词演变为"天网恢恢，疏而不漏"。

【释义】 现比喻作恶的人终究逃脱不了上天的惩罚。

◎ 天下大势，分久必合，合久必分

【溯源】 《三国演义》中的起始之语即为"天下大势，分久必合，合久必分"，意思是：天下之国，分裂的时间久了，到了一定时候就会统一；统一的时间久了，到了一定时候又会分裂。其意在于指明，社会不会永远停滞不动，而是不断变化的。

【释义】 除比喻遵循既定的历史规律外，现也泛指一种措施过了头，就会有另一种办法来取代。

◎ 天涯海角

【溯源】 唐代文学家韩愈与侄子十二郎生活多年，感情深厚，在突闻侄子死讯后满含悲痛地写下《祭十二郎文》，祭文最后写有"一在天之涯，一在地之角"之句，表述自己与侄子天遥地远，各据一方。

【释义】 泛指极其遥远的地方。

◎ 天衣无缝

【溯源】 《灵怪录·郭翰》中记载，古时有位郭翰于盛夏的夜晚在树下乘凉时，梦见一位异常美丽的仙女自天上降下，站在他的面前。仙女自称是织女，郭翰仔细观察，发现她的衣服居然没有缝，便问何故，仙女说："天衣本就不为针线所织。"这便是"天衣无缝"的由来。

【释义】 现形容做事周密完善，没有破绽可寻。

◎ 听其言，观其行

【溯源】 《论语·公冶长》中记载，春秋时期，孔子带领弟子们周游列国，从陈国逃往蔡国后，他因没得到蔡君的重用，常发"饱食终日，无所用心"的感慨。某个大白天，宰予在睡觉，孔子见后非常生气，就说："腐烂木头不能用于雕刻，泥土的墙不能粉刷，这对于我来说是一种什么样的谴责啊？"他还说："起初，我对于别人是听见他说的话就相信其行为，现在我对于别人不但要听他说什么，同时还要看他做什么。这一点改变了我从前的看法。""听其言，观其行"遂从此出。

【释义】 指不能只听言论，还要看其能否实现。

◎ 同仇敌忾

【溯源】 《诗经·秦风·无衣》中记载，春秋时期，有一首流传于军中的歌谣，表现了士兵们慷慨从军、同心对敌的乐观精神和保卫祖国的英雄气概。歌谣中唱道："岂曰无衣？与子同袍。王于兴师，修我戈矛，与子同仇。"意思是：谁说没有衣服？我的战袍就是你的。国王兴兵打仗，快把刀枪收拾好。我与你共同对付仇敌。"同仇"一词即出于此。《左传·文公四年》中又记载，卫国的宁俞出使鲁国，鲁文王设宴招待。席间，文王让乐工演唱《湛露》和《彤弓》，宁俞知道，这是周天子对诸侯恩赐、褒奖时的宴乐，所以在席间不做、任何答谢之辞。文王对宁俞在席间表示沉默不理解，宴饮完毕后，就命人私下询问他是什么原因。宁俞回答说："当年诸侯以周天子对敌人的愤恨为同恨，所以为天子献上战功。天子为了酬谢诸侯，在酒宴中赐《彤弓》、赋《湛露》，这是应该的。但如今我们卫国来到鲁国表示友好，大王学天子赐诸侯的礼节，也命乐工演唱《湛露》和《彤弓》。在这种情况下，我只好沉默不言了。"敌忾"即由原文中的"诸侯敌王所忾，而献其功"演变而来。

【释义】 现指怀着共同的仇恨对抗共同的敌人。

◎ 同流合污

【溯源】《孟子·尽心下》中记载，孟子有次与学生万章谈论说，孔子很厌恶那些八面玲珑、惯会奉承讨好的人。这种人虽然在乡里被称作好人，但实际上是言行不符、伪善欺世的伪君子，是道德的破坏分子。万章问道："既然人们都称他们是好人，他们自己也处处表现得自己是个老好人，为什么孔子还要称之为道德败坏者呢？"孟子答道："这种人'同乎流俗，合乎污世'，也就是对世俗的不合理现象只会附和，看似好人，实际根本不能起到好的作用。"原文中的"同乎流俗，合乎污世"后来简化为"同流合污"。

【释义】 指与坏人坏事混在一起。

◎ 同是天涯沦落人，相逢何必曾相识

【溯源】 唐代诗人白居易曾任左拾遗、右赞善大夫，后因得罪权贵被贬为江州司马。某夜，他在浔阳江边送客时，听到一位歌女弹奏的琵琶声，白居易深为琴声所动，想到歌女有如此才能却沦落至此，与自己遭遇多么相似，二人虽不识却又似感相识。他将此情此景写成一曲《琵琶行》，其中写道："我闻琵琶已叹息，又闻此语重唧唧。同是天涯沦落人，相逢何必曾相识。"

【释义】 同样都是沦落世间的人，既然相逢，无论先前是否认识，都会同病相怜、同声相应，那又何必在意是否相识。

◎ 同室操戈

【溯源】《后汉书·郑玄传》中记载，东汉经学家郑玄写文章反驳当时研究经学的同行何休所写的《公羊墨守》等三篇文章，何休看后，叹道："康成入吾室，操吾矛，以伐我乎？"意思是：郑玄（康成）堪称是进我的屋子，拿起我的武器，来向我进攻啊！"入吾室，操吾矛"后来演变为"同室操戈"。

【释义】 现泛指兄弟相残或内部纷争。

◎ 同心同德

【溯源】《尚书·泰誓》中记载，周武王联合各诸侯大军，向商朝国都朝歌进军讨伐商纣王时发表了誓词《泰誓》，他在列举了纣王的种种罪状后说："受有亿兆夷人，离心离德。予有乱臣十人，同心同德。"意思是：今天他们虽然有千万人，但是离心离德；我们虽然只有十个人，但是同心同德，上天一定会看见百姓的心愿、一定会听到百姓的声音。

【释义】"心"指思想，"德"指信念。指思想统一，信念一致。

◎ 同舟共济

【溯源】《孙子兵法·九地》中记载了孙子关于指挥作战的灵活性时讲到的一句话："夫吴人与越人相恶也，当其同舟而济。遇风，其相救也若左右手。"这句话涉及一则故事：春秋时期，吴、越两国因经常打仗，两国人民都将对方视为仇人。某次，两国人恰巧共乘一艘船渡河，起初双方还怒目以视，后来船行中流时突遇风雨，为了保住性命，他们顾不得彼此的仇恨，如左右手般互相救助，合力稳定船身，这才躲过天灾安然抵达河的对岸。这个故事被概括为"同舟共济"。

【释义】本意是指坐一条船共同渡河，现泛指在困难时大家同心协力共渡难关。

◎ 痛定思痛

【溯源】唐代文学家韩愈有位学生叫李翱，李翱因性情耿直导致仕途不顺，时有悲愤之感。韩愈非常同情他，在《与李翱书》中写道："如痛定之人，思当痛之时，不知何能自处也。"意思是：待悲痛的心情平静下来后，再去追思当时遭受的痛苦，真是不知该怎样处置啊。"痛定思痛"一词即由此来。

【释义】沿袭古意，指创痛平复或悲痛的心情平静以后，再追想当时所受的痛苦。

◎ 痛心疾首

【溯源】《左传·成公十三年》中记载，晋厉公派大夫吕相出使秦国，指责秦桓公背信弃义，原定与晋会盟，结果却同楚联合伐晋。吕相到达秦国后，发表了长篇演说，其中提到"诸侯备闻此言，斯是用痛心疾首，昵就寡人"。此句意思是：诸侯听到这话都感到极为心痛，导致他们不敢同晋国亲近。这里的"痛心"是指怀恨至极，"疾首"是指心中的厌恶、痛恨急于兑现，该词意在形容痛恨至极使人心痛。

　　【释义】　沿袭古意，指痛恨到极点。

◎ 偷梁换柱

　　【溯源】　《三十六计》中的第二十五计名为"抽梁换柱"：古代作战，双方列阵均要按东、西、南、北方位部署。阵中有"天横"，首尾相对，是阵的大梁；"地轴"在阵中央，是阵的支柱。梁和柱的位置都是部署主力部队的地方。因此，观察敌阵，就能发现敌军主力的位置。如果与友军联合作战，应设法多次变动友军的阵容，暗中更换其主力，派自己的部队去代替它的梁柱，这样一来对方无法控制自己的阵地，己方即可立即吞并友军部队。此计名称后来演变为"偷梁换柱"。

　　【释义】　现泛指用偷换手法暗中改换事物的本质和内容，以达到蒙混欺骗的目的。

◎ 投笔从戎

　　【溯源】　《后汉书·班超传》中记载，班超年轻时，由于家境贫穷，常替官府抄书来挣钱养家。某次，他正抄写着，突地将笔一扔，感叹道："大丈夫如果没有更好的志向谋略，也应该像昭帝时期的傅介子、武帝时期的张骞那样，在异地他乡立下大功、得以封侯，怎么能长期地在笔、砚之间忙忙碌碌呢？"旁边的人都嘲笑他，班超说："小子怎么能了解壮士的志向！"后来他凭着智慧、学识与胆量，果在西域建功立业，还被封为定远侯。这就是"投笔从戎"的故事。

　　【释义】　指弃文从武，投身疆场。

◎ 投鼠忌器

　　【溯源】　为民间俗谚。《汉书·贾谊传》中写有"里谚曰：'欲投鼠而忌器'，此善谕也"一句。用打老鼠时要小心它旁边的珍贵器物这一民间俗谚，来建议王侯大臣犯罪后，不要像老百姓一样割鼻、割脚趾、脸上刺字等，要有等级差别，才能维护皇帝尊严。

　　【释义】　本意是指想用东西打老鼠，又怕打坏了近旁的器物。现形容做事有顾忌，不敢放手干。

◎ 投桃报李

　　【溯源】　《诗经·大雅·抑》中写有"投我以桃，报之以李。彼童而角，实虹小子。"一句，意思是：送给我桃，我以李子给予回赠。君王若施善政于民，民则报之为善事。小羊本无角却自以为有角到处乱撞，皇后本无德却自以为有德，胡乱干预朝政，溃败年幼王子的朝政之事。原句中的"投我以桃，报之以李"后来简化为"投桃报李"。

【释义】 现指友好往来或互相赠送东西，暗含有投入少、回赠多之意。

◎ 徒劳无功

【溯源】 原为"劳而无功"。《管子·形势》中记载了春秋时期齐国宰相管仲的一段从政经验，原文为："与不可，强不能，告不知，谓之劳而无功。"意思是：不要给予不可以给的，不强人之所不能，不要语人之所不知，否则都是白费事而得不到好处。《庄子·天运》《荀子·正名》中也有提及，后来此词演变为"徒劳无功"。

【释义】 指付出劳动却无功绩。

◎ 兔死狐悲

【溯源】 原为"狐死兔泣"。《宋史·李全列传》中记载，南宋时期，山东一带的杨安儿、李全率军起义，杨安儿败死后将部队交给妹妹杨妙真统领，杨妙真不久即与李全结为夫妇，两军亦随之合为一军。李全后来率军投宋，又割据一方，宋朝派出太尉夏全攻打时，杨妙真知道他以前也参加过起义军，便派人对夏全道："你原来不也是从山东率众归宋的吗？现在却领兵来攻打我们，真是狐死兔泣。李全若是灭亡，你们夏氏能够独自生存吗？还是两军合作为上。"到了明代，施耐庵在《水浒传》中写到武松被下入大狱，牢中犯人告诉他要上下打点银两才可免遭皮肉之苦时说道："岂不闻兔死狐悲，物伤其类？我们怕你初来不省得，通你得知。"这时候，"狐死兔泣"已转为"兔死狐悲"，后来的史学古籍中都以此为准。

【释义】 本意指兔子死了，狐狸感到悲伤，现指因同伙的失败或死亡而感到悲伤。

◎ 推己及人

【溯源】《论语·卫灵公》中写有"己所不欲，勿施于人"，南宋的朱熹注解说，这句话即是讲"推己及物"，物在这里指他人，亦是指"推己及人"之语。《晏子春秋·内篇·谏上》中记载，春秋时期，齐国宰相晏婴来拜见齐景公，景公正身穿白色狐皮袍袄观赏雪景，他看到晏子走近，就说："下了三天雪，一点儿都不冷，快到春暖之时了。"晏子有意追问："真的不冷吗？"景公点点头。晏子直言而道："我听古时的贤君讲，自己吃饱了要去想想还有人饿着，自己穿暖了要想想还有人冻着，自己安逸了要想想还有人累着。可你怎么不去想别人呢？"景公被他噎得无言以对。这就是"推己及人"的典型事例。

【释义】 指用自己的心意去推想别人的心意，形容设身处地替别人着想。

◎ 推心置腹

【溯源】《后汉书·光武帝纪》中记载，刘秀起兵后，接连将铜马、高湖、重连起义军收编。虽然起义军主帅已封作列侯，但部分官兵仍担心得不到信任。刘秀便叫各位已降将领都回去担任原职，此举令他们深受感动，都说："萧王推赤心置人腹中，安得不投死乎！"意思是：萧王（刘秀）能把诚心放进我们肚子里，难道还不该为他赴汤蹈火吗？"推赤心置人腹中"后来简化为"推心置腹"。

【释义】 把赤诚的心交给人家，形容真心待人。

◎ 退避三舍

【溯源】《左传·僖公二十二年》中记载，春秋时期，晋国公子重耳因受陷害出逃国外。他在楚国受到楚成王的款待，楚成王问重耳如果以后能回国，用什么来报答他？重耳回答："若是真能托您洪福返回晋国取得政权，万一以后晋楚两国有了战事，为报答你的恩惠，我会下令将军队撤退三舍之地（古时一舍为三十里，三舍即九十里），若是退军三舍仍不能得到楚军的谅解，那就得周旋一下了。"以后重耳果然得以回国掌政，晋楚之间亦在城濮交战，晋文公遵守诺言，将军队撤退了九十里。原文中的"退三舍辟之"后来演变为"退避三舍"。

【释义】 本指退兵九十里地，现指退让、忍让和回避，以求避免冲突。

◎ 外强中干

【溯源】《左传·僖公十五年》中记载,春秋时期,秦晋之间发生战事。为了抵抗强大的秦军,晋惠公亲自领兵出征。他下令拉战车的马,一定要用郑国的骏马。大臣庆郑连忙劝说:"古有战事之争时,乘马必须用本国的才行,乘用别国的马,一遇事变都会改变常态。郑国的马外强中干,看起来很强壮,实际却很虚弱,打起仗来一紧张根本就不听指挥,到那时会进退不得,大王还是不要做此决定。"可晋惠公一点都不听从劝告,执意乘用郑马。上战场没多久,晋惠公的马车就开始不听指挥,四处乱撞,结果陷入泥中,晋惠公也被秦军俘虏,晋军随即大败。

【释义】 原形容战马虚有其表,现泛指外表强壮,内里空虚。

◎ 完璧归赵

【溯源】《史记·廉颇蔺相如列传》中记载,战国时期,赵惠文王得到一块闻名天下的宝玉"和氏璧"。秦昭王知道这个消息,就派人送信到赵国,表示愿意用十五座城作代价来换取这块宝玉。赵王与大臣们商量,把宝玉给秦国,怕得不到秦国答应给的十五座城;不给吧,又怕秦王派兵攻打赵国,一时拿不定主意。这时有位叫缪贤的宦者令推荐自己的门客蔺相如,说此人可以担当出使秦国的重任。在赵惠文王的首肯下,蔺相如很快带着"和氏璧"来见秦昭王。秦昭王得到宝玉后全无划给十五座城池之意,蔺相如不畏强暴,以指出璧瑕为借口,机智地索回了和氏璧,并当庭据理力争:"既然大王毫无交割城邑的诚意,那我宁可将脑袋与宝玉一起在柱子上撞碎。"秦昭王无奈,只得划出十五座城池,蔺相如识破这不过是假意应付,便提出要秦昭王斋戒五日后再作交换。秦昭王只得应允,蔺相如立即派出随从怀藏和氏璧,偷偷从小道返回赵国。待斋戒完毕,双方举行交换仪式时,蔺相如方才把送和氏璧回赵之事告诉了秦昭王,和氏璧从而得以保全。这就是"完璧归赵"的故事。

【释义】 本指蔺相如将和氏璧完好地自秦送回赵国,现指将原物完好地归还本人。

◎ 玩火自焚

【溯源】《左传·隐公四年》中记载，春秋时期，卫国公子州吁杀死兄长卫桓公篡位，他拉拢宋、陈、蔡等国一起攻打郑国。鲁隐公问大夫众仲如何看待此事，众仲说："如此残忍的人会众叛亲离的，他就像在玩火，不知收敛必会烧死自己的。"果然，不久后，卫国人石碏便设下计谋，借陈国之手杀死了州吁。

【释义】 本指玩火者必定会烧了自己，现指想做害人的勾当，结果反而害了自己。

◎ 玩物丧志

【溯源】《尚书·旅獒》中记载，春秋时期，周武王起兵灭商，同各部族国家建立关系，各国向周朝称臣纳贡者日益增多。某次，旅国向武王进献了一只大獒，它见了武王便匍匐在地，像朝拜一般，武王很高兴，天天与它玩耍娱乐，荒疏了朝政。武王的太保姬奭见此情形，写下《旅獒》一文，文中说道："戏弄他人会损害自己的德行，而沉湎于器物则会丧失进取之心。"武王阅后心有触动，遂下令将獒等贡品全部分发给大家，转而开始勤于朝政，励精图治，周朝天下重又得以巩固。"玩物丧志"即出自其中。

【释义】 "玩"指玩赏，"丧"指丧失，"志"指志气。常指迷恋于所玩赏的事物而消磨了积极进取的志气。

◎ 纨绔子弟

【溯源】《汉书·叙传上》中记载，东汉人班况是著名史学家班固的曾祖，他有三个儿子，大儿子班伯熟读《诗经》，颇有见地。经过大将军王凤的举荐，班伯受到皇帝的召见。皇帝恰好崇尚经学，见班伯谈吐不凡，相貌堂堂，就拜为中常侍，并令他到金华殿讲授诗书。班伯在这里如鱼得水，满腹才学有了施展之地，但这种好景未过几年就因金华殿授业传统不再继续而中断了。没了讲学之地，班伯便与皇宫王室子弟们为伍，整天处于"绮襦纨绔之间"。"绮襦"与"纨绔"都指古时贵族子弟穿的细绢裤，后来就渐代指富贵人家的子弟。

【释义】 旧时指官僚、地主等有钱有势人家成天吃喝玩乐、不务正业的子弟，现指游手好闲的富家子弟。

◎ 万事俱备，只欠东风

【溯源】《三国演义》中记载，赤壁之战中吴、蜀联合抗魏，周瑜先用反间计，诱使曹操杀死了曹军中熟悉水战、可以抵挡他们的得力将领蔡瑁、张允。而后又叫庞统假作献计，骗曹军把战船联在一起。这样，如果着起大火，战船不能分开，曹操的军队就会全军覆没。接着他又使出苦肉计，当着很多人的面痛打老将黄盖，然后让黄盖去诈降曹操。实际上，黄盖在归降的船中装满了容易燃烧的物品，准备诈降时冲向曹营，发起火攻。一切都安排好了，周瑜却高兴不起来，反而忧虑成疾，卧床不起。原来，要达到火攻的目的还需要一个很重要的条件：依顺东南风向北岸的曹军放火。可这几天，天天都在刮西北风，周瑜正为此烦闷不已。诸葛亮进帐拜访看出周瑜心思，预测到几日后天气将会变转为东风，便开出一纸药方"破曹军，须用火攻。万事俱备，只欠东风。"而后，又让周瑜派人建起一座七星坛，自己装模作样地上坛作法。到了作战当天，果见东南风大起，周瑜乘机发起火攻，一举击败了曹军。

【释义】本指一切都准备好了，只差东风没有刮起来。现常用来形容其他一切已准备好，只差最后一个重要条件。

◎ 万紫千红总是春

【溯源】宋代朱熹在《春日》一诗中写道："胜日寻芳泗水滨，无边光景一时新。等闲识得东风面，万紫千红总是春。"全诗意为：我选择一个春光明媚的美好日子观花赏草来到泗水边，只见无边无际的风光景物一时间都换了新颜。随便什么地方都可以寻见东风，那东风吹得百花开放、万紫千红，到处都是一派春天的景致。该诗看似写景，实则将圣人之道比作催发生机、点染万物的春风，是一首寓理趣于形象之中的哲理诗。

【释义】现常用此句来形容事业的繁荣兴旺。

◎ 亡羊补牢

【溯源】《战国策·楚策四》中记载，战国时期，楚国大臣庄辛某天对楚襄王说："你在宫里时左有州侯右有夏侯，出去时，鄢陵君和寿陵君又总跟随着。你和这四人一味奢侈淫乐，不管国家大事，楚都很快就会有危险了。"楚襄王气得责骂起来，他却不慌不忙道："你既然不信我的话，请允许我到赵国躲一躲，看看事情究竟会怎样。"庄辛在赵国才住了五个月，秦国即派兵侵楚，楚襄王被迫流亡后方才觉得庄辛说得有理，又赶紧派人找回庄辛，向其讨教办法，庄辛诚恳地说道："我听说，看见兔子才想起去找猎犬也算不晚，羊跑掉了才去补羊圈也还不迟……"他详细指明了楚国面临的危险与出路，说得楚襄王连声称是，最后还是派庄辛出面处理残局，这才收复了失地。"亡羊补牢"一词便由此出。

【释义】 本意是指羊因为羊圈的缺损被狼叼走，这时去修补羊圈还不算晚，现形容出了问题以后及时想办法补救，还可以防止继续遭受损失。

◎ 往者不可谏，来者犹可追

【溯源】《论语·微子》中记载"楚狂接舆歌而过孔子曰：'凤兮凤兮，何德之衰！往者不可谏，来者犹可追。已而，已而！今之从政者殆而！'"全句意思是：楚国的狂人接舆唱着歌从孔子车前走过，他唱道："凤鸟啊凤鸟啊！你的德行为什么衰退了呢？过去的事情已经不能挽回了，未来的事情还来得及呀。算了吧，算了吧！如今那些从政的人都危险啊。"

【释义】"往"指过去的所作所为，"谏"指挽回、规劝，"来者"指未来的事，"犹"指还，"追"指努力争取。指过去的教训要加以防止，未来还大有希望，仍可努力追寻。

◎ 忘年交

【溯源】《后汉书·祢衡传》中记载，东汉末年著名的文学家孔融四十岁时，结识了另一位文学家祢衡，这时祢衡才二十岁，两人整整相差了一代。但年龄的差距并未影响两人的友谊，相近的性格、品德、才学与遭遇使他们彼此成为好朋友，二人遂被称作"忘记友"，也作"忘年交"。

【释义】 指不拘年岁、辈分的差异而交情深厚的朋友。

◎ 妄自菲薄

【溯源】《三国志·蜀志·诸葛亮传》中记载，三国时期，刘备死后，诸葛亮辅佐刘禅复兴汉室，他竭尽全力筹划北伐曹魏，但刘禅胸无大志，没有治国才能，诸葛亮深感忧虑，出征前夕写下了《前出师表》。他针对刘禅的弱点写道："诚宜开张圣听，以光先帝遗德，恢弘志士之气，不宜妄自菲薄，引喻失义，以塞忠谏之路也。"意思是：陛下实在应该广泛地听取大家的意见，以此来光大先帝留下的德行，也使大臣们坚贞为国的正气得到发扬；不可轻率地自己看轻自己而不加振作，言谈训谕时有失大义，以致把臣民向您尽忠规劝的言路也阻塞了。

【释义】"妄自"指过分的、无根据的，"菲薄"指小看、轻视。指过分地轻视自己，形容自卑。

◎ **望尘莫及**

【溯源】《后汉书·赵咨传》中记载，东汉时期，敦煌太守赵咨推荐曹暠任荥阳县令，赵咨调往东海任职经过荥阳时，曹暠等在路口迎候，想请他在荥阳暂住。赵咨不想惊扰别人就没有停留，车子很快就过去。曹暠想送他到城外的十里长亭，可追到长亭，赵咨的车子早已望尘莫及。

【释义】 原指望见前面骑马的人走过时扬起的尘土却不能赶上；现形容远远落在后面，有时也作自谦之词。

◎ **问鼎**

【溯源】《左传·宣公三年》中记载，春秋时期，楚庄王陈兵于洛水，向周王朝示威。周定王闻讯后派遣大夫王孙满前往犒劳，楚庄王就向他问起传世之宝九鼎的大小和轻重。王孙满答道："九鼎的大小轻重全在于君王的德行，而不在于仅仅有鼎。政德清明，鼎小也重，国君无道，鼎大也轻。周定鼎中原，权力天赐，鼎的轻重不当询问。"这番话说得楚庄王无言以对，只好率兵撤离周王朝境地。

【释义】 表示图谋篡夺王位，现引申为在竞争中夺取第一。

◎ **问津**

【溯源】《论语·微子》中记载，孔子周游列国时，乘车迷了路，便让学生仲由去向耕田的两个农夫问路。两个农夫分别叫长沮、桀溺，当仲由说明来意后，长沮问驾车人是谁，他答是孔丘。长沮道："那他天生就应该知道渡口在哪里。"仲由再问桀溺，桀溺知道他是孔丘的学生后，说道："天下局势混乱，谁和你们去改变？你与其跟随孔丘到处游说，还不如像我们这样做个避世的隐士好呢。"仲由返回，将这番话告诉孔子，孔子怅然道："人不能和鸟兽同群，我不和世上众人在一起，又和谁在一起呢？假如天下有道，我也就不到处游说了。"

【释义】 本意是打听渡口，现比喻探问或尝试。

◎ **握发吐哺**

【溯源】《史记·鲁周公世家》与《韩诗外传》中记载，西周时期，周成王继承父亲的遗志，分封诸侯，他封伯禽为鲁侯，周公向儿子伯禽祝贺时谆谆教导说："我身为文王的儿子、武王的弟弟、成王的叔父，按说地位够显赫，名声也够卓著了，可尽管如此我也不敢傲慢，始终谨记一沐三握发、一饭三吐哺，你到鲁国去做诸侯王，要谨慎从事，千万不要因为是一国之君而在国人面前骄纵起来。"这里的"一沐三握发，一饭三吐哺"意思是：洗一次头也要多次停下握住头发处理政务，吃一顿饭也要多次吐出嘴里的饭，以便恭敬有礼地同来访者交谈。后来该词演变为"握发吐哺"。

【释义】 现比喻礼贤下士，殷切求才。

◎ 卧榻之侧

【溯源】 "榻"指床，"侧"指旁边。《桯史·徐铉入聘》中记载，宋太祖赵匡胤欲出兵南唐，南唐徐铉奉命出使宋朝，请求缓师，赵匡胤却以一句"卧榻之侧，岂容他人鼾睡？"驳回请求。

【释义】 本意指在自己睡觉的床铺旁边，现代指自己管辖的范围。

◎ 卧薪尝胆

【溯源】《史记·越王勾践世家》中记载，春秋战国时期，吴王阖闾领兵攻打越国，却遭兵败身亡，吴王夫差继位。后来，越王勾践听说吴国要建水军，不顾范蠡等人的反对，出兵进攻吴国水军，结果被夫差奇兵包围，大败而逃。夫差俘虏了勾践，令其饱受三年屈辱后再放回越国。回国后的勾践暗中训练精兵，每天晚上睡觉不用褥，只铺些柴草，然后又在屋里挂上一只苦胆，不时去品尝一下，用以告诫自己牢记过去的耻辱。最后他终于东山再起，率领越国军民一举吞灭吴国。后人根据这个故事概括出"卧薪尝胆"一词。

【释义】 本意指睡觉睡在柴草上，吃饭时都要尝一尝苦胆。现用来形容刻苦自励，奋发图强。

◎ 乌合之众

【溯源】《后汉书·耿弇传》中记载，西汉末年，王莽被打败后，刘玄称帝。耿弇随父亲耿况投奔了刘玄。没过多久，王郎自称汉成帝之子刘子舆并自立为帝，耿弇手下的孙仓、卫包便劝耿弇投归刘子舆。他勃然大怒，按剑说道："刘子舆这个反贼，我和他势不两立！等我到长安请皇上调动渔阳、上谷的兵马，从太原、代郡出击，来回几十天，便能以轻骑兵袭击那些乌合之众。谁不识大局，去投奔那些反贼，定遭灭族杀身之祸！""乌合之众"即由此来。

【释义】 指像暂时聚合的一群乌鸦，形容临时杂凑的、毫无组织纪律的一群人。

◎ 呜呼哀哉

【溯源】 原为"于乎哀哉"。《诗经·大雅·召旻》中记载周朝大臣凡伯批评周幽王时说道:"昔先王受命,有如召公,日辟国百里,今也日蹙国百里。于乎哀哉,维今之人,不尚有旧。"意思是:过去周文王、周武王时,贤臣之多有如召康公,一日可辟疆土一百里。可怜现在的幽王,国土每天要收缩一百里。这太叫人伤心了,他们不重视贤者,不尊重有才德之士,以致丧失国土,真是叫人伤心不已啊。"于乎哀哉"后来几经演变,成为"呜呼哀哉",常用于旧时祭文中。

【释义】 原表示哀痛的感叹语,现指死亡或完结。

◎ 无可奈何花落去

【溯源】 宋代晏殊在《浣溪纱》一词中写道:"一曲新词酒一杯,去年天气旧亭台。夕阳西下几时回?无可奈何花落去,似曾相识燕归来。小园香径独徘徊。"其中的"无可奈何花落去"意思是对春花的凋落感到没有办法,作者以此形容留恋春景而又无法挽留的心情。

【释义】 现泛指怀念已经消逝事物的惆怅心情。

◎ 无可无不可

【溯源】 伯夷、叔齐俩兄弟在武王伐纣时曾力劝武王,后来商纣灭亡时,他们逃隐入山,不吃不喝,结果活活饿死。后人把二人称作不降志辱身的典型。柳下惠主张即使有女子脱衣露身在侧,自己仍能静心坐守,避遭污染,所以有"柳下惠坐怀不乱"之说。孔子对以上几人都不欣赏,他在《论语·微子》中所表明的观点是"我则异于是,是无可无不可",意思是:可也可,不可也不可,无须表明可不可以,因为没有什么说明可以或不可以的一定之规。"无可无不可"即出于此。

【释义】 表示怎样办都行,没有一定的主见。

◎ 无面见江东

【溯源】《史记·项羽本纪》中记载,楚汉相争时期,项羽率领最初的八千江东子弟攻打秦军,他们越战越勇,势力也越来越大。后来由于项羽刚愎自用,听不进部下的意见,一意孤行,被另一支起义军刘邦的部队围困在垓下,江东子弟死伤无数,项羽带领八百子弟突出重围,最后杀得只剩二十八骑兵马退至乌江。一代枭雄项羽感觉没脸去见江东父老,遂在乌江边拔剑自刎。这就是"无面见江东"的故事，也称作"无颜见江东父老"。

【释义】 现形容犯错后心感惭愧，不好意思见人。

◎ 无声胜有声

【溯源】 唐代诗人白居易在著名的《琵琶行》中写有"别有幽愁暗恨生，此时无声胜有声"一句，看似指琵琶弹奏达到了非常高深的意境，其实形容的是一种幽怨和深深思念的感情达到沸点时，没有任何语言或音乐可以形象地描述出来，唯有留下一段空白让人细细品味。

【释义】 现用此句多形容心有灵犀，无须用语言来表达。

◎ 吴下阿蒙

【溯源】 "吴下"指现在的江苏长江以南一带，"阿蒙"指吕蒙。《三国志·吴志·吕蒙传》与《资治通鉴·孙权劝学》中记载，三国时期，孙权手下有位名将叫吕蒙，吕蒙身居要职，却因小时无钱读书，所以学识浅薄见识不广。孙权劝吕蒙和另一位将领蒋钦多多读书，吕蒙不以为然道："军中事务繁忙，恐怕没有时间读书了。"孙权开导道："我的事务比你要繁忙多了，掌管军政以来，读了许多史书和兵书，感到大有益处……"吕蒙很有感触，自此后便开始抓紧时间大量读书。后人遂将居处吴下一隅、不好读书的吕蒙称作"吴下阿蒙"。

【释义】 现指某人学识浅陋。

◎ 五十步笑百步

【溯源】《孟子·梁惠王上》中记载，战国时期，战事迭起，孟子决定周游列国去劝说那些好战的君王。他来到魏国见到了梁惠王，梁惠王问："我费心尽力治国又爱护百姓，却不见百姓增多，这是什么原因呢？"孟子说："既然大王喜爱打仗，让我拿打仗作个比喻吧！双方军队在战场上相遇，免不了要进行一场厮杀。厮杀结果是打败的一方免不了会弃盔丢甲飞奔逃命。假如一个兵士跑得慢，只跑了五十步，却去嘲笑跑了一百步的兵士是'贪生怕死'，他这样做对不对？"梁惠王说："当然不对！他只不过没有跑到一百步，但同样是逃跑。"孟子说："你虽然爱护百姓，可你喜欢打仗，百姓就要遭殃。这与逃跑五十步是同样道理。"

【释义】 原意指作战时后退五十步者讥笑后退百步者，现指有同样缺点错误的人毫无自知之明地去讥笑别人。

◎ 五子登科

【溯源】《宋史·窦仪传》中记载，五代后周时期，有个叫窦禹钧的人教导儿子们仰慕圣贤，刻苦学习，为人处世，不愧不怍。结果，他的五个儿子各有所成：长子窦仪任礼部尚书，次子窦俨任礼部侍郎，二人均被任命为翰林院学士。三子窦侃任补阙，四子窦偁任谏议大夫，五子窦僖任起居郎。五个儿子都品学兼优，先后登科及第，后人遂称为"五子登科"。

【释义】 现常用作结婚的祝福词或吉祥语。

◎ 吾日三省吾身

【溯源】《论语·学而》中记载了孔子的得意门生曾子说过的一句话："吾日三省吾身：为人谋而不忠乎？与朋友交而不信乎？传不习乎？"意思是："我每天三次反省自己：替人家谋划是否不够尽心？和朋友交往是否不够诚信？老师传授的学业是不是反复练习实践了呢？"

【释义】 "省"指检查、反省，"身"指自身。原指每日从三个方面检查自己，现指多次自觉地检查自己。

◎ 勿以恶小而为之，勿以善小而不为

【溯源】《三国志·蜀书·先主传》中记载，刘备临死前在给儿子刘禅的遗诏中讲道"勿以恶小而为之，勿以善小而不为"一句，意思是：只要是恶，即使是小恶也不做；只要是善，即使是小善也要做。

【释义】 沿袭古意，不要以为坏事小就去做，不要以为好事小就不去做。

◎ 物以类聚，人以群分

【溯源】《周易·系辞上》中写有"方以类聚，物以群分"一句，这里的"方"在古时指医术、天文，"类"指相同或相似事物的综合。意思是：方者因同类而易于聚合，物者因同类则各分为群。后来，该词逐步演变为"物以类聚，人以群分"。

【释义】 指同类的东西常聚在一起，志同道合的人相聚成群。

· X

◎ **夕阳无限好，只是近黄昏**

【溯源】 唐代诗人李商隐在《登乐游原》一诗中写道："向晚意不适，驱车登古原。夕阳无限好，只是近黄昏。"全诗意思是：傍晚时分心情不快，驾车登上古时的乐游原。只见夕阳放射出迷人的余晖，夕阳是多么的好，然而这一切美景都将转瞬即逝，不久就会被那夜幕所笼罩。

【释义】 现形容某种事物虽然暂时兴旺，但很快就会衰落下去；也常用来比喻人近古稀之年。

◎ **西出阳关无故人**

【溯源】 唐代诗人王维在《送元二使安西》一诗中写道："渭城朝雨浥轻尘，客舍青青柳色新。劝君更尽一杯酒，西出阳关无故人。"全诗意思是：渭城客舍周围和驿道两旁的柳树，由于朝雨冲刷显得格外清新，小雨刚刚润湿尘土就停止了，道路显得十分洁净。在送别客人的宴席上，酿满别情的酒已经喝过多巡，殷勤告别的话已经重复过多次，朋友上路的时刻不能不到来。再干了这一杯吧，出了阳关可就再也见不到老朋友了。

【释义】 现形容朋友一别各奔东西，难以再有重逢。

◎ **嬉笑怒骂，皆成文章**

【溯源】 北宋诗人苏轼某年在赤壁过生日时，举杯正欲喝酒却听到江上传来笛声，经询问才知是进士李委为他祝寿。他的好朋友黄庭坚说道："东坡之酒，赤壁之笛，嬉笑怒骂，皆成文章。"意思是：酒与笛都是生活中的琐事，不论喝酒、听笛，还是几句戏言与嘲骂，记下来就是好文章。后来此语记录在《东坡先生真赞》中。

【释义】 指不拘题材形式，任意发挥，皆成妙文。

◎ **洗耳**

【溯源】《高士传·许由》中记载，高士许由隐居后，尧封他为九州长，许由闻后跑到颍水边去洗耳朵。他的朋友巢父正牵着牛犊来饮水，遂问缘故，许由说："尧欲召我为九州长，我嫌这话污了耳朵，所以来洗洗。"巢父批评道："你若隐居到高岸深谷人迹罕至处，谁能找得到！像你这样的隐居还是在求名啊。这水被你弄脏，我的牛犊饮不得了。"说罢，就牵着牛到上游饮水去了。这就是"洗耳"故事的由来。

【释义】 现指恭敬地聆听。

◎ 洗心革面

【溯源】 "洗心"出自《周易·系辞上》中的"圣人以此洗心，退藏于密"。其中的"洗心"指洗荡众人的疑心和恶心。"革面"出自《周易·革》中的"君子豹变，小人革面"。其中的"革面"指改变自己的表面态度。《抱朴子·用刑》中将二词合而用之，写有"洗心而革面者，必若清波之涤轻尘"一句，这里的"洗心而革面"指改去原来的错误想法与做法。

【释义】 清除旧思想，改变旧面貌，意指彻底悔改。

◎ 瑕不掩瑜

【溯源】 《礼记·聘义》中记载，孔子的弟子子贡问："君子为什么敬重玉石而卑贱那似玉之石呢，是因为玉少石多吗？"孔子回答："不是这个原因，而是因为君子把德的内容比作玉石的特征。比如，用玉石的温润光泽比作仁，玉质的细密比作智，玉的洁白无痕比作义，玉石作坠饰可比作礼，玉石发出的清越之音比作乐，玉石中的瑕瑜界限分明比作忠……""瑕不掩瑜"即由此出。

【释义】 原指玉石中的一点小毛病并不影响整块玉质优美，现演绎为不能因为一点小缺点而抹杀其优点、长处。

◎ 下马威

【溯源】 《汉书·叙传》中记载，西汉时期，豪门贵族少年班伯主动请缨到混乱的定襄去做太守，他刚到任，当地的豪绅大户便"畏其下车作威，吏民竦息"。这里的"下车"表示官员到任，意思就是说，豪绅大户担心新官到任会对下属显示威风，赶紧把犯事者全部藏匿起来。然而，新上任的班伯隆重宴请他们，与其交友，待了解到犯事者的藏身之处后才下令捕杀，定襄很快随之安定。后来，人们遂将"下车作威"改为更为顺口的"下马威"。

【释义】 原意指最初到任时要对下属显示威风，现泛指一开始就向对方显示自己的威力。

◎ 先发制人

【溯源】《史记·项羽本纪》中记载，陈胜、吴广起义之后，项羽与叔父项梁从江苏宿县来到会稽，会稽太守殷通与项梁比较要好，他说："现在江西一带都在起义反对秦朝暴政，这是老天爷要灭亡秦朝了。先发动的可以制服人，后发动的就要被别人所制服。我想现在举兵响应起义军，请你和桓楚一起来率领军队，只是不知道桓楚现在什么地方。"项梁不想做他的部属，便灵机一动，谎说桓楚与侄子相识，遂召入项羽，以目示意，命其砍下他的脑袋。项羽提着殷通的人头，佩带郡守大印，走到门外高声宣布即时起义。"先发制人"一词遂从此出。

【释义】"发"指开始行动，"制"指控制、制服。泛指争取主动，通过先动手来制服对方。

◎ 先见之明

【溯源】《后汉书·杨彪传》中记载，东汉末年，曹操手下的主簿杨修积极为曹植出谋划策争夺太子地位，使曹操极为忧烦，曹操就借故杀了杨修。后来他去见杨修的父亲杨彪并问候时，杨彪说了句："愧无日磾先见之明，犹怀老牛舐犊之爱。""日磾先见之明"出自《汉书·金日磾传》，据说，汉昭帝时，金日磾与上官桀、霍光同为辅政大臣，后因两个儿子与宫女有不轨行为，将他们一并杀死。杨彪引用这个故事，是在说自己若有金日磾这样的先见之明，也会提前杀掉儿子，以解除曹操对自己的疑心，此话当时即令曹操尴尬不已。

【释义】形容有预见事物发展趋势的眼力。

◎ 先礼后兵

【溯源】《三国演义》中记载，曹操围攻徐州时，刘备带兵援救徐州。刘备先向曹操写了封书信，劝其退兵，曹操大怒，正欲发作时，谋士郭嘉劝谏道："刘备远道而来，先以礼相待，行不通再动兵。我们应该用好话去安慰他，以松懈他的斗志，然后以兵攻城，这样就可以获得成功。"曹操准备依言而行，却不想这时探子来报，说吕布已攻克兖州，郭嘉立即改变主意，又进谏道："我们可以趁机给刘备卖个人情，就说看在他面上，我们退兵了。"曹操心领神会，照此修书后，拔寨撤军。"先礼后兵"一词即出于此。

【释义】先按通常的礼节同对方交涉，如果行不通，再用武力或其他强硬手段解决。

◎ 先入为主

【溯源】《汉书·息夫躬传》中记载，汉朝时期，汉哀帝宠信董贤、孙庞、息夫躬，要分别给他们封侯，丞相王嘉劝哀帝不能封侯，避免生出祸患。息夫躬担心董贤权势越来越大，劝哀帝对匈奴出兵，王嘉力阻道："唯陛下观览古今，反复参考，无以先入之语为主。"意思是：我希望陛下能以古为戒，反复思考，切不可以先听到息夫躬的见解就作为主要、正确的见解。可是哀帝却能听进忠言，王嘉后来因失宠被逼自杀，息夫躬也被打入大牢死在狱中。

【释义】 指先听进去的话或先获得的印象往往在头脑中占据主导地位，以后再遇到不同的意见时就不易接受。

◎ 先斩后奏

【溯源】《东汉·申屠嘉传》中记载，东汉时期，汉景帝的内史晁错极受宠幸，丞相申屠嘉为人耿直刚正，抓住晁错穿越宗庙围墙之事准备奏请汉文帝问斩。晁错得知后抢先向汉文帝做出解释，待申屠嘉的奏章提出后，汉文帝为保护晁错便说是自己同意他这样做的。申屠嘉极为生气，退下后对别人说："吾悔不先斩错乃请之。"意思是：真不如先杀了晁错再去请示皇上。后来唐太宗的中书侍郎颜师古在为此作注时认为申屠嘉所说之语即为"先斩后奏"。

【释义】 原指臣子先把人处决再报告帝王，现形容未经请示就先做某事，造成既成事实后再向上级报告。

◎ 相得益彰

【溯源】《后汉书·王褒传》中记载，西汉时期，益州刺史王襄想为自己歌功颂德，听说王褒极富文采，便叫他作一篇诗赋，并命人谱成乐曲歌唱。汉宣帝听说此事后，也召见了王褒，令他作《圣主得贤臣颂》，王褒在文中写道："明明在朝，穆穆列布，聚精会神，相得益彰。"意思是：圣主必待贤臣才能显示功业，贤臣必有圣主才能展示才能。圣主与贤臣相遇，互相补充，更能显出各自的优点与长处。

【释义】 现泛指互相帮助，使双方长处更能得到显露与发扬。

◎ 相敬如宾

【溯源】 原为"相待如宾"。《左传·僖公三十三年》中记载，春秋时期，晋国大臣冀芮因罪被杀，儿子冀缺也被废为平民，务农为生。冀缺一面勤恳耕作，一面以古今圣贤为师刻苦修身，自身德行与日俱增，令妻子与周围人等仰慕不已。某次，冀缺在田间除草，妻子将午饭送到地头，恭恭敬敬地跪在丈夫面前，好像对待初次见面的高贵宾客一般。冀缺也连忙接过，频致谢意，神情姿态极有礼貌。此番情形感动了正巧路过此地的晋国大夫臼季，在他的大力举荐下，冀缺后来连续升为军大夫、卿大夫。"相待如宾"一词渐渐演变为"相敬如宾"。

【释义】 现形容夫妻之间相互尊敬，如同对待客人一样。

◎ 相提并论

【溯源】 原为"相提而论"。《史记·魏其武安侯列传》中记载，西汉时期，七国之乱被平定后，大臣窦婴被封为魏其侯。后来汉景帝立太子，窦婴又被封为太子傅，太子被废时，窦婴上书反对，汉景帝没有采纳，他便称病不朝。许多人劝说都无功而返，他的门人高遂却只简短说道："相提而论，是自明扬主上之过。"意思是：反对废黜太子这是一回事，你称病不上朝这是另一回事，现在你把两件不同的事搅在一起，不正是在有意宣扬皇上的过错吗？窦婴听后如梦方醒，赶紧恢复上朝。"相提而论"后来演变为"相提并论"。

【释义】 现指把不同的人或性质不同的事放在一起谈论或看待。

◎ 项庄舞剑，意在沛公

【溯源】《史记·项羽本纪》中记载，项羽设下鸿门宴宴请刘邦，谋士范增叫项庄当堂舞剑以助兴为名乘机刺杀刘邦。刘邦的谋士张良看出范增的用心，便对武将樊哙说："今者项庄拔剑舞，其意常在沛公也。"

【释义】 形容表面上冠冕堂皇，实则别有用心。

◎ 小巫见大巫

【溯源】 "巫"指旧时靠装神弄鬼替人祈祷来骗取人钱财的人。三国时期，东吴孙权身边的名将张纮精于诗赋。当时著名的文学家陈琳是他的同乡，张纮非常欣赏其才华，便写信称赞，陈琳回信说："不是我文笔好，是你太夸奖我了。我和你及张昭两人相比，实在差得太多，就好比是小巫遇见大巫，法术便无法施展一般。"

【释义】 原意指小巫法术小，大巫法术大，小巫见到大巫就不能施展他的法术。现形容在相比之下，一个远不及另一个。

◎ 笑面虎

【溯源】 宋代庞元英在《谈薮》中记载，王公衮平时待人平易温和，面部总是一副嬉笑模样，其为人却心狠手辣，人们称他为"笑面虎"。

【释义】 指外貌和善而内心严厉凶狠的人，含贬义。

◎ 心病还须心药医，解铃还须系铃人

【溯源】 "心药"出自《秘藏宝钥》。原指佛教的一种传教方法，说这能治好众生之心病。西汉的枚乘在《七中》中也讲到吴国客人用七个问题治好了太子丹的心病。"解铃"出自《指月录·法灯》。文中记载，某天，法眼禅师问众人："老虎脖子上的金铃谁能解下来？"众人回答不出，又提问法灯，法灯回答："谁系上去谁就能解下来。"这就是"解铃还须系铃人"的由来。后来清代小说家曹雪芹在《红楼梦》中曾写过一副对联，即是"心病还须心药医，解铃还须系铃人"。

【释义】 本意是指属于心的疾病，就要用治心的药来医治；要解下绑紧的铃子，就要让那个当初系铃子的人来解决。现指当局者的事需当局者才能解决。

◎ 心腹之患

【溯源】 原为"心腹之疾"。《左传·哀公十一年》中记载，吴王夫差准备攻齐时，越王勾践以厚礼相赠，吴国君臣对此称快不已。只有大臣伍子胥担忧，他说："越在我，心腹之疾也。"意思是：越国才是吴国的心腹之患，可吴王夫差根本听不进去。没过几年，越国便趁吴军北上伐晋国时出兵伐吴，将吴国彻底打败。"心腹之疾"后来演变为"心腹之患"。

【释义】 指隐藏在内部的严重祸害，也泛指最大的隐患。

◎ 心怀叵测

【溯源】《三国演义》中记载，三国时期，曹操准备率军南下攻打孙权与刘备，又担心凉州太守马腾乘机作乱，就采用谋士荀攸的建议，封马腾为征南大将军，意欲骗至许都杀害。马腾接到诏书，与众人商议，他的侄儿马岱持反对意见，并说："曹操心怀叵测，叔父若往，恐遭其害。"马腾不听，自以为是的他只带了儿子马休等少数人前往许都，结果被曹操擒获杀害。

【释义】 "心怀"指居心、存心，"叵"指不可。形容心存险恶，不可推测。

◎ 心有灵犀一点通

【溯源】 唐代诗人李商隐在《无题》一诗中写道："昨夜星辰昨夜风，画楼西

畔桂堂东。身无彩凤双飞翼，心有灵犀一点通。隔座送钩春酒暖，分曹射覆蜡灯红。嗟余听鼓应官去，走马兰台类转蓬。"其中"身无彩凤双飞翼，心有灵犀一点通"的意思是：身上没有彩凤那双可以飞翔的翅膀，心灵却像犀牛角一样，有一点白线就可以相通。这首诗是他在王茂元家中窥见闺中佳人后追忆而写。

【释义】 原指男女双方心心相印，现形容彼此心思都能心领神会。

◎ 心有余而力不足

【溯源】《论语·里仁》中记载孔子说过的一句话："有能一日用其力于仁矣乎？我未见力不足者；盖有之矣，我未之见也。"意思是：有把一整天的力量都用在推行"仁"上，却力量不够吗？也许有，但我没有见过。这句话意同"心有余而力不足"。后来曹雪芹在《红楼梦》中也提道："我手里但凡从容些，也时常来上供，只是'心有余而力不足'。"

【释义】 形容心里非常想做但力量不够。

◎ 行百里者半九十

【溯源】《战国策·秦策五》中记载有秦国辩士中期与秦王辩论时说过的一段话。他说："《逸诗》中所说的想走一百里的人即便走了九十里，也只能算走了一半，因为越是接近目标越会感到艰难。现在秦楚两方都表现出骄侈一面，诸侯不是攻楚就是伐秦。"秦王听后大怒，当场就要杀了他。后来有人说，过去桀杀逢蒙受、纣杀比干，中期如果遇到桀、纣这样的君王，也非被杀死不可。秦王担心背上乱杀忠臣的罪名，就没再对中期治罪。原文中的"行百里者半九十"遂流传下来。

【释义】 本意指行百里路，即使走了九十里，也只算走了一半。现形容事情越是接近完成就越是艰难，越显关键。

◎ 行将就木

【溯源】《左传·僖公二十三年》中记载，春秋时期，晋国公子重耳逃往齐国，临行前他要求妻子季隗等他二十五年，如那时还没回来，妻子就可以改嫁。季隗听后伤心地说："我二十五年矣，又如是而嫁，则就木焉。"意思是：我现在已经二十五岁，再过二十五年就要进棺材了，还嫁什么人，我一直在这里等待你就是了。原文中的"木"指棺材，原文中的"则就木焉"后来演变为"行将就木"。

【释义】 沿袭古意，指人寿命不长，差不多就要进棺材了。

◎ 行云流水

【溯源】 北宋文学家苏轼在行船途中，遇到谢民师携书求见，苏轼非常欣赏他的书文旧作，便写下一篇《答谢民师书》。 文中说道："你我一见如故，所带的书文我详细看过，文章好似行云流水，当行就行，当止就止，文意自然，趣旨到处可见。这正如孔子所说的'辞，达而已矣'啊。""行云流水"一词遂从此出。

【释义】 原指文章像飘浮着的云和流动着的水一样没有固定模式；现形容自然流畅，不受拘束。

◎ 胸有成竹

【溯源】 苏轼在《文与可画筼筜谷偃竹记》中记述了一位画竹高手文与可。文与可不管春夏秋冬，也不管刮风下雨、天晴天阴，常年不断地出没于竹林。竹子在春夏秋冬四季的形状有什么变化，在阴晴雨雪天的颜色与姿势是什么样，在强烈阳光照耀下和在明净月光映照下又有什么不同……他都摸得一清二楚。由于长年累月地细致观察，文与可在画竹前，根本用不着过多思索或者绘出草图，直接就可提笔而成。当时有个名叫晁补之的人，称赞他道："文与可画竹，早已胸有成竹了。"

【释义】 原指画竹前要在心里有竹子的形象，现比喻在做事前已经有成熟的思考和完整的计划，也作"成竹在胸"。

◎ 袖手旁观

【溯源】 唐代诗人韩愈在柳宗元去世时写下《祭柳子厚文》，其中写道："巧匠旁观，缩手袖间。"意思是：像柳子厚这样的才学之士不能见用于当世，以至于成为缩手旁观的巧匠。北宋诗人苏轼在《朝辞赴定州论事状》中提到双方下棋，写有"袖手旁观者常尽之"一句，"缩手袖间"届时已演变为"袖手旁观"。

【释义】 本意指把手笼在袖子里，在一旁观看；现形容置身事外或不协助别人。

◎ 虚怀若谷

【溯源】《老子》中记载有老子的一段关于行道之人的言论："敦兮其若朴，旷兮其若谷，混兮其若浊……"意思是：淳厚而质朴像未经雕刻的木头，空旷深邃像那深山幽谷，憨厚淳朴如同浊水一般。后来"旷兮其若谷"渐渐演变为"虚怀若谷"。

【释义】 沿袭古意，指胸襟宽大得像山谷一样，形容非常谦虚，能容纳很多意见。

◎ 虚席以待

【溯源】 "虚席"由"虚左"演绎而来。按照古时礼仪，主人居右客人居左，这里的左是相对于对面而言，实际指的是右位。《战国策·魏策》和《史记·魏公子列传》中记载，魏国信陵君请侯嬴时颇费一番周折，先是以厚礼相赠，遭到对方的断然拒绝，后来信陵君大摆宴席，待客人到齐后，他亲自驾车留出左面位置，恭恭敬敬地上门去请，这才迎来了侯嬴。

【释义】 本意指留出位置等待，现指空着尊位恭候别人或以优厚的待遇招揽人才，也作"虚位以待"。

◎ 虚有其表

【溯源】 《明皇杂录》中记载，唐玄宗李隆基想任命工部侍郎苏颋为宰相，便在夜里召见萧嵩写诏书。萧嵩写的诏书中有"国之瑰宝"一句，唐玄宗说，苏颋是苏瑰之子，我不想提他父亲苏瑰的名字，你把这个改一下。萧嵩想了很长时间也没有结果，反倒额头直冒汗，唐玄宗以为他在深入思索，拿起一看，竟然只动了一字改为"国之珍宝"。他气得一把将稿纸扔在地下，说道："虚有其表耳！"这句话是因萧嵩虽外形魁伟俊美，却腹中无物，毫无才干而言。"虚有其表"一词遂由此出。

【释义】 意指空有好看的外表，实际上不行，也作"徒有其表"。

◎ 徐庶入曹营

【溯源】 《三国演义》中记载，徐庶是三国时期的著名谋士，曾帮助刘备出谋划策，后来曹操以他母亲相挟将其骗入曹营。虽然曹操待他如上宾，但徐庶始终不发一言。所以后人就有了"徐庶进曹营——一言不发"之说。

【释义】 指不与自己意向不同、观点不一或性格不合的人共事。

◎ 悬壶济世

【溯源】 《后汉书·费长房传》中记载，据传河南人费长房某日看到一位所执竹杖上挂着葫芦的老人，即壶翁在集市卖药，天黑散市之后，壶翁就跳入葫芦中。当时只有费长房一人看到，他觉得很奇怪，为了弄清楚壶翁的来历，费长房便以酒款待，向壶翁道明来意，壶翁遂请他隔日再来。次日，壶翁邀他一起进入葫芦，只见大厅布置得整齐华美，佳肴满桌，费长房知道遇上仙人，立刻拜其为师，学习医术与修仙之道。几年后，费长房艺满后，也开始悬壶济世行医。后人根据这个传说概括出"悬壶济世"一词。

【释义】 现指行医。

◎ 削足适履

【溯源】《淮南子·说林训》中记载了两则故事。春秋时期，楚灵王的弟弟弃疾趁楚灵王征伐蔡国后继续进军徐国之际，引兵返回楚国，杀死楚灵王的一个儿子，立哥哥的另一个儿子子午为国君。外出征讨的楚灵王得知后，心寒无比，想想活在世上没有意思就上吊自杀了。弃疾闻知楚灵王已死，马上威逼子午自杀，自立为王，这就是历史上臭名昭著的楚平王。另一个故事是：晋献公宠爱骊姬，并将原来的太子申生杀害，又立自己与骊姬所生的幼子奚齐为太子。这时，骊姬又建议杀掉另外两个儿子重耳和夷吾，晋献公居然同意了。这一恶毒的计谋被人听到并转报给重耳和夷吾，二人立即分头逃向国外。《淮南子》的作者刘安在评论这两件事时说："夫所以养而害所养，譬犹削足而适履，杀头而便冠。"意思是：这种残害骨肉之事，如同把脚削去一块以适合鞋子尺寸、把脑袋削去一块以适合帽子大小一样愚蠢。"削足适履"一词由此而来。

【释义】 本指因为鞋小脚大，就把脚削去一块来凑合鞋的大小，现指不顾具体条件生搬硬套。

◎ 学而不厌，诲人不倦

【溯源】《论语·述而》中记载了孔子关于教育学生的一段言论，他说："默而识之，学而不厌，诲人不倦，何有于我哉？"意思是：默默地把问题弄清楚就要专心学习，不厌其烦，教诲别人也不倦怠，对我来说，除了这些还有什么呢？

【释义】 沿袭古意，意指做人要不断学习，不感到厌烦；教育学生要有耐心，不感到疲倦。

◎ 学而时习之

【溯源】 春秋时期，孔子在教学上有丰富的经验，常常与学生们一道研讨问题，给学生解答各种疑难问题，他鼓励学生培养良好的品德，深入钻研，并在《论语·学而》一章中提出三种学习方法，其中之一即为"学而时习之，温故而知新"。意思是：学过的内容要经常温习。

【释义】 沿袭古意，形容经常练习或复习所学。

◎ 循序渐进

【溯源】 孔子在《论语·宪问》中写有"不怨天，不尤人，下学而上达。"朱熹把其中的"下学上达"解释为学习的循序渐进过程，他说："但知下学而自然上达，此但自言其反己自修，循序渐进耳。"意思是：只要掌握了下学就自然上达天理，把下学放在上达之前，也就是把求知识、道问学、通人事置于首位，而后通过学习循序渐进，自然掌握天理。

【释义】 现指学习工作等按照一定的步骤逐渐深入或提高。

◎ 循循善诱

【溯源】《论语·子罕》中记载，春秋时期，孔子的学生对孔子非常崇拜，颜渊是孔子的得意门生之一，他称赞孔子的教学方法说："夫子循循然善诱人，博我以文，约我以礼，欲罢不能。既竭天才，如有所立卓尔。"别的弟子也附和着说他们亦有同感。这句话意思是说对孔子的学说越钻研越感到高深，由于老师的引导使自己欲罢不能，再前进一步又不知从何入手。

【释义】 "循循"指有次序的样子，"善"指善于，"诱"指引导、教导。沿袭古意，指善于有步骤地去引导和教育。

◎ 迅雷不及掩耳

【溯源】 出自《六韬·龙韬·军势》中的"疾雷不及掩耳，迅电不及瞑目。"后来在史料中多次更改使用。《三国志·魏志·武帝纪》中记载，东汉末年，曹操进攻甘、凉一带的马超和韩遂，马超要求割地求和，曹操不答应，占领渭口修筑工事后，表面答应议和，暗中养精蓄锐，找准时机即向对方发起突然袭击，将丝毫没有防范的马超打得大败而逃。众人问及取胜原因，曹操回答说："我表面上顺从对方要求，使之失于防守，同时我趁机积蓄力量，以迅雷不及掩耳之势快速出手，造成对手无还手之势。用兵变化无穷，不能一成不变啊。"

【释义】 本意指雷声来得非常快，连捂耳朵都来不及。现形容来势凶猛，使人来不及防备。

・Y

◎ 睚眦必报

【溯源】《史记·范雎蔡泽列传》中记载，战国时期，魏国大夫须贾诬告范雎私通齐国，范雎被抓捕后遭严刑拷打，后来他装死才逃出魏国。来到秦国后，范雎更名为张禄，在友人推荐下向秦昭王提出了远交近攻、驱逐外戚权贵等主张，秦昭王对其极为赏识，令他出任秦国丞相一职。秦国准备发兵攻魏，范雎化装成穷人来见须贾，须贾见他破衣烂衫，随手递了件衣服。后来须贾向秦国丞相求和时，他认出眼前人即是当年差点被自己陷害至死的范雎，顿时吓得魂不附体，赶紧叩头请罪，范雎因他送过衣服，这才免去其死罪。《史记》作者司马迁评论范雎道："一饭之德必偿，睚眦之怨必报。"意思是说：凡从前对他有恩惠的人，虽然所施的恩惠只是一顿饭，范雎也会重重酬谢；那些从前对他有嫌怨的人，虽然嫌怨的程度只是张目忤视一下，范雎也会实行报复。

【释义】 像瞪一下眼睛那样极小的怨仇也要报复，形容心胸极狭窄。

◎ 言必信，行必果

【溯源】《论语·子路》中记载了弟子子贡与孔子的一段对话。在这段对话中，孔子表明自己的观点：自己做事有知耻之心，出使外国各方能够完成君主交付的使命，可以叫作一流的士。族里长辈称其孝道，乡间邻里夸其和顺，可以算是次一等的士。那种说到一定做到，做事坚持到底，不问是非地固执己见，虽然是小人物，但也可以算是再次一等的士。

【释义】"信"指守信，"果"指果断、坚决。现指既要守信，亦要坚定实行，即保持言行一致。

◎ 言不由衷

【溯源】 原为"信不由中"。《左传·隐公三年》中记载，春秋时期，郑庄公凭借本国实力最为强大出任了周朝卿士，执掌朝廷大权，根本不把周平王放在眼里。周平王软弱无能，想让忌父代替郑庄公处理朝政，结果此事让郑庄公获悉。

周平王心中害怕，为了取其信任，便与郑国互换人质：周太子狐到郑国去做人质，郑国公子忽到周朝来做人质。周平王死后，周桓王继位，他也想让忌父出面执政，郑庄公这次勃然大怒，派大夫祭足率领兵马将周朝温地的麦子全部割下并运回郑国，而后又将周朝成熟的谷子也割掉运回郑国。两者之间的关系愈加恶化，矛盾越来越深。《左传》作者左丘明对此评论说"信不由中，质无益也"。意思是：信约不是出自诚心实意，即便交换了人质也无济于事。"信不由中"后来逐渐演变为"言不由衷"。

【释义】 原意指协定并不是发自内心诚意；现形容心口不一，说话并非出自真心实意。

◎ **言过其实**

【溯源】 《管子·心术上》中写有"物固有形，形固有名。此言名不得过实，实不得延名"一句，意思是：先有事物的形体，后有事物的名称，名称要与事物的形体相符合，不能超越实际状况。《三国志·蜀志·马良传》又有记载，三国时期，马谡与马良兄弟俩都在刘备手下为官。马谡爱好谈论军事，丞相诸葛亮比较看重他。刘备却觉得此人喜好高谈阔论，他在临死前对诸葛亮道："马谡言过其实，不可大用，君其察之。"意思是：马谡此人言语浮夸，超过了他的实际能力，不可重用，丞相一定要留意啊。后来，诸葛亮率军伐魏时，派出马谡去驻守战略要地街亭，马谡却因骄傲轻敌、死搬兵书，最后导致街亭失守。诸葛亮无奈，只得挥泪斩马谡。

【释义】 形容说话过分，超过了实际情况。

◎ **掩耳盗铃**

【溯源】 原为"掩耳盗钟"。《吕氏春秋·自知》中记载，春秋时期，晋国贵族赵简子联合几大贵族灭了范氏家族，有些人便去拣拾范家的剩余之物。某人得到一口大钟，背不回去，遂用锤子将钟敲成小块状，因怕敲钟发出的铿锵响声惊动别人，他将自己耳朵堵上，以为自己听不见别人也就听不见了。人们将这个故事概括为"掩耳盗钟"，后来又改为"掩耳盗铃"。

【释义】 比喻自欺欺人的行为。

◎ **眼中钉**

【溯源】 《新五代史·赵在礼传》中记载，赵在礼在后唐明宗时任宋州节度使，他倚仗自己是皇亲国戚而贪赃枉法、鱼肉百姓。百姓们十分痛恨他，当他被罢免时，宋州人奔走相告，相互祝贺说："眼中拔钉，岂不乐哉！"这就是"眼中钉"的由来，此语常与"肉中刺"联用。

【释义】 代指心中最厌恶、最痛恨的人。

◎ 偃旗息鼓

【溯源】《三国志·蜀志·赵云传》中记载，三国时期，蜀将赵云与黄忠等人奉命劫取曹军的粮草时，黄忠与张著被曹军围困，赵云欲去救援。这时曹操亲率大军赶到，见敌众我寡，赵云决定大开寨门，放倒军旗，停止击鼓，同时在寨外埋伏了弓箭手，自己则一人提枪立于寨门之下。曹操见状疑有伏兵，赶紧引军撤退。"偃旗息鼓"一词遂由此出。

【释义】 本意指放倒战旗，停敲战鼓。现指停止做某事，也指收敛声势。

◎ 仰人鼻息

【溯源】《后汉书·袁绍传》中记载，东汉末年，袁绍起兵讨伐董卓，很多郡县纷纷响应，冀州牧韩馥看到袁绍的强大十分不安，就克扣他的军粮，袁绍派公孙瓒发兵威胁冀州，派高干去游说韩馥。韩馥有些害怕便想让位，他的部将耿武、闵纯、沮授等人劝谏道："我们冀州虽地处偏远，但有军队百万，储存的粮食够吃十年，可谓兵精粮足。袁绍军都是些乌合之众，且远道而来，立足未稳，粮饷全靠我们供应，就像我们抱在怀里的婴儿一样，必须依赖我们，看我们的脸色行事。只要我们断绝粮饷，他们立刻就得饿死，怎么反倒拱手把冀州让给他呢？"韩馥不听众人劝告，叫儿子向袁绍交出印绶，自己只落得个有名无实的将军头衔，最终还是被逼自杀。原文中的"仰我鼻息"后来演变为"仰人鼻息"，含义正好相反。

【释义】 依赖别人的呼吸来过活，形容依赖别人，不能自主。

◎ 杳如黄鹤

【溯源】《述异记》中记载，读书人荀瑰游览武昌在黄鹤楼上休息，迷迷糊糊看见天下飘然落下一人，那人骑着仙鹤落在黄鹤楼上，极有儒雅风度。两人把酒论诗，谈得十分投机，不一会儿已是酒酣耳热，那人跨上黄鹤，黄鹤便振翅飞天而去。唐代诗人崔颢后来也在《黄鹤楼》一诗中写道："昔人已乘黄鹤去，此地空余黄鹤楼，黄鹤一去不复返，白云千载空悠悠。"人们据此概括出"杳如黄鹤"一词。

【释义】 "杳"指无影无声，"黄鹤"指传说中仙人所乘的鹤。原指传说中仙人骑着黄鹤飞去，从此不再回来。现比喻无影无踪或下落不明。

◎ 要言不烦

【溯源】《三国志·魏书·管辂传》中记载，三国时代，魏国冀州刺史裴徽部下文学从事管辂精通《易经》，某次吏部尚书何晏宴请管辂，同时邀请了尚书邓扬相陪，想听他谈谈这方面的学问。可管辂丝毫不触及正题，邓扬就问管辂："都说你精通《易经》，为什么不谈谈其中的辞义呢？"管辂回答说："凡是精通《易经》的都不去谈论其中辞义。"何晏笑着讽刺道："真可以说是要言不烦呀。"

【释义】 "要"指简要，"烦"指烦琐。形容简明扼要。

◎ 野火烧不尽，春风吹又生

【溯源】 唐代诗人白居易在《赋得古原草送别》一诗中写道："离离原上草，一岁一枯荣。野火烧不尽，春风吹又生。远芳侵古道，青翠接荒城。又送王孙去，凄凄满别情。"其中"野火烧不尽，春风吹又生"一句的意思为：郁郁葱葱的绿草极为繁茂，野火遍烧而过，待春风吹来它又恢复了勃勃生机。

【释义】 原为描写草原野草，现常用来形容某事物具有强大的生命力，即使遭受挫折仍然还会再生。

◎ 业精于勤，荒于嬉

【溯源】 唐代诗人韩愈在《进学解》中有句名言"业精于勤，荒于嬉；行成于思，而毁于随。"这句话意思是：一个人的事业会因为勤奋而更加精益，也会因为整日玩乐嬉笑而荒废；一个人的行为会因为勤于思考而成功，也会因为随意不谨慎而毁掉。

【释义】 现用来勉励人们勤奋上进。

◎ 叶公好龙

【溯源】《新序·杂事五》中记载，春秋时期，楚国叶县县令沈诸梁，人称叶公，他自称非常喜欢龙，衣带钩、酒器上均刻有龙，居室里雕镂装饰的也是龙。天上的真龙知道后，遂从天上飞至叶公家里，将龙头搭在窗台上探望，龙尾延伸到了厅堂里。叶公一看是真龙，吓得魂飞魄散，转身就跑。这就是"叶公好龙"一词的由来。

【释义】 看似爱好某事物，实际并非如此，喻指言行不一。

◎ 夜郎自大

【溯源】《史记·西南夷列传》中记载，汉武帝时期，西南方有个独立的夜郎小国，由于邻近地区这个国家最大，从未离开本国的夜郎国国王就以为全天下夜郎国最大。某次，汉朝使者去夜郎国时途中经过邻国滇国，滇王问："汉朝和我的国家比起来哪个大？"使者吓了一跳，他没想到这个小国家，竟然无知地自以为能与汉朝相比。更让他没想到的是：当他到达夜郎国时，骄傲无知的夜郎国国王居然不知天高地厚地又问："汉朝和我的国家哪个大？"人们遂据此概括出"夜郎自大"一词。

【释义】 现喻指骄傲无知的肤浅、自负或自大行为。

◎ 一笔勾销

【溯源】 朱熹在《五朝名臣言行录·参政范文正公》中记载，北宋时期著名文学家、政治家范仲淹对官场存在的腐败现象深恶痛绝，他在担任参政察考地方官吏政绩时，将那些不称职的官吏名字一笔勾之，并依次递补。原文中的"一笔勾"后来演变为"一笔勾销"。

【释义】 本意指一笔抹掉，现指把一切全部取消。

◎ 一不做，二不休

【溯源】《奉天录》中记载，唐朝张光晟跟随朱泚反叛，朱泚兵败被困时，张光晟杀了他投降，可到最后自己仍然被判死罪。张光晟临死叹口气说："传语后人：第一莫作，第二莫休。"这句话意思是：除非不干，既然干了就索性干到底。"一不做，二不休"即从此中演变而来。

【释义】 沿袭古意，指事情既然做了开头，就索性做到底。

◎ 一寸光阴一寸金

【溯源】 古时没有计时的钟表，人们便立下直杆，标注刻度，待日光投阴影于刻度之上，再以阴影的移动来计算时间，所以时间就被称为"光阴"。唐代诗人王贞白在《白鹿洞二首》中写有"读书不觉已春深，一寸光阴一寸金"一句，意思是：自己只知专心读书，不知不觉中春天又快过完了，一寸光阴真是贵如一寸黄金呀。

【释义】 喻指时间宝贵。

◎ 一鼓作气

【溯源】《左传·庄公十年》中记载，春秋时期，齐桓公派兵攻鲁，两军相遇后，鲁军按兵不动，齐军三次击鼓发动进攻，均未奏效。当时齐强鲁弱，双方实力悬殊，最后鲁国却以弱胜强，把齐军打得大败而逃。战争结束后，鲁庄公问谋士曹刿为何在齐军击鼓三次后方才进军，曹刿回答说："夫战，勇气也。一鼓作气，再而衰，三而竭。彼竭我盈，故克之。"这段话意思是：打仗要凭士气，头一次击鼓时，士气振奋，不要趁敌人士气正盛时发起进攻，再击二次、三次鼓，士气就由减退至消失了。敌军士气减退，我军士气旺盛，所以才打了胜仗。"一鼓作气"即出于此。

【释义】 "一鼓"指第一次击鼓，"作"指振作，"气"指勇气、士气。本意指第一次击鼓时士气振奋，现指趁锐气旺盛之时一举成事或鼓足干劲，勇往直前。

◎ 一呼百诺

【溯源】《吕氏春秋·贵直论第三·过理》中记载，春秋时期，宋国国君修筑高台，在台上大摆酒宴，群臣为其歌功颂德。当一人带头山呼万岁时，"堂上尽应，堂上已应，堂下尽应，门外庭中闻之，莫敢不应"。后人据此概括为"一呼百诺"。

【释义】 形容权势极盛，仆从众多。

◎ 一箭双雕

【溯源】《北史·长孙晟传》中记载，南北朝时期，北周有位精于射箭的长孙晟。北周公主嫁给突厥国王摄图时，他随队暂居在当地约有一年。某次，摄图约他打猎，看到天空中有两只大雕在争夺肉块，便递给长孙晟两枝箭问："你能把这两只大雕射下来吗？""一枝就够了。"长孙晟说着接过，弯弓搭箭，"嗖"的一声，两只大雕便串在一起摔落下来。"一箭双雕"即从这个故事中演变而来。

【释义】 射箭技术高超，一箭射中两只雕，形容一举两得。

◎ 一毛不拔

【溯源】 战国时期的哲学家杨子反对墨子的"兼爱"之说。某次，墨子的学生禽滑离问杨子："若是拔你身上一根汗毛，能使天下人得到好处，你肯干吗？"杨子说："天下人的问题，不是一根汗毛所能救助的。"禽滑离又追问："若是能，你愿意吗？"杨子默然不答。孟子在《孟子·尽心上》中引用了这则故事，并批评杨子"拔一毛而利天下不为也"，后来这句话渐渐演变为"一毛不拔"。

【释义】 连一根汗毛也不肯拔出来，形容为人十分吝啬、自私。

◎ 一鸣惊人

【溯源】《韩非子·喻老》中记载，春秋时期，楚庄王即位三年，终日沉溺酒色，不理朝政。大夫伍举进谏说："南方有只三年不飞不鸣的鸟儿，知道是什么鸟吗？"楚庄王答："三年不飞，飞将冲天，三年不鸣，鸣将惊人。"数月之后，他依然故我，大夫苏从继续进谏，楚庄王拔剑欲杀，苏从无所畏惧，楚庄王顿时悔悟，开始亲理朝政，并重用伍举与苏从。这就是"一鸣惊人"的由来。《吕氏春秋·重言》与《史记·滑稽列传》中均记载有同类典故。

【释义】一声鸣叫使人震惊，形容平时默默无闻，待时机一到便做出惊人成绩。

◎ 一片冰心在玉壶

【溯源】唐代诗人王昌龄在《芙蓉楼送辛渐》一诗中写道："寒雨连江夜入吴，平明送客楚山孤。洛阳亲友如相问，一片冰心在玉壶。"全诗意思是：夜雨纷洒吴地冷江，我送你北归之际，浩瀚江水隐没在楚山之外。遥望江水，想到你到洛阳将与亲人团聚，留在吴地的我却只能像这楚山一样孤寂。洛阳亲友若问起我现在的状况，你就说我的内心依然纯洁无瑕，犹如冰那般晶莹，犹如玉那般透亮。

【释义】"冰心"形容心境如冰般晶莹，"玉壶"指用美玉制成的壶。现常用此句比喻自己或别人虽遭到诬蔑，但那清白纯净的心足以告慰于人。

◎ 一丘之貉

【溯源】《汉书·杨恽传》中记载，杨恽因举报大将军霍光有谋反之心，被封为平通侯，又因致力于革除朝廷中的贿赂之风，博得清廉之名。但他后来因骄傲自满言辞刻薄与汉宣帝最信任的太仆戴长乐产生矛盾。某次，杨恽听人说匈奴领袖单于被人杀害，便说："遇到一个这样不好的君王，大臣给他拟好治国策略不用，自己却枉送性命，这就像我国秦朝时的君王一样，专门信任小人，杀害忠贞的大臣，结果导致亡国。如果当年秦朝不这样，可能到现在还不会亡国。看来，从古到今的君王都是信任小人的，这真像同一山丘出产的貉一样，毫无差别呀！"原文中的"一丘之貉"由此流传下来。

【释义】"丘"指土山，"貉"指像狐狸的野兽。本意指一个土山里的貉，现指彼此同是丑类，没什么差别。

◎ 一去不复返

【溯源】《史记·刺客列传》中记载,战国后期,秦国国富兵强,各国均受威胁,燕太子丹命荆轲前去刺杀秦王。经过一番筹划,荆轲带上了燕国南部地图与秦王仇人樊於期的人头前往秦国,临行之前,荆轲好友高渐离为他击筑而歌:"风萧萧兮易水寒,壮士一去兮不复还!"听着这歌声,在场的人无不潸然泪下。后来荆轲果然一去不复返,刺秦时死于当场。

【释义】 一去就不再回来了,比喻事情已成为过去,再不能重现。

◎ 一人得道,鸡犬升天

【溯源】《神仙传·刘安》中记载,汉武帝时,淮南王刘安笃信修道炼丹,一次遇到八个鹤发童颜的老翁,刘安当即跪拜为师,跟随他们学习修道炼丹。丹药炼成后,汉武帝派人来抓刘安,情急之下他一口喝了丹药,成仙升天,同族亲友也赶紧喝药,结果就连他家的鸡狗也因吃了丹药而成仙。

【释义】 现常以此比喻一人为官后,和他有关系的人也都跟着得势。

◎ 一日三秋

【溯源】《诗经·王风·采葛》中写有"彼采葛兮,一日不见,如三月兮!彼采萧兮,一日不见,如三秋兮!彼采艾兮,一日不见,如三岁兮!"唐代经学家孔颖达注解道:"年有四时,时皆三月。三秋谓九月也。设言三春、三夏,其义亦同,作者取其韵耳。"这其实是首爱情民歌,描写了小伙子对姑娘的思念之情。意思是说非常想念那位去采野生植物的姑娘,一天不见,像过了三月;一天不见,像又过了三秋九月;再一天不见,像过了三年!"一日三秋"即从中演变而来。

【释义】 指历时虽短却有三度春秋之感,常用于形容思念殷切或因为急迫而觉时间缓慢。

◎ 一往情深

【溯源】《世说新语·任诞》中记载,东晋名将桓子野不仅战功卓著,还非常喜爱音乐,闲暇之余经常作曲吹笛。每当他听到优美的歌声,就会情不自禁地击节赞叹,当时的宰相谢安见桓子野对音乐如此痴心,便说:"桓子野对音乐真是一往有深情呀!"原文中的"一往有深情"后来简化为"一往情深"。

【释义】 形容对人或物倾注的深厚感情一如既往。

◎ 一问三不知

【溯源】《左传·哀公二十七年》中记载,晋国的荀瑶率兵围攻郑国,齐平公怕对齐国构成威胁,派陈成子率军援救。荀瑶见陈成子部队军容整齐,担心打不过,遂命使者前去游说,谁知被陈成子识破,荀瑶更是犹豫不定。晋国使者走后,有个叫荀寅的部将报告:"有个从晋军来的人告诉我,说晋军打算出动一千辆战车来袭击我军营门,准备把齐军全部消灭。"陈成子正颜厉色道:"即使晋军派出一千辆以上的战车,我也不能避而不战。你竟然讲出壮敌人威风灭自己志气的话,回国以后我会报告国君。"荀寅自知失言,后悔地说:"今天我才知道,自己为什么总是得不到信任而要逃亡在外了。君子谋划一件事情,对事情的开始、发展、结果这三方面都要考虑到,然后才会向上报告,现在我对这三方面都不知道就向上报告,怎能不碰壁呢?"几天后晋军撤兵,陈成子也率军回国。后人遂根据此话概括出"一问三不知"一词。

【释义】 本指对事情的发生、过程与结尾都不知道,现泛指什么都不知道。

◎ 一叶障目,不见泰山

【溯源】《鹖冠子·天则》中写有"一叶蔽目,不见泰山;两豆塞耳,不闻雷霆"之句,意思是:一片树叶挡住了眼睛,连面前高大的泰山都看不见;两个豆子塞住了耳朵,连打雷那么大的声音都听不见。原文中的"一叶蔽目,不见泰山"后来更改为"一叶障目,不见泰山","障"即遮挡之意。

【释义】 形容被局部现象所迷惑,看不到全局或整体,也形容目光短浅。

◎ 一叶知秋

【溯源】《淮南子·说山训》中写有"见一叶落而知岁之将暮"之句,意思是:从一片树叶的凋落,便可以知道一年的时光即将过去。此句后来演变为"一叶知秋"。

【释义】 观察一片叶子,就可以知道秋天是否到来。形容通过个别、细微的迹象就可以看到整个局势的发展趋向与结果。

◎ 一字之师

【溯源】《五代史补·僧齐己》与《唐诗纪事》中记载,唐朝和尚齐己很喜欢写诗,他写的《早梅》诗中有这么两句"前村深雪里,昨夜数枝开",好友郑谷看后说:"写得好,意境很好,情致也很高。但有一点,你写的是早梅,早梅是早开的梅花，一般不会数枝开，数枝就是开了一片，我觉得应该把数枝改成一枝。这样就显出这梅花是早开的梅花。"齐己和尚听后，恭恭敬敬地向郑谷拜道："改得好！你真是我的一字之师啊。"

【释义】 意即改正一个字的老师，有时也含能者为师之意。

◎ 依样画葫芦

【溯源】 《东轩笔录》《续湘山野录》《五代诗话》等史料中记载，北宋初年，翰林学士陶毂在宋太祖赵匡胤身边担任起草各种文告的工作。时日一长，他自恃才高，便向宋太祖讨要官职，宋太祖说："翰林学士起草文告，无非是参照前人的旧本，其间不过换几个字句，充其量不过照葫芦画瓢而已，谈不上有什么贡献。"陶毂深感失望，一气之下作诗自嘲，其中写道："堪笑翰林陶学士，年年依样画葫芦。"此后，"依样画葫芦"就作为一句俗语流传下来。

【释义】 照着真葫芦去画葫芦，形容单纯模仿、原样照搬，没有改变与创新。

◎ 颐指气使

【溯源】 原为"颐指如意"。《汉书·贾谊传》中记载，汉文帝不断封赐诸侯，贾谊上书建议说："过去秦灭六国，煞费苦心，如今陛下权倾天下，可以随心所欲地去指挥，可是如果安坐而无所作为，用分封酿成六国之祸，那就很难说是圣明君主了。"原文中的"颐指如意"是指随心所欲地指挥他人。后来，该词更为"颐指气使"，含义有了极大变化，其中的"颐指"是动下巴示意、指挥别人，"气使"则是指用神情气色支使人。

【释义】 本意是指不说话而用面部表情示意、指挥他人，形容有权势的人指挥别人的态度极为傲慢。

◎ 疑人勿用，用人勿疑

【溯源】 《通鉴纪事本末·刘裕灭后秦》中有一段司马光对南朝宋武帝刘裕的评语，其中提到一句"古人有言，疑则勿任，任则勿疑"。这话句意思是：古人讲，怀疑他就不要任用他，任用他就不要怀疑他。该句后来演变为"疑人勿用，用人勿疑"。

【释义】 怀疑的人就不要使用他，使用的人就不要怀疑他，指用人应充分信任。

◎ 以德报怨

【溯源】 《论语·宪问》中记载，孔子在与弟子谈到以德报怨这个问题时，他主张应当用正直去对待怨恨，用恩德去对待恩德，而并不赞成用宽容与爱心去感化对己施恶之人。"以德报怨"一词即由此出。

【释义】 意思是不记别人的仇，反而给他好处。

◎ 以邻为壑

【溯源】 《孟子·告子下》中记载，战国时期，水利专家白圭治水时采用筑堤堵水之法博得盛名，后来被请至魏国当了相国。某次，孟子来到魏国，白圭在他面前吹嘘自己的治水本领远远超过大禹，孟子当场驳斥道："你说错了。大禹治水是把四海当作大水沟，顺着水性疏导，结果水都流进大海，于己有利于人无害。而你治水只是修堤堵河，把邻国当作大水沟，结果洪水都流到别国去，于己有利于人却有害。这种治水方法，怎么能与大禹相比呢？"这就是"以邻为壑"一词的由来。

【释义】 把邻国当作大水坑，将本国洪水排泄到那里。比喻只图自己一方的利益，把困难或祸害转嫁给别人。

◎ 以卵击石

【溯源】 《墨子·贵义》中记载，墨子去齐国时在路上遇到位算命先生，这人不让墨子继续往北方走，说天帝正在北方杀龙，北方忌黑色，你的脸色也很黑，往北走会不吉利。墨子不信，继续北行，但他很快就折返回来，因为北边的淄水正在泛滥而无法渡河。算命先生得意地说："怎么样，我说你不能往北走吧。"墨子笑道："淄水泛滥，南北两方的行人全都受阻隔。行人中有皮肤黑的，也有皮肤白的，怎么都过不去呀？"算命先生支吾着答不上来。墨子又道："假如天帝在东方杀了青龙，在南方杀了赤龙，在西方杀了白龙，再在中央杀了黄龙，岂不是让全天下的人都动弹不了吗？所以，你的谎言抵挡不过我的道理，这就像拿鸡蛋去碰石头，把普天下的鸡蛋全碰光了，石头还是丝毫未毁。"原文中的"犹以卵投石也"后来演变为"以卵击石"。

【释义】 用蛋去碰石头，形容不自量力，自取灭亡。

◎ 以人为镜，可明得失

【溯源】 《贞观政要·任贤》中记载，唐太宗李世民在宰相魏征死后对文武百官说道："以铜为镜，可以正衣冠；以古为镜，可以知兴替；以人为镜，可以明得失。朕常保此三镜，以防己过。今魏征殂逝，遂亡一镜矣。"这段话意思是：以铜为镜子可以端正人们的衣冠，以历史为镜子可以使人懂得兴衰成败，以人为镜可以明知得失是非。我常用这三面镜子来谨防自己犯错，现在魏征死了，我失去了一面镜子。这就是"以人为镜，可明得失"的由来。

【释义】 现常用此语表示以品德高尚的人为镜子可以考核自己的言行。

◎ 以小人之心，度君子之腹

【溯源】 原为"以小人之腹，为君子之心"。《左传·昭公二十八年》中记载，春秋时期，晋国有个梗阳人到官府告状，梗阳大夫魏戊无法判决，便把案子上报给了相国魏献子。这时，诉讼的一方把一些乐器和歌女送给魏献子，魏献子打算收下来。魏戊对阎没和女宽说："主人以不受贿赂闻名于诸侯，如果收下梗阳人的女乐，就没有比这再大的贿赂了，您二位一定要劝谏。"二人答应下来。退朝以后，阎没和女宽等候在庭院里。开饭时，二人连连叹气，吃完饭后，魏献子问二人为何叹气。他们回答："有人把酒菜赐给我们两个小人，因昨天没有吃晚饭，刚见到饭菜时恐怕不够吃，所以会叹气。菜上了一半，我们又责备自己，难道大人让我们吃饭，饭菜会不够吗！所以再次叹气。等到饭菜上齐了，我们愿意把小人的肚子作为君子的内心，让它刚刚满足就可以了。"魏献子听了，觉得阎没和女宽是用这些话来劝谏自己不要受贿，就辞谢了梗阳人的贿赂。原文中的"以小人之腹，为君子之心"后来演变为"以小人之心，度君子之腹"。

【释义】 形容拿卑劣的想法去推测正派人的心思。

◎ 饮水思源

【溯源】 南北朝时期著名文学家庾信在《徵调曲》中写有"落其实者思其树，饮其流者怀其源"一句，意思是：摘了树上的果子要想着长果子的树，喝了河中的流水要思念水的源头。"饮水思源"一词即由此来。

【释义】 喝水的时候想起水是从哪儿来的，意指不忘本。

◎ 饮鸩止渴

【溯源】《后汉书·霍谞传》中记载，东汉时期，有人诬告霍谞的舅父宋光私自更改朝廷法令，大将军梁商将其下狱。当时只有十五岁的霍谞上书梁商，说他舅父历来遵守法令，即使对法令有意见也不会冒死罪轻易去修改。因为这样就好像用有毒的附子去充饥、用鸩酒去解渴一样，怎么会自寻死路呢？原文中的"止渴于鸩毒"后来演变为"饮鸩止渴"。

【释义】"鸩"指传说中的毒鸟，据说用其羽毛浸过的酒喝了能毒死人。本意指喝毒酒解渴，现比喻用错误方法来解决眼前的困难而不顾严重后果。

◎ 英雄无用武之地

【溯源】《资治通鉴·汉纪·献帝建安十三年》中记载，赤壁之战前夕，诸葛亮曾对东吴的孙权说道："英雄无用武之地，故豫州遁逃至此。"意思是：刘备虽然具有英雄的谋略却没有施展之地，所以才投奔到东吴。

【释义】现常用此语来比喻有才能却没地方或机会施展。

◎ 有恃无恐

【溯源】《左传·僖公二十六年》中记载，某年夏天，鲁国发生严重灾荒，齐孝公乘人之危亲率大军讨伐鲁国，鲁僖公派大夫展喜出使齐军。展喜在齐军尚未入境时抢先拜见齐孝公，齐孝公问："你们鲁国人感到害怕了吗？"展喜回答："小人害怕，君子是不怕的。""你们鲁国国库空虚，地里连青草也不长，凭什么不感到害怕呢？"齐孝公扬扬得意地问，展喜回答："我们倚仗的是周成王的遗命。当初，鲁国祖先周公和齐国祖先姜太公，同心协力地辅佐成王，成王对他俩十分感激，让二人立下盟誓，子孙世代友好下去。我们的祖先这样友好，大王您怎么会背弃祖先的盟约，进攻我们呢？我们倚仗着这一点不害怕。"齐孝公无言以对，只得打消讨伐念头班师回国。原文中的"何恃而不恐"后来演变为"有恃无恐"。

【释义】现形容因为有所倚仗而毫无顾忌或毫不害怕，多含贬义。

◎ 余音绕梁，三日不绝

【溯源】《列子·汤问》中记载，战国时期，一位叫韩娥的女子来到齐国，在临淄城西南门卖唱求食。她美妙婉转的歌声深深地打动了听众的心弦，给人们留下了极深刻的印象，以至三天以后，还能听到她唱歌的余音在房梁间缭绕不绝，人们都说韩娥之歌"余音绕梁，三日不绝"。

【释义】优美动听的音乐长久地在屋梁上回荡。形容歌声优美，给人留下难忘的印象。

◎ 鱼来雁去

【溯源】《饮马长城窟行》中有"呼儿烹鲤鱼，中有尺素书"一句，意思是说从鱼肚中发现帛绢书信。《汉书·苏武传》中记载，苏武出使匈奴被扣，汉朝要求释放苏武，匈奴却谎称苏武已死。汉朝使者后来告诉匈奴单于，说皇帝狩猎上林苑时，获得一只鸿雁，鸿雁脚上系有帛书，说苏武等人被放逐在草泽之中，匈奴单于这才不得不将苏武释放归汉。

【释义】 后来人们即常以"鱼来雁去"代指书信往来。

◎ 愚公移山

【溯源】《列子·汤问》中记载：愚公家门前有太行、王屋两座大山挡着路，他决心把山平掉，另一个老人智叟笑他太傻，认为不可能做到，愚公便说："我死了有儿子，儿子死了还有孙子，子子孙孙无穷无尽，两座山终究会被凿平。"这就是"愚公移山"的故事。

【释义】 现形容坚持不懈地改造自然，或坚定不移地进行斗争。

◎ 鹬蚌相争，渔翁得利

【溯源】《战国策·燕策二》中记载，赵国要攻打燕国，苏代为燕国去游说赵惠王："今天我渡过易水时，看到一只蚌出来晒太阳，一只鹬飞来啄它的肉，蚌马上合住夹住了鹬的嘴。鹬说：'今天不下雨，明天不下雨，就会干死你。'河蚌也对鹬说：'今天你的嘴出不去，明天你的嘴出不去，就会饿死你。'鹬和蚌都不肯互相放弃，渔夫就把它们俩一块捉走了。现在赵国攻打燕国，燕赵两国长时间相持，对两者都没好处，我担心强大的秦国要当渔夫了，所以请大王再仔细考虑这件事。"赵惠王认为苏代言之有理，便停止进军燕国。"鹬蚌相争，渔翁得利"的故事由此而来。

【释义】 现形容双方争斗两败俱伤，第三方坐享其成。

◎ 与虎谋皮

【溯源】 原为"与狐谋皮"。《太平御览·符子》中记载，鲁国国君想让孔子担任司寇，在征求左丘明的意见时，左丘明回答："孔丘是当今公认的圣人，圣人担任官职，其他人就得离开官位，您与那些因此事而可能离开官位的人去商议，能有什么结果呢？我听说过这样一个故事：周朝时有一个人非常喜欢穿皮衣服，还爱吃精美的饭食。他打算缝制一件价值昂贵的狐狸皮袍子，于是就与狐狸商量说，把你们的毛皮送给我几张吧。狐狸一听全逃到山林里去了。他又想办一桌肥美的羊肉宴席，于是又去找羊说：请把你们的肉割下二斤，我准备办宴席……没等他说完，羊就吓得四散奔逃。那人十年也没缝成一件狐狸皮袍子，五年也没办成一桌羊肉宴席。这是什么道理呢？原因就在于他找错了商议的对象。你现在打算让孔丘当司寇，却与那些因此而丢官的人商议，这不是与狐谋皮、与羊要肉吗？""与狐谋皮"一词后来演变为"与虎谋皮"。

【释义】 本意是与老虎商量要谋取它的皮，现引申为与恶人商量与其利益相反之事，根本不可能成功。

◎ 语惊四座

【溯源】《汉书·陈遵传》中记载，西汉的陈遵，字孟公，在当时极有声望，很多人都想与之结交，他走到哪儿均会受到别人的热烈欢迎。有位侯爵与陈遵同姓同字，因为陈遵每次出访到别人家门口时都会报出名号，所以这位侯爵也命人报说："陈孟公到！"在座者初闻其声无不动容，待人走近时一看原来却是侯爵。人们据此便给他取了个绰号"陈惊座"，后来，该词渐渐演变为"语惊四座"。

【释义】 指某人所言令在座者惊讶不已。

◎ 欲盖弥彰

【溯源】《左传·僖公三十年》中记载，春秋时期，同鲁国接壤的有一个小国邾国，邾国大夫黑肱私自把邾国一座城池给了鲁国。他想以此寻求庇护，所以不想露名，可在鲁国看来，这是件好事应该留名，史官遂将其记录下来。后来有评论家对此评论道："这样看来，一个叛国者即使不是什么大人物，也会因叛国而出名，并使他的叛国罪名永远无法掩盖。有的人想得到美名无法得到，有的人得到恶名想掩盖也掩盖不了，这正是历史惩罚了那种不义者的行为！"原文中的"欲盖而名彰"后来演变为"欲盖弥彰"。

【释义】 指本想掩盖坏事的真相，结果反而使其更明显地暴露出来。

◎ 欲加之罪，何患无辞

【溯源】 原为"欲加之罪，其无辞乎"。《左传·僖公十年》中记载，春秋时期，晋献公听信谗言，杀了太子申生，另立奚齐为太子，公子重耳、夷吾等逃往国外。后来，大夫里克丕郑等除去奚齐与其异母兄弟卓子，并在晋献公死后打算另立文公为国君。外逃的公子加紧活动，夷吾在秦穆公的帮助下登上皇位，史称晋惠公。他为了巩固皇位，决定杀死被人议论有弑君之罪的里克，里克知其心意说道："过去我如不杀死奚齐、卓子，你又怎么能当上国君呢？现在要治我的罪，不会没有说辞的，我听命便是。"里克说完便伏剑而死。后来该词逐步演变为"欲加之罪，何患无辞"。

【释义】 指要想加罪于人不愁找不到罪名，意即随心所欲地诬陷他人。

◎ 欲速则不达

【溯源】 《论语·子路》中记载，孔子的弟子子夏在鲁国为官后，回来向孔子求问政事。因子夏有只看眼前小利与性情急躁的毛病，孔子就针对这两点说道："无欲速，无见小利。欲速，则不达；见小利，则大事不成。"这句话意思是：无论做什么事情，不要光图快，不要光顾眼前小利。如果只图快不考虑条件，就达不到目的；如果只顾眼前小利，反而办不成大事。

【释义】 意即过于急性反而不能达到目的。

◎ 运筹帷幄

【溯源】 《史记·高祖本纪》与《史记·留侯世家》中均记载，西汉初年，汉高祖刘邦论功行赏，有人认为张良体弱多病，一次仗也没有打，没有战功不应封赏。刘邦说："运筹帷幄之中，决胜于千里之外，子房功也。"意思是：张良坐在军帐中运用计谋，即能决定千里之外战事的胜利，这就是他的功劳啊。后来人们就用"运筹帷幄"来表示善于策划用兵、指挥战争。

【释义】 本意是指在军帐内对军事行动作全面计划，现常指在后方决定作战方案，也泛指主持大计制定决策。

◎ 择其善者而从之

【溯源】《论语·述而》中记载有孔子的一句话："三人行，必有我师焉。择其善者而从之，其不善者而改之。"意思是：三个人同行，其中必定有我的老师。我选择他善的方面向他学习，看到他不善的方面就对照着改正自己的缺点。

【释义】 沿袭古意，指学习别人身上的优点与长处。

◎ 债台高筑

【溯源】《汉书·诸侯王表序》中记载，战国后期，周赧王听信楚孝烈王之言，以天子的名义召集六国出兵伐秦，他让西周公拼凑了六千名士兵，但由于没有军费，只能向富商地主借钱。结果他借的钱很快花完，债主纷纷上门讨债，周赧王为了躲债，只好躲藏在宫中的一座高台上。这就是"债台高筑"的由来。

【释义】 现形容欠债很多。

◎ 沾沾自喜

【溯源】《史记·魏其武安侯列传》中记载，西汉时期，汉武帝的母亲窦太后排挤窦婴，窦婴称病回家。后来，吴、楚七国叛乱，汉景帝拜窦婴为大将军去平定叛乱，窦婴圆满完成任务后被封为魏其侯，这时窦太后改变陈见，想让他出任丞相，可是汉景帝说："魏其者，沾沾自喜耳，多易。难以为相，持重。"意思是说：魏其侯这个人轻浮自满，把事情看得过于简单，难以担负丞相重任。汉景帝本来决定改派建陵侯卫绾为相，后来由于卫绾多病，还是让魏其侯做了丞相。"沾沾自喜"一词从此流传下来。

【释义】 扬扬自得的样子，形容自以为不错而得意的样子。

◎ 瞻前顾后

【溯源】 屈原在《离骚》中写道："瞻前而顾后兮，相观民之计极。夫孰非义而可用兮，孰非善而可服兮？"意思是：仰视考察以前的历代君王，同时兼顾设想后代的来者，我完全弄清楚了人生之途径，哪里有不好的人可以信用？哪里有不好的事应去服膺？"瞻前顾后"遂由此出。

【释义】 "瞻"指向前看，"顾"指回头看。看看前面又看看后面，形容顾虑太多犹豫不决。

◎ 招摇过市

【溯源】《史记·孔子世家》中记载，孔子带着弟子子路、颜回周游到卫国，卫灵公想与他结为兄弟，但作风轻浮而执掌大权的卫灵公妻子南子故意挑逗孔子。卫灵公与南子带孔子出游，随行官宦前呼后拥，在大街上招摇过市，丝毫不提在卫国施行仁政之事，孔子只好带着学生离开了卫国。

【释义】 原指前呼后拥地走过街道，现指在公开场合大摇大摆显示声势，引人注意。

◎ 朝不虑夕

【溯源】 原为"朝不谋夕"。《左传·昭公元年》中记载，楚晋两国在定盟会上协议未成，鲁国准备进攻莒，楚国又想杀鲁国使者孙叔豹。后经晋国使者赵孟出面调解，楚晋之间、鲁莒之间的矛盾得以化解，一场战事随之避免。周景公派刘定公刘夏前去慰劳赵孟，刘夏说："你实在太伟大了，能继续发扬如禹治水之功而有利于百姓的将来吗？"赵孟说："我担惊受怕，哪还能去想那么长远的事？不过是苟免于目前的危难。早晨是难以考虑晚上的事该怎么办，我又怎能想到久远的将来呢？"原文中的"朝不谋夕"后来演变为"朝不虑夕"。

【释义】 早晨不能知道晚上会变成什么样子或发生什么情况，形容形势危急或境况窘迫。

◎ 朝三暮四

【溯源】《庄子·齐物》中提到一则故事：宋国有个人养了一大群猴子，他能理解猴子们的心意，猴子们也能够了解他的心思。那人平素靠减少全家的口粮来满足猴子们的欲望，但过了不久，家中食物匮乏，他想限制猴子们吃橡栗的数量，却又怕猴子们不听从自己，就先哄着猴子们说："我给你们橡栗，早上三颗，晚上四颗，够吗？"猴子们以前每天早晚都能得到四颗栗子，现在一听早上只有三颗，顿时大怒，全都站立起来，他又说："那早上四颗，晚上三颗，够吗？"猴子们一听，栗子又由三颗变成四颗，当时就变得服服帖帖了。这就是"朝三暮四"故事的由来。

【释义】 原指玩弄手法欺骗人。后用来比喻常常变卦，反复无常。

◎ 之乎者也

【溯源】《湘山野录》中记载，宋太祖赵匡胤巡游朱雀门，看见门额上写有"朱雀之门"四字，觉得别扭，就问身旁的大臣赵普："为什么不写朱雀门三字，偏写朱雀之门四个字？多写一个之有什么用？"赵普回答说："这里是把之字作为助词来用。"赵匡胤哈哈大笑道："之乎者也这些虚字，能助得什么事情啊！"意在讽刺文人的咬文嚼字无益于解决实际问题。

【释义】 现常用此语形容半文不白的话或文章，多含贬义。

◎ 知彼知己

【溯源】《孙子兵法·谋攻》中写有"知彼知己者，百战不殆；不知彼而知己，一胜一负；不知彼，不知己，每战必殆"之句，意思是：了解敌方我方，作战百次都不会有什么危险；不了解对方而了解我方，作战胜败各半；既不了解敌方又不了解我方，则每战必败。"知彼知己"即由此中演变而来。

【释义】 原意是如果对敌我双方的情况都能了解透彻，打起仗来就可以立于不败之地。现泛指对双方情况都很了解。

◎ 知无不言，言无不尽

【溯源】《衡论·远虑》中写有"圣人任心腹之臣也……知无不言，言无不尽，百人誉之不加密，百人毁之不加疏"等句，意思是：选任自己的亲信……必须是知道的就说，要说就毫无保留；不因百人恭维更加亲密，也不因百人反对有所疏远。

【释义】 沿袭古意，指知道多少说多少，没有保留。

◎ 只许州官放火，不许百姓点灯

【溯源】《老学庵笔记》中记载，宋朝有个田登在做州官时，为了摆架子压人，要别人写文章、讲话都要避开他的名字。逢到元宵节放灯之时，官府要张贴"本州依例放灯三天"的告示，因"灯"与"登"同音，要避开"灯"字，只能找个意义相近的"火"字，将告示写成"本州依例放火三天"。人们据此挖苦田登道"只许州官放火，不许百姓点灯"。

【释义】 原意是允许当官的放火胡作非为，不允许老百姓点灯照明。现喻只许自己任意而为，不许他人有正当权利。

◎ 指鹿为马

【溯源】《史记·秦始皇本纪》中记载，秦二世时，秦相赵高想要谋反，恐怕群臣不听从他，就设下计谋进行试验。他带来一只鹿献给秦二世，说："这是一匹马。"二世笑道："丞相错了，把鹿说成是马。"而后转头去问左右大臣，有的大臣沉默，有的大臣故意迎合赵高说是马，有的则说是鹿。赵高随后即通过各种手段把那些说实话的正直大臣纷纷治罪，甚至满门抄斩。这就是"指鹿为马"的故事。

【释义】 把鹿说成马，形容故意颠倒是非、混淆黑白。

◎ 纸上谈兵

【溯源】《史记·廉颇蔺相如列传》中记载，战国时期，赵国名将赵奢之子赵括，年轻时熟读兵法，谈起兵事来连父亲也难不倒他。后来赵括接替廉颇为赵将，在长平之战中，因他只知道根据兵书行事，丝毫不知变通，结果被秦军打得大败而逃。"纸上谈兵"一词遂由此出。

【释义】 在纸面上谈论打仗。比喻空谈理论，不能解决实际问题，也比喻空谈不能成为现实。

◎ 纸醉金迷

【溯源】《清异录·居屋》中记载，唐朝末年，有个专治毒疮的名医生叫孟斧，由于他医术高明，治疗率高达百分之百，所以唐昭宗经常召他进宫医治。过了几年，中原发生战乱，孟斧便举家迁往四川。由于他在长安时经常进宫，对宫中的装饰非常熟悉，因此在购置新屋后，就将其中的一间小屋按照宫中的样子布置起来。这房间小巧玲珑，窗户明亮，室内的柜橱、桌子、椅子、茶几等家具，全部贴有一层薄薄的金箔。当灿烂阳光透进窗口，照射在这些用金箔包着的器具上，只见满屋金光闪耀，光彩夺目。每次有亲戚或朋友来，孟斧都要请他们参观这个房间，这些亲友离去后都会对别人说："在孟斧的那个贴金箔的小房间里待一会儿，便能使人纸醉金迷！"

【释义】 原意是被光芒四射的金纸所迷住，现用来形容奢侈豪华、腐朽享乐的生活。

◎ 置之度外

【溯源】《后汉书·隗嚣传》中记载，东汉政权初立时，国内尚未统一，许多地方势力占据某些州郡和东汉抗争。经过一番讨伐肃清，只剩下甘肃的隗嚣和四川的公孙述两大地方势力集团。这时，隗嚣表面上已向刘秀称臣，并且把儿子送到洛阳任官，表示归顺。公孙述自称蜀王，拥兵数十万，盘踞四川山区，一时难以攻取。刘秀决定暂时放弃征战两方，遂对群臣道："且当置此两子于度外耳！"意思是：姑且把这两人丢在一边，暂不考虑吧！他向两方发出信函，做出和平之态，后来才采取分而袭之、各个击破的策略消灭了这两大地方势力。原文中的"且当置此两子于度外耳"后来演变为"置之度外"。

【释义】 放在考虑之外，指不把个人的生死利害等放在心上。

◎ 终南捷径

【溯源】《新唐书·卢藏传》中记载，卢藏为寻求入朝做官的捷径，故意隐居在终南山，希望得到朝廷的征召。不久，由于人们的相互传言，卢藏果然被征召入宫。他步入朝廷之后，立刻改变了过去隐居时的生活与脾性，到处钻营投靠、巴结权贵，官至工部侍郎。后人据此引申出"终南捷径"一词。

【释义】 指汲求名利的最近便门路，也比喻能达到目的的捷径。

◎ 众叛亲离

【溯源】《左传·隐公四年》中记载，春秋时期，卫国公子州吁杀死自己的哥哥卫桓公，篡权夺位，自立为国君，而后又联合宋、陈、蔡等国攻伐郑国。当时鲁国国君鲁隐公问大夫众仲："州吁能不能成功？"众仲回答说："州吁用进攻外国的办法以求缓和内部矛盾，会失去人民的支持；对内想缓和民心，结果相反，民众会背叛他，亲信会脱离他，他难以挽回失败的命运。"果不出众仲所料，州吁由于残暴施政，导致人心背离，不出一年，已难以维持统治，后来他去求助前朝元老石厝，亦被石厝设计联合陈国将其杀死。"众叛亲离"一词遂由此出。

【释义】 指群众背叛、亲信远离，形容不得人心，完全陷入孤立状态。

◎ 助桀为虐

【溯源】《史记·留侯世家》中记载，秦朝末年，刘邦率军攻入长安，接受秦王子婴的投降。面对奢华的宫廷生活，刘邦想占据皇宫就此享受起来，樊哙认为现在不是时候，张良也说："秦国暴虐无道，自取败亡，所以你才能到这里来。凡是替天下人除恶去害之人，应该一改秦朝穷奢极欲的生活，坚持艰苦朴素之风，并以此号召天下。现在你刚进咸阳若去贪图享乐，就是帮助暴君夏桀干坏事，人们不会再支持你。"刘邦认为有道理，遂把宫殿封闭起来，率军退驻灞上等候项羽。

【释义】 帮助夏桀行暴虐之事，意指帮助坏人干坏事。

◎ 庄周梦蝶

【溯源】 《庄子·齐物论》中记载"昔者庄周梦为胡蝶，栩栩然胡蝶也，自喻适志与！不知周也。俄然觉，则茫茫然周也。"意思是：庄周做了场梦，梦见自己变成一只美丽的蝴蝶在空中翩翩起舞。他自己觉得非常快活得意，简直忘记了世界上还有庄周这么一个人。醒来后，竟然对是庄子在梦中化为蝴蝶，还是蝴蝶在梦中变作庄子，难以辨别。"庄周梦蝶"一词遂由此出。

【释义】 形容虚幻、迷蒙之态。

◎ 罪不容诛

【溯源】 西汉时期，河内人郭解成为无恶不作的地方一霸，他非常狡猾，敢于请人出面抗拒皇上的命令。汉武帝对此十分不满，下令将其逮捕归案，办案的官员都很维护他，御史大夫公孙弘却认为他理应处死，汉武帝终于将其满门抄斩。《汉书·游侠传序》中记载了班固对郭解的一段评论，其中说道：郭解从其杀人之多来看，就算把他杀了也不能抵偿其罪行；看他的为人，却是温良恭敬之辈，能救人于危难，周济穷人于急迫，替人打抱不平，可惜他没有走入正道，判他死罪灭其家族，也不算是不幸的事。原文中的"罪已不容于诛矣"后来演变为"罪不容诛"。

【释义】 意指杀了也抵偿不了所犯的罪恶，形容罪大恶极。

◎ 子规啼血

【溯源】 《太平御览·蜀王本纪》中记载，上古时代，蜀都皇帝杜宇死后，他的魂魄变为子规鸟，也就是杜鹃，在春天时昼夜悲鸣不止。这就是"子规啼血"一词的由来。

【释义】 指杜鹃鸟的悲鸣，常用来形容哀怨、凄凉或思归的心情。

◎ 醉翁之意不在酒

【溯源】 北宋时期，欧阳修任滁州太守时在县城西南风景秀丽的琅琊山"酿泉"边的亭子里约朋友一起喝酒，他给这个亭子取名"醉翁亭"，因经常在饱览山光水色之余喝得酩酊大醉，所以在其作品《醉翁亭记》中亦写有"醉翁之意不在酒，在乎山水之间也"一句。

【释义】 本意指心思不在于酒而在于山间风景，现以此比喻做事另有图谋。

◎ 左右逢源

【溯源】《孟子·离娄下》中记载了孟子的一个观点，他认为：高深的造诣在于根扎得深，扎得深则取之不尽，左取、右取都能得其本源。原文中的"取之左右逢其原"后来演变为"左右逢源"。

【释义】"逢"指遇到，"源"指水源。原指学识广博，应付自如；现形容办事圆滑，善于投机。

下篇／西方典故

◎ 阿宾顿的法律

【溯源】 阿宾顿位于泰晤士河与奥克河的汇流之处，是英格兰牛津郡怀特霍斯谷区的一个教区和城镇。在 1649 年至 1660 年的英国共和政体时期，阿宾顿的市长常常先将犯人处以绞刑，然后再进行审判，后人将这种做法称为"阿宾顿的法律"。

【释义】 喻指未经正式审判便将被告处以极刑的司法行为。

◎ 阿波罗

【溯源】 古希腊神话传说中十二主神之一，全名为福玻斯·阿波罗，意为光明、光辉灿烂，是主神宙斯与暗夜女神勒托的儿子，阿尔忒弥斯的孪生兄弟。阿波罗为太阳神，掌管着光明、青春、医药、音乐和诗歌，外貌高大端正，发长无须，标志为七弦琴、弓箭或竖琴、神盾，因多才多艺、风度翩翩及代表宙斯宣告神旨而深受世人敬仰。

【释义】 喻指相貌英俊、博学多才的青年。

◎ 阿多尼斯

【溯源】 古希腊神话传说中的美少年，植物凋谢和复苏的化身。传说他由没药树而生，生下时相貌非常俊美，深受爱神阿佛洛狄忒的宠爱，将他交给冥后珀尔塞福涅抚养。阿多尼斯长大后，爱神和冥后都爱上了他，两位女神互不相让，请天神宙斯裁决。宙斯下令，阿多尼斯每年在两位女神处各生活四个月，剩下的四个月由他自己安排。后来，阿多尼斯在打猎时受伤而死，流出的鲜血化为玫瑰花。爱神悲痛欲绝，冥后很同情她，允许阿多尼斯的魂灵回来与爱神生活了六个月。

【释义】 阿多尼斯与爱神的传说故事，常常是文学家和画家的创作源泉，阿多尼斯也成为"美男子""美少年"的同义词。

◎ 阿耳戈船英雄

【溯源】 古希腊神话传说中乘阿耳戈船寻取金羊毛的英雄们。伊俄尔科斯王国的国王埃宋被同父异母的兄弟珀利阿斯篡夺了王位，半人半马的喀戎收养了埃宋的儿子伊阿宋。二十年后，高大俊美的伊阿宋回到故乡，要求珀利阿斯交还王位。珀利阿斯提出还位的条件，让伊阿宋到埃厄忒斯王国取来价值连城的金羊毛，其实他是想让看守金羊毛的毒龙除掉伊阿宋。伊阿宋邀请了希腊各地的英雄们，乘着阿耳戈船，历经了各种惊涛骇浪、生死考验，终于带着金羊毛回到了伊俄尔科斯。

【释义】 喻指勇敢的航海家，或不畏艰难险阻寻求珍宝的人。

◎ 阿尔巴贡

【溯源】 出自法国剧作家莫里哀的讽刺喜剧《吝啬鬼》，是一位视财如命、吝啬刻薄、极度自私的财主。他虽然拥有万贯家财，却为了不花一文钱，让儿子娶阔寡妇，让女儿嫁给不要嫁妆的老头儿，甚至为了节省些马料，亲自在半夜去偷喂马的荞麦，被马夫发现痛打一顿。当儿子偷走他埋藏的一万金币要挟他时，他痛不欲生，导致精神狂乱，抓住自己还以为抓住了贼。最后以归还金币为条件，才允许儿女与各自相爱的人结婚。

【释义】 吝啬鬼和守财奴的代名词。

◎ 阿尔卡狄

【溯源】 俄国作家屠格涅夫的长篇小说《父与子》中的人物，是一位贵族地主的儿子，主人公巴扎罗夫在医学院的同学。因深受贵族家庭的影响，阿尔卡狄有着浓厚的贵族习气，喜欢夸夸其谈，滥用华丽的辞藻，而且思想不稳定，感情也很脆弱。最后，他跟其他贵族追求的一样，成为倾力经营田庄的贵族地主。

【释义】 用来比喻和讽刺喜欢堆砌华丽辞藻的空谈家和梦想家。

◎ 阿尔库俄涅的日子

【溯源】 阿尔库俄涅是古希腊神话中风神埃俄罗斯的女儿，嫁给特剌喀斯城的国王刻宇克斯做妻子，夫妻俩非常恩爱。刻宇克斯因为弟弟的意外发疯而烦恼，想到克拉洛斯城求得神的启示以图获得安慰。深爱妻子的刻宇克斯舍不得她分担惊险，两个人只得挥泪惜别。后来，刻宇克斯在海风肆虐下葬身海底，阿尔库俄涅仍在家一天天算计着日子，祷告天后赫拉保佑丈夫平安归来。赫拉命睡神将刻宇克斯沉船而死的消息告诉了阿尔库俄涅，满怀悲痛的阿尔库俄涅见到漂到岸边的刻宇克斯尸体，哀恸地跳入大海。宙斯深受感动，将夫妻俩变成了一对翠鸟。每年的冬季，翠鸟都有七天要在海上的浮巢中产卵。为了不让它们冲出去，风神便在那几天关起所有的风，使海面上风平浪静，不起丝毫波澜。

【释义】 人们把海上风平浪静的时候称为"阿尔库俄涅的日子"，也用来代指海面的平静。

◎ 阿尔米达的花园

【溯源】 即"幸福乐园"。这座花园位于偏僻的小岛上，凡人无法进入。岛上有猛狮、蟒蛇、恶兽护卫，还有一滴就能致命的喷泉水。花园里群芳斗艳，百鸟争鸣，枝头上挂满各种各样的鲜果，令人惊赞而流连忘返。

【释义】 喻指奇妙无比的地方或事物。

◎ 阿法纳西·伊万诺维奇

【溯源】 俄国作家果戈理的小说《旧式地主》中的主人公。阿法纳西·伊万诺维奇和普里赫利娅·伊万诺夫娜是一对年迈的地主夫妇，过着富足却闭塞、平静却孤寂的生活。他们居住的房子非常矮小，每个房间里都有座巨大的炉灶，几乎占据了三分之一的地方，使室内常常暖和得令人难受。他们的日常生活遵循着固定的习惯，老头子唯一的爱好就是吃，老太婆除了打理田庄外，就是给老头子准备各种各样的食物，虽然他们没有孩子，两个人却一直相敬如宾，直到相继去世。

【释义】 指代那些过着淳朴平庸、愚昧孤寂生活的人。

◎ 阿佛洛狄忒

【溯源】 古希腊神话传说中主司爱与美的女神，也是航海女神和丰饶女神之一，罗马神话中称为维纳斯。传说是天神宙斯和狄俄涅的女儿，曾深爱上美少年阿多尼斯。在古典造型艺术中，她被塑造为美丽健康的年轻妇女。

【释义】 美女的同义词，与她的儿子和使者丘比特的金箭一样，象征着美丽纯洁的爱情。

◎ 阿基米德杠杆

【溯源】 阿基米德（前287～前212）出生在叙拉古，是古希腊杰出的数学家、科学家和发明家。他发现杠杆定律后，曾自豪地说："给我一个支点，我能撬动地球。"据传，罗马人围攻叙拉古时，他运用杠杆原理设计了投石机来打击敌人，还制造了聚光镜烧毁了敌人的战舰，使罗马军队蒙受了巨大的损伤。罗马人攻陷叙拉古后，阿基米德不幸被杀害。

【释义】 后人常用阿基米德杠杆喻指去完成某项事业、任务或解决某个困难时所需的动力。

◎ 阿卡迪亚

【溯源】 又译为阿尔卡迪、阿卡狄亚，是一座位于伯罗奔尼撒半岛中部山区的古希腊城邦，名称为"熊"的意思。这里的居民大都从事农业和畜牧业，过着安居乐业、自得其乐的生活。

【释义】 在古希腊罗马的田园诗和文艺复兴时期的文学作品中，阿卡迪亚成为田园牧歌式生活、田园诗、田园小说的代名词。1960年，罗马成立了一个以"阿卡迪亚"命名的文学院，其成员追求自然单纯的诗风，尤其将希腊罗马的牧歌作为楷模。

◎ 阿喀琉斯的脚踵

【溯源】 古希腊神话传说中密耳弥多涅国王珀琉斯和海中神女忒提斯的儿子。他出生时，母亲为了使他成为长生不老的神人，每到夜间就把他放到天火中，让天火烧毁父亲遗传给他的凡人成分，白天则用膏油为他治愈烧伤。为了使儿子刀枪不入，忒提斯还捏住儿子的脚踵，把他倒浸在冥河水中。阿喀琉斯的脚踵因为被母亲捏住而没有浸到河水，成为他致命的软肋。在特洛亚战争中，特洛亚王子帕里斯在阿波罗的帮助下，一箭射中了阿喀琉斯的脚踵，杀死了阿喀琉斯。

【释义】 喻指事物薄弱的环节或致命的弱点。

◎ 阿里阿德涅的线

【溯源】 古希腊神话传说中克里特国王弥诺斯和帕西淮的女儿。帕西淮和一头雄牛生了个半人半牛的怪物弥诺陶洛斯，弥诺斯为了遮丑，把他藏在迷宫里。雅典每年都要向怪物进贡一次，贡品是七对童男童女，送进迷宫被怪物吞噬。雅典王子忒修斯决心为民除害，扮作童男与其他童男童女来到克里特岛。阿里阿德涅爱上了英俊勇敢的忒修斯，她偷偷地跟他约会，向他表白爱慕之情。为了心上人的安全，阿里阿德涅将修建迷宫的代达罗斯给她的线团和一把魔剑送给了忒修斯。忒修斯把线团的一端系在迷宫的大门上，进入迷宫用魔剑杀死了怪物，又顺着线走出了迷宫。

【释义】 喻指解决难题或摆脱困境的办法。

◎ 阿洛布罗热人

【溯源】 古代时居住在纳尔榜高卢东北部及日内瓦附近地区的凯尔特部落，据传他们是将当地土著居民赶走后定居此地，所以"阿洛布罗热人"有"外邦人"的意思。公元前122年，罗马执政官多米提乌斯·阿赫诺巴布斯率领军队越过阿尔卑斯山，在罗纳河与索恩河的汇合处打败了阿洛布罗热人，在罗纳河流域建立起罗马的统治。

【释义】 在古罗马时代，"阿洛布罗热人"为粗鲁、野蛮人的同义语。在现今法语中，喻指粗鲁、野蛮、缺少教养的人。

◎ 阿那克里翁诗派

【溯源】 阿那克里翁为公元前6世纪时的希腊抒情诗人。他的诗作大多描写宫廷中轻松愉快的生活，美酒和爱情是最常见的主题，而且写作手法注重技巧与优美，韵律简洁明快，格调甜美优雅，对后期欧洲诗歌的发展有很大影响。

【释义】 后世把模仿阿那克里翁风格，以描写玫瑰、爱情、美酒为主的诗人称为"阿那克里翁诗派"，现常喻指御用诗人。

◎ 阿瑞俄帕戈斯

【溯源】 古代雅典卫城西北的一座小山，山上供奉着战神阿瑞斯的神庙。智慧女神雅典娜曾聘请雅典城内最睿智和纯良的人在这里组织法庭，审判杀母的俄瑞斯忒斯，后者最终无罪释放。雅典娜宣布，要永远保留阿瑞俄帕戈斯法庭来防止人民犯罪。法官们应该严肃、公正、清廉，不贪图私利，不接受贿赂，全力保护人民的权益。

【释义】 在雅典初期，阿瑞俄帕戈斯是召开贵族会议的场所，所以代指贵族会议本身。现喻指最高法庭或最高权力机构。

◎ 阿斯克尔与埃姆布拉

【溯源】 古斯堪的纳维亚神话中的人类始祖。据记载，挪威的至高神奥丁与两位兄弟维利、维埃合力杀死了霜怪伊米尔，然后用他的肌肤做成大地，骨骼做成山峦，头发做成森林，鲜血做成环绕陆地四周的盐海。他们在海边发现了两根分别略具男女人形的树干，奥丁赐予它们呼吸与生命，维利赐予它们智慧、行动和感知能力，维埃赐予它们血液、语言和美丽的外貌。他们按照树干的材质，把世间这第一位男人称为阿斯克尔，意为"梣木"；称这第一位女人为埃姆布拉，意为"桤木"。人类便由此诞生。

【释义】 同亚当与夏娃一样，被用来喻指人类的始祖。

◎ 埃俄罗斯

【溯源】 又译为"伊奥拉斯"，古希腊神话传说中的风神，埃俄利亚岛的统治者。特洛亚城毁灭后，俄底修斯在回国途中乘船漂泊到埃俄利亚岛，受到埃俄罗斯的热情款待。临走时，埃俄罗斯赠给他一只鼓胀的皮袋，里面装着可以吹遍全世界的风，只需将和缓的西风留在外面吹动船帆，他们就可以顺利在海上航行。航行的第十天，疲惫的俄底修斯不知不觉睡着了。船上的同伴都以为皮袋子里装的是金银财宝，于是解开风袋。顿时，狂风奔涌而出，把船吹得迷失了方向，又回到了埃俄利亚岛。

【释义】 在文学作品中，"埃俄罗斯"常用作风的代名词。

◎ 埃尔多拉多

【溯源】 西班牙文 El Dorado 的音译，意为"镀金的人"，传说中波哥大附近一座印第安城镇的统治者。每逢节日时，他必先将全身涂抹金沙，然后再主持各种仪式。仪式完毕后，他便跳进瓜塔维塔圣湖中将金沙洗净，臣民们也纷纷将金器、珠宝等贵重物品投入湖中，于是这一带成为传说中的黄金国。

【释义】 任何可以迅速发财致富的"天府之国"的代名词。

◎ 埃忒耳

【溯源】 旧译为"以太"。据《神谱》记载，宇宙间最先出现的卡俄斯（混沌），然后是该亚（地神）、塔耳塔罗斯（冥界之神）、厄洛斯（爱神）。该亚生了乌剌诺斯（天神）和蓬托斯（海神），卡俄斯生了倪克斯（夜神）和厄瑞波斯（黑暗之神）。夜神和黑暗之神结合后生了光明的太空之神埃忒耳和白昼之神赫墨拉，所以埃忒耳即为太空的化身，传说是第三代天神宙斯居住的地方。

【释义】 指宇宙的最高层，太空、苍穹的代名词。

◎ 爱玛

【溯源】 法国作家福楼拜的长篇小说《包法利夫人》中的女主人公。爱玛出身于乡下，自幼丧母，父亲是田庄主。她十三岁时，被父亲送到修道院读书，接受贵族思想教育，养成了不切实际的幻想和追求奢侈生活的虚荣心。后来，爱玛的父亲濒于破产，只好把她嫁给不求嫁妆的丧偶医生包法利。爱玛对平庸的丈夫非常失望，她整日无所事事，流连于贵族家庭里的宴会和舞会中，脾气也变得乖戾任性，而且再三失足，做别人的情妇。为了尽情行乐，爱玛不惜挥霍大量金钱，最后在高利贷者的逼迫下走投无路，服毒自尽。

【释义】 喻指爱慕虚荣、贪图享受的堕落女人。

◎ 爱说谎话的克里特岛人

【溯源】 语出公元前 6 世纪的克里特先知兼诗人埃庇米尼得斯之口。他说："克里特岛人经常说谎话，像恶兽一样又懒又馋。"使徒保罗在给克里特岛从事教会工作的助手提多写的信中，曾引用了这句话，来证明克里特岛人道德的低下，并告诉提多怎么防备和教导他们。

【释义】 常用来喻讽爱说谎话的人。

◎ 艾尔涅赛之梦

【溯源】 源自阿拉伯民间故事集《一千零一夜》。艾尔涅赛原以乞讨为生，后来从遗产中得到一百块钱，便买进一篓子各式各样的玻璃器皿，拿到集市上贩卖。到了集市后，他将篓子放下，便靠着墙壁开始想入非非。他幻想自己通过这些玻璃器皿的赢利，像滚雪球似的越赚越多，渐渐变成了豪商巨贾，还娶了貌美如花的宰相女儿。只是这位名门千金总是缠着奉承艾尔涅赛，惹得他大发雷霆，伸脚就向她踢去，不料把一篓子玻璃器皿踢得翻倒在地，摔个粉碎。这时候艾尔涅赛才从幻梦中醒来，看到打碎的一篓子玻璃器皿，禁不住号啕痛哭。

【释义】 常用来嘲讽和告诫那些做事不切实际、喜欢想入非非的人切勿把事情想得太美，免得落个空欢喜。

◎ 安德洛玛刻

【溯源】 荷马史诗《伊利亚特》和古希腊诗人欧里庇得斯的悲剧《安德洛玛刻》中的女主人公，特洛亚战争中特洛亚英雄赫克托耳的妻子。安德洛玛刻对丈夫满怀深情，丈夫参加战争后，她有种不祥的预感，担忧着丈夫的安危，于是天天带着孩子在城墙上张望，伤心地流着眼泪。丈夫回来看她的时候，她恳求丈夫在她身边率领士兵抵御希腊人的进攻，她不能没有他，希望丈夫不要让自己成为寡妇，失去他还不如死了好。可赫克托耳为了保卫国家，毅然重返战场，安德洛玛刻望着丈夫的背影，大颗大颗的泪珠滴落下来，引得女仆们也情不自禁地哀哭起来。当听到丈夫死去的噩耗时，她眼前一黑便失去了知觉。

【释义】 在文学作品中，安德洛玛刻是对丈夫情深义重的忠贞妻子的典范。

◎ 安妮·奥克莉

【溯源】 美国民间杂技团一名女神枪手的艺名，原名为安妮·摩西（1860～1926），生于俄亥俄州，在幼年时便精于枪法。她在辛辛那提与当时著名的神枪手巴特勒比赛，因获胜而闻名退迹，后来嫁给了巴特勒，夫妻俩一起参加杂技团的巡回表演。奥克莉的绝技是枪打三十步外的扑克牌、抛向半空的银币、或丈夫叼在口中的烟头，精湛的枪法令美国人惊叹不已。

【释义】 美国人用安妮·奥克莉的名字代称戏院或体育比赛的免费入场券，因为这类入场券事先都被打个圆孔标记，看上去就如被奥克莉击穿的扑克牌。此外也代指优惠餐券、免费火车票，也喻指棒球运动中的保送上垒。

◎ 安泰俄斯

【溯源】 古希腊神话传说中的巨神、利比亚国王，海神波塞冬与地神该亚的儿子。安泰俄斯住在北非的山洞里，好食生狮肉，闲暇时便躺在光秃的土地上，汲取大地母亲该亚的力量，因而力大无穷，所向无敌。希腊英雄赫拉克勒斯与他格斗的时候，每次将他摔倒在地后，他都能立即从母亲大地那获得力量，继续同赫拉克勒斯搏斗。后来，赫拉克勒斯看出来他的力量来自大地，就把他高举在空中，使他无法再获得力量，然后将他扼死。

【释义】 "安泰俄斯"常用来说明，一个人只有把自己的命运与祖国和人民的命运连在一起，才能有无穷尽的力量。

◎ 安特克利斯

【溯源】 《伊索寓言》中的人物。逃亡的奴隶安特克利斯藏身在山洞中，没想到与一头猛狮不期而遇。惊恐万分的安特克利斯以为自己就要丧身狮腹，可狮子并没有扑向他，而是抬起前爪，示意他帮忙拔去上面的刺。后来，安特克利斯又被奴隶主抓了回去，并送到罗马斗兽场，逼着他与猛兽角斗。令人出乎意料的是，放进斗兽场的猛狮竟向安特克利斯表露出无限的温情，原来它正是那头得到过安特克利斯帮助的狮子。

【释义】 喻指因曾经做过善行而得到善报的人。

◎ 按照霍伊尔的规则

【溯源】 埃德蒙·霍伊尔(1671～1763)英国牌戏技法书籍的著作者。1724年，他开始教授惠斯特牌戏的技法，同年又编辑出版了《惠斯特牌戏简论》，在1760年又修订了此书。此后，在长达百余年的时间里，人们一直沿用书中的惠斯特牌戏规则来玩牌，直到1846年出现了新规则。

【释义】 喻指合乎规则的、正确的或正常的事物。

◎ 昂热的羽笔

【溯源】 昂热·韦热斯是16世纪时希腊著名的书法家，1540年从希腊的坎迪岛（今伊拉克利翁岛）来到法国的巴黎。他的字体曾作为希腊文字母的标准字体，被雕字工刻成印刷字母，专门印刷王室的出版物。

【释义】 后人常用"昂热的羽笔"指代精美的书法；称某人有支"昂热的羽笔"，喻指其人的字写得非常漂亮。

◎ 傲慢得像虱子

【溯源】 法语的成语。现代法语中的"虱子"，在古法语中意为"公鸡"，专指童子鸡。童子鸡在羽翼丰满、鸡冠长成时特别活跃，总是趾高气扬、不可一世的样子。后来，"公鸡"的含义变成了"虱子"，"傲慢得像公鸡"也随之变成了"傲慢得像虱子"。

【释义】 意为桀骜不驯、狂妄自大。

◎ 奥勃朗斯基家里一片混乱

【溯源】 语出俄国作家托尔斯泰的长篇小说《安娜·卡列尼娜》。文中写道："幸福的家庭家家相似，不幸的家庭各各不同。奥勃朗斯基家里一片混乱。自从妻子知道了丈夫同以前的法籍家庭教师很暧昧后，就声明不能再同他一起生活，把自己关在房子里，丈夫也离开家三天了。家里的其他人都对这种气氛感到很压抑，认为即使是萍水相逢的陌生人也要比奥勃朗斯基夫妇融洽。于是，孩子们像野马一样在房子里到处乱跑，英籍女家庭教师跟女管家吵了架，厨师昨天午餐时就走了，厨娘和车夫也要求辞职。"

【释义】 用以描写或比喻杂乱无章、混乱不堪的景象。

◎ 奥勃洛摩夫

【溯源】 俄国作家冈察洛夫同名长篇小说中的主人公，一位拥有350名农奴的地主，身体胖得与他 32 岁的年龄很不相符。他自幼便受到家庭的宠爱，衣食住行都由仆人照料，养尊处优的生活使他成为一个无忧无虑、慵懒成性、饱食终日的废物。他害怕辛苦，整天在睡梦和幻想中打发日子，还拒绝任何游乐和社交活动，因为那些使他觉得疲累。甚至当他爱上活泼聪明的姑娘奥尔迦时，也因觉得筹备婚礼很烦琐而结束了那段感情。最后，他娶了整天忙家务、关心他饮食起居、有两个孩子的寡妇，继续过着懒惰安逸的日子，直到两次中风后，悄无声息地离开了人世。

【释义】 奥勃洛摩夫是世界文学史上一个不朽的人物典型，后来代指懒惰成性、无所事事、停滞不前、害怕变动的人。

◎ 奥德修记

【溯源】 又译为《奥德赛》，荷马著名史诗的名称，主人公俄底修斯是古希腊神话传说中伊塔刻岛的国王。攻陷特洛亚后，俄底修斯在回国途中经历了食枣人国、独目巨人的山洞、食人国、女巫喀耳刻居住的海岛……为了救同伴，他与女巫同居了一年，可同伴又因宰食了太阳神的神牛被宙斯惩罚致死。此后，俄底修斯在仙女卡吕普索那里居住了七年，在雅典娜的帮助下回到伊塔刻岛，与忠贞不渝的妻子团圆。

【释义】 喻指经年累月历尽艰难险阻的漂泊生涯。

◎ 奥革阿斯的牛圈

【溯源】 奥革阿斯是古希腊神话传说中的厄利斯国王，太阳神赫利俄斯之子。他养了数千头牛，将牛群关在宫殿前的大围墙里，三十年都没有打扫过牛圈，里面的粪便和垃圾堆积如山。希腊大英雄赫拉克勒斯受命在一日内打扫干净奥革阿斯的牛圈，奥革阿斯认为没人能在一天内完成这项工作，就与赫拉克勒斯以牛群的十分之一打赌。没想到，赫拉克勒斯在地上挖了一条沟，引来附近河流的河水，借助着水势，把肮脏的牛圈冲洗得干干净净。

【释义】 喻指污秽不堪的地方，或长期积累的、难以解决的问题。

◎ 奥古斯都时代

【溯源】 奥古斯都是古罗马帝国第一代皇帝盖乌斯·屋大维的尊号，拉丁文含义为"神圣者""至尊者"，尤利乌斯·恺撒的义子和继承人。公元前 44 年，恺撒被刺以后，屋大维平定了叛乱，成为罗马及其所有行省的主宰，罗马元老院奉之"奥古斯都"的尊号，开始了奥古斯都的统治时代。奥古斯都非常重视文学在社会政治生活中的重要作用，把当时最有才华的作家团结在宫廷周围，为拉丁文学的繁荣创造了极为有利的条件，在史诗和抒情诗方面都取得了巨大的成就。

【释义】 喻指文学界欣欣向荣、成就璀璨的历史时代，文艺上的鼎盛时期。

◎ 奥赛罗

【溯源】 英国剧作家莎士比亚同名悲剧中的主人公，威尼斯一个出身异族的摩尔军人。奥赛罗人品高尚、作战骁勇，得到元老院的元老勃拉班修的女儿苔丝德蒙娜的爱慕。勃拉班修不满意这桩婚事，在卑鄙恶毒的小人伊阿古的挑唆下，诬蔑奥赛罗使用妖法迷惑了他的女儿，向元老院提出将他处以极刑。当时正值土耳其人入侵，元老院不得不起用奥赛罗率兵御敌。奥赛罗任命凯西奥为副将，又遭到伊阿古的妒恨伊阿古不惜用计设下许多圈套，让奥赛罗认定苔丝德蒙娜与凯西奥有私情。盛怒之下的奥赛罗失去了理智，失手扼死了无辜的妻子。伊阿古的妻子得知惨剧后，愤而揭露了丈夫的罪行，使真相大白于天下，伊阿古得到了应有的惩罚，奥赛罗也因悔恨而自杀。

【释义】 轻信和妒忌者的代名词。

◎ 奥斯特里茨的太阳

【溯源】 奥斯特里茨是捷克斯洛伐克布尔诺附近的一座村庄（现名斯拉夫科夫）。1805 年 12 月 2 日，法国皇帝拿破仑一世率领法军与第三次反法联盟军队在此地展开了"奥斯特里茨战役"，在这次战役中，法军彻底击溃了俄奥联军，获得了辉煌的胜利。1812 年 9 月 7 日，拿破仑在俄国莫斯科以西的波罗金诺村附近与俄军进行决战。当天的破晓时分，拿破仑看着初升的太阳，高兴地对部下说："这是奥斯特里茨的太阳啊！"用以表明这次战役也会像奥斯特里茨战役一样取得辉煌的胜利。

【释义】 表示胜利和成功的预兆、象征。

◎ 奥维狄乌斯变化

【溯源】 古罗马诗人奥维狄乌斯在长篇叙事诗《变形记》中，以爱情故事为主线，运用了丰富的想象，描写了很多神奇莫测的变化，如人怎样变成了鸟兽、树木、花草、山岳、星辰等。奥维狄乌斯通过这些光怪陆离的变化，揭示了罗马上层社会的道德风貌。

【释义】 喻指某种思想、信念或事物的变化莫测，难以预料。

·B

◎ 巴巴罗萨

【溯源】 德语 barbarossa 的音译，意为红胡子，原为神圣罗马帝国皇帝腓特烈一世的绰号，因其红色的胡子而得此名。他在位期间特别崇尚对外扩张政策，曾六次入侵意大利，意图控制富庶的伦巴第诸城市，以增加财政收入。后来，在1940 年，德国法西斯头目希特勒秘密下令制定进攻苏联的计划，计划以"巴巴罗沙"为代号。1941 年 6 月，德军按此计划对苏联发动突然袭击，侵占了大片领土。在苏联军民英勇抵抗下，巴巴罗沙计划在 1941 年的年底宣告破产。

【释义】 对外侵略、扩张的代名词。

◎ 巴比伦

【溯源】 巴比伦意即"神之门"，位于美索不达米亚平原，大致在当今的伊拉克版图内，曾为古巴比伦王国和新巴比伦王国的首都。巴比伦是西亚著名的商业和文化中心，在这里曾颁布了世界上第一部法典，还有流传最早的史诗、神话、药典、农人历书等，其空中花园是古代世界七大奇观之一。在《圣经》中传说的巴比伦是一座"让万民喝邪淫大怒之酒的大城"，城内居民纸醉金迷，生活糜烂。

【释义】 在西语中，巴比伦成为荒淫、罪恶、诱使人犯罪的城市的代称。

◎ 巴别塔

【溯源】 据《圣经·旧约·创世记》记载，大洪水过后，挪亚的三个儿子各随自己的支派立国。在往东迁移走到示拿平原的时候，他们暂时住下来，打算建造"一座城和一座塔，使塔顶通天"。因为那时候，天下人的语言和口音都是一样的，他们害怕以后分散到各地，渐渐变得彼此不相认，所以用此来为他们传名。上帝看到他们专心致志地建造城和塔，担心以后再也没有他们做不成的事情，于是就变乱他们的语言和口音，让他们无法交流，而后分散在各地。这样，他们只好停止造城造塔，那座城就被叫作"巴别"，就是"变乱"的意思；那座塔就叫作"巴别塔"，在希腊则被称为"巴比伦塔"。

【释义】 用来比喻空想的计划、空中楼阁或没有组织的混乱、没有成效的瞎忙。

◎ 巴戈阿斯

【溯源】 古波斯帝国阿契美尼德王朝国王阿尔塔薛西斯三世的宦官。他非常善于阿谀奉迎，助纣为虐，使残暴的阿尔塔薛西斯视他为心腹，甚至在远征埃及的时候，任命他为总统帅。此后，巴戈阿斯权倾朝野，几乎独揽王权。公元前338年，他毒死了阿尔塔薛西斯，拥立阿尔塞斯王子为王，并杀掉了其他所有的王子；两年后又将其废黜，另立出自王族旁系的科多曼诺斯为王，史称大流士三世。过了不久，他发现大流士根本不听他的摆布，便又起杀念，暗地在酒里投毒。没想到，他的阴谋被大流士识破，反逼着他饮下毒酒自毙。巴戈阿斯奸佞不轨，心狠手辣，被视为罪大恶极的乱臣贼子。

【释义】 常用以指代阴险狡诈、惯弄权术的宦官。

◎ 巴奴日的羊群

【溯源】 巴奴日是法国作家拉伯雷的长篇小说《巨人传》中的人物，是个精于算计、阴险奸诈的人。巴奴日在乘船渡海寻找神瓶的途中，与圣日东的贩羊商丹诺德的船相遇。丹诺德骂巴奴日是戴绿头巾的，二人破口大骂起来。争吵过后，巴奴日向丹诺德买了一只名叫罗班的羊，然后把这只羊推入水中。因为罗班是只带头羊，所以其他的羊也跟着纷纷跳入大海。丹诺德阻拦不住，抓住最后一只羊怎么也不放开，结果被拖到海中淹死。

【释义】 "巴奴日的羊群"常用来喻讽不动脑筋、不辨是非的盲从者。

◎ 巴瑟尔曼的人影

【溯源】 巴瑟尔曼为德国资产阶级民主革命时期的国民议会议员。当时，柏林街头从白天到深夜都能见到要求革命的人群。面对这一形势，巴瑟尔曼在法兰克福国民议会的会议上忧心忡忡地说："我看到街上挤满了我所不愿描述的人影。"这句话在会后广为流传，最后演变为"巴瑟尔曼的人影"。

【释义】 被用来比喻可疑的人或现象。

◎ 巴士底狱

【溯源】 中世纪法国巴黎东侧一座著名的要塞，于1382年竣工，由八个巨大的塔楼组成。在建成后的两个多世纪里，一直用来防御外来侵略。17世纪时，枢机主教黎塞留首先把巴士底狱用作国家监狱，每年关入要犯约 40 人，变为封建专制制度的象征。1789 年 7 月 14 日，巴黎人民举行武装起义，唯有巴士底狱不肯投降，塔楼内的大炮直接威胁着工人居住的圣安东区的安全。于是，巴黎人民高呼着"到巴士底狱去！"冲向巴士底狱。经过四小时激战，终于攻占了巴士底狱。后来，巴士底狱被彻底拆除，建成了巴士底广场。

【释义】　泛指监狱、牢笼，也喻指旧制度的顽固堡垒。

◎ 把比雷当成名人

【溯源】　源自法国作家拉封丹的寓言诗《猴子和海豚》。比雷是希腊雅典的三个港口之一。希腊人在海上航行的时候，习惯带上猴子和会耍把戏的狗。有一次，一艘航船在离雅典不远的地方沉没。海豚急于救人，忙乱中没有仔细分辨，救起一只与人相像的猴子。快到岸上时，海豚问猴子是不是雅典人，猴子吹嘘雅典人都认识自己，它的亲戚也都是一流人物。于是海豚又问它是不是能常常见到比雷。猴子以为比雷是个名人，随口说比雷是自己的好朋友，每天都能相见。这时，海豚仔细打量露出马脚的猴子，发现它不是人，就把它扔在海里，忙着去救人了。

【释义】　比喻把两种截然不同、毫无关系的事物混为一谈。

◎ 把俄萨山摞到珀利翁山上

【溯源】　出自荷马史诗《奥德修记》。俄萨山和珀利翁山都位于希腊中部，俄萨山今名基索沃山，珀利翁山今名普勒西狄山。海神波塞冬的两个孙子俄托斯和厄菲阿尔忒斯打算把俄萨山摞到奥林波斯山上，再把珀利翁山摞到俄萨山上，以此作为上天的阶梯，向永生的天神宣战。后来，他们被阿波罗杀死，这个愿望就不了了之。

【释义】　喻指完成某项宏伟的事业，也用来讽刺付出很大力气却毫无结果的行为。

◎ 把甘草擦成屑

【溯源】　甘草是一种多年生的植物，其根和根状茎均含有甘草甜素，既可食用，也可入药。德国人很早就知道甘草的药用价值，常常把甘草磨成屑，治疗伤风、咳嗽、肺结核等病痛。加工甘草屑的人，身上总是沾满甘草屑，因为甘草的甜，德国人常用甘草比喻甜言蜜语，所以便把那些专爱说好听话的人称为"擦甘草屑的人"。

【释义】 喻指阿谀奉迎、溜须拍马的行为，也指男性用花言巧语讨好、迷惑女性。

◎ 把狗鱼放进河里

【溯源】 语出俄国作家克雷洛夫的寓言《狗鱼》。狗鱼因危害整个鱼类，被告到法庭。法官由驴、老马、山羊担任，狐狸担任检察官，结果狗鱼被判处绞刑。狐狸平时吃的鱼都是狗鱼送的，于是它说道："狗鱼罪大恶极，判处绞刑未免太轻，应该给它判处前所未有的酷刑——放进河里淹死。"法官们一致同意，还夸狐狸这个主意妙极了。于是，就把狗鱼放进了河里。

【释义】 比喻把坏人放回老巢，留下祸根，贻害无穷。

◎ 把面包篮挂得更高些

【溯源】 源自德国的民间习俗。德国农民常把马厩里的马料篮或马料槽挂高一点，来控制牲畜抢食时狂躁不安的坏脾气。古时德国的农村家家都自烤面包，农民把烤好的新鲜面包放在面包篮里，挂在墙角。为了惩罚不听话的小孩子，或防范馋嘴的孩子，大人就把面包篮挂得更高些。

【释义】 比喻苛待某人，或在某方面把某人卡得很紧。

◎ 把某人抬上盾牌

【溯源】 德国的成语，源自古日耳曼人的习俗。古日耳曼人在选出首领后，便把首领抬到盾牌上，然后扛起盾牌在人群中走三圈，让所有人都能看到新选出的首领。众人则用手中的武器敲打盾牌，表示坚决拥护。

【释义】 意为拥护某人为领袖。

◎ 把钱缝在衣服里

【溯源】 语出法国作家拉封丹的寓言诗《鞋匠和财主》。有一个穷鞋匠，靠给别人修鞋糊口。虽然他很穷，但是性格开朗乐观，每天无忧无虑，总是唱着欢快的歌。他的邻居是个富有的财主，钱多得不知道藏在哪里好，于是就缝到衣服里。他经常通宵达旦地理财，天蒙蒙亮要睡觉时，又被鞋匠的歌声吵醒，忍无可忍的财主派人将鞋匠叫来，给了他一百埃居。鞋匠把钱藏在地窖里，整日提心吊胆怕别人偷了他的钱，连夜里猫发出的声响，他都以为是猫在偷钱。他吃不好睡不好，歌声也消失了。后来，鞋匠把钱还给财主说："把你的一百埃居拿回去吧，把我的歌声和睡眠都还给我！"

【释义】 用来形容人非常富有。

◎ 把手放在火上

【溯源】 法国成语。源自欧洲中世纪盛行的神明裁判，假借神的力量来判明诉讼当事人是否有罪。在进行神明裁判时，要对诉讼双方进行各种考验，其中有一种就是火的考验：诉讼双方抓住一根烧红的铁棍走十余步，或者把手放在烧红的护手甲里。如果当事人的确无罪，过段时间后，神明就会让他的烫伤愈合；反之如未愈合，则表示有罪。

【释义】 常用来发誓，以证明某事或某言属实。

◎ 把头埋入沙土中

【溯源】 源自鸵鸟的习性。鸵鸟原产于非洲，是现存体形最大的不会飞的鸟类。雄性成鸟体高可达 2.5 米，重量有 155 公斤。有人认为，当鸵鸟遇到危险时，会将头埋入沙土中，自以为这样便躲避了危险。

【释义】 比喻逃避现实、不肯正视面临的困难，或期望问题会自行得到解决的态度。

◎ 把希望永远抛弃吧

【溯源】 语出意大利诗人但丁的《神曲·地狱篇》。诗人描写了地狱门前凄惨恐怖的情景，黑沉沉的大门上写着：从我这里走进苦恼之城，从我这里走进罪恶深渊，从我这里走进幽灵队伍。正义感动了我的创世主，我是神权、神智、神爱的作品，除了永存的事物，在我之前没有造物，我将和天地同长久。你们走进来的，抛弃一切返回人间的希望吧！

【释义】 原指进入地狱的鬼魂绝对没有返回人间的希望，后引申为不抱任何希望，或陷入悲伤绝望、永无出头之日的痛苦境遇。

◎ 把小孩连同洗澡水一起泼掉

【溯源】 德国成语。源自德国宗教改革家马丁·路德（1483～1546）对人们的告诫：人们不能把小孩连同洗澡水一起泼掉。德国文学家弗兰克（1499～1541）对此解释说："如果人们将正确的和错误的习惯混为一谈，就将产生笑柄，如同将马鞍和笼头连同马一起送去制皮，把小孩连同洗澡水一起泼掉一样。人们应该给小孩洗去污垢，然后泼掉洗澡水，将小孩包好并抱起来。"

【释义】 用来比喻良莠不分、不加辨别地一概否定。

◎ 把心卸下来

【溯源】 语出法国作家莫里哀的喜剧《唐璜或石像的宴会》。唐璜原为欧洲民间传说中虚构的一个专爱勾引、玩弄女人的浪荡子。在剧本中，唐璜的父亲前来怒斥他忤逆不孝、胡作非为时，他假意应承悔改。等父亲走后，他向仆人斯嘎纳耐勒表示，他根本不想悔过自新，他仍要继续寻欢作乐地生活。仆人对他的无耻感到很惊讶，表示即使唐璜会打他、杀他，或随便怎么收拾他，他作为义仆，也得把心卸下来，非得规劝唐璜不可。

【释义】 喻指把心里的话全部说出来，有时也指把心里的火气都爆发出来。

◎ 白色恐怖

【溯源】 1815 年，拿破仑从厄尔巴岛返回法国的"百日统治"结束后，波旁王朝复辟。反动政权开始采用"手铐脚镣、刽子手和酷刑"来对付反对旧制度的人，将协助过拿破仑的人列入黑名单，进行大规模的搜捕和屠杀。因为波旁王朝以白旗为标志，所以当时的境况被称为"白色恐怖"。

【释义】 指反动势力对革命运动的领导者及其加入成员实行大规模的屠杀。

◎ 百牛大祭

【溯源】 在古希腊时代，举行盛大的祭祀活动时，要用一百头牛或其他牲口作为祭品，称为百牛大祭。据传，毕达哥拉斯发现勾股定理的时候，叫学生们宰杀了一百头牛，举行盛大的宴会，来庆贺这个成果。所以，勾股定理又有"百牛大祭"的美称。

【释义】 现引申为因战争、瘟疫、暴政所造成的巨大牺牲。

◎ 柏拉图婚姻

【溯源】 柏拉图（前 427 ~ 前 347），古希腊著名哲学家、苏格拉底的学生、亚里士多德的老师。其哲学思想对唯心主义在西方的发展影响极大，代表作有《理想国》《法律》等。他主张人的绝对精神，而忽视肉体感受。

【释义】 指没有肉体性欲的绝对精神的婚姻。

◎ 摆脱尘世的烦扰

【溯源】 语出英国作家莎士比亚的悲剧《哈姆莱特》。王子哈姆莱特得知父王被叔父杀害的真相后，发誓要为父王报仇。可是，他的性格非常优柔寡断，所以迟迟没有采取果断的行动。他不知道自己应该忍受还是反抗，内心充满了挣扎与矛盾，甚至认为死都不是最佳的选择："死了，睡着了，睡着了也许还会做梦。嗯，阻碍就在这里，当我们摆脱尘世的烦扰后，在那死的睡眠里，究竟将要做些什么梦？那不能不叫人踌躇顾虑……"

【释义】 现喻指死亡、弃世。

◎ 拜金艺术

【溯源】 又译为《玛门艺术》或《财神的艺术》，美国作家辛克莱所著。据《圣经·新约·马太福音》记载，耶稣在登山训众时说："一个人不能侍奉两个主，不是恶这个爱那个，就是重这个轻那个，你们不能又侍奉上帝，又侍奉玛门。"西方文学中常以玛门作为利欲和贪婪的代称，因而译为拜金。辛克莱认为，在资本主义社会中，艺术家为维持生活不得不屈服于金钱收买，使自己的艺术沦为拜金艺术。

【释义】 指以赚钱为唯一目的的艺术，后泛指被商品化的艺术。

◎ 邦葛罗斯的乐观

【溯源】 邦葛罗斯是法国文学家、启蒙主义思想家伏尔泰的小说《老实人》中的人物，德国男爵森特·登·脱龙克府上的家庭教师。他认为这个世界是最完善的，万物皆有归宿，而此归宿必是最完满的归宿。寄居在男爵府上的"老实人"，也对邦葛罗斯的这些看法深表赞同。可是，他们在现实中处处碰壁，甚至差一点被处死、被烧死，恰恰证明了这个世界极不完善。当邦葛罗斯再向老实人唠叨他那套乐观主义的说辞时，老实人对他嚷道："得啦得啦。我不再相信你了！地球上满目疮痍，到处都是灾难啊！"

【释义】 指盲目的乐观或盲目地听从。

◎ 保持火药干燥

【溯源】 英国资产阶级共和国的缔造者克伦威尔（1599～1658）的一句名言。克伦威尔出身于乡绅家庭，曾两度赴伦敦学习法律，后经营农牧场，在1628、1640年先后两次被选入议会。1642年，查理一世挑起内战，克伦威尔返回家乡招募并训练一支骑兵队，于1644年7月在马斯顿荒原中击败王军，此后骑兵队名震四方，被誉为"铁骑军"。1645年，在纳斯比战役中，骑兵队击溃王军，并最终取得了胜利。有一次，克伦威尔的部队要强行渡河时，他对士兵们说道："愿上帝保佑吧，但必须使火药保持干燥！"

【释义】 现引申为时刻准备战斗、保持临战状态的意思。

◎ 宝岛

【溯源】 英国作家史蒂文森的一部著名长篇小说的名字，又译为《金银岛》。在一次偶然中，贫苦的少年吉姆得到了海盗头子弗林特生前埋藏赃物的指示地图，于是同乡绅特里劳尼、医生利弗西等七人乘船出海，找到埋藏财物的宝岛，并击溃海盗的进攻，最终获得了埋藏的金银财宝。

【释义】 喻指物产富饶的地方。

◎ 杯葛

【溯源】 源自爱尔兰一位地产经理的名字，全名为查尔斯·坎宁安·杯葛。他原为英国陆军退役上尉，后担任厄恩伯爵在梅奥郡的地产经理人。1879 年，由农民群众组织的爱尔兰土地同盟宣告成立，其宗旨是反抗地主制度的剥削和压榨。1880 年，由于土地歉收，同盟会通知杯葛减收 25% 的地租。杯葛不但不执行，还准备把不如数缴纳地租的土地收回来转租他人。于是，所有佃农都联合起来抵制杯葛，他的食品供应被中断，邮件无人传递，就连性命都受到威胁。这次有效的联合抵制运动，很快就被广泛采用，并以"杯葛"的名字命名。

【释义】 常指采取联合行动，一致断绝与某人、某团体或国家的政治、经济、社会等的交往，从而迫使其就范的手段。

◎ 杯水风暴

【溯源】 也称为"杯中风浪"。据法国作家巴尔扎克在长篇小说《图尔的本堂神甫》中说，法国资产阶级思想家孟德斯鸠，曾把在欧洲大陆上无足轻重的圣马力诺共和国发生的政治动乱比作"杯中风暴"，意指令人不屑一顾的因小事而引起的喧闹。

【释义】 意为区区小事引起的轩然大波，小题大做。

◎ 贝莱特和牛奶罐

【溯源】 语出法国作家拉封丹的寓言诗《卖牛奶的女人和牛奶罐》。农妇贝莱特头顶着一罐牛奶，兴冲冲地进城卖奶。她一边走，一边盘算着用卖牛奶的钱买鸡蛋孵小鸡，再用卖鸡的钱买小猪，再用卖猪的钱买母牛和小牛崽。她仿佛看到那头小牛崽正在欢蹦乱跳，就高兴得忘乎所以地跳起来。于是，奶罐从头上掉下来摔碎了，所有的一切都成了泡影。

【释义】 喻指胡思乱想、做白日梦。

◎ 贝罗格鲁留的预言

【溯源】 贝罗格鲁留是西班牙民间传说中的一位很滑头的预言家。他的所谓预言，不过是说了些人尽皆知的事实。例如有一则预言说道："你走在女人前头，就有女人跟随；你有舌头，就会说话；你有大牙，就不是没牙；你一照镜子，就会看到自己的脸……"

【释义】 喻指某人说的是废话，或指代大家都会说的话。

◎ 被投黑球

【溯源】 旧时英国俱乐部是个非常封闭的场所，新成员申请加入时必须采取投票的方式决定。赞成加入者在投票箱里投入白球或红球，反对加入者则投入黑球。如果黑球占的数量多，就称申请者"被投黑球"，意思是未被俱乐部接纳。

【释义】 喻指考试、应聘、竞选等遭到失败。

◎ 被置于篮子之中

【溯源】 旧时英国的一些医院，常常在大门外放置几只篮子或筐，目的是让遗弃婴儿的人将弃婴放入其中，由医院负责处理，免得弃婴因不能及时得到救助而夭折。

【释义】 在英语口语中，常表示被抛弃、被搁置一边、无人过问、落选等意。

◎ 鼻孔冒烟

【溯源】 语出《圣经·旧约·撒母耳记下》。大卫向耶和华所念的一首赞歌："我在急难中求告耶和华，向我的上帝呼求。他在殿中听到了我的声音，我的呼求进入他的耳中。因为他的发怒，地开始摇撼战抖，天也震动摇撼。他的鼻孔冒烟上腾，他的口中发火焚烧，连炭也着起来……"

【释义】 用来形容生气、发怒。

◎ 比尔·赛克斯的道理

【溯源】 比尔·赛克斯是 19 世纪英国批判现实主义小说家狄更斯的长篇小说《奥利佛·退斯特》中的人物，伦敦一个作恶多端的强盗、杀人犯。由于他杀死了一个行商，被抓到法庭上受审。这个杀人凶犯不仅不认罪，反而振振有词地狡辩说，杀死人不是他的罪，而是刀的罪，而且不能因为刀有这种暂时的不方便就不要刀，没有刀将使人们回到野蛮状态中。

【释义】 喻指杀人凶犯的歪理、强盗的逻辑。

◎ 比灵斯盖特

【溯源】 又译为"比灵斯门"，原为旧伦敦建于泰晤士河沿岸城墙的一座城门，位于伦敦桥北端，因这片土地原属于一位名叫比灵斯的富豪而得名。16 世纪以来，这里成为伦敦的鱼市，至少延续了四个世纪。这里的卖鱼妇因刁蛮泼辣、言辞粗鄙而恶名远扬。

【释义】 代指粗俗污秽的语言。

◎ 彼得的痛哭

【溯源】 彼得是耶稣最宠爱的三个门徒之一，生于加利利的伯赛大，在加利利各地传布天国的福音。耶稣知道自己即将被捕遇难，于是告诉彼得说，他已经为彼得祈求，使他不至于失去信心。彼得表达自己的忠心，要与耶稣同生共死。耶稣说："彼得，我告诉你，今日鸡叫前，你将有三次说不认识我。"耶稣被拘捕后，彼得偷偷跟着来到大祭司的庭院，悄悄坐在众祭司长、长老和文士们的中间。一连三次，有人认出了彼得，说他是同耶稣一伙的，彼得都予以否认。这时，鸡叫起来，耶稣转过身来看彼得，彼得想起耶稣的话，便出去痛哭起来。

【释义】 用来比喻懊悔和羞愧。

◎ 彼得·潘

【溯源】 英国小说家、剧作家詹姆斯·马修·巴里同名童话中的主人公。小飞侠彼得·潘住在永无岛上，是一个快乐的、永远不长大的孩子，每天做的事情就是到处玩。有时他会飞到我们的世界来，偷听妈妈给孩子们讲故事。

【释义】 永无止境的游乐、永恒的童年、永不衰老的精神象征，或指代拒绝成长的人。

◎ 必不可少的痛苦

【溯源】 由古希腊后期著名喜剧作家米南德所创。他曾在诗中写道："倘若人们仔细观察的话，会发现结婚乃是一种痛苦，不过是一种必不可少的痛苦。"后来，这句话广泛地流传开来。

【释义】 喻指为了获得某种好处，必须忍受或容忍会带来痛苦的事情。

◎ 必须擦洗干净

【溯源】 德国成语，源自中世纪德国的风俗习惯。德国人很重视洗澡，对远道而来的客人，主人首先要为其准备好洗澡水，以示好客。德国的公共澡堂规定，如果大家轮流使用一个浴盆沐浴，最后一个人必须把水倒尽并将浴盆擦洗干净。

【释义】 原指最后一个沐浴，后引申为必须承担别人造成的后果，现喻指必须承担某事的后果或代人受过。

◎ 避开雨淋又遭檐水

【溯源】 源自阿拉伯人的民间传说，最早见于德国作家迪特里希的《格言集》。一个人在下雨天跑到屋檐下避雨，正好站在檐沟下面，虽然躲过了雨水，却被檐沟中落下的雨水淋得更湿。

【释义】 喻指避坑落井，或陷入更困难的境地。

◎ 闭一只眼

【溯源】 传说古代德国的法官在判案时，如果闭上一只眼，就表示将要对罪犯做出宽大处理。在德国农村，如果法官派一名独眼衙役，骑着一匹独眼的马前去传讯被告，就意味着法官将宽大处理被告。

【释义】 意为姑息纵容或视而不见。

◎ 变色龙

【溯源】 蜥蜴类的一种，其皮肤有两层色素细胞，在光线和温度的作用下，能迅速变换颜色来适应环境，保护自己。古罗马哲学家、科学家亚里士多德在《伦理学》一书中，将反复无常的人比作变色龙。

【释义】 用来比喻朝三暮四、变化无常的人，或见风使舵的政治投机分子。

◎ 宾果

【溯源】 宾果（BINGO）的英文含义是"猜中了"，是一种靠碰运气取胜的赌博，也是世界上最流行的一种廉价的赌博形式。宾果曾经风靡一时，在美国大部分禁止其他赌博形式的州内都是合法的，甚至传入蒙地卡罗的赌场。

【释义】 指很高兴的叫声，比如人们突然见到一直渴望见到，却以为不可能的事情时，常会高兴地说"宾果"！

◎ 冰山尖

【溯源】 英语成语。地球两极生成的冰盖或冰川，其前缘部分因受到海水的冲蚀、春夏季温暖气候的影响而断裂入海，形成冰山。在风的作用下，冰山向赤道方向漂流，其中绝大部分在南极附近的海域，并能保持 2 ～ 10 年不化。约有 90% 的冰山沉浮在水中，仅有或大或小的尖顶露出海面，严重威胁着航海的安全。

【释义】 喻指即将出现的严重问题、巨大困难，或严峻事态的极微小的征兆。

◎ 并非所有的日子都已黄昏

【溯源】 最早出自古罗马历史学家、文学家李维的笔下。他在《罗马史》中，有意歌颂罗马帝国，但又时时怀念旧日的共和政体，于是多次写道："并非所有日子的太阳都已落下。"后来，德国宗教改革家马丁·路德在一封信中改写了这句话，写道："并非所有的日子都已黄昏，白天还有十二小时，不会永远是阴雨天气。"以此来鼓舞人们的斗志，后广泛流传于整个欧洲。

【释义】 用来表示大局未定，以及并非一切都已失去或得到，情况还可能发生某些变化。

◎ 波将金村庄

【溯源】 波将金（1739 ～ 1791）是俄国女皇叶卡捷琳娜二世时期的国务活动家和将领，也是女皇的宠臣、亲信、情夫。1787 年，他随女皇巡视南方新夺取的地区。为了讨好女皇，他命令各地像布置舞台一样，在沿途临时建造了许多村庄。村庄的粮仓堆满了装着沙子的"粮袋"，村内牛羊成群，到了晚上再把它们赶到第二天女皇经过的地方。还从很远的地方驱赶来一批人，冒充当地的居民，让他们穿上节日的盛装，迎接女皇的驾临。尽管女皇对波将金的弄虚作假早有耳闻，却依然对他制造的虚假景象深信不疑。

【释义】 比喻虚假的繁荣，或"金玉其外，败絮其中"的事物。

◎ 波塞冬

【溯源】 古希腊神话中的海神，天神克洛诺斯和瑞亚的儿子，众神之王宙斯和冥王哈德斯的兄弟。三兄弟推翻了克洛诺斯的统治后，波塞冬分管海域，居住在海底宫殿，手持能摇撼大地的三叉戟，时不时地劈开海水，掀起波浪。

【释义】 在文学作品中，波塞冬喻指海洋。

◎ 伯利恒的明星

【溯源】 语出《圣经·新约·马太福音》中耶稣降生的故事。耶稣生于犹太的伯利恒，他出世后，有三位博士在东方看到他的星，便来到耶路撒冷，要拜见耶稣。后来，他们在那颗星的指引下来到伯利恒，见到了耶稣和他的母亲玛利亚，并伏拜了耶稣，向他献了礼物。

【释义】 用来比喻或指代为别人指明前进方向的杰出人物。

◎ 博学到牙齿

【溯源】 语出法国作家拉伯雷的长篇小说《巨人传》。为了得知巴奴日是否可以结婚，庞大固埃、巴奴日和若望修士决定去寻找神瓶上的答案。他们经过长途跋涉后来到了灯国，那里有一座庙宇，还有个喷着美酒的喷泉。女祭司巴布引领巴奴日进入一个小殿堂，巴奴日见到了神瓶，并得到神瓶"喝"的答复。巴布解释说："你们那里的哲学家、传教者等人，只会对着你们的耳朵灌输好听的话。而我们是从嘴里灌输我们的教诲，把知识喝下去。犹太国曾经有一位贤哲，吃过整整一本书，后来博学到牙齿。现在请你喝下去一本书，必定能博学到肝脏。"

【释义】 喻指某人知识极其渊博。

◎ 脖子上的信天翁

【溯源】 源自英国湖畔派诗人塞缪尔·柯尔律治的诗作《古舟子咏》。有一艘船在出海时遇到了风暴，在迷雾中被吹到南极附近，困在冰山环绕的海面上。一只巨大的信天翁穿过迷雾飞过来，环绕四周的冰山相继崩塌，船只得以脱险，被南风刮向北方。信天翁随着船只飞行九天后，被仇恨一切的老水手用箭射死。南风将船吹到赤道附近，纹丝不动地停在那里。火辣辣的太阳晒裂了甲板，水手们干渴难耐，纷纷指责老水手妄杀生灵，使大家陷入绝境，于是将那只死去的信天翁挂在他的脖子上作为罪证。

【释义】 喻指令别人对自己所犯的罪过时刻铭记的印记。

◎ 不闭之眼

【溯源】 语出俄国作家萨尔蒂科夫·谢德林的同名讽刺童话。有一位检察官，两只眼睛一只闭着一只不闭。闭着的眼睛什么也看不见，不闭的眼睛看到的都是鸡毛蒜皮、无关紧要的小事。因此，那些罪犯全都躲到检察官那只闭着的眼睛的阴影里，不闭之眼看到的全是干干净净的人和事。当人们向检察官告状，说有强盗、贪官、荒淫之徒、作奸犯科之流时，他一概否决，并认为控告者都是麻烦上司的破坏分子，把他们都抓了起来。

【释义】 本意用来讽刺沙俄时代的检察官和政治特务，后指代警觉的监视者或密探。

◎ 不来梅的音乐家

【溯源】 源自德国作家格林兄弟编辑的《格林童话》中的同名故事。有一头驴、一条狗、一只猫和一只公鸡，皆因年老体衰失去工作能力，将被主人杀掉。它们相约逃出家门，准备去不来梅当街头音乐家。晚间，它们逃到一伙强盗家的房前，在窗外看到桌子上摆满了丰盛的饭菜和饮料，就商议怎样赶走强盗。于是，四个相依为命的伙伴都扯开嗓门叫起来，强盗们听到吓人的叫声，以为遇到了妖怪，争先恐后地逃到森林里，使它们心满意足地饱餐了一顿。后来，它们又想办法彻底赶走了强盗，在那座房子里过着幸福快乐的生活。

【释义】 常被用来说明，不管大家的条件多么弱势，只要团结起来，集思广益，弱者也能战胜强者。

◎ 不列颠之狮

【溯源】 雄狮被不列颠民族视为本民族的象征。早在古代，英格兰人的盾牌上便绘有雄狮的图案。后来，狮形图案成为英国王室及大贵族纹章中的一部分。据记载，拿破仑在同英军作战时，曾激励手下的将士说："让我们把这群狮子赶进大海里去吧！"

【释义】 英国人的代称。

◎ 不能力取，可以智拿

【溯源】 语出俄国作家克雷洛夫的寓言《两个男孩》。男孩谢辽沙和费佳见到一棵栗子树，都想摘栗子吃。谢辽沙说树太高，没法爬上去。费佳说道："俗话说：不能力取，可以智拿，我有办法摘到栗子。"于是，他踏着谢辽沙的背，气喘吁吁地爬上栗子树。费佳在树上大吃大嚼，全然忘了树下的谢辽沙。谢辽沙只好眼巴巴地望着费佳，等来的只有伙伴扔下的栗子皮。

【释义】 指遇到问题不能一味蛮干，要善于开动脑筋寻找办法。

◎ 不祥之鸟

【溯源】 源自古时观兆术中的一种观察鸟类动态的占卜手段。在西方人的文化意识中，燕子和鹳被视为吉祥之鸟，是春天、温暖、万物复苏及安逸、恬静的象征。猫头鹰会在恶劣天气到来前鸣叫不止，而这种天气往往又是各种疾病突发的先兆。乌鸦的嗅觉非常灵敏，能在很远的地方准确判断出腐尸的位置，因此常将它与死亡联系在一起，并断定它的出现预示了将有血光之灾的降临。因此，猫头鹰和乌鸦被视为不祥之鸟。

【释义】　常用来借喻不吉利的人、带来坏消息的人、报凶信的人、预言灾祸的人等。

◎ 不想当将军的士兵不是好兵

【溯源】　俄国人波戈斯基（1861～1874）所著《士兵札记》中的一句警句，全文为"不想当将军的士兵不是一名好兵，而过分考虑自己未来的士兵更不是一名好兵"。

【释义】　喻指人要拥有理想和抱负，要给自己定一个明确的目标，然后脚踏实地去努力实现。

◎ 不要让左手知道右手所做的事情

【溯源】　语出《圣经·新约·马太福音》。耶稣在加利利传道，论及施舍时说道："你们要小心，不能在别人的面前行善，故意让他人看到，那样就不能得到天父的赏赐了。所以在施舍的时候，不要像那些假冒为善的人在会堂里和街道上所行的，故意要得到荣耀，那样的话，他们已经得到了他们的赏赐。你施舍的时候，不要让左手知道右手所做的事情，要把善事行在暗中，你们的天父在暗中察看，必然报答你。"

【释义】　意为不要宣扬自己做了好事。

◎ 不要踢刺棍

【溯源】　刺棍是古希腊人刺马赶牛的双头尖棍。"不要踢刺棍"为古希腊的俗语，最早见于古希腊悲剧诗人埃斯库罗斯的《普罗米修斯》。普罗米修斯因为为人类盗窃天火，受到天神宙斯的惩罚，被戴上脚镣手铐，绑缚在悬崖峭壁上。他的岳父探望他时，劝他向灾难屈服："普罗米修斯，你的遭遇就是太夸口的报应！你现在还不谦逊，还不赶紧向灾难屈服，还想加重眼前的灾难！你既然看到一位严厉的、不受审查的君主正在当权，你就得奉我为师，不要伸腿踢刺棍！"

【释义】　转义为不要与强者或命运争斗。

◎ 不用脚擤鼻涕

【溯源】 法国谚语。在旧时的法国，江湖艺人常在街头巷尾表演一些粗俗的、技艺不高的即兴节目，以取悦观众。其中有一个节目，表演者用双手抓住脚，迅速把脚扳到鼻子前，显示肢体的柔韧，看上去就像在用脚擤鼻涕，并由此而衍生"不用脚擤鼻涕"一语。

【释义】 指自命不凡、自以为是、自以为很了不起。

◎ 不在笛声下跳舞，不在举哀时捶胸

【溯源】 语出《圣经·新约·马太福音》。耶稣在故乡传道时，施洗约翰正被当地的犹太人关在监狱里。耶稣称赞约翰是人间最伟大的人，并谴责了当时的犹太人。他说道："我用什么来比喻这个世代呢？就像是孩童坐在街市上，招呼同伴说：'我向你们吹笛，你们不跳舞；我向你们举哀，你们不捶胸。'"

【释义】 用来形容无动于衷、麻木不仁。

◎ 不做铁砧就做铁锤

【溯源】 语出德国作家歌德的《宴歌集·科夫塔之歌》。科夫塔是18世纪意大利著名的骗子卡列奥斯特罗编造的一个埃及祭司的名字。歌德写道："去吧，听从我的规箴，利用年少光阴，及时锻炼你的聪明！大天平的命运指针，总在那儿动摇不停！你总得要升降浮沉，不是成功地支配他人，就是失败地听命于人，不是忍辱，就是获胜，不做铁砧，就做铁锤。"

【释义】 意即不是统治，就是屈服；不是胜利，就是失败；不当主人，就做奴仆。谁要不想被奴役，就得成为砸烂奴役制度的铁锤。

◎ 布利丹毛驴

【溯源】 布利丹（1300～1358）是法国亚里士多德学派的哲学家。为了证明意志自由的不存在，他曾引用了一个例子：如果一头驴子处于两堆数量、质量、与它距离都完全相同的干草之间，虽然它有充分的选择自由，但因为没有任何理由确定两堆干草的优劣，所以它只能站在原地不动，最后只有饿死。

【释义】 用来讽刺在需要对两种相同事物做出选择时，表现出优柔寡断、动摇不定的人。

◎ **彩虹尽头的一坛金子**

　　【溯源】　古时的欧洲人认为，彩虹两端所及的位置是吉祥之地，能挖出一坛金子或珍宝。西里西亚一带的传说认为，是天使将金子藏匿在那里，而且只有裸体的男子才能得到这份天赐，"彩虹尽头的一坛金子"即由此而来。然而事实上，彩虹永远不会与地表相接，那两个端点根本无处可寻，藏在那里的金子自然成了子虚乌有的事。

　　【释义】　在英语口语中，常被用来喻指永远得不到的报酬，或可望而不可即的财富。

◎ **参孙**

　　【溯源】　传说中古犹太人的领袖之一。据《圣经·旧约·士师记》中记载，参孙是玛挪亚的儿子，父母曾替他向耶和华派来的天使许下拿细耳人的誓愿：终生蓄发，不饮酒，不接触一切不洁之物。因此参孙长大后，具有超人的力量。非利士人对他恨之入骨，却又无法战胜他。他们买通参孙的情妇，知晓参孙力大无比的奥秘在头发上，于是设法剃去他的头发，抓住了他。他们在监狱里折磨他，并在一次神祭时，把参孙从监牢里提出来，在众人面前侮辱戏弄。当时，房内和房顶站满了非利士人，参孙机智地靠在两根房柱上，向上帝求告赐予他复仇的力量，然后左右手各抱一根柱子发力，只见房屋轰然倒塌，压死了所有的非利士人，参孙也与他们同归于尽。

　　【释义】　力士、巨人、强国等的代称。

◎ **插上孔雀羽毛的乌鸦**

　　【溯源】　源自俄国作家克雷洛夫的寓言《乌鸦》。一只乌鸦在自己的尾巴上插了许多孔雀的羽毛。它满以为亲朋好友会羡慕它那美丽的羽毛，孔雀们也会视它如同类，它也会像孔雀那样成为天后的祭物和圣鸟。结果它却被孔雀们围住，得到一顿乱啄乱咬，连乌鸦毛都被啄得所剩无几。回到乌鸦群里，它又被同类一顿无情的咬啄，连剩下的羽毛都被啄光，落到既不是孔雀也不是乌鸦的下场。

【释义】 常被用来讥讽弄虚作假、欺世盗名的人。

◎ 茶花女

【溯源】 源自法国小说家、戏剧家小仲马的同名长篇小说。女主人公玛格丽特因生活所迫沦为妓女，她特别喜欢茶花，人称"茶花女"。在一次偶然中，她结识了总税收员的儿子阿芒，两个人真诚地相爱了，并一起搬到巴黎郊外居住。阿芒的父亲认为他们的结合有辱门第，硬逼着玛格丽特重新去做妓女。不明真相的阿芒以为玛格丽特抛弃了他，三番五次找机会报复她。在失去爱情和疾病的折磨下，玛格丽特一病不起。当了解到真相的阿芒赶到她身边的时候，她已经奄奄一息，最后在彼此真诚的拥抱中含恨而死。

【释义】 常被用来比喻虽遭无情摧残、内心优美无瑕的女子。

◎ 尝试知善恶树的果子

【溯源】 语出《圣经·旧约·创世记》，又称为智慧果、禁果。上帝创造人类始祖亚当和夏娃后，便让他们在伊甸园过着无忧无虑的生活，但禁止他们触摸和采摘园中那棵知善恶树上的果子，否则他们就会死去。园中有一条狡猾的蛇，它游说夏娃说："吃了树上的果子是不会死的，上帝是怕你们吃了果子后眼睛变得明亮，而且和他一样能辨别善恶。"于是夏娃便摘下果子与亚当一起吃。他们的眼睛立即变得明亮起来，知道彼此赤身裸体，便取了无花果树的叶子为自己编作裙子。

【释义】 用来表示获得某种知识，了解某种事物的奥妙，有时也用来暗指经历过男女情爱。

◎ 超出读秒

【溯源】 源自拳击运动比赛的规则。进行拳击比赛时，如果一方被击倒在地，裁判员就开始读秒。如果读至十秒，被击倒的选手仍处于卧倒的状态，或不能完全立起，则判定对方获胜。

【释义】 常用来喻指被击败、失去知觉，或酣睡不醒。

◎ 超乎混战之上

【溯源】 第一次世界大战期间，法国作家罗曼·罗兰坚持人道主义，反对帝国主义战争，并于1914年在《日内瓦日报》上发表了反战政论——《超乎混战之上》，在西方世界引起了强烈的反响。后来，罗曼·罗兰成为坚定的反法西斯战士，积极参加各种反对法西斯、反对侵略战争的国际性群众运动。

【释义】 现已转义为脱离、回避社会生活或革命斗争。

◎ 超人

【溯源】 源自德国哲学家、唯意志论者尼采（1844～1900）的用语。尼采宣称超人是超乎凡人之上的人，是在人类进化过程中达到顶点时出现的。超人将决定历史的发展，创造新的价值，而历史的意义就在于超人的诞生。超人与凡人的区别，等同于凡人与猿猴的区别；超人有权奴役凡人，为了夺取权力，可以为所欲为。

【释义】 喻指把自己看得高于一切、超越一切之上的极端个人主义者和利己主义者，或出类拔萃、超群绝伦的人。

◎ 车轮上的松鼠

【溯源】 源自俄国作家克雷洛夫的寓言《松鼠》。在地主府第的窗户下，一只关在笼子里的松鼠正在飞快地蹬着车轮。树上的鸟问它在做什么。它回答说正在给主人报信，已经奔跑了一天，顾不上吃饭喝水，累得连气都喘不过来。小鸟观察松鼠半天，飞走时对松鼠说道："我明白了，别看你蹬个不停，但永远都停在原地。"

【释义】 用来讽喻终日劳而无功、碌碌无为的人。

◎ 晨礼婚

【溯源】 源自德国日耳曼民族的旧俗。德国贵族在婚姻问题上严守等级观念，追求门第相当的婚姻，常给婚姻蒙上一层经济或政治利益的色彩。皇室贵族若娶出身低微的女性做妻子，就会受到有关法律的种种约束，以确保贵族血统的纯正及贵族利益不受侵犯。因为这类婚礼通常悄悄在清晨举行，而且为避免引起世人的议论，也没有奢华的排场，故称为"晨礼婚"。

【释义】 喻指门第悬殊、不相称的婚姻。

◎ 成功的一掷

【溯源】 德国成语。源自欧洲的九柱游戏，又称地滚球或保龄球。只要掷出的球，能将前方二十五码以外的九根柱子全部击倒，就是"成功的一掷"。

【释义】 常用来表示拥有极大的运气或轻而易举获得了成功。

◎ 城市何竟独坐

【溯源】 语出《圣经·旧约·耶利米哀歌》。当以色列人被巴比伦王尼布甲尼撒掳走后，耶路撒冷城呈现孤寂、荒凉的惨景："先前满有人民的城，现在何竟独坐！先前在列国中为大的，现在竟如寡妇！先前在诸省中为王后的，现在成为进贡的！她在夜间痛哭，泪流满腮。在一切所亲爱的人中间，没有一个安慰她的。她的朋友都以诡诈对待她，成为她的仇敌。"

【释义】 常用来描写荒凉、寂寞和孤独。

◎ 吃韭葱

【溯源】 每年 3 月 1 日的圣大卫节，威尔士人便在帽子上佩戴一根韭葱以示纪念。"吃韭葱"出自英国作家莎士比亚的《亨利五世》。毕斯托尔是个胆小如鼠却爱说大话的无赖，混入军队后做了一名旗官。他有位朋友因在作战时趁火打劫，被上司判处了死刑。于是，他请威尔士人弗鲁爱林上尉帮忙求情，希望能免除朋友的死罪。在遭到弗鲁爱林的拒绝后，他便怀恨在心，不时对其出言不逊。有一次，他竟然拿着面包和盐，当着众人面，让弗鲁爱林就着这两样东西，把帽子上的韭葱吃下去。翌日，他们再次相遇，弗鲁爱林决心狠狠教训他，就用棍棒打他，逼着他吃下韭葱。最后，在威逼之下，他只好吃了韭葱。

【释义】 现喻指被迫收回自己说过的话，被迫忍受屈辱。

◎ 赤裸的真实

【溯源】 源于古罗马诗人贺拉斯的《颂歌》。有一天，真实与虚假一同去河里洗澡。虚假洗完先上了岸，为了掩盖自己的不诚实，骗取世人的信任，便偷着穿上真实的衣服跑掉了。真实上岸后，为了不使自己的美德受到玷污，它没有穿虚假留下的衣服，于是赤裸着身体离去。

【释义】 喻指未加任何粉饰的实情或真相。

◎ 赤身裸体的皇帝

【溯源】 源自丹麦作家安徒生的童话《皇帝的新衣》。有个皇帝特别喜欢穿最漂亮的衣服，整天忙着换衣服。有两个骗子声称会织世界上最美丽的布，用这种布缝制衣服，那些不称职或愚蠢的人都看不见。皇帝信以为真，给了他们最好的生丝和金币，而两个骗子每天却只是在空空的织布机上装模作样地瞎忙。皇帝派去检查的大臣都不愿意说自己啥都没看见，都用最美丽的词汇赞美这匹并不存在的布和衣服。皇帝也非常满意，脱个精光穿上所谓的新装，参加游行大典。突然，人群中有个小孩说皇帝什么都没穿，大家接着议论纷纷。皇帝却只能昂首挺胸，硬着头皮向前走去。

【释义】 用来讽刺虚伪的威望或骗人的理论。

◎ 充当尾灯

【溯源】 德语成语。尾灯是安装在汽车、摩托车等交通工具尾部的灯，一般用红色的灯罩，以引起后面的车辆或行人的注意。以前德国部队在夜间行军时，为了确保安全，走在队伍最后面的那名士兵要拿着一盏灯，充当"尾灯"的角色。

【释义】 用来指代体育比赛中的最后一名、考试成绩最差的学生、家里最小的孩子等。

◎ 崇拜的是官服

【溯源】 语出法国作家拉封丹的寓言诗《驮着圣骨的驴子》。一头驴驮着圣骨，见大家都对它朝拜，感到非常得意。以为大家崇敬的是自己。有人向它指出："驴先生，快丢掉你的虚荣和错误吧！人们朝拜的不是你，而是圣骨啊！"拉封丹最后写道："人们不是在向无知的官吏致敬，他们看重的只是他们的官服。"

【释义】 用来说明有些人受到崇敬，并不是因为他们有什么德才和功劳，而是因为他们拥有权势和地位。

◎ 重返伊塔刻岛

【溯源】 伊塔刻岛是古希腊英雄俄底修斯的故乡。特洛亚战争结束后，俄底修斯历经千辛万苦，才回到阔别二十年的故乡。

【释义】 常用来表示经过许多磨难后，终于回到自己的故乡。

◎ 丑小鸭

【溯源】 丹麦作家安徒生的童话《丑小鸭》中的形象。丑小鸭出世后比同类长得又大又丑，受尽其他鸭子的讥笑、排斥与殴打，只得离开出走。一路上，它受尽磨难，在孤独与痛苦中度过了秋天和冬天。当冬去春来、大地复苏之际，丑小鸭发现自己长大了，翅膀也变硬了，竟然不知不觉地飞起来。它在湖面上看到自己的倒影，才知道自己不再是一只粗笨丑陋的鸭子，而是一只美丽的天鹅。

【释义】 比喻因为外貌或缺陷遭到他人贬斥，后来却出人意料地显示出高尚品质和杰出才能的人。

◎ 出售罗宾汉的便宜货

【溯源】 源自中古时期英国民间关于罗宾汉的传说。罗宾汉因触犯官府的狩猎禁令而逃入森林，成为绿林好汉。他经常率领同伴劫富济贫，将得来的财物分给贫苦百姓或低价卖给他们，"出售罗宾汉的便宜货"即由此而来。

【释义】 后人常借此语表示低价出售、廉价拍卖之意，含戏谑或讽刺的意味。

◎ 除了乏味的，一切体裁都是好的

【溯源】 语出法国作家、历史学家、哲学家、思想家伏尔泰的诗体喜剧《浪子》的前言。伏尔泰写道："有的剧本非常严肃，有的剧本滑稽可笑，有的剧本催人泪下。任何体裁都不应当排除在外。除了乏味的，一切体裁都是好的。"

【释义】 用来强调在艺术创作中，必须有所创新。

◎ 触及所有垒位

【溯源】 美国俚语，源于棒球运动。棒球场有内外两场之分，内场为正方形，四角各设一个垒位，分别称为本垒、一垒、二垒、三垒。在一垒至三垒处，各放置一个内装松软物质的白色帆布包，称为垒包。击球员将投来的球击出后，必须迅速沿一至三垒的顺序跑垒，而且要用脚触到垒包，最后跑回本垒得分。

【释义】 喻指探讨了问题的各个方面，触及了与事物相关的所有问题。

◎ 触及痛处

【溯源】 源自德国作家席勒的悲剧《唐·卡洛斯》。16世纪，西班牙国王腓力二世看中了儿子的情人伊丽莎白，并费尽心机据为己有，将其立为王后。有一天，腓力发现他派去监视王后的侯爵夫人没有在王后身边，恼怒之下将侯爵夫人赶出马德里，令王后十分气愤。腓力见自己惹恼了妻子，便向妻子表白自己的爱情道："在受过洗礼的世界上，我是最富有的人，太阳在我的国土上不没落。可是，这一切以前有人占有过，今后还会有人来占有。只有你才是我独有的，国王所拥有的幸福——伊丽莎白属于腓力，这点是我致命的地方。"这段台词中"致命的地方"一语，后演化为"触及痛处"。

【释义】 意为击中要害，被人找到软肋之处。

◎ 穿上丝袍

【溯源】 源自英国律师界的传统。英国的开业律师有初、高级之分。初级律师只能在初级法院充当辩护人，通常所说的英国律师界，只指由高级律师构成的群体，英国高级司法官员一般也从高级律师中甄选。被指定为英王室高级法律顾问的高级律师，按照惯例，必须换下往日出庭时穿的毛织长袍，改穿丝绸长袍。

【释义】 "穿上丝袍"意即成为英国王室的法律顾问。

◎ 粗的一头在后面

【溯源】 源自德国 1763 年出版的《教书先生及其习惯》一书，书中揭露和谴责了当时一些教师对学生施行体罚的情况。这些教师平时使用金属丝编成的鞭子，学生犯错时，就把鞭子倒转过来，用粗的一头抽打学生，而且平时还总威胁学生说："等着吧，粗的一头在后面！"后来，这句话在德语口语中广泛流传开来。

【释义】 引申为更大的麻烦、困难或不幸在后面。

◎ 翠鸟时光

【溯源】 古时的西西里人认为，翠鸟将蛋产在筑于海面上的巢中，然后伏在上面孵化十四天。这段时间正值冬至来临之前，西西里岛往往会变得天高气爽，阳光明媚，海面风平浪静，与平日大不相同。西西里人认为，这一切都与古希腊神话传说中阿尔库俄涅变成翠鸟有关，所以称这段时间为"翠鸟时光"。

【释义】 喻指幸福美好的时光。

◎ 错将雅各当以扫

【溯源】 源于《圣经·旧约·创世记》。以扫和雅各分别是以撒和利百加的长子和次子。以撒喜欢吃以扫打的野味，而且以扫会按照他的口味做给他吃，所以他特别偏爱以扫。利百加则偏爱次子雅各。以撒失明后，自知年迈将不久于人世，便叫以扫去野外打猎，再给他做一次野味，他要在临死前给以扫最后的祝福。利百加偷听到他们的谈话，就叫雅各选两只肥嫩的小羊，按照以撒的口味烧好，去骗取父亲临死前的祝福。利百加让雅各穿上以扫的衣服，因为以扫全身长毛，她又用山羊毛裹住雅各的手和脖子。以撒虽然从谈话中听出是雅各，但衣服上的气味是以扫的气味，毛茸茸的双手也像以扫，所以最后他错将雅各当成以扫，为雅各做了最后的祝福。

【释义】 喻指由于对事物缺乏深刻全面的了解而造成的张冠李戴、阴错阳差。

◎ 错认树木而乱吠

【溯源】 源自狩猎浣熊的活动。因为浣熊只有在夜间才外出活动，所以狩猎浣熊要在夜间进行。猎人要先在猎犬的帮助下寻到浣熊活动的树木，然后再伺机猎杀。因夜黑林密的缘故，猎犬有时也会判断失误，冲着没有浣熊的树木乱吠一通。

【释义】 喻指做徒劳无益的事，或找错了对象。

◎ 达尔杜弗

【溯源】 法国剧作家莫里哀的诗体喜剧《伪君子》的主人公。他原为没落贵族，后以宗教为生。来到巴黎后，他每日去教堂祈祷，以骗取别人的信任。他口头宣扬苦行主义，实则一顿饭竟然要吃两只鹌鹑和半条羊腿；表面上不敢正视袒胸露臂的女人，暗地却勾引别人的妻子；假意拒绝富商奥尔贡的周济，背地里却图谋奥尔贡的全部家产；在别人面前装作因为捏死一只跳蚤而忏悔，暗地里却以怨报德，将自己的恩人置于死地。

【释义】 达尔杜弗是著名的伪善者典型，所以他的名字被用来代指"伪善者"。

◎ 达拉斯贡城的达达兰

【溯源】 源自法国作家都德的同名中篇小说。达拉斯贡人爱好狩猎，因为没有野兽可供打猎，便以打扔到空中的鸭舌帽为乐。达达兰的技艺最高，被公认为全城最好的猎手。他在人们的夸奖中飘飘然起来，想博取更大的名望，于是决定去非洲猎一头阿特拉斯的大狮子。到达非洲后，他闹了很多笑话，误打误撞打死了一只瞎了眼的雄狮，被雄狮的主人告了他的状。他只好变卖自己所有的物品，花钱平息了这场官司。好在他得到了瞎狮的皮，便把狮皮寄回达拉斯贡城，使大家以为他真的打死了大狮子。当他回到家乡时，全城的人都把他当作英雄，他每天也以"猎狮英雄"自居，天花乱坠地编造着自己惊险的狩猎故事。

【释义】 用来讽喻专爱吹牛撒谎、说大话的人。

◎ 达蒙与皮提阿斯

【溯源】 希腊民间传说中的两个人物。公元前 4 世纪，有个名叫皮提阿斯的人被判了死罪，他请求在服刑前回家料理下后事，遭到拒绝。他的挚友达蒙挺身而出，甘愿顶替皮提阿斯入狱，如果皮提阿斯没有如期返回，他愿意代替好友服刑。忠于友情的皮提阿斯料理完后事，虽然明知自己必死无疑，但为了不连累好友，依然如期而归。他们的友谊令大家十分感动，最后，皮提阿斯也被赦免了罪行。

【释义】 喻指莫逆之交、生死之交、刎颈之交。

◎ 达摩克利斯的剑

【溯源】 达摩克利斯是古希腊神话中暴君狄奥尼修斯的宠臣，他很会逢迎拍马屁，见了狄奥尼修斯便说他多福，以取悦于帝王。一天，狄奥尼修斯让达摩克利斯坐在他的宝座上，头顶上悬了一把仅用一根马鬃系着的、随时可能掉下来的锋利宝剑，以此告诉他，君主并不多福，而是时刻存在着忧患。

【释义】 常用来比喻随时可能发生的潜在危机，或迫在眉睫的危险。

◎ 达那俄斯人的礼物

【溯源】 源自古希腊神话传说中关于特洛伊战争的故事。特洛伊战争末期，希腊人围困特洛伊城，久攻不克。后来，希腊人按照俄底修斯的计策，制造了一个巨大的木马，腹中藏满精兵，然后置于特洛伊城外，其余人佯装撤退。特洛伊人以为希腊人真的撤走了，便拆开城墙，把木马拉进城内。特洛伊祭司拉奥孔喊道："我怕达那俄斯人（希腊人）送来的礼物！"可没人理会他的警告。夜半时分，精兵们走出木马，打开城门，与回师的希腊人里应外合，攻陷了特洛伊城。

【释义】 原指希腊人建造的木马，后被用来喻指阴谋诡计、骗人的伎俩。

◎ 打狗吓狮

【溯源】 德语成语。法国 13 世纪建筑师奥内库尔的速写集中，有一幅图画记录了当时人们驯服野兽的情景：动物饲养员当着狮子的面抽打两只狗，以此威吓并驯服狮子。后来，"打狗吓狮"被收入《成语集》。

【释义】 比喻用惩罚一个不相干的人的办法，来威胁、警告其他的人。

◎ 打上烙印

【溯源】 德语成语。中古时期的德国法律规定，要给犯罪者打上所犯罪行的标记，例如造伪币的罪犯被烙上钱币印。犯人在被判处死刑、押赴刑场之前，要烙上车轮状或绞刑架状的烙印示众，以此在公众面前揭露他。

【释义】 喻指公开揭露、严厉谴责，或尖锐地批评。

◎ 大棒加胡萝卜

【溯源】 美国第二十六届总统罗斯福曾担任纽约市警察局局长、助理海军部长、纽约州长，1900 年竞选为副总统，后接任总统。他在担任总统期间，一贯奉行弱肉强食的武力外交政策，曾在一次演讲中引用"说话和气甜如蜜，手持大棒威千里"来表述自己的武力外交思想。人们把他任期内奉行的对外武装干涉和扩张的政策讥称为"大棒政策"或"大棒加胡萝卜政策"。

【释义】 喻指武力恫吓与物质利诱相结合的手段。

◎ 大车至今原地未动

【溯源】 源自俄国作家克雷洛夫的寓言《天鹅、狗鱼和虾子》。有一天，天鹅、狗鱼和虾子同拉一辆货车。天鹅拉着车使劲朝天上飞，虾子拉着车用力往后退，狗鱼则拼命往水里拖，结果当然是：大车至今原地未动。

【释义】 用来喻指空发议论，白费力气，于事无补。

◎ 大洪水时代

【溯源】 源自《圣经·旧约·创世记》。上帝见世间罪恶弥漫，决定用洪水毁灭地上的生灵，只命挪亚建造方舟，带领全家避难。挪亚造好方舟后，天上便下起倾盆大雨，足足下了四十昼夜。泛滥的洪水淹没了陆地上的一切生物，只留下挪亚方舟里的生物。

【释义】 用来表示久远的古代，很久很久以前。

◎ 大假发

【溯源】 在 17 世纪至 18 世纪的欧洲国家里，戴假发成为富人追求的时尚，同时也成为地位、权势和财富的象征。在当时，假发的式样五花八门，多达数十种，其中的主教式、绳索式等大型发式，通常是国王、宫廷大臣、大法官、大主教等戴用。

【释义】 喻指大人物、权贵、大亨，含有幽默和讽刺的意味。

◎ 大拇指

【溯源】 源于德国作家格林兄弟编辑的《格林童话》中的同名故事。一对膝下无子的农民夫妇非常渴望有个孩子，哪怕只有拇指大的小孩也行。没想到，农妇真的生了一个拇指大的婴儿，他们给他起名叫"大拇指"。大拇指虽然小，却很聪明孝顺，能钻到马的耳朵里帮父亲赶车。后来，大拇指被两个陌生人买走，他想方设法逃了回来，跟父母在一起过着幸福的日子。

【释义】 "大拇指"本是个聪明机智的小矮人，后来引用时仅取"小"之意，喻指蠢笨的侏儒。

◎ 大闹谷仓的人

【溯源】 源自旧时美国民间的戏剧活动。当时的民间艺人演出时，常常借农家的谷仓作剧场。因为演员多为没经过正规训练的江湖艺人，演技很差，念台词时常常声嘶力竭、大喊大叫，使谷仓里的嘈杂之声不绝于耳，因此被称为"大闹谷仓的人"。

【释义】 常用来讽喻江湖艺人、二流演员，或表演时装腔作势、矫揉造作的演员。

◎ 大山生了一只小老鼠

【溯源】 源于古希腊寓言作家伊索的寓言《大山临盆》。一座大山因受到剧烈震动而不停地呻吟，很多人跑过去观看，忐忑不安地等着结果，以为将要降临一场可怕的灾难。没想到，最后从大山里跑出来的，竟是一只小小的老鼠。

【释义】 其含义等同于"雷声大雨点小"，或"言语的巨人，行动的矮子"。比喻话说得很有气势，实际上本领却很小。

◎ 带有 A 的标记

【溯源】 源自法国古代造币的习俗。当时，法国各地制造的货币，习惯按照字母的顺序铸上一个字母作为标记，因而巴黎制造的货币上都带有 A 的标记，而且成色高于外省铸造的货币，声誉最好。

【释义】 因为 A 是法语字母表中的第一个字母，所以"带有 A 的标记"便成为"第一流质量"的同义语，现也用来形容成就、性格、智力、功绩等的出类拔萃。

◎ 戴便帽的猪

【溯源】 语出俄国作家果戈理的讽刺喜剧《钦差大臣》。彼得堡十四品文官赫列斯塔科夫在前往萨拉托夫时途经某县城，被当地官员误认为是微服巡访的钦差大臣。他将错就错，冒充钦差大臣在那里骗吃骗喝、寻欢作乐，后因为怕露馅，与仆人适时溜走。临走时，他给朋友特里亚奇金寄了一封信，叙述了在县城寻欢作乐的经过，并说"市长蠢得像一匹灰色的阉马""邮政局长是个好贪杯的酒鬼"，而慈善医院的院长则是个"十足的戴便帽的猪"。

【释义】 意即蠢猪、蠢人，用来讽喻某人蠢笨而无头脑。

◎ 戴着挽具死去

【溯源】 德语成语，德意志帝国宰相、普鲁士首相俾斯麦（1815～1898）的一句名言。原指戴着挽具的牛、马等牲畜在干活的时候，因精疲力竭而倒毙死亡。1881年2月4日，俾斯麦在普鲁士议会的一次演讲中表示，他要像"一匹驯服的马戴着挽具死去"，而后此语广为流传。

【释义】 喻指生命不息、工作不止，或以身殉职。

◎ 道上的猛狮

【溯源】 语出《圣经·旧约·箴言》中对懒人的描述："懒惰的人说，道上有猛狮，街上有壮狮。门在枢纽转动，懒惰人在床上也是如此。懒惰人放手在盘子里，就是向后撤回，也以为劳乏。懒惰人看自己，比七个善于应付的人更有智慧。"

【释义】 原指无端的恐惧和想象中的困难，现比喻某种困难或障碍。

◎ 得墨忒耳的礼物

【溯源】 古希腊神话传说中的丰产和农业女神，第二代天神克洛诺斯和王后瑞亚的女儿、宙斯的姐姐，并和宙斯生了女儿珀尔塞福涅。宙斯没有跟得墨忒耳商量，就让冥王哈得斯掳走珀尔塞福涅，强娶为妻。得墨忒耳知道后非常生气，放弃了对大地的管理，致使土地变得荒芜，人们遭遇饥饿。宙斯只好让哈得斯放回女儿，冥王不敢违抗，但要求妻子每年只能有 3/4 的时间与母亲在一起，其余 1/4 的时间仍然要在冥府度过。当女儿在身边时，得墨忒耳喜悦异常，乐于管理农事，大地便春种秋收，五谷丰登；当女儿回到冥府时，她便无心管理农事，大地便万物凋零，呈现出冬天的景象。

【释义】 喻指粮食或食物。

◎ 灯心草道理

【溯源】 源自德国著名大学教授库斯毛尔所写的《一位老年医生的青年时

代回忆》。灯心草是一种几乎遍布全球的草本植物。库斯毛尔在海德堡上大学时，当地出现许多专门出售擦拭烟斗的灯心草店铺。其中有家灯心草店是由一个被称作"灯心草"伙计的愚笨的人经营，大家都将他视作智力低下的典型人物。后来，人们就把连"灯心草伙计"都懂的道理称作"灯心草道理"。

【释义】 比喻那些人所共知、不值得一提的陈腐道理。

◎ 狄安娜

【溯源】 原为古罗马神话中的月神和狩猎女神，后与古希腊神话传说中的阿耳忒弥斯合二为一，成为丰产女神、分娩女神、庇护野生动物的女神。狄安娜以贞洁著称，不许凡人偷看她的容颜，违者即行处死。

【释义】 常作为"月亮"或"贞洁处女"的同义词。

◎ 狄摩西尼

【溯源】 古希腊的政治家，以雄辩著称，他的《反腓力辞》和《金冠辞》都是古代雄辩术的典范，对后世产生了很大的影响。为了维护雅典民主，狄摩西尼曾领导雅典人民进行近三十年的反马其顿侵略。公元前 322 年，马其顿进驻雅典，狄摩西尼被缺席判处死刑，后逃往卡罗利亚岛，服毒自尽。

【释义】 代指杰出的演说家，也谑指饶舌、夸夸其谈的人。

◎ 笛声悠悠的和平年代

【溯源】 源自英国作家莎士比亚的历史剧《理查三世》中葛罗斯特公爵的一段独白。葛罗斯特是英王爱德华四世的弟弟，驼背、跛脚，相貌丑陋可憎。1471 年，爱德华击败兰开斯特王族的反扑，恢复了约克王族对王权的控制。连年的征战终于有了暂时的停歇，国内呈现祥和安宁的景象，悠悠的笛声代替了催人征战的号角声。而觊觎王权已久的葛罗斯特却感觉不到一丝的快乐，他感叹道："说实话，我在这软绵绵的笛声悠悠的和平年代，却找不到半点赏心乐事来消磨岁月……"

【释义】 喻指太平盛世，歌舞升平的时代。

◎ 递给某人一杯马镫酒

【溯源】 德语成语，源自德国古代习俗。当客人在店里用过餐，结清账，踩着马镫，骑上马准备起程时，店主人要给客人递上一杯酒，祝他旅途平安、一路顺风，此酒即被称为马镫酒。

【释义】 意即给某人送行，给某人喝送别酒。

◎ 第二十二条军规

【溯源】 源自美国作家约瑟夫·海勒的同名长篇小说。小说揭露、抨击了美国军队中的官僚制度，以及专横、残暴和贪婪习气对人性的摧残。第二十二条军规规定：飞行员在面临真正的、迫在眉睫的危险时，对自身安全表示关注，乃是头脑理性活动的结果。如果你疯了，可以允许你停止飞行，只要你提出请求就行；可是你一旦提出请求，就证明你不是疯子，那么就该继续飞行。

【释义】 喻指令人无法摆脱困境的不公正的、不切实际的规章制度，令人无法逃避的困难，或使人进退维谷的局面。

◎ 第欧根尼的灯笼

【溯源】 古希腊哲学家第欧根尼有一次大白天在雅典街上点着灯笼走来走去，像是在寻找什么的样子。有人问他在找什么？他回答在找人，意为在当时的社会中很难找到他认为是真正的人。

【释义】 喻指寻找真理，或在腐败的社会中寻找真正的人的方法。

◎ 第欧根尼的木桶

【溯源】 第欧根尼是古希腊犬儒派哲学家，他认为，除了自然的需要必须满足外，其他任何东西，包括社会生活和文化生活，都是不自然的、无足轻重的。他号召人们回复简朴的自然生活。他本人穿粗衣、吃劣食，并认为房屋是一种奢侈品，曾住在大木桶内。"第欧根尼的木桶"，即由此而来。

【释义】 常用来表示与世隔绝的地方，或引申为难以发现的隐秘处所。

◎ 第五纵队

【溯源】 第五纵队是 1936 ~ 1939 年西班牙内战期间，隐藏在后方的反共和政府的间谍、叛徒等内奸的总称。1936 年 10 月，西班牙叛军进攻马德里时，曾在广播中扬言有四个纵队正在进攻，还有一个第五纵队在马德里策应。在内外敌人的联合进攻下，马德里不幸在三年后失陷，西班牙共和国被倾覆。

【释义】 代指破坏国家团结的秘密组织或间谍、特务的组织。

◎ 典妻当子

【溯源】 1609 年秋，波兰大军越过俄罗斯国界，直逼首都莫斯科。1610 年 7 月，俄国新成立的临时领主政府同意承认波兰王子弗拉基斯拉夫为莫斯科沙皇，签署了与王子共同治理国家的协议，随后，波兰军队开进莫斯科。领主政府的叛卖行为和波兰军队的入侵激起了俄罗斯人民的反抗。下诺夫哥罗德地方自治会会长库兹马·米宁组织了一支民军，以反抗波兰的入侵。他在号召人民支持民军保卫祖国时说道："我们愿意援助莫斯科国，因此我们不要吝惜自己的领地，什么也不要吝惜！我们应当卖掉家产，应当典妻当子！"后来，米宁率领的民军打败了波兰军队，解放了莫斯科。

【释义】 常被用来表示为了达到某种目的，而不惜牺牲最宝贵的东西。

◎ 冬天已经到来，春天还会远吗

【溯源】 语出英国浪漫主义诗人雪莱的抒情诗《西风歌》。诗人用充满乐观的激情写道："把我的话传播给全世界的人，犹如从不灭的炉中吹出火花！未醒的大地，借我的嘴唇，像号角般吹出一声预言吧！请问：冬天已经到来，春天还会远吗？"

【释义】 比喻对前途及理想所持的乐观主义信念。

◎ 斗熊场

【溯源】 在英国都铎王朝和斯图亚特王朝，斗熊取乐是一项颇受欢迎的娱乐活动。城内的许多公园养熊、斗熊，以供游人观赏。通常，斗熊需要借助受过训练的狗来进行。行动笨拙、憨态十足的熊，在灵巧机敏的狗的骚扰和进攻下，渐渐变得狂躁起来，做出一些徒劳无效的蠢笨动作，引得游人大笑不已。在斗熊场上，狗的吠叫声、熊的怒吼声、游人的呐喊声、惊叫声、大笑声，此起彼伏，不绝于耳。

【释义】 喻指混乱嘈杂的场所，或杂乱无序的集会。

◎ 杜洛瓦

【溯源】 法国作家莫泊桑的长篇小说《漂亮的朋友》中的主人公。杜洛瓦是个身材适中，长有天然的栗色鬈发、一撮卷起的唇髭、一双淡蓝色眼睛的漂亮男人。他只读过几年书，考试失败后，在阿拉伯的法国殖民军中服役两年。退役后他来到巴黎，得到昔日的战友、《法兰西生活》日报政治新闻编辑弗赖斯节的帮助，在报社谋了个记者的职位。可是他并不会写文章，连登在日报上的杂感还是弗赖斯节的太太玛德丽娜代笔的。于是，他开始利用自己对女性的吸引力，到处结识能让自己步步高升的人，一直到当上报社的总编辑，踏上通往内阁的道路。

【释义】 指代靠姿色、野心和骗术而飞黄腾达的人。

◎ 多米诺骨牌效应

【溯源】 多米诺骨牌是一种用木质、骨质或塑料制成的长方形骨牌，玩时先将骨牌按一定间距竖立排列成行，之后轻轻推倒第一枚骨牌，其余骨牌就会产生连锁反应，依次倒下。

【释义】 喻指一系列的连锁反应，即等同于人们所说的"牵一发而动全身"之意。

◎ 堕入塔耳塔罗斯

【溯源】 俄语成语。在古希腊传说中，塔耳塔罗斯是地的最底层，它到地面的距离等于地面到天穹的距离。它的周围有三层黑暗和一道铁墙，铜制的大门由三个头的恶犬看守，四周终年阴风呼号。塔耳塔罗斯里面囚禁着被推翻的提坦神，住着夜神的孪生子睡神和死神。睡神抓到人后会将其释放，死神如抓到人后便不再将其放走。

【释义】 喻指死亡或消失。

· E

◎ 俄狄浦斯

【溯源】 古希腊神话传说中忒拜王拉伊俄斯和伊俄卡斯忒的儿子。拉伊俄斯从阿波罗处得到神谕，因他生前有罪，所以他将被亲生儿子杀死。于是拉伊俄斯夫妇将刚出生的儿子双脚踝刺穿，用皮带捆起来，命令牧人把孩子扔到荒山喂野兽。牧人怜悯婴儿，将他送给科林斯国王波吕玻斯的牧人，最后被波吕玻斯收为养子。俄狄浦斯从阿波罗处得知他将杀死生父，并将娶生母为妻。他以为波吕玻斯夫妇是自己的亲生父母，为了摆脱命运的安排，他离开科林斯到处流浪。在一个十字路口，他与一位老人发生激烈争吵，盛怒之下杀死了老人，没想到那位老人正是忒拜王。在前往忒拜的途中，俄狄浦斯遇见了狮身人面怪物斯芬克斯，并破解了斯芬克斯的谜语，使怪物一气之下从悬崖跳下摔死。按照当时忒拜王克瑞翁的旨意，俄狄浦斯除掉了怪物，就可获得王位，并娶克瑞翁的姐姐伊俄卡斯忒为妻。后来，俄狄浦斯从预言家口中得知，杀害亲生父亲、娶母亲为妻的正是他自己，于是从自缢身亡的母亲身上摘下个金钩，戳瞎了自己的眼睛，自愿流落他乡。

【释义】 因为俄狄浦斯破解斯芬克斯之谜的故事广为传诵，所以他的名字被用来比喻智慧超群、聪明绝顶的人。

◎ 鳄鱼的眼泪

【溯源】 据西方古代传说，鳄鱼异常阴险狡猾，当它诱捕到人和动物时，一边贪婪地吞噬，一边假惺惺地流泪。"鳄鱼的眼泪"一语即由此而来。其实，鳄鱼具有特殊的排泄腺，其排出管就分布在眼睛的周围，所以，鳄鱼的眼泪并非"泪"，而是排出体内多余的盐分。

【释义】 常被喻指虚假的眼泪、伪装的同情。后又被引申为一面伤害别人，一面装出悲天悯人模样的阴险狡诈之徒。

◎ 厄科

【溯源】 古希腊神话传说中的回声女神。据奥维狄乌斯的《变形记》中说，天后赫拉时常到山边窥探丈夫宙斯是否跟一些仙女偷情，而厄科却故意缠着她没完没了地说话，以拖延时间让仙女们逃跑。赫拉看穿厄科的用意，便气愤地对厄科说："你的舌头把我骗得好苦，我不能让它再长篇大论地说话，也不让你拖长声音。"于是，厄科再跟人说话时，只能重复对方所说话的最后几个字了。

【释义】 "厄科"的本意就是"回声"，所以成为回声的同义词。

◎ 厄喀德那

【溯源】 古希腊神话传说中半身是女人、半身是蛇的怪物，也是神话中诸多怪物之祖。她与有一百个蛇头的喷火怪物堤丰结为夫妻，生了勒那耳的水蛇许德拉，长着狮头、羊头、蟒头的三头怪物喀迈拉，涅墨亚狮子，狮身人面的斯芬克斯，看守冥国大门的三头恶狗刻耳柏罗斯，看守金羊毛的毒龙，啄食普罗米修斯肝脏的鹰等。

【释义】 用来比喻蛇蝎般恶毒的人。

◎ 厄里倪厄斯

【溯源】 古希腊神话中住在冥界、主司复仇的女神。传说复仇女神有三个：谋杀的报仇者提西福涅、愤怒不止者阿勒克托、忌妒者墨该拉。古希腊诗人赫西俄德认为，她们是女神该亚的女儿，是从该亚的丈夫乌剌诺斯的血泊中跳出来的。复仇女神专门惩罚那些违背誓约、不从父母、不敬老者、凶杀等的罪行。

【释义】 常用来比喻报仇。

◎ 厄吕西翁

【溯源】 古希腊神话传说中丧失知觉的阴魂居住的王国，由冥王哈德斯和冥后珀尔塞福涅统治。荷马则认为厄吕西翁在地球的极西部，那里一年四季微风习习，土地不用耕种一年三熟，没有疾病和灾荒。那些凡人肉眼看不到的、被神赐予永生的英雄就住在那里，过着幸福快乐的生活。

【释义】 厄吕西翁常被译为极乐世界、福地、乐土，喻指美丽、幸福的地方，也用作长眠之地的象征。

◎ 二二得烛

【溯源】 源自俄国作家屠格涅夫的长篇小说《罗亭》。主人公毕加索夫是个卑劣自私、粗暴无知、轻视妇女的地主，他认为女人愚蠢、虚伪、说话毫无逻辑。有一次，他在跟女地主达莉亚·米哈伊洛夫娜谈论女人时，极尽挖苦之能。达莉亚·米哈伊洛夫娜问他为什么如此自信自己的看法，好像永远也不会犯错似的。毕加索夫回答说："男人也会犯错误的。可是，您知道男人的错误跟女人的错误有什么区别吗？打个比方说，一个男人也许会说二乘二不等于四，而是等于五或者三个半。女人却会说二二得蜡烛！"

【释义】 比喻说话或做事毫无逻辑与条理，以致达到荒唐可笑的地步。

· F

◎ **发火过慢**

【溯源】 法语俗语。17世纪，士兵给前装式滑膛枪装弹时，需要先咬掉弹壳的底盖，向药池内倒少许火药，余下的由枪口倒入，再推入弹丸和纸壳。这种枪弹因为没有密封，非常容易因雾气和雨水而受潮，导致射击时发火过慢，产生的力量很小，射出的子弹达不到需要的速度，因而无法击中目标。

【释义】 原指早期枪弹因火药受潮而发火过慢，后喻指一件事或一项计划进展缓慢，拖延到最后也没有成功。

◎ **发射火弹**

【溯源】 14世纪时，法国开始使用炮弹。最早的炮弹是实心的铁球，先放在炼铁炉里烧红，然后装进炮筒，发射到敌方阵地。如果炮弹发射后碰上可燃物质，就会引起燃烧。

【释义】 用来喻指用言语或文字进行激烈的攻击、抨击。

◎ **发现新大陆**

【溯源】 源自意大利航海家哥伦布（约1451～1506）在航海事业取得的伟大成果。哥伦布曾先后四次出海远航，发现了美洲大陆，开辟了横渡大西洋到美洲的航路，促进了旧大陆与新大陆的联系。

　　【释义】　一切新发现的代名词。

◎ 法穆索夫

　　【溯源】　俄国作家格里鲍耶陀夫的喜剧《智慧的痛苦》中的主要反面人物，俄国农奴制度下的贵族官僚的典型。为了追逐名利，他不惜巴结逢迎、卑躬屈膝，甚至女儿的婚姻也成为他利用的手段。他信守自己的规矩，仇视一切新鲜事物，表面上标榜自己清心寡欲，背地里却想调戏家里的婢女。

　　【释义】　喻指唯利是图、保守顽固、道貌岸然的人物。

◎ 法西斯

　　【溯源】　在公元前6世纪末的古罗马共和国时期，首脑是两名执行官。执行官有12名侍卫官，侍卫官的肩上荷着一束打人用的笞棒，笞棒中间插着一柄斧头，象征国家最高长官的权力，这种笞棒就被称为法西斯。第一次世界大战后，意大利人墨索里尼（1883～1945）把法西斯用于现代政治，鼓吹暴力恐怖，叫作法西斯主义。

　　【释义】　暴力与恐怖的代名词。

◎ 反腓力辞

　　【溯源】　古希腊政治家和雄辩家狄摩西尼斥责马其顿国王腓力二世的演说辞。公元前350年，腓力二世强占了雅典在色雷斯的领地。公元前351年初，狄摩西尼发表《第一篇反腓力辞》，号召雅典人掌握自己的命运，并开始了领导雅典反马其顿的斗争。而后他又依次发表了《第二篇反腓力辞》《第三篇反腓力辞》，驳斥了腓力的无理要求，有力地捍卫了雅典的民主和独立。

　　【释义】　用来比喻义正词严的演说或文章。

◎ 放到驴背上

　　【溯源】　德语成语，源自德国中古时期的刑罚。德国人认为驴子是种蠢笨的动物，当人们对某个人的行为感到气愤时，就强迫此人骑上驴背或木驴背上，以示惩戒。直到17世纪，这一习俗才逐渐消失，只在狂欢节的化装游行中能见到这种场面。

　　【释义】　隐喻对某人生气或发怒。

◎ 菲尼克斯

【溯源】 古代埃及和希腊传说中的一种圣鸟，与太阳崇拜有关。传说菲尼克斯像鹰那么大，羽毛为艳丽的红金二色，鸣叫声悦耳动听。菲尼克斯的寿命很长，将死的时候用香树枝和香料造巢，然后点燃自焚，从灰烬中再飞出一只新的菲尼克斯，带着老菲尼克斯的骨灰飞到埃及的赫里奥波利斯，存放在太阳神殿的祭坛上。

【释义】 长生不老、能永远复生的象征。

◎ 分而治之

【溯源】 古罗马帝国元老院所奉行的统治被征服地区的一种政策。罗马帝国时期，随着向意大利境外的扩张，它迅速发展成为地中海的大国，在公元前 3 世纪开始设立行省。公元前 130 年左右，罗马帝国有西西里、撒丁尼亚、山南高卢、西班牙、阿非利加、伊利里亚、马其顿、亚该亚、亚细亚九个行省。罗马元老院除了向行省派遣总督和军队外，还采取"分而治之"的办法实行管理和统治。

【释义】 指通过在各民族间制造分裂的办法，去削弱他们的力量，达到统治他们的目的。

◎ 风中芦苇

【溯源】 源自《圣经·新约·马太福音》。耶稣在家乡传道时，施洗约翰正被犹太人关在当地的监狱里。他得知耶稣在传天国的福音，便派门徒前来问耶稣是否就是基督。耶稣做了肯定的答复。约翰的门徒走后，耶稣向听他布道的人谈起约翰，说道："你们以前到旷野时，是要看什么呢？要看风吹动的芦苇吗？你们出去到底是要看什么？要看穿细软衣服的人吗？那穿细软衣服的人是在王宫里。你们出去究竟是为什么？是要看先知吗？我告诉你们，是的，他比先知大多了。经上所记'我要差遣我的使者在你面前预备道路'说的就是这个人。"

【释义】 比喻缺乏主见、信仰不坚定的人。

◎ 丰裕之角

【溯源】 古希腊神话中的"阿玛尔忒亚角"。天神宙斯出生后，母亲瑞亚曾将他藏在克里特岛的山洞里，以防被他的父亲克洛诺斯吞食。宙斯由岛上的神女养护他，母山羊阿玛尔忒亚用自己的乳汁哺育他。有一次，阿玛尔忒亚的一只角被树枝折断。一位神女用鲜花和树叶将羊角缠起来，又在里面装满各种各样的美果送给宙斯。宙斯把羊角赠给养育他的神女，并告诉神女，她们需要什么，羊角里就能倒出什么。

【释义】 又译为"聚宝角",喻指富裕、丰盛。

◎ 弗利特大街

【溯源】 英国伦敦市内一条著名的街道。最初那里是一条名叫弗利特的大河,有着一条十分繁忙的水上运输线。后来随着伦敦城的扩建,这条河流被改造,在原来的河床上铺设了地下管道,将河水引入其中,上面则修筑成"弗利特大街",分布了许多新闻、出版、印刷机构。

【释义】 常用来喻指英国新闻界。

◎ 弗罗伦斯·南丁格尔

【溯源】 英国护理学的创始人。南丁格尔 1820 年出生于意大利佛罗伦萨一个富足的旅意英侨之家,1850 年曾在德国恺撒斯韦尔基督教女执事学校学习护理,1853 年担任伦敦患病妇女护理会监督。1854 年,南丁格尔自愿奔赴前线,使英军战地医院的状况得到改善。她对伤员体贴入微,经常在夜间提灯巡视病房,被称作"提灯女士"。

【释义】 女护士的共名,有时也用来喻指恩人、慈善家、组织者。

◎ 佛罗拉

【溯源】 古罗马神话中司鲜花和青春的女神。据传,对佛罗拉的崇拜始于传说中的萨宾人国王提图斯·塔提奥斯,还为佛罗拉建立了祭坛并提供了祭司。花神节在每年的 4 月 28 日至 5 月 3 日,节日期间,人们不仅要向佛罗拉祭坛敬献鲜花,也用鲜花装饰自己和牲畜,并举行一系列的娱乐活动。

【释义】 在现代西方语言中,"佛罗拉"已成为植物学名词,指某一地区的植物群。

◎ 孚里埃

【溯源】 古罗马神话中的复仇三女神,即古希腊神话传说中的厄里尼厄斯。她们生活在冥界,专门到尘世追踪和惩罚恶人。在造型艺术中,复仇女神是三个丑恶的老妪,手里拿着皮鞭,头上缠着毒蛇,眼睛滴血,舌头伸出,龇着牙齿。

【释义】 喻指恶女、泼妇或可怕的事物。

◎ 浮士德

【溯源】 德国民间传说中的著名人物,据传是一位到处旅行的星象家,为了换取知识而将灵魂出卖给魔鬼。在德国诗人歌德的诗体悲剧《浮士德》中，浮士德是个自强不息、追求真理的学者。在经历了书斋生活、爱情生活、政治生活、艺术生活、建功立业五个阶段后，他终于认识到："要每天每时去开拓生活和自由，然后才能作自由和生活的享受。"

【释义】 孜孜不倦、自强不息地追求真理者的象征。

◎ 福尔摩斯

【溯源】 英国作家柯南道尔的系列侦探小说中的主人公。福尔摩斯是个勇敢机智的私人侦探，善于通过细致的观察，运用逻辑学和心理学等，去侦破很多扑朔迷离、纷繁复杂的棘手案件。

【释义】 常用来赞扬足智多谋、办案有方的优秀侦探。

◎ 福耳图娜

【溯源】 古罗马神话中司幸福和机运的女神。在艺术形象造型中，福耳图娜是位手持丰裕之角、正在撒落钱币的青年妇女，有时蒙着眼睛立在象征着福祸无常的圆球或车轮上。

【释义】 幸福、成功的同义语，或指财产。"福耳图娜之轮"则喻指机遇、运气。

◎ 福图内特斯的钱袋

【溯源】 福图内特斯是欧洲中世纪民间传说中的人物。有一天，在他饥肠辘辘的时候，命运女神来到他面前，答应帮助他摆脱困境，并要送给他一件礼物，让他在英俊、健康、富有、力量、智慧中选一种。他不想再过饥寒交迫的生活，便选择了富有，于是女神送给他一个钱袋和一顶神奇的如意帽。钱袋能供给他取之不尽的金钱，如意帽则可以使他隐去身形，带他到任何想去的地方。

【释义】 喻指取之不尽，用之不竭的钱财。

◎ 扶上马

【溯源】 语出普奥战争结束后，普鲁士首相俾斯麦在北德意志联邦会议上的一次演讲。当时的普鲁士已经基本统一了德意志，联邦的议会、外交、军事大权都为普鲁士所控制。踌躇满志的俾斯麦在演讲结束时说道："先生们，让我们努力工作吧！让我们把德国扶上马吧！德国一定能快马加鞭，奔向前方！"

【释义】 喻指创造条件。其引申语"把某人扶上马"，表示帮助或拥护某人上台。

·G

◎ 该隐

【溯源】《圣经》传说中人类始祖亚当和夏娃的长子，种地人，他的弟弟亚伯是牧羊人。有一天，他和亚伯分别拿自己的收获产物敬献上帝。上帝欣然收下亚伯的贡物，却对该隐及其贡物不中意。该隐因为忌妒，便在田间杀了亚伯。耶和华问该隐："你的弟弟亚伯在哪里？"该隐回答说："我不知道，难道我是负责看守我弟弟的吗？"耶和华说道："你做了什么事呢？你弟弟的血有声音从地里向我哀告。现在地开了口，从你手里接受你兄弟的血。现在你必须受诅咒。你种地，地不再给你效力，你必须流离飘荡在地上。"该隐说道："我的刑罚太重，过于我所能当的。你如今驱逐我离开这地，以致不见你面。我流离飘荡在地上，凡遇见我的必杀我。"耶和华对他说："凡杀该隐的，必遭报七倍。"于是，耶和华给该隐一个记号，以免别人遇见他就杀他。后来，该隐离开耶和华，住在伊甸东边的挪得之地。

【释义】 常用来比喻十恶不赦的罪犯、强盗、杀人凶手、暴虐的君王。

◎ 干瘪的骑士

【溯源】 语出德国诗人海涅的长诗《德国——一个冬天的童话》。诗人在1831年5月路过密尔海姆时，看到那里的人们革命热情高涨，强烈要求把代表封建专制统治的普鲁士军队赶出去。"他们思索，干瘪的骑士们，不久将要从这里撤走，从铁制的长瓶里，给他们斟献饯行酒！"12年后，海涅再次路过这里时，发现普鲁士军队仍然驻扎在这里，只是从"干瘪的骑士"变成了大腹便便的"无赖和流氓"。

【释义】 常用来讽刺和讥笑反动的政客官吏。

◎ 甘泪卿提的问题

【溯源】 源自德国作家歌德的诗体悲剧《浮士德》。甘泪卿是一位出身平民的少女，她天真、纯朴、善良，可爱上浮士德后，性情大变，最后成了狂人。甘泪卿是个虔诚的基督徒，所以十分担心所爱的人因不是基督徒而走入邪径，从而破坏她忠贞不渝的爱情。她怀着矛盾的心情问浮士德："你信仰上帝吗？"对浮士德来说，这个问题实在是很棘手，要是回答不信，就会断送他与甘泪卿的爱情。于是，他做了个模棱两可的回答："谁能呼其名，谁能自称'我信他'？谁有感受，而且敢于出口表示'我不信他'？"

【释义】 甘泪卿提出的问题涉及上帝是否存在的问题，因此是个十分难以回答的问题。据此，人们便把一些重大的、包括政治方面的难以解答的问题，比喻为"甘泪卿提的问题"。

◎ 赶上琼斯家

【溯源】 源自美国漫画作者阿瑟·莫曼德从 1913 年起陆续发表在《纽约环球报》上的同名连载漫画。作者以嘲弄、讥讽的手法，描述了一个美国青年在生活中竭力攀比富贵的邻居琼斯，处处模仿琼斯家的豪华排场，最后因入不敷出、筋疲力尽而幡然醒悟的故事。

【释义】 喻指与他人比排场、比阔气、比社会地位等的攀比行为。

◎ 橄榄枝

【溯源】 源自《圣经·旧约·创世记》。上帝命令挪亚造好方舟后，便降下毁灭性的大暴雨，顿时，方舟之外洪水滔天，一连下了四十昼夜。后来，上帝顾及方舟内的生灵，下令兴风止雨，使风吹着水渐渐消退。挪亚为了探知方舟外的消息，放出去一只乌鸦，但乌鸦有去无回。他又放出一只鸽子，鸽子见遍地是水，无处落脚，便飞回舟中。七天之后，挪亚再把鸽子放出去，鸽子衔回一枝显然是新从树上长出来的、翠绿的橄榄枝叶，证明洪水已经消退。

【释义】 被人们视为没有灾难、和平友好的象征。

◎ 高里奥

【溯源】 法国作家巴尔扎克的长篇小说《高老头》中的主人公。高里奥原是一个普通的面粉商，在法国资产阶级大革命期间，依靠投机倒把，囤积居奇，成为资产阶级暴发户。因为妻子早逝，他特别溺爱两个女儿，对她们有求必应，而且不惜花费大笔金钱给她们作陪嫁。可两个女儿生活放荡，挥金如土。她们不但不孝顺父亲，而且不断骗取他的财产，导致他因穷困潦倒住进公寓。当高老头囊空如洗后，两个女儿便彻底不再来看他，直到最后老人在"啊！我的女儿"的呼叫声中死去，甚至连送葬时，女儿女婿都无一人到场。

【释义】 用来指代或讽刺既是金钱崇拜者，又是金钱的牺牲品的人。

◎ 割掉狗的尾巴

【溯源】 源自关于古雅典将军亚西比德的传说。亚西比德出身贵族，是古希腊哲学家苏格拉底的学生和朋友。他幼年丧父，由近亲伯里克利抚养成人。因伯里克利忙于政务，未能对他进行适当教育，所以成年后的亚西比德虽仪表堂堂、才智过人，却自私自利、好出风头。即使他已经成为雅典赫赫有名的将军和海军统帅，也还想让更多的人注目于他，甚至不惜割掉他养的狗的尾巴。

【释义】 用来讽喻为了引人注目，不惜做出别出心裁、稀奇古怪的事情。

◎ 格雷特纳格林的婚姻

【溯源】 格雷特纳格林是英国苏格兰的一个村庄。18 世纪时在苏格兰，男女双方只要有证人在场，口头宣布结婚意愿，便可结为合法夫妻。但距格雷特纳格林仅 1.2 公里之遥的英格兰，结婚手续十分严格、烦琐，所以常有许多英格兰情侣私奔到这里来结婚。直到１９４０年，苏格兰官方才认定，这种只凭口头表达意愿，便可缔结良缘的结婚方式为非法。

【释义】 用来指代未经父母同意就私奔成婚的情侣。

◎ 葛朗台

【溯源】 法国作家巴尔扎克的长篇小说《欧也妮·葛朗台》的主人公。葛朗台不仅贪婪，而且吝啬。他生活中的唯一乐趣，就是在藏金密室里把玩黄澄澄的金子。他舍不得为妻子治病，以致妻子最后在痛苦和绝望中死去。侄子把金链、金纽扣、金戒指交给他变卖，他也从中捞油水。连临终前做法事时，见到神父手里拿着让他亲吻的镀金十字架，也想扑上去夺过来。

【释义】 吝啬鬼和守财奴的代名词。

◎ 给刻耳柏罗斯一块肉饼

【溯源】 刻耳柏罗斯是古希腊和罗马神话中把守冥间入口的三个头的恶狗，机警而又凶猛，只许鬼魂进去，不准鬼魂出来。一位罗马女预言家曾用加了罂粟和蜂蜜的糕饼，使刻耳柏罗斯酣睡不醒，以此帮助特洛伊战争中的英雄埃涅阿斯走出冥间，所以在古时的希腊和罗马人死后，家人要将一块肉饼或蜜饼放在死者手中，让死者用它去讨好刻耳柏罗斯，以便顺利地越过地狱，进入天堂。

【释义】 喻指贿赂刁难者，或安抚难缠的顾客。

◎ 给某人一支香烟

【溯源】 第一次世界大战期间，德国皇家海军指挥官在训斥青年军官时，总是先给他递一支烟。被训斥的军官离开指挥官的舱房时，甲板上的人根据他手上燃着香烟的剩余部分，就能判断出事态的严重性。

【释义】 喻指训斥或者责备某人。

◎ 给人放血

【溯源】 德语成语。放血是欧洲一种古老的治疗方法。当时，人们对各种疾病缺乏系统的科学认识，认为人体由四种体液构成，生病是因为体内某种体液元素积存过多，导致负担太重。所以只要放掉体内多余的"坏血"元素，人就会恢复健康。因为医生不屑于干这种事，放血便由理发店的理发师进行，理发店门口不停转动的三色柱就是他们行医和理发的标志，其中红色代表血液，蓝色代表静脉，白色代表纱布。

【释义】 比喻用不正当的手段榨取别人的钱财。

◎ 给一个人指明什么是钉耙

【溯源】 德语成语，源自德国作家阿克尔曼写的笑话《不成器的儿子》。一个农民含辛茹苦把自己的儿子送出去深造。这个农家子弟学成归来后，变得目空一切，瞧不起亲人，瞧不起家乡。为了显示自己与众不同，他故意讲别人听不懂的拉丁语，还假装不认识自己小时候就摆弄过的钉耙。可当他不小心踩到钉耙齿，钉耙柄打在他头上时，他却立即叫喊起来："该死的钉耙！"

【释义】 常在训斥时使用，表示提醒某人注意某事，或斩钉截铁地向某人讲明自己的看法。

◎ 给自然照镜子

【溯源】 语出英国作家莎士比亚的悲剧《哈姆莱特》。为了判明叔父是否弑君篡权的凶手，哈姆莱特王子特地安排戏班演出同父王被害经过相仿的《贡扎古之死》。在演出前，王子叮嘱一个演员说："……你应该接受你自己的常识的指导，把动作和语言互相配合起来，而且要特别注意不能越过自然的常道，因为任何过分的表演都是和演剧的原意相反。自有戏剧以来，它的目的始终是给自然照镜子，展示善恶的本来面目……"

【释义】 意为真实地反映生活、展现生活。

◎ 根据亚当·里泽的算法

【溯源】 亚当·里泽（1492～1559）是德国著名的数学家。他原是德国一个矿山的公务员，在1518年和1522年出版了两本用德语写的计算用书。书中用简便易认的阿拉伯数字取代了容易使人混淆的罗马数字，简化了计算程序，很快便广为流传。亚当·里泽因此被誉为数学大使，他的儿子和孙子后来也都成为有名的数学家。

【释义】 意为精确、精准的计算。

◎ 跟着别人的笛声跳舞

【溯源】 源自古希腊历史学家希罗多德的《历史》。古波斯帝国的国王居鲁士大帝入侵小亚细亚之前，曾要求小亚细亚的希腊人站在波斯帝国这边，被希腊人拒绝。后来，希腊人派来使者，表示愿意有条件地臣服居鲁士。居鲁士向使者讲了一则寓言：有个会吹笛子的渔夫见到海里有鱼，便站在海边的岩石上吹起笛子，以为鱼听见笛声后，便会自动跳到他的身边。他费力吹了许久，也没见有鱼跳出来，于是向水中撒开网，捕到了许多鱼。渔夫对活蹦乱跳的鱼说："坏东西，我吹笛子的时候，你们不肯跳舞。现在我不吹了，你们倒跳起舞来了。"希腊人听了寓言，明白当初不该拒绝支持波斯，现在来归顺，已经晚了。

【释义】 转义为听凭别人的意旨行事，被别人牵着鼻子走。

◎ 公共马车夫的生活

【溯源】 在旧时的法国，马车是主要的运输工具。那时的马车基本分为三种：一种是在城里载运旅客的出租马车，行程距离较短。一种是用于长途旅行的驿站马车，有固定的行车路线，相隔一段距离就在驿站换马。还有一种是装备简陋的四轮公共马车，乘坐很不舒服，但因价格便宜，一般穷人和偏远地区的居民多乘坐这种马车。赶车的车夫生活尤为艰苦，没有固定的行车路线，翻山过河，到处奔波。

【释义】 比喻漂泊不定的生活或没有规律的生活。

◎ 公鸡巷的幽灵

【溯源】 源于18世纪发生在伦敦城的假借鬼魂，招摇撞骗的事件。1762年，居住在伦敦城史密斯菲尔德区公鸡巷的居民，常常会听到一阵阵莫名其妙的敲门声。小巷的主人帕森斯财迷心窍，为了获利，便谎称这是一位被丈夫害死的女人亡灵在敲门。顿时，这件事传遍了伦敦城，很多人涌进公鸡巷，想亲耳听听鬼敲门的声音，甚至惊动了皇室成员和达官显贵。英国诗人、评论家约翰逊博士经过调查后，向世人揭露了真相。原来所谓的鬼敲门的声音，其实是帕森斯唆使十一岁的女儿用木板击打床板发出的声响。后来，帕森斯以欺诈行骗罪被判处枷刑。

【释义】 代指虚构的恐怖故事，或骇人听闻的谣传。

◎ 公鸡在粪堆里发现一颗珍珠

【溯源】 源自俄国作家克雷洛夫的寓言《公鸡与珍珠》。公鸡在粪堆上觅食，忽然发现一颗珍珠。它不屑一顾地说道："这有什么用处？毫无价值的玩意儿！人们把它看得那么珍贵，岂不是太愚蠢了！我倒想得到一粒大麦，虽然看上去不起眼，却能填肚皮。"

【释义】 用来讽刺愚昧无知的人把珍贵的东西当成粪土。

◎ 公平的脚步

【溯源】 语出古罗马诗人贺拉斯的《歌咏诗集》。诗人认为，死对于每个人都是不可避免的，无论是王公贵族，还是平民百姓，都难免一死，所以死神的脚步是公平的脚步。"面色暗淡的死神，迈着公平的脚步，敲穷人的茅舍和王公的宫阙。"

【释义】 指死亡的到来。

◎ 沟的尽头是跟头

【溯源】 在欧洲封建时期，农民们为了让领主娱乐消遣，自己能得到些赏赐，常在节日里举行跳沟比赛。他们在一条宽度逐渐增加的沟里灌满了水，因为沟尽头处最宽，多数人都跳不过去而跌入水中，"沟的尽头是跟头"一语即由此得来。

【释义】 常用来警告那些明知有危险，偏向险处行的鲁莽之人。

◎ 骨中的骨，肉中的肉

【溯源】 语出《圣经·旧约·创世记》。上帝创造人类始祖亚当以后，认为亚当独居很孤单，便取了他一根肋骨，造成女人夏娃。亚当见到夏娃时说："这是我骨中的骨，肉中的肉，可以称她为女人，因为她是从男人身上取出来的。"

【释义】 用来比喻两个人的关系极其密切，不可分离。

◎ 故事性人物

【溯源】 语出俄国作家果戈理的长篇小说《死魂灵》。作者描写地主诺兹德廖夫时写道:"就某一方面来说,诺兹德廖夫是一个故事性人物。无论什么集会,只要有他在场,总会闹出点故事来,总不免要出点什么乱子,或者是宪兵到场把他拉出会场,或者是他的朋友们不得不把他赶出去……"

【释义】 讽喻不安分守己、专爱惹是生非的人。

◎ 挂别人的旗帜出航

【溯源】 德语成语,源于海盗的一种行为。18 世纪以前,大西洋和地中海上海盗横行,几乎哪里有商船,哪里就有海盗尾随其后。这些海盗船挂着画有骷髅的黑旗,到处大肆抢劫。许多商船为了免受其害,不得不请政府派兵或由私人武装随船护卫。海盗船为了便于活动,往往不挂骷髅旗,改挂商船旗帜来麻痹商船上的水手和武装人员,然后趁其不备发动突然袭击。

【释义】 引申为瞒天过海、弄虚作假之意。

◎ 硅谷

【溯源】 美国旧金山往南,从帕洛阿尔托到圣何塞有一条 30 英里长、10 英里宽的地带,聚集着惠普、英特尔、苹果等数以千计的微电子工业和其他高新技术企业,是信息社会的发祥地。因为用"硅"制成的半导体芯片是微电子工业的基本产品,所以 1971 年《微电子新闻》开始称这个地带为"硅谷"。硅谷是美国第九个最大的制造业中心,也是美国经济增长最快、最富裕的地区,在那里看不到一个烟囱,听不到一丝机器声,它不像人们习惯理解的工业区,倒像一个大花园。

【释义】 泛指所有最新、最尖端的高技术的产地。

◎ 龟兔赛跑

【溯源】 源自《伊索寓言》中《乌龟和兔子》的故事。乌龟和兔子约定时间和地点进行比赛。比赛开始后,兔子自恃天生腿长,稳操胜券,觉得先睡一觉再赶路也不迟,于是躺在路边睡着了。乌龟却一直向前坚持不懈地爬着,最后赢得了胜利。

【释义】 比喻只要奋发图强、锲而不舍,无论条件多差也能取得成功。

◎ 贵族中的小市民

【溯源】 源自法国作家莫里哀的喜剧《贵人迷》。主人公茹尔丹是个年过半百、出身卑微、没有受过上流社会教育却一心想钻进贵族社会的暴发户。为了达到这个目的，他请来许多家庭教师，每天教他学习文化、音乐、舞蹈、剑术和上流社会的礼仪和修养。他努力去结交贵族朋友，还要追求贵族夫人，认为这是当贵族必不可少的风流韵事。结果，茹尔丹到处出丑，受尽嘲弄。

【释义】 喻指好出风头的人、暴发户、靠钻营而飞黄腾达的人。

◎ 桂冠

【溯源】 源自古希腊罗马神话，指用月桂树枝编成的冠冕。古代希腊人和罗马人用月桂树的枝叶，或枝叶做成的桂冠奖励著名的诗人、英雄、竞技中的优胜者。

【释义】 成功、胜利、荣誉的象征。

◎ 滚木头

【溯源】 源自美洲森林地区的早期移民生活。对从欧洲大陆初到美洲安家落户的移民来说，最重要的是建造一处能遮风挡雨、防御土人和野兽侵袭的住所。新移民首先要在树林里拓出一块宅地，伐倒那块地上的树木，并将粗大的树干截成一段段圆木，作为建造住所的材料。许多已经安居的老移民，都会前来帮忙将那些圆木滚到新拓出的宅地旁，协助他们建造新屋，"滚木头"一语即由此而来。

【释义】 泛指互相合作、相互利用，引申意为互相勾结、相互吹捧。

· H

◎ 哈利大街

【溯源】 英国伦敦市内的一条主要街道。早在维多利亚时代，那里便是医学界名流的聚集地。现今，哈利大街坐落着许多著名的医学院，很多名医都出自那里，被世人视作医学界中心。

【释义】 英国医学界的代名词。

◎ 哈利路亚

【溯源】 《圣经》用语，多见于《旧约·诗篇》。起初为犹太教习惯使用的欢呼语，后为基督教沿用。在礼仪赞美诗、圣歌中也常用来表示欢呼。

【释义】 原意为赞美上帝，后多用来表示心情愉悦时的欢呼。

◎ 哈默尔恩的捕鼠人

【溯源】 传说在1282年，德国下萨克森州的哈默尔恩城爆发了猖獗的鼠疫。人们对此束手无策，于是市长悬赏征求能消灭老鼠的人。有一天，镇上来了个穿花衣的吹笛人。他吹起奇妙的笛子，动人的笛声把镇上的老鼠都引诱到河里淹死了。当他找市长领赏时，市长却翻脸不认账，不肯给他赏赐。气愤的吹笛人趁着市民去教堂做礼拜时，再次吹起笛子，把城里的儿童全部拐骗到郊区的柯本山。

【释义】 用来指代拐骗妇女和儿童的人，也指阴险毒辣的报复者。

◎ 哈姆莱特

【溯源】 英国剧作家莎士比亚同名悲剧的主人公。丹麦王子哈姆莱特是个有理想有魄力、平易近人的年轻人。在国外求学期间，他遭遇了父王暴死，叔父篡权，母后变节。回国后，他偶然得知父王惨死的真相，便决心杀掉叔父为父报仇。可是，因他的优柔寡断、顾虑重重，他一再坐失良机，虽然最后刺杀了奸王，自己也死在毒剑之下。

【释义】 比喻因犹豫不决、优柔寡断而坐失良机或一事无成的人。

◎ 还不如回过头来瞧瞧自己的尊容

【溯源】 语出俄国作家克雷洛夫的寓言《猴子和镜子》。猴子在镜子里看到自己的形象，对边上的熊说："我亲爱的朋友，你瞧瞧镜子里的那副丑样子，真是难看极了！我要是有一点像它，非难过得上吊不可！不过，我的至亲好友中，就有长得这么难看的，掰着指头就能数出五六个来。"熊回答说："与其费那个力气去数别人，老兄，还不如回过头来瞧瞧自己的尊容。"

【释义】 用来讽刺和批评那些只看到别人的缺点和不足，却看不到自己的缺点和不足的人。

◎ 还未开花就已凋谢

【溯源】 语出俄国诗人波列扎耶夫的《晚霞》。原诗作写道：我永远，永远衰萎了！我从不，从不知道幸福！我活着，活着是为了死去……我用茂盛的生命，扼杀了我的希望……还未开花就已凋谢，在那阴暗的早上……

【释义】 比喻瞬间即逝的、尚未充分展示自己的才华便夭折的人物。

◎ 海燕

【溯源】 苏联作家高尔基在1901年发表的散文《海燕之歌》中的形象。当时正值俄国民族解放运动高涨时期，高尔基以满腔的革命情绪、高昂的浪漫主义格调，在作品中塑造了大智大勇的海燕形象，鼓舞人们去迎接伟大的战斗。

【释义】 在俄语中，"海燕"一词意为"预告暴风雨的使者"，所以海燕被作为预告或迎接革命风暴的革命者的象征。

◎ 海妖塞壬

【溯源】 古希腊神话传说中半人半鸟的女仙，海神福耳库斯的女儿，传说有三位。她们原为海上美貌非凡的姑娘，在冥王哈得斯劫走丰产女神得墨忒耳的女儿珀尔塞福涅时，她们没有出手援救，因此被得墨忒耳惩罚，变成半人半鸟的女仙。她们居住在女巫喀耳刻的海岛和怪物斯库拉的洞穴之间的海岛，专用迷人的歌声诱惑航海者。

【释义】 用来指代歌声动人的女歌手或迷人的美女。

◎ 汉尼拔的誓言

【溯源】 汉尼拔是古迦太基的统帅，他的父亲是第一次布匿战争中的西西里将领。汉尼拔十岁的时候，父亲让他发誓永远与罗马为敌。汉尼拔长大后担任了西班牙的迦太基统帅，曾多次重创罗马军队，使罗马陷入困境。后来，他受命指挥一支舰队，因缺乏海战经验而失败。最终他自杀于俾提尼亚，至死恪守着自己的誓言。

【释义】 喻指坚忍不拔、誓死斗争的决心。

◎ 好酒何须挂树枝

【溯源】 英语谚语，源自英国民间旧俗。狄俄尼索斯是天神宙斯与情人塞墨勒的儿子，为植物之神、葡萄种植与酿酒业的保护神、酒神、狂欢之神。他有三大表征：常春藤花环、图尔索斯手杖的杖端有松果形饰物、双柄大酒杯坎撒洛斯。狄俄尼索斯曾走遍希腊、叙利亚、亚细亚，直到印度，后经色雷斯回到欧罗巴。一路上，他将酿酒术传授给人间，被人们奉作酒神，所以旧时的英国乡间酒肆的门外，常常悬挂一根绿色的常春藤枝条作为酒旗。

【释义】 借喻好货无须挂招牌、做广告。

◎ 喝干海水

【溯源】 源自法国作家拉封丹的寓言诗《一头死驴和两只狗》。两只看家狗看到远处的水面上漂着一头死驴，死驴被风吹着，离它们越来越远。它们想把驴弄来填饱肚皮，只是不知道如何才能弄到手。一只狗灵机一动，对另一只狗说："我们把这片水喝干吧，等我们喝完时，驴的尸体也晾干了，我们一星期的食粮也有了。"于是，两只狗开始喝水，喝得上气不接下气，直喝到胀破肚皮，断了气。

【释义】 喻指做一件根本不可能做到或根本不可能完成的事情。

◎ 和平鸽

【溯源】 源自《圣经·旧约·创世记》记载，上帝降洪水毁灭世界之后，挪亚从方舟上放出一只鸽子，让它去探明洪水是否退尽。上帝让鸽子衔回橄榄枝，表示洪水退尽，人间尚存希望。1950 年 11 月，为纪念在华沙召开的世界和平大会，西班牙画家、雕塑家毕加索挥笔画了一只衔着橄榄枝的飞鸽。当时智利的著名诗人聂鲁达把它叫作"和平鸽"，被正式公认为和平的象征。

【释义】 象征和平、和平的使者。

◎ 和平烟斗

【溯源】 源自北美印第安人的旧俗。和平烟斗是印第安人特制的、专门用于礼仪的"卡柳梅特"烟斗。这种烟斗通常采用大理石或红滑石做斗，白蜡木做烟杆，做工非常精细，常饰以兽毛或羽翎。若将烟斗递与陌生人，则表示愿意与其友好相处；在敌对部落缔结和约的仪式上，双方部落酋长席地而坐，同吸一支只烟斗，则表示摈弃前嫌、和平共处。

【释义】 和平与友谊的象征，也喻指签订和约、和解。

◎ 赫尔墨斯

【溯源】 古希腊神话传说中奥林匹斯十二主神之一，天神宙斯与玛亚的儿子。赫尔墨斯出生在阿耳卡狄亚的一个山洞里，最早是阿耳卡狄亚的神，强大自然界的化身。奥林匹斯统一后，他成为畜牧之神，做了宙斯的传旨者和信使。

【释义】 指代使者或传送消息的人。

◎ 赫淮斯托斯的楔子

【溯源】 赫淮斯托斯是古希腊神话传说中的火神与锻冶之神，传说为天神宙斯和天后赫拉之子。他遵奉宙斯的神谕，制造了把普罗米修斯锁在高加索山顶悬崖上的锁链和楔子处，使这位窃火的天神无法逃脱宙斯的囚禁。

【释义】 常用来比喻牢固无比的东西。

◎ 赫拉克勒斯石柱

【溯源】 古希腊神话传说中的大英雄赫拉克勒斯奉命前往厄律提亚岛，去捕捉三头六臂的巨人革律翁的红毛牛。他经过长途跋涉后，到达地中海的直布罗陀海峡，以为到了世界的尽头，便在海峡两岸各竖立一根石柱作为纪念。传说直布罗陀海峡的两座隔海相望的悬崖峭壁，就是传说中的赫拉克勒斯石柱。

【释义】 喻指世界的尽头、或事物的极端、终点、极限。

◎ 赫列斯塔科夫

【溯源】 俄国作家果戈理的讽刺喜剧《钦差大臣》中的主人公。赫列斯塔科夫是彼得堡的一位小官吏，既轻浮又浅薄，平时就爱吹嘘撒谎。他在回家省亲途经某市时，与人赌博把钱输得精光，滞留在旅店无钱清账。正在他难以脱身时，被市长及其他官员错认为从京城来的钦差大臣，好生招待他。他在尽情享受一番后，与仆人坐上快马轻车溜之大吉。

【释义】 指代轻浮浅薄、吹牛撒谎、欺世盗名的骗子。

◎ 赫罗斯特拉特

【溯源】 古希腊以弗所人。公元前 356 年，他为了名扬千古，纵火焚毁了号称世界七大奇观之一的阿耳忒弥斯神庙。法庭将他处以死刑，并禁止人们提到他的名字。后来，希腊历史学家泰奥彭波斯违反了这一禁令，在自己的著作中记述了赫罗斯特拉特的罪行，他的名字才被后世所知。

【释义】 喻指不择手段，甚至不惜通过犯罪来谋取名声的人。

◎ 黑暗王国中的一线光明

【溯源】 源自俄国文学批评家杜勃罗留波夫对剧本《大雷雨》的评论文章。剧本中的主人公卡杰琳娜是个热爱自由的青年女子，她嫁给了自己不爱的富商之子季洪，受尽了公婆的虐待和折磨。在绝望中，她偷偷爱上了公公的侄子鲍里斯，并在小姑的帮助下多次与其幽会。正当她觉得生活中出现新的希望时，突然下了一场大雷雨，她以为这是上天在惩罚她的不忠，便向婆婆和丈夫坦白了与情人幽会的事。卡杰琳娜被丈夫毒打了一顿，囚禁在家里，鲍里斯也被打发到很远的地方。卡杰琳娜冲出家庭牢笼，想与临行前的鲍里斯私奔，却遭到他的拒绝。最终，悲观失望的卡杰琳娜投河自杀，表示了对封建黑势力的抗议。杜勃罗留波夫对此评论说，卡杰琳娜具有宁死不屈的反抗精神，体现了俄罗斯人民对真理与自由的追求，她是"黑暗王国中的一线光明"。

【释义】 比喻在愚昧、黑暗的环境中出现的某种令人鼓舞的、象征着光明、新气象的事物。

◎ 黑马

【溯源】 语出 19 世纪英国首相本杰明·迪斯累里的小说《年轻的公爵》。书中曾描写一个赛马的场景：两匹赛前最为看好的赛马都没能领先，而一匹从未引起人们注意的黑马却捷足先登，取得了胜利。

【释义】 比喻实力难测的竞争者或出人意料的优胜者。

◎ 红帆

【溯源】 源自苏联浪漫主义作家格林的同名中篇小说。女主人公阿索莉从小就喜欢听童话故事，总幻想有位年轻的王子驾着一艘红帆船来接她。男主人公格莱船长偶然得知阿索莉的愿望，出于对她的爱怜，便将挂着火红色风帆的海船驶进了她家附近的港口。阿索莉远远瞥见小港湾泊着一艘大红帆船，便欣喜若狂地疾奔过去，两位年轻人靠着爱的力量，把理想变为现实，热烈地拥抱在一起。

【释义】 比喻美好的理想，对远大理想的向往与追求。

◎ 后楼梯的影响

【溯源】 旧时的英国王宫有许多入口，以供不同级别的官员谒见国王议政。有些颇具权势的人，为了一定的利益和目的，常常暗中进入王宫参与朝政。为了避免被人发现行踪，他们总是悄悄从后门潜入，沿着专供仆役等下人使用的后楼梯进入宫内，会见宫中要人并左右朝政。

【释义】 喻指在暗中施加影响的秘密势力、幕后指使者，尤指影响政务的潜在势力。

◎ 糊涂思想

【溯源】 源自俄国作家格里鲍耶陀夫的喜剧《智慧的痛苦》中，反面人物法穆索夫对思想先进的贵族青年恰茨基说的一句话。法穆索夫视自由思想为洪水猛兽，指责恰茨基否认政府、无法无天，要将他扭送到法院。法穆索夫害怕恰茨基在即将当上将军的沙俄军官斯卡洛茹勃面前捅出娄子，便告诫恰茨基说："……在他面前，请你不要有理没理地强辩，糊涂思想要抛干净。"

【释义】 原指恰茨基反对沙皇专制压迫、追求自由民主的"自由思想"，现泛指错误的、荒谬的政治思想或观点。

◎ 狐狸嘴上沾着鸡毛

【溯源】 源自俄国作家克雷洛夫的寓言《狐狸和旱獭》。旱獭遇见匆匆忙忙的狐狸，问它要到哪里去。狐狸回答说："我真是冤枉啊，我被驱逐出境了！我本来是鸡舍的法官，为了工作废寝忘食、日夜操劳，连身体都累垮了，却落得个贪污犯的下场！请你说句公道话，你见过我参与这种罪恶勾当吗？"旱獭回答说："我倒是没见你干过什么，只是常常看到你嘴上沾着鸡毛。"

【释义】 喻指某人暗地参与了罪恶的、不光彩的勾当。

◎ 华尔街

【溯源】 美国纽约市曼哈顿区南部的一条主要街道，以金融中心而闻名于世。这条街道虽然短而狭窄，却高楼林立，美国各大银行几乎都在此设有机构，还有各类金融保险机构。

【释义】 美国金融界或美国证券交易界的同义语。

◎ 滑铁卢

【溯源】 1815 年 6 月 18 日，在比利时的滑铁卢，拿破仑率领法军与英国、普鲁士联军展开激战，法军惨败。随后，拿破仑以退位结束了其政治生涯，并被流放到南大西洋的圣赫勒拿岛。

【释义】 常被用来比喻惨痛的失败。

◎ 幻梦不可觅，岁月如流水

【溯源】 源自俄国诗人普希金的诗体小说《叶甫盖尼·奥涅金》。纯真的少女达吉雅娜爱上了贵族青年奥涅金，她感到奥涅金正是她期盼已久的理想意中人，便毫不犹豫地给他写了一封信，向他倾吐衷情。奥涅金却不愿意用婚姻和家庭来束缚自己，甚至把达吉雅娜纯真的爱情看成上流社会小姐的卖弄风骚，于是冷冷拒绝了她的爱情：梦幻难觅，岁月如流，我的心灵也无法再生……

【释义】 意为随着岁月的流逝，往日的梦幻早已消失殆尽。

◎ 幻灭

【溯源】 源自法国作家巴尔扎克的同名长篇小说。小说通过描写平民吕西安和科学家大卫两位青年的不幸遭遇和幻想破灭的过程，反映了王政复辟时期法国的社会生活面貌，批判了在金钱和等级制度支配一切的社会主导下，人与人之间的冷酷关系和职业的商品化。

【释义】 喻指希望、理想等像幻境一样消失、破灭。

◎ 黄金时代

【溯源】 古希腊神话传说中人类经历的第一个时代，即幸福时代。在那时，人们之间没有纠纷和战乱，也没有恐惧和忧虑，生活富裕充足，彼此和睦相处。

【释义】 喻指幸福时代和无忧无虑的生活，或指某个国家、某个民族在科学、艺术等方面的鼎盛时期。

◎ 黄色新闻

【溯源】 19 世纪末，美国报业主约瑟夫·普利策（1847 ~ 1911）的《世界报》开设了"黄色孩童"卡通画专栏，并在上面刊印了一个由美国卡通画家理查德·奥特考尔特画的、穿着宽大黄色衣服的滑稽孩子，因而获得全国报纸的最大销售量。后来，《纽约新闻报》的发行人威廉斯·赫斯特收买了理查德·奥特考尔特，在报上开始刊用与"黄色孩童"相似的卡通画。两家报纸相互竞争，还以色情、凶杀、犯罪等新闻拉拢读者，被新闻史学家称为"黄色新闻"。

【释义】 指用极度夸张及捏造情节的手法来渲染新闻事件，尤其是关于色情、暴力犯罪方面的事件，达到耸人听闻，进而扩大销售的新闻报道。

◎ 灰姑娘

【溯源】 欧洲童话故事《灰姑娘》中的女主人公。善良的女孩因为受到继母和继母带来的两个姐姐的虐待，终日在厨房里做苦工，以致弄得满身是灰，被称为"灰姑娘"。后来，灰姑娘在仙女的帮助下，参加了王子的舞会，王子对她一见钟情。因为她总是急匆匆地离开王宫，王子只好想办法弄到她的一只水晶鞋，最后凭靠鞋子找到了灰姑娘，把她带到王宫里，举行了盛大的婚礼。

【释义】 比喻遭受到歧视、虐待、压迫等不公平的处境后，终于获得好运的人或群体。

◎ 灰衣主教

【溯源】 指 17 世纪法国国王路易十三的首相黎塞留（1585～1642）的亲信约瑟夫神父（1577～1638）。黎塞留怀有使法国称霸欧洲的大略，约瑟夫与他所谋一致，便竭力推行黎塞留的政策，与他一起驱使法国投入三十年战争，导致法国人民遭受很多痛苦与灾难。约瑟夫生前即遭到对手的忌恨，最后在民众的愤恨中死去，被讥称为"灰衣主教"。

【释义】 指代心腹谋士或幕后操纵者。

◎ 浑水摸鱼

【溯源】 源自伊索寓言《渔夫》。渔夫在河里张网捕鱼，并用绳子栓块石头击打河水，把鱼群赶进网里。附近的住户埋怨他把水搅浑了，使别人喝不上清水，他却说："若不把河水搅浑，我就得饿死。"

【释义】 比喻趁着混乱或制造混乱去获取不正当的利益。

◎ 火药筒里还有火药

【溯源】 语出俄国作家果戈理的中篇小说《塔拉斯·布尔巴》。小说描写了17 世纪时，乌克兰著名的扎波罗热哥萨克军营的战斗生活。在哥萨克远征波兰，攻打杜勃塔城时，许多哥萨克战士英勇牺牲。老哥萨克为了鼓舞士气，问战士们道："怎么样？老乡们，火药筒里还有火药吗？哥萨克的力量没有减弱吧？哥萨克们还没有泄气吧？"哥萨克的勇士们豪迈地回答："老爹，火药筒里还有火药！哥萨克的力量还没有减弱！哥萨克们还没有泄气！"

【释义】 比喻还有继续坚持战斗的勇气和力量。

◎ 火中取栗

【溯源】 源自 17 世纪法国诗人拉封丹的寓言《猴子与猫》。猴子想吃壁炉里烤着的栗子，又怕烫着，就哄骗猫去取。猫经不住猴子的甜言蜜语，尽管好几次爪子被烫得缩回来，但还是忍着痛把栗子一个个取出来。而猴子却在旁边坐享其成，吃光了所有的栗子，一个都没给猫留。

【释义】 比喻因受到欺骗而冒着危险为别人效劳。

◎ 获得马刺

【溯源】 在中世纪的欧洲，金马刺是青年骑士的荣誉和象征。获得金马刺的骑士在战斗中要冲锋在前，英勇杀敌，以出色的战绩证明自己无愧于获得的金马刺。金马刺也常被授予初次参加比武的青年人，激励他们在比武中战胜对手。

【释义】 喻指赢得某种荣誉，或表示初显身手，崭露头角。

◎ 获得棕榈枝

【溯源】 源自古罗马习俗。在古罗马，人们常将棕榈枝作为奖品，奖给在竞技比赛或角斗中的获胜者。据《圣经》记载，耶稣受难前不久，骑驴最后一次进耶路撒冷，人们都手持棕榈枝热烈欢迎他。从那以后，每到纪念这一事件的"棕枝主日"时，牧师就会在庆祝仪式上，将降福的棕榈枝作为吉祥物分发给众人。

【释义】 喻指获得胜利，得到奖励。

· I

◎ "i" 上面的一点

　　【溯源】　德语成语，语出德国作家歌德的剧本《浮士德》。在西欧的一些国家，拉丁字母是本国语言的标准字母。按照正确的书写方法，小写字母 i 在书写的时候，要先写下面部分，而后再写上面的一点。如果缺少那个小点，就不能成为字母，也无法与其他字母组成有意义的词语，因此，这是非常关键的一点。

　　【释义】　比喻决定事情成败的不可缺少的必要条件。

· J

◎ 鸡肥不下蛋

　　【溯源】　英语谚语，源自《伊索寓言·寡妇和母鸡》。有个寡妇养了只每天生一个蛋的母鸡，她因为贪心而突发奇想，想通过多喂饲料的办法促使母鸡每天生更多的蛋。结果，母鸡被喂得越来越肥，竟然不生蛋了！

　　【释义】　比喻养尊处优者难成大事。

◎ 集市上名为马丹的驴子不止一个

　　【溯源】　旧时的法国农民习惯给自家的驴子取名叫"马丹"，因而在集市上呼唤自家驴时，往往有许多也叫"马丹"的驴子做出反应，于是逐渐衍生出谚语"集市上名为马丹的驴子不止一个"。

　　【释义】　比喻不能用孤立、片面、以偏概全的观点看待世界，以免犯主观主义的错误。

◎ 既然头脑是空的，地位也不能使这头脑聪明

【溯源】 语出俄国作家克雷洛夫的寓言《帕耳那索斯山》。诸神被赶出希腊，安排在各地的神庙里后，其中有一位来到帕耳那索斯山，在山上养了一群驴。这些驴得知以前缪斯就住在这座圣山上，自以为是缪斯的替代者，便沾沾自喜地高声唱起歌。可是，它们嗓子所发出的吱吱嘎嘎的响声，使主人实在忍无可忍，赶紧将它们赶下山关进畜栏里。克雷洛夫写道："不学无术的人既然头脑原本是空的，地位也不能使这头脑聪明。"

【释义】 讽刺不学无术却又自作聪明的权势者。

◎ 既无韵律，又无条理

【溯源】 英语成语。英国政治家、《乌托邦》的作者托马斯·莫尔在担任内阁大臣期间，有一位著名的作者将自己的作品呈送给他，希望能得到他的指教。莫尔看完后，对那位作者说道："你得使它合辙押韵才行。"那位作者修改后再次送给莫尔指教，莫尔说道："噢，噢，这回行了，这回行了。现在倒是押韵了，可是先前它既无韵律，又无条理。"

【释义】 表示做事或写文章杂乱无章、毫无条理。

◎ 加尔各答黑洞

【溯源】 英语成语。1756年的夏天，孟加拉的纳瓦布带兵攻打被英军占领的加尔各答，英国驻军无力抵抗，宣布投降。当时，大约有146个英军俘虏被囚禁在一间仅有5.5米长、4.5米宽、名为"黑洞"的监房内，因人多缺氧，大部分俘虏窒息而死。这个事件曾轰动一时，"加尔各答黑洞"一语即由此而来。

【释义】 喻指兵营中狭小的禁闭室，或燥热黑暗、令人窒息的斗室。

◎ 加西莫多

【溯源】 法国作家雨果的长篇小说《巴黎圣母院》中的主要人物之一。加西莫多是个相貌奇丑无比的弃儿，自幼被巴黎圣母院副主教克洛德·富洛娄收养，长大后成为圣母院的敲钟人。克洛德企图占有在巴黎街头卖唱的吉卜赛少女埃斯梅拉达，便指使加西莫多拦路抢劫她。当加西莫多在广场上被当众鞭笞时，克洛德却见死不救。埃斯梅拉达见他口渴，不顾一切将水罐送到他的嘴边，使加西莫多感激涕零，成为埃斯梅拉达忠实的守护者。后来，埃斯梅拉达被克洛德诬告而受绞刑，加西莫多将克洛德推下楼顶摔死，自己也自尽在埃斯梅拉达的墓窟。

【释义】 用来比喻相貌丑陋，但内心善良的人。

◎ 假得像筹码

【溯源】 法语成语。在法国，最早使用的是不能进位也不能计算的罗马数字，所以人们只能用金属制造的圆形筹码进行计算。当时使用的筹码多为铜质或银质，大小和外观颇像流通的货币，于是有些骗子就用筹码冒充钱币在市场上使用，"假得像筹码"一语即由此而来。

【释义】 指虚假的、虚伪的、欺骗的，也指代骗子和伪君子。

◎ 肩头有块木片

【溯源】 在旧时的美国林区，欲挑衅滋事的斗殴者常将一小块木片放在自己肩头上，以示挑战。如果被挑战者将木片击落，就表示接受对方的挑战。

【释义】 常用来表示心情恶劣、与人发生口角，或因受辱而心怀不满。

◎ 剪刀加糨糊

【溯源】 瑞士历史学家、教授、评论家博德默尔在批评一些剧作家创作质量低劣的剧本时，曾使用"磨快的剪刀和魔粉做成的糨糊"和"一把剪刀和一瓶糨糊"等类似词语，意即拼拼凑凑、东抄西引。

【释义】 用来批评那些剽窃、抄袭而来的文学作品，也喻指新闻记者粗制滥造的报道文章。

◎ 简洁是天才的姐妹

【溯源】 语出俄国作家契诃夫给兄弟亚历山大的信："……在写剧本的过程中，你应当努力成为具有独创性的人、尽可能聪明的人，但不要害怕显露了自己的愚蠢。写剧本需要的是自由思想，具备自由思想的人才不怕写出愚蠢的东西。不要过分地雕琢，不要过分地修饰，而要笨拙和鲁莽，简洁是天才的姐妹。"

【释义】 表示说话或写作忌讳华丽拖沓的修饰，只有抓住最简单、最根本的东西，才能获得成功。

◎ 健忘的伊万

【溯源】 伊万是俄国最常见的人名。在沙俄时代，许多逃跑的苦役犯被抓住后，为了掩盖自己的过去，都不敢说出自己的真实姓名，就说自己叫伊万。如问及他们的身世，则答忘记了，因而他们在警察局里被登记为"忘记身世的人"，"健忘的伊万"一语即由此而来。

【释义】 指代背弃原则、忘记传统、没有信仰的人。

◎ 杰克尔与海德

【溯源】 英语成语，源自英国小说家罗·路·斯蒂文森的中篇小说《化身博士》。医学博士杰克尔虽然是个品行端庄、德高望重的人，但是他的内心总是有许多难以抑制的欲望无法宣泄。于是，他研制出能把人天性中的善与恶截然分开的变形药物，先在自己身上做实验。杰克尔服下药物后，就变成一个又瘦又小的人，他给这个化身起名为"海德"，将自身的恶习和欲望都传给了他。这样，他每天通过化身海德去寻欢作乐后，再变回受人尊敬的杰克尔博士。渐渐地，他体内邪恶的力量越来越旺盛，即使他自己也非常不满海德的所作所为，但已经无法抵挡恶的诱惑，甚至不用服变形药就能变出海德的身形，且放纵无度到不可收拾的地步。最后，万般无奈的杰克尔只好服毒自杀，以此摆脱可恶的海德。

【释义】 喻指具有双重性格或两副面孔的人。

◎ 杰米扬的鱼汤

【溯源】 源自俄国作家克雷洛夫的同名寓言。杰米扬宴请爱喝鱼汤的邻居福卡，在席间频频劝餐，让福卡多喝些鱼汤，还让妻子帮忙一起劝餐。福卡盛情难却，一盘接一盘地吃着，直到吃得满头大汗，再也无法忍受，赶紧急匆匆地逃回家。

【释义】 喻指过分殷勤的、令人难以忍受的款待，也泛指把自己的主观想法强加于别人。

◎ 借来的羽毛

【溯源】 源自《伊索寓言·穴鸟和鸟类》。天神宙斯欲为鸟类立王，便定下吉日，召集众鸟，由他从鸟类中选出最美丽的册封为王。穴鸟知道自己相貌丑陋，肯定落选，便将其他鸟儿褪落的羽毛拾来，用胶粘到自己身上。宙斯见穴鸟的羽毛五颜六色，非常炫丽，便有意封它为王。其他鸟类见状非常气愤，一齐扑向穴鸟，从它身上衔走各自的羽毛，穴鸟又现出原本的丑陋面目。

【释义】 喻指借来的华丽衣裳，或不属于自己的社会声誉和地位。

◎ 金羊毛

【溯源】 源自古希腊神话传说中伊阿宋率领阿耳戈船英雄寻找金羊毛的故

事。伊阿宋长大后，回到故乡要求篡权的叔父珀利阿斯归还王位和王杖。珀利阿斯要求伊阿宋到科尔喀斯国王那里取回金羊毛，以此作为归还王位的条件。伊阿宋邀请了 50 名英雄，乘坐轻快的阿耳戈船，历经千难万险后，在公主美狄亚的帮助下，终于取得了金羊毛。

【释义】 金银财宝的同义词。

◎ 金子般的评价

【溯源】 源自英国作家莎士比亚的悲剧《麦克白》中的一段台词。三个女巫预言苏格兰大将麦克白将成为葛莱密斯爵士、考特爵士、未来的君王。前两个预言果然很快就得到证实，使他燃起实现第三个预言的野心。在奸毒的妻子怂恿下，他竟然预谋暗杀前来做客的国王，可又怕因弑君篡权遭到世人的唾弃，他对妻子说道："我们还是不要进行这件事吧！他最近给了我极大的尊荣，我也从众人的嘴里获得了金子般的评价，我的名誉正在发射最灿烂的光芒，不能这么快就把它丢弃了。"

【释义】 喻指得到的赞誉，至高无上的评价。

◎ 精神贵族

【溯源】 挪威哲学家、物理学家亨利希·斯特芬斯（1773 ~ 1845）对德国文学理论家奥古斯特·威廉·冯·施莱格尔（1767 ~ 1845）的拥护者的泛称。施莱格尔是早期浪漫主义的主要代表人物，在对德国古典文学的评论方面取得了很大的成就，对欧洲 19 世纪上半叶的文学发展产生了深远的影响。

【释义】 形容那些自以为在文化修养上高人一等的人。

◎ 荆棘冠

【溯源】 源自《圣经·新约·马太福音》。耶稣被判处死刑后，巡抚的兵把耶稣带进衙门，叫全营的兵都聚集在那里。他们给耶稣脱了衣服，穿上一件朱红色的袍子，用荆棘编作冠冕戴在他的头上，又拿根苇子放在他的右手中，然后跪在他面前，戏弄他说："恭喜犹太人的王啊！"又往耶稣的脸上吐唾沫，用苇子打他的头，直到戏弄够了，才给耶稣换上自己的衣服，带他出去，准备钉十字架。

【释义】 比喻遭受痛苦、屈辱和苦难。

◎ 酒倒在杯里还不等于喝到嘴里

【溯源】 法语谚语。旧时的法国人习惯半躺着用餐，当时的酒杯杯口很大，杯身很矮，因此杯子还未接触到嘴唇时，酒就会先洒掉一些，由此产生"酒倒在杯里还不等于喝到嘴里"一语。

【释义】 比喻从产生愿望到实现愿望之间还会发生变故，从制定计划到实现计划之间还有很大的距离。

◎ 救世主

【溯源】 也称"救主"，源自《圣经·新约·约翰福音》。基督教认为耶稣的降世，是为了拯救信仰他的人脱离罪恶，获得永生。"现在我们信，不是因为你的话，是我们亲自听见了，知道这真是救世主。"

【释义】 基督教对耶稣基督的称谓。

◎ 举着火把送客

【溯源】 德语成语，源自德国古老的待客习俗。旧时街上没有路灯，来访的客人在晚上回家时，主人常派仆人举着火把陪送。这种本来表示友好的待客习俗，到后来却演变成逐客的方式。1311 年，施魏特尼茨城有些面包师想移居国外，市议会决定将为首者驱逐出境。为了嘲弄他，命人在白天燃起火把，将他送出城。

【释义】 喻指逐客、送客的意思。

◎ 爵爷的游戏

【溯源】 语出法国作家拉封丹的寓言诗《园子的主人和他的爵爷》。一座长满蔬菜和鲜花的园子遭到一只野兔的吞噬和践踏。主人用尽办法也没除掉这只野兔，便去镇上向领主爵爷请求帮助。爵爷带着浩浩荡荡的人马前来灭兔，不仅在主人家大吃大喝，还肆无忌惮地对主人的女儿动手动脚。最后，野兔从洞里逃走了，园子也被爵爷的人马糟蹋得不成样子，主人痛心地叹气说："这就是爵爷的游戏啊！"

【释义】 用来讽刺不顾别人的利益，只顾自己纵情取乐的行为。

·K

◎ 卡夫卡式的变形

【溯源】 源自奥地利作家卡夫卡的小说《变形记》。主人公格里高尔·萨姆沙是一家衣料公司的旅行推销员，他循规蹈矩，忠于职守，成年累月为了微薄的工资到处奔波，因为他的工资是家里重要的经济来源。有一天早晨醒来，他发现自己变成了一只巨大的甲虫，从那时起，他的不幸接踵而来，不但失去了工作，连父亲、母亲、妹妹也渐渐开始嫌弃他，还抱怨他是家里一切不幸的根源。格里高尔在饱尝被亲人遗弃的痛苦后，在极端的孤独中悄然死去。

【释义】 指通过扭曲的、怪诞离奇的变形形象，来反映当前不合理的社会现实的艺术表现手法。

◎ 卡拉塔耶夫

【溯源】 俄国作家托尔斯泰的长篇小说《战争与和平》中的人物。卡拉塔耶夫是一位50岁的普通农民，因为到别人家树林里伐木材而遭到鞭打和审问，并被送去当兵。他认为这是件很幸运的事，因为这样他的兄弟就可以不用去当兵了。他特别崇尚忍耐精神，被法军俘虏后，心甘情愿地为法军士兵缝制衬衣，还夸他们的衬衣做得很好。后来因为在行军途中生了病，被法军枪杀。

【释义】 指代在生活中逆来顺受、安于天命、苟且偷安的人。

◎ 卡列班

【溯源】 英国剧作家莎士比亚的传奇剧《暴风雨》中的人物。卡列班生在一个海岛上，生性愚蠢顽钝，相貌奇丑无比。失去王位的米兰公爵普洛斯彼罗漂泊到该海岛后将他收服，教他说话、认知事物，但仍然无法改变他的顽劣野性，于是将其囚禁在岩洞中做苦役。后来，卡列班将漂流到岛上的醉汉视若神明，并怂恿他去杀害自己的主人，最终被人们丢弃在岛上。

【释义】 喻指野性难改的丑怪。

◎ 卡麻丘的婚宴

【溯源】 源自西班牙作家塞万提斯的小说《堂吉诃德》。堂吉诃德与仆人来到一座正在大摆婚宴的村庄，豪华至极的婚宴排场是他们前所未见、前所未闻的：整棵榆树做成的大木叉上烤着整头公牛，树上挂着无数只剥了皮的兔子和褪了毛的母鸡，白面包堆得像谷场上的麦垛，干奶酪犹如砌成的墙……足够一支军队放开肚量大吃一顿。

【释义】 喻指豪华丰盛的宴会。

◎ 卡珊德拉的预言

【溯源】 古希腊神话传说中特洛亚国王普里阿摩斯和赫卡柏的女儿。卡珊德拉原是阿波罗神庙的女祭司，跟从阿波罗学会预言吉凶的本领。后因拒绝阿波罗的求爱，被他诅咒预言不再为人所信。特洛伊战争中，希腊人使用木马计时，卡珊德拉预言死亡将从木马的肚子里冲出，可没有任何人相信她。希腊人攻陷特洛伊后，她被分给阿伽门农，随他来到希腊。在阿伽门农王宫前，她预言阿伽门农将被妻子杀害，自己也将与他同归于尽。后来，她预言的一切都得以验证。

【释义】 指预示灾难或不幸的降临。

◎ 开门吧，芝麻

【溯源】 语出阿拉伯民间故事集《一千零一夜》中的《阿里巴巴和四十个强盗的故事》。有一天，阿里巴巴进山打柴时遇见一伙儿强盗，他们走到一个山洞前，喊了声："开门吧，芝麻！"山洞的石门便应声而开。等他们离开后，阿里巴巴也通过此法进入山洞，发现里面全是金银财宝，便装了几口袋用毛驴驮回家。强盗们得知后，千方百计想杀害阿里巴巴。在聪明的女仆马尔基娜的帮助下，阿里巴巴用计杀死了所有的强盗，靠洞中的财宝无忧无虑地度过了一生。

【释义】 喻指解决难题，获得成功的秘诀。

◎ 凯歇斯

【溯源】 英国作家莎士比亚的历史剧《裘力斯·恺撒》中的人物，谋杀裘力斯·恺撒的主谋。凯歇斯见恺撒战绩显赫、在罗马权倾天下，便游说恺撒的朋友罗巴行政长官勃鲁托斯，挑起他对独裁专制的不满，并欲借他的名望与权势赢得世人的理解与同情。为了诱使勃鲁托斯加入谋刺恺撒的行动，凯歇斯又模仿普通市民的笔迹和口气，给勃鲁托斯写了几封匿名信，暗示恺撒有实行独裁的野心，罗马人对他抱有巨大的信任和期望，希望他能为正义挺身而出，拯救国家。勃鲁托斯早已对恺撒的军事独裁很不满，于是决定为罗马人民的利益挥戈除暴。公元前44年，恺撒被刺身亡。

【释义】　常用来喻指阴险狡诈、善于欺骗游说的危险人物。

◎ 看风挂外套

【溯源】　在中世纪时期的德国，男子的外套是用以遮住肩膀的一整块长方形布，开襟处只是互相扣住，很容易被风吹起。因此晾晒时可以根据风向挂外套，以便及时将其吹干。

【释义】　比喻随着情况的变化而灵活机动地应付。

◎ 科本尼克上尉

【溯源】　1906年，在德国发生了一起耸人听闻的诈骗案。有位刚从监狱释放的鞋匠威廉·沃依格特，租了套上尉军装，摇身一变成了军官。他命令一队士兵占领了柏林附近的科本尼克市的市议会，并逮捕了市长，抢走了大笔公款。此事件经报纸披露后，顿时轰动了整个德国。

【释义】　指代外表衣冠楚楚、为人处世厚颜无耻的诈骗犯。

◎ 科吉歇尔人的举动

【溯源】　科吉歇尔位于英格兰东部埃塞克斯郡境内。据传，那里有位老农见疯狗咬了他的手推车，便惊恐万状，怀疑手推车被传染上狂犬病。他拿了条铁链，像拴狗那样将手推车锁在车棚里不再使用，以防它危及到家里的其他东西。

【释义】　喻指愚蠢的、匪夷所思的行为。

◎ 客里空

【溯源】　源自苏联作家柯涅楚克的剧作《前线》。有一位名叫客里空的新闻记者，写稿子从不调查研究，而是闭门造车、瞎编乱造。有一次他听说前线总指挥的儿子阵亡了，马上就编造了总指挥的儿子在牺牲前如何发誓、总指挥听说儿子牺牲后如何痛哭流涕等情节。这样，"客里空"就成了新闻写作中弄虚作假、无中生有、凭空捏造的代名词。

【释义】　喻指那些歪曲事实的新闻报道。

◎ 刻耳柏罗斯

【溯源】 古希腊神话传说中看守冥国大门的恶犬。这只恶犬长着三个头，生有蛇尾，脖颈上还缠着长蛇。它不阻止阴魂进入冥国，但一个阴魂也不准从冥国出去。为了讨好刻耳柏罗斯，古希腊人常在死者的灵柩上放一块蜜饼。

【释义】 指代凶恶的卫士、门卫，也指恶狗。

◎ 肯特郡人的狂热

【溯源】 肯特郡位于不列颠群岛的东南端，濒临英吉利海峡，是英格兰的一个郡。1828 ~ 1829 年，那里曾举行过声势浩大的反对罗马天主教制度的集会。当时，情绪激奋的听众不时对演讲者报以长时间的、极为热烈的掌声和欢呼声。"肯特郡人的狂热"一语即由此而来。

【释义】 喻指经久不息的掌声和欢呼声，也用作形容反对声和嘲笑声。

◎ 库珀式的审判

【溯源】 库珀位于伊登河谷地，13 世纪时曾为司法中心。据记载，在贵族世袭司法审判权制度被废止以前，这里曾发生过将犯人先以绞刑处死后，再进行审判的荒唐事件。"库珀式的审判"即由此而来。

【释义】 指未经正式审判程序，便对被告施以极刑的司法行为。

◎ 狂暴斗士

【溯源】 狂暴斗士原是古代斯堪的纳维亚传说中，装扮成熊形的游手好闲的人。在古代，人们认为将野兽打死并穿上兽皮，就会拥有野兽的力气。后来出现的狂暴斗士就是披着兽皮的人，他们不戴盔甲，不拿武器，经常赤手空拳与人争斗。

【释义】 用来形容野蛮无知或暴跳如雷的人。

◎ 盔甲下的苍苍白发

【溯源】 语出法国古典主义剧作家高乃依的诗剧《勒·熙德》。高迈斯在决斗中被女儿施曼娜的恋人罗德里克所杀。施曼娜要求国王处死罗德里克，国王让罗德里克的父亲唐·狄哀格回答施曼娜。唐·狄哀格竭力为儿子辩护道："尊敬的陛下，如果我生的不是一个值得自豪的儿子，这些盔甲下的苍苍白发，这些为了效忠您而多次流出的血液，这昔日让敌军胆战心惊的臂膀，都将带着耻辱进入坟墓！"

【释义】 用来形容某人行伍一生，或终身致力于某种职业。

· L

◎ **拉紧缰绳**

【溯源】 语出法国作家莫里哀的喜剧《吝啬鬼》。吝啬鬼阿尔巴贡决定把女儿白莉丝嫁给不要嫁妆的老贵族。正当白莉丝与父亲争执不下时，她的意中人法赖尔走了过来，阿尔巴贡赶紧叫他过来评理。法赖尔一面让白莉丝装病拖延日期，一面假意支持阿尔巴贡的决定，并批评白莉丝不服从父亲的管束。阿尔巴贡高兴极了，把管教白莉丝的任务交给了法赖尔。法赖尔假装严厉地训斥了白莉丝，又对阿尔巴贡说道："对她必须拉紧缰绳！"

【释义】 比喻要严加管束某人，或对某种事物进行严格管制。

◎ **拉科尼亚人的简洁**

【溯源】 最早见于古希腊哲学家柏拉图的《普罗塔戈拉篇》。拉科尼亚人是对居住在古伯罗奔尼撒的斯巴达人的称呼。拉科尼亚人以言辞简洁而著称。据传萨摩斯岛的使者前来时，曾发表过长篇演说。拉科尼亚人听后说道："你开头说的话我们已经忘了，因为那是很久以前说的话，而且因为我们忘了开头的话，所以就没能明白结尾的意思。"

【释义】 喻指说话或写文章言语简洁、准确。

◎ **拉·夏特尔手中的字据**

【溯源】 语出 17 世纪法国名妓尼侬·德·朗克洛的一段风流韵事。朗克洛从小就随父亲养成了对伊壁鸠鲁哲学的持久兴趣。父亲因犯罪从巴黎逃走后，她留在巴黎并建立了一个沙龙，吸引了许多当时文学界和政治界的知名人物。她的情人中有侯爵，也有公爵，甚至受到剧作家莫里哀和诗人斯卡龙的爱慕。有一次，深爱着她的侯爵德·拉·夏特尔不得不与她暂别，便要求她立下字据，保证决不移情他人。侯爵走后没几天，朗克洛就违背了誓言，每次与别人幽会前，她都会大声地笑着说："啊！拉·夏特尔手中的字据！"

【释义】 喻指无法兑现的允诺或毫无价值的字据。

◎ 拉着提琴送客

【溯源】 德语成语。在中世纪的德国，贵族和上流社会的人士为了炫耀自己的地位和财富，常在家中举行有乐队伴奏的舞会或盛宴。聚会结束后，客人们就在提琴乐声中被送回家。据传，有一次罗马军队包围了纽伦堡，后因久攻不下而撤退，纽伦堡人奏乐欢呼，唱道："你听不到公鸡叫，还想来扰乱纽伦堡？滚吧！让人拉着提琴把你送回家！"

【释义】 表示毫不客气地打发某人或拒绝接待某人。

◎ 蜡烛两头点

【溯源】 法语成语。在中世纪的法国，蜡烛被视为奢侈品，一般人根本用不起。当时最好的蜡烛是从北非摩尔人的布日伊城进口的。这种布日伊烛用精制的蜂蜡制成，价格十分昂贵，连王公贵族也不轻易使用。在王宫内，掌玺大臣用剩的烛头都得交给管理国库的官员，其珍贵程度可见一斑。在当时的这种情况下，如果有人点燃蜡烛的两头，自然被视作极大的浪费。

【释义】 喻指铺张浪费、挥霍钱财，也比喻糟蹋身体、挥霍健康。

◎ 来到合适的铁匠铺

【溯源】 在中古时代，马都要在铁匠铺打马掌。因为马掌钉得好坏对马的役使起着很大的作用，所以人们都要找技术高明的铁匠师傅钉马掌。"来到合适的铁匠铺"一语即由此而来。

【释义】 喻指找对了门路，得到正确的答案，或得到令人满意的服务。

◎ 蓝胡子

【溯源】 法国作家夏尔·佩罗童话集中《蓝胡子》的主人公拉乌尔，又称为蓝胡子骑士。他娶过六个妻子，都因违反他的禁令，进入他秘密害人的房间而被他杀害。后来，他又娶了法蒂玛为妻，在一次外出旅行前将家中钥匙给了妻子，并告诉她唯独一个小房间不能进。法蒂玛出于好奇，打开了小房间的门，发现地上的血迹和墙角处六具被捆绑的女尸。她惊恐万状，失手将钥匙落在地上沾上了血迹。拉乌尔当晚回到家，发现钥匙上的血迹，明白妻子知道了他的秘密，便要处死法蒂玛。幸亏在紧急关头，法蒂玛的姐姐找来两个兄弟，刺死了拉乌尔，救下法蒂玛。

【释义】 指代生性多疑、凶狠残忍的丈夫。

◎ 蓝色绶带

【溯源】 用来佩戴嘉德骑士勋章的绶带，因其蔚蓝色而得名。嘉德骑士勋章是英王爱德华三世于 14 世纪中叶所创立。随着骑士在战争中作用的削弱，嘉德勋章授予的对象不再局限于军人，受封者也不再享有以往的骑士待遇，仅成为一种最令人向往的荣誉。

【释义】 常用来指代"嘉德骑士勋位"，也指代最高荣誉或头等奖赏。

◎ 蓝色血液

【溯源】 公元 711 年，阿拉伯摩尔人从北非渡过直布罗陀海峡，侵入西班牙，统治了西哥特人。深肤色的摩尔人发现，透过西哥特人的浅色皮肤能看到蓝色的血管，便误以为西哥特人有蓝色的血液。后来，西哥特人经过长期斗争，终于收复被阿拉伯人占领的土地，昔日低下的"蓝色血液"成了高贵的贵族血统。

【释义】 喻指高贵、显赫的出身。

◎ 狼来了

【溯源】 语出伊索寓言《开玩笑的牧人》。有位牧人在野外放羊，他假装受到狼的袭击，大声向村里呼救："狼来了！狼来了！……"村民们都急忙赶来帮他打狼，却发现他在撒谎开玩笑。如此这样反复几次，等狼真的来临时，听到呼救声的村民们再也不相信他，结果牧人的羊都被狼吃光了。

【释义】 喻指经常说谎话、言辞无法令人信任的人。

◎ 浪子

【溯源】 源自《圣经·新约·路加福音》中浪子回头的故事。某人将财产分给了两个儿子。小儿子拿着财产远走他乡，终日在外花天酒地，挥霍放荡，很快就变得穷困潦倒，不得不为别人放猪。他醒悟自己的过错，决心回家向父亲认错。父亲见他回来，立刻给他换上最好的衣饰，又杀了肥牛犊给他吃，家里一片欢声笑语。从田里劳动回来的大儿子见状非常生气，不禁埋怨父亲偏心。父亲对他说："儿啊，你常和我在一起，我一切所有的，都是你的。而你这个兄弟是死而复活、失而又得的，所以我们理当欢喜快乐。"

【释义】 比喻那些迷途知返、痛改前非的人，有时也指不务正业、行为放荡的人。

◎ 老近卫军

【溯源】 法国皇帝拿破仑一世的精锐部队的称呼，这支近卫军是独立部队，与其他的军团、炮兵、骑兵等完全无关，成员都是经过特别选拔、出类拔萃的士兵和军官。老近卫军经历过多次战斗的考验，在拿破仑战争中发挥了巨大的作用，被誉为不可战胜的勇士。

【释义】 喻指久经考验，经验丰富的活动家。

◎ 老卡萨诺瓦

【溯源】 乔·卡萨诺瓦（1725～1798）是意大利的教士、士兵、间谍、作家、外交官，主要以冒险家和浪荡子而著名。1822年，他的自传《我的生平》被编辑让·拉法格随心所欲加进去大量的色情描写，歪曲了卡萨诺瓦的形象，使他的名字成为浪荡子、酒色之徒、强奸犯、人口贩子等一系列坏名声的同义词。这件冤案直到一个世纪后才得以澄清。

【释义】 指代道德败坏的好色之徒。

◎ 勒忒河

【溯源】 古希腊神话传说中冥国的一条忘河。传说当死者的阴魂进入冥国后，喝一口忘河的水，就会忘却人间和往事。

【释义】 遗忘的象征。"淹没在勒忒河中"指永远消失、永远遗忘。

◎ 李尔王

【溯源】 英国剧作家莎士比亚同名悲剧中的主人公。李尔王因年老力衰，决定把国土和财产分给三个女儿。长女和次女用娓娓动听的甜言蜜语取悦父王，各自得到一大笔财产。小女儿不想用滥美的词汇去讨好父亲，她应得的财产被李尔王分给了长女和次女。不久后，小女儿嫁给法兰西国王，离开了李尔王。长女和次女露出真面目，不但拒绝赡养父王，还把李尔王折磨得疯疯癫癫。小女儿带兵前来解救父王，却不幸惨遭毒手，李尔王随后也忧伤而死。

【释义】 常被用来指代被儿女抛弃后流离失所、无家可归的老人。

◎ 两个埃阿斯

【溯源】 古希腊神话传说中两位英雄的名字。大埃阿斯是萨拉弥斯国王忒拉蒙的儿子，身材高大魁梧，性格莽撞勇猛，是位英勇的角斗士。小埃阿斯是罗克里斯国王俄琉斯之子，希腊军队中公认的最优秀的投枪手。他们两人都参加了特洛伊战争，一个力大无比，一个捷足如飞，在战争中并肩作战，被人们并称为"两个埃阿斯"。

【释义】 比喻形影不离、难舍难分的挚友。

◎ 两击不中，只剩一击

【溯源】 源自棒球运动的比赛规则。按照棒球比赛的规则规定，攻方的击球员每人有三次击球机会，若三击不中，则被判出局。当"两击不中，只剩一击"时，显然大势已去，难以获得成功。

【释义】 借指处于不利的境地，一切事情都无法逆转。

◎ 两刃的利剑

【溯源】 两刃剑指正反两面都能伤人的剑。语出《圣经·新约·启示录》中，使徒约翰描述的耶稣基督向他显现的情景：我转过身来，要看是谁发声与我说话。转过来后，就看见七个金灯台。灯台中间，有一位好像人子，身上穿的长衣直垂到脚，胸间束着金带，须发皆白如羊毛，又如白雪，眼目如同火焰。他的脚好像在炉中锻炼光明的铜，声音如同众水之音。他的右手拿着七星，从他口中出来一把两刃的利剑，面貌如同烈日放光。在这里，"两刃的利剑"是种象征性的比喻，用来表达基督的审判意识，一刃用于审判，一刃用于拯救。

【释义】 用来形容某人言语刻薄，无论说什么都会伤害人，或比喻对双方都不利的证据等等。

◎ 灵魂的锚

【溯源】 语出《圣经·新约·希伯来书》。书中指出上帝的应许和誓言是不会改变的，只要坚定对上帝的信仰，并竭力付出自己全部的精神，就能得到上帝应许的福，所以一定要持守对上帝应许的盼望。"我们有这盼望就如同灵魂的锚，又坚固又牢靠，且通入幔内。"

【释义】 原指对上帝的信仰，后喻指精神支柱、坚定的信仰、在危难时可以依靠的人或物。

◎ 楼梯上的智慧

【溯源】 17世纪时，法国特别流行沙龙集会。参加沙龙的人不仅可以谈论、探讨文学、艺术、政治、社会等问题，还可以借此炫耀自己的聪明才智，所以机敏与口才非常重要。有时，在需要正确表达自己的思想时，却找不到最恰当的词语，往往在沙龙结束后，走在楼梯上时才会想起来。"楼梯上的智慧"一语即由此而来。

【释义】 比喻事前无主见，事后才高谈阔论的人。

◎ 露出犄角

【溯源】 在欧洲旧时的文化意识中，山羊是由魔鬼创造的，是邪恶的象征，所以魔鬼常常被描绘成类似山羊的半人半兽的怪物，生着两只山羊角和一对偶蹄。传说魔鬼常常假扮人形，诱惑世人误入歧途。可是，无论魔鬼怎样装扮，总是遮掩不住头上的犄角和脚上的偶蹄。

【释义】 喻指露出凶恶本性，或准备争辩或争斗。

◎ 驴影之争

【溯源】 源自古希腊雄辩家狄摩西尼讲述的一则故事。有个人租了一头驴，骑着去古城迈加拉。行至晌午时，火辣辣的太阳照得他酷热难耐，便停下来想找个地方避避暑气。可四下看去，没有一块阴凉的地方，他只好躲在驴的影子下。这时，驴的主人赶来了，声称出租的只是驴，不包括驴影，只有他才有权在驴影下乘凉。两个人激烈地争执起来，谁也没注意到驴已经挣脱缰绳，悄悄溜走了，只剩下他们在争吵不休。

【释义】 讽喻毫无意义的争吵或不利于双方的争执。

◎ 绿色贝雷帽

【溯源】 贝雷帽是一种绿色的、扁圆形的羊毛软便帽，上有迷彩图案。起初作为英国部队的军帽，后来被美国特种部队采用。

【释义】 指代美国陆军突击队，是美国陆军中规模最大的特种部队，经常被派往许多国家，执行各种使命。

◎ 绿眼妖魔

【溯源】 语出英国作家莎士比亚的悲剧《奥赛罗》中伊阿古的一段台词。伊阿古是威尼斯将军奥赛罗的旗官，因未被提升为副将而对奥赛罗怀恨在心，到处伺机挑拨离间。他利用奥赛罗醋妒成性的弱点，安排奥赛罗见到新婚妻子与别人暧昧的假象，并进一步挑拨道："啊，主帅，您要留心忌妒啊！那是一个绿眼妖魔，谁做了它的牺牲，就要受它的玩弄！……"西方人认为，强烈的忌妒会使人的面色或眼睛变成青绿色，所以莎士比亚据此创造了"绿眼妖魔"这个词。

【释义】 代指强烈的、难以抑制的嫉妒。

◎ 伦巴第人

【溯源】 早在中世纪，伦敦市内便有一条街称为"伦巴第人大街"。居住在这里的居民基本为伦巴第人，他们大多从事金匠手艺、借贷、银行业和典当业等，使这里逐渐成为英国各类大型银行的集中地。

【释义】 "伦巴第人"代指银行家或放债人，"伦巴第人大街"代指英国金融界。

◎ 罗宾汉

【溯源】 中古时期英国民间故事中的传奇英雄，因反抗官府的禁猎法令，逃往英格兰诺丁汉郡的舍伍德森林，成为绿林好汉。罗宾汉勇敢机智，为人忠厚善良。他率领一些同样遭受压迫的农民和工匠，专门劫富济贫，与封建势力做顽强的斗争。

【释义】 指代行侠仗义的英雄好汉。

◎ 罗得的妻子

【溯源】 源自《圣经·旧约·创世记》。罗得是先知亚伯拉罕的侄儿，与妻子和两个女儿住在所多玛城。上帝决定毁灭所多玛和蛾摩拉时，因罗得品行端正，便要天使通知他带着家人逃离所多玛，而且在逃命时不能回头看，也不能在平原停住，要往山上逃跑。罗得带领家人逃难时，他的妻子违反了禁令，忍不住回头看了一眼，立刻变成了一根盐柱。

【释义】 用来讽喻好奇心重、喜欢窥探别人秘密与隐私的女人。

◎ 罗密欧与朱丽叶

【溯源】 英国剧作家莎士比亚的悲剧《罗密欧与朱丽叶》中的男女主人公。朱丽叶属凯普莱特家族，罗密欧属蒙太古家族，二人在舞会上一见钟情，真挚相爱。因为两家世代为仇不能结合，两个人只好在神父的帮助下秘密举行了婚礼。在罗密欧被放逐的时候，朱丽叶的父亲要将她嫁给别人，她只好再次求助于神父。神父一边让她服下安眠药装死拒婚，一边派人通知罗密欧。因为送信的人生病误了行程，罗密欧赶回来后，以为朱丽叶真的死了，随之服毒自尽。朱丽叶醒来后见丈夫已死，也用短剑结束了自己的生命。

【释义】 喻指热恋中的青年爱侣。

◎ 马丹失驴

【溯源】 法语成语。有个叫马丹的人，在集市上丢了一头灰驴。后来听说有人捡到了他的驴，就跑去向那个人要驴。那个人问马丹："你的驴是什么颜色？"马丹回答灰色，那个人便撒谎说："那不对，我拣到的是头黑驴。"于是仅仅因为那个人谎说了驴的毛色，马丹就没能要回自己的驴。

【释义】 喻指因为一点小情况而坏了大事。

◎ 马蒂尔德

【溯源】 法国小说家莫泊桑短篇小说《项链》中的女主人公。马蒂尔德的丈夫是名小公务员，有一次得到教育部长家庭晚会的请帖。马蒂尔德嫌自己衣着寒酸，又没有首饰，不肯同丈夫一起去参加晚会。丈夫用积攒的四百法郎给她买了件漂亮的衣裙，又叫她向女友借了一串钻石项链。于是，马蒂尔德在晚会上出尽风头，虚荣心得到极大的满足。晚会结束后，他们回到家里，发现项链不翼而飞，遍寻而无下落，只好四处借债，凑足 36000 法郎的巨款，买了一串相同的新项链还给了女友。接下来，他们节衣缩食，用了十年的时间才还清债务。当马蒂尔德偶然在公园遇见女友时，跟她说起自己这十年的生活。女友大吃一惊，告诉她那串项链是假的，最多值 500 法郎。

【释义】 指代爱慕虚荣的女人。

◎ 马蜂腰

【溯源】 早在公元前，细腰就是希腊克里特岛妇女所追求的理想体形。为了追求完美的细腰身材，妇女们都用腰带把自己的腰部扎紧，时间久了，腰就越来越细，上身看上去几乎与下身分离，像马蜂的身体一样。

【释义】 细腰女人的代名词。

◎ 马口铁锅巷

【溯源】 据传，美国纽约一家报纸的记者去采访蒂尔泽出版公司，打算搜集些材料，写篇关于美国流行歌曲现状的文章。当时，蒂尔泽出版公司附近聚集着许多音乐出版机构，一走进街区，便会听到不绝于耳的歌唱声、乐器演奏声……嘈杂之状令人觉得来到了制作马口铁平底锅的作坊。于是，这位记者便在他的专访中将此处称为"马口铁锅巷"。

【释义】 指代流行歌曲作曲家和出版商的聚集地，或此类行业的社会活动圈子。

◎ 马拉松

【溯源】 公元前 190 年，波斯国王第二次远征希腊。波斯舰队横渡爱琴海，在雅典城东北 60 公里的马拉松平原登陆。雅典人立即派出快跑能手斐迪辟向邻邦斯巴达求救，这位使者在两天之内跑了 150 公里到达了斯巴达。后来，雅典军队在马拉松山坡击溃了入侵的波斯军队，斐迪辟又出发向雅典报捷。由于他已经负伤，再加上跑得太快，以致到达雅典中央广场时，只说了句"大家欢乐吧，我们胜利了"就倒地长眠。为了纪念他，1896 年在雅典举行第一届奥林匹克运动会时，特意在马拉松修建了一个起跑点，经过马拉松平原到达雅典市中心的体育场，总距离 4 万多米，自此之后便成为运动会中的马拉松项目。

【释义】 转义指旷日持久、无休止的事情或活动。

◎ 马尼洛夫

【溯源】 俄国作家果戈理的长篇小说《死魂灵》中的人物形象，主人公乞乞科夫为购买"死魂灵"而走访的第一个地主。马尼洛夫是个空想家，在家里很少说话，大部分时间都在沉思默想。他还是个懒惰成性的寄生虫，从不去察看田地，仿佛庄稼是自生自长的。他的书房里总是放着一本书，书签永远夹在第十四页上。为了显示自己有教养，他的脸上总是带着甜得发腻的表情，举手投足间和言谈时表现得十分客气而礼貌。

【释义】 喻指整日耽于幻想、无所事事、崇尚空谈的人。

◎ 马其诺防线

【溯源】 第二次世界大战前，法国为了防备德国进攻，在瑞士与比利时之间的东部边境上，精心构筑了防御阵地体系。这道防线以主要设计者法国陆军部长马其诺（1877～1932）的名字命名，全长 400 千米，由一系列有铁轨连结的据点和辅助工事构成，整个防御体系或在地下，或由大量混凝土掩体保护。后来，德国人在法比边境的阿登山区发起进攻，绕过了这条防线，致使整个防线失去作用。

【释义】 比喻貌似牢不可破，实则不堪一击的防线。

◎ 马太效应

【溯源】 源自《圣经·新约·马太福音》中的一则寓言。主人要出门远行，临行前叫来仆人，把他的家业交给他们，依照各人的才干给他们银子，一个给了五千，一个给了两千，一个给了一千。领五千的仆人把钱拿去做买卖，另外赚了五千。领两千的仆人也照样另赚了两千，领一千的仆人去掘开地，把主人的银子埋了。主人远行回来后和他们算账。领五千银子的仆人和领两千银子的仆人带着自己赚的银子来见主人。主人说："好，你们是良善又忠心的仆人。你们在很多事情上有忠心，我把许多事派你们管理。可以进来享受主人的快乐。"领一千的仆人说："主人，我知道你是忍心的人，没有种的地方要收割，没有散的地方要聚敛。我就害怕，去把你的一千银子埋藏在地里。请看，你的原银在这里。"主人回答说："你这又恶又懒的仆人，你既知道我没有种的地方要收割，没有散的地方要聚敛。就当把我的银子放给兑换银钱的人，到我来的时候，可以连本带利收回。"于是夺过他的一千来，给了那有了一万的仆人。后来，社会学家据此引申出"马太效应"这一概念，用来描述社会生活领域中普遍存在的两极分化现象。

【释义】 指强者越强，弱者越弱的现象。

◎ 玛尔斯

【溯源】 宙斯与赫拉的儿子，古罗马神话中最受尊敬的神祇之一，好斗与屠杀的战神。玛尔斯司职战争，形象英俊，性格强暴好斗，十分喜欢打仗，而且勇猛顽强，是力量与权力的象征，同时也是嗜杀、血腥、人类祸灾的化身。

【释义】 指代威武英俊的男子。

◎ 埋葬战斧

【溯源】 旧时，在生产力低下的印第安人部落中，斧子的用途非常广泛，不仅是生产时的必备工具，也是用来自卫和战斗的锐利武器。斧子的主人常常在斧柄上刻下一道道条痕，来记录自己斩杀敌人的数目。在与敌方缔结和约时，印第安人通常要举行埋斧的仪式，将各自的战斧作为结束战争的象征而埋入地下。

【释义】 喻指纷争持久终于化敌为友的言和。

◎ 麦克白夫人

【溯源】 英国作家莎士比亚的悲剧《麦克白》中苏格兰大将军麦克白的夫人，是个野心勃勃、心如蛇蝎的女人。当她得知女巫预言自己的丈夫将成为苏格兰的君王后，便竭力怂恿丈夫弑君篡权。当丈夫因顾虑重重准备放弃罪恶的计划时，她怒斥丈夫是个畏首畏尾的懦夫，宣称自己能毫不犹豫地将在怀里吃奶的亲生子的头砸个粉碎。麦克白在她的威逼下，终于踏上了弑君的危途。

【释义】 指代虚伪狡诈、凶狠毒辣的女人。

◎ 卖熊皮

【溯源】 源自法国作家拉封丹的寓言诗《熊和两个伙伴》。两个伙伴因为手头拮据，决定向皮货商出售一张熊皮，于是议定价格，签下合同，定在两天后交货，两个人就信心满满地到森林里捕熊去了。没想到，当他们见到熊的时候，一个吓得爬上树，一个吓得躺在地上屏住呼吸装死。熊将"尸体"翻过来掉过去地看了看，又闻了闻他的鼻息，就离开了。树上的伙伴下来问装死的那个伙伴，熊贴近他时说了些什么。装死的伙伴说："它对我说，不应当出售那张还没有打到的熊皮。"

【释义】 用来表示不要高兴得太早，不要对没把握的事情抱以期望。

◎ 满意就座

【溯源】 源自德国古代婚俗。结婚时，入赘的男子要带一把刻有自己名字的椅子来到女方家，表示在女方家占有一席之地。男子在这把椅子上坐过后，便被确认为女方家的成员，同时获得应该属于他的一切权利。

【释义】 喻指入赘能得到很多好处。

◎ 忙得像赶马车的苍蝇

【溯源】 源自法国作家拉封丹的寓言诗《马车和苍蝇》。在炎炎烈日下，六匹骏马拉着一辆马车，艰难地向坡顶爬去。这时，飞来一只苍蝇，一会儿在这匹马身上叮叮，一会儿在那匹马身上叮叮，一会儿落到车辕上，一会儿又落到车夫的鼻尖上。当马车终于到达坡顶后，苍蝇说道："现在可以喘口气了，我费了九牛二虎之力帮助你们到达坡顶，马先生们，请付给我酬金吧！"

【释义】 形容做无用功、毫无头绪地瞎忙。

◎ 盲人之宴

【溯源】 源自中古时期德国民间故事书《梯尔·欧伦施皮格尔》。有一天，欧伦施皮格尔遇到十二个双目失明的乞丐向他行乞，便对他们说道："我的好人们，我给你们 20 个弗洛林，你们去到小酒馆里尽情地吃喝吧！"乞丐们向他道了谢，一起去小酒馆里点了餐吃起来。酒足饭饱后，酒馆老板请他们付账。直到这时他们才知道，原来他们当中谁也没拿到那 20 个弗洛林。

【释义】 喻指无人付账、被人白吃的宴席。

◎ 没有尽头的螺钉

【溯源】 螺钉是一种圆柱形或圆锥形金属杆上带螺纹的零件，在外力的作用下，能够旋转进入物体，起固定、连接的作用。普鲁士首相俾斯麦曾把税收比作螺钉，说道："这种螺钉根本没有尽头！"

【释义】 用来比喻不断增加、没有尽头的事物。

◎ 没有人把新酒装在旧皮袋里

【溯源】 语出《圣经·新约·马太福音》。耶稣向门徒论说新旧难合的道理时，用比喻说："没有人把新布补在旧衣服上，因为所补上的反而带坏了那衣服，破的地方就变得更大了。也没有人把新酒装在旧皮袋里，若是这样，皮袋就会裂开，酒漏出来，连皮袋也坏了。只能把新酒装在新皮袋里，两样就都保全了。"

【释义】 比喻新的内容与旧的形式无法调和，或不能用旧的形式来约束新的内容。

◎ 每次都在这里翻车

【溯源】 语出俄国民间艺人戈尔布诺夫的一则笑话《在驿站上》。一个车夫向乘客吹嘘说，路上的沟沟坎坎、坑坑洼洼他都了如指掌，请大家放心搭乘他的马车。乘客们相信了他，乘上他的马车。没想到，车子在夜间行驶时，突然翻了个底朝天。乘客气愤地骂道："你不是对路了如指掌吗？见你的鬼！"车夫回答道："告诉你们吧！每次到这里都要翻车的。"

【释义】 喻指总在相同的地方跌倒，总犯同样的错误。

◎ 每个理发师都知道

【溯源】 在古代的罗马，理发店是各色人等都可前往的公共场所。人们常在理发店谈论奇闻轶事、传播小道消息，因此店里的理发师总是知道得最早、最多、最详细的人，也是向外传播消息的主要渠道。如果每个理发师都知道，那么很快就会传得沸沸扬扬，无人不知，无人不晓。

【释义】　喻指尽人皆知，家喻户晓。

◎ 美得像熙德

【溯源】　源自法国作家高乃依的诗剧《勒·熙德》。此剧自从在1636年公演后，轰动了整个巴黎，王室和公众对这部戏赞不绝口，都说"美得像熙德"，将其誉为古典主义戏剧的奠基之作。

【释义】　喻指优秀的文学作品和事物。

◎ 门托耳的口气

【溯源】　希腊英雄俄底修斯的朋友。俄底修斯随希腊联军远征特洛伊时，曾委托他帮忙照顾家庭。门托耳抚养并教育俄底修斯的儿子，并保护俄底修斯的妻子，打击向她求婚的人。所以"门托耳"常用来指代青年人的导师、家庭教师、师傅等。

【释义】　意为训人的口气、教训人时的态度。

◎ 靡菲斯特斐勒司

【溯源】　德国诗人歌德的诗剧《浮士德》中的魔鬼。天帝认为人在前进的道路上有时会迷失方向，但最终会走上正道。而魔鬼却怀疑一切、否定一切、嘲笑一切。天帝与魔鬼打赌，以浮士德为赌赛对象。魔鬼去引诱浮士德，如果浮士德堕落了，那就证明魔鬼的看法正确，否则就是天帝得胜。魔鬼使出浑身解数，带浮士德经历各种享乐的生活，可惜浮士德均不感到满足。后来，浮士德决定从事改造自然的伟大事业，率领人们建立了一个理想的王国，魔鬼最终遭到失败。

【释义】　指代恶毒的嘲笑者，嘲讽轻视别人的人。

◎ 迷途的羔羊

【溯源】　源自《圣经·新约·马太福音》。耶稣向信徒讲解如何对待曾偏离教义、误入歧途，后又改过自新的人时，用比喻说："假如一个人有一百只羊，一只迷了路，你们的意思如何呢？他能不撇下这九十九只，去山里寻找那只迷路的羊吗？我实话告诉你们，他找到这只羊的欢喜，比那没有迷路的九十九只欢喜还大呢！你们在天上的父，也是这样不愿意这小子里失丧一个。"

【释义】　比喻不务正业，在生活中迷失方向的人。

◎ 勉强自己的天赋

【溯源】 源自法国作家拉封丹的寓言诗《小狗和驴子》。有一头毛驴看到小狗常向主人伸出爪子就能得到主人的爱抚，甚至能与主人平起平坐。毛驴认为那是一件轻而易举的事情，它也想学小狗的样子去取悦主人。于是它笨拙地走到主人面前，一边唱着歌，一边举起它那又硬又粗的蹄子，伸到主人的下巴边。主人被吓了一跳，赶紧喊道："棍子马丁，你快过来！"棍子立刻奉命来到，毛驴立刻改变了声调。

【释义】 比喻不了解自己的实力，勉强而行。

◎ 面包师的一打

【溯源】 古代欧洲的法律规定，对售卖时短斤少两的商贩要施以重罚。当时许多面包商由于没有精确的衡器，难以确定所售面包的准确重量，所以为了避免重量不足，索性每出售一打面包便赠送一个，就是一打十二个再加上一个，因此面包师的一打实为十三个。

【释义】 因为西方迷信十三是个不吉利的数字，所以总是借其他语汇来表达，"面包师的一打"便指代十三。

◎ 面粉团

【溯源】 源自法国作家拉封丹的寓言诗《猫和老耗子》。一只老谋深算的猫用装死的办法欺骗老鼠，捉住了几只行动迟缓的老鼠。它自以为很聪明，又把面粉撒在自己身上，缩成一团蹲在打开的面包箱里。老鼠们出来觅食时，一只经验丰富的老耗子看穿了猫的诡计，待在洞口远远地对猫说道："你伪装成面粉也没用，即使你是面粉袋，我也不会靠近你。"

【释义】 比喻伪装得十分拙劣、漏洞百出的圈套。

◎ 名利场

【溯源】 源自英国作家约翰·班扬的寓言小说《天路历程》。有位叫克里斯琴的人从书中得知自己居住的城市将被天火所灭，于是在传教士的启示下去天国追求光明。在途中，他经过一座叫"名利"的城市，城市中有个叫"名利场"的市场。在那个市场里，荣誉、爵位、官职、灵魂、肉体等都是出卖的商品，而且欺诈、无赖、奸淫、恶棍随处可见。

【释义】 指追逐名利的场所，常用来讽喻以追求名利为生活目标的人。

◎ 鸣铃小丑

【溯源】 源自德国作家歌德的剧本《浮士德》。鸣铃小丑是古代欧洲宫廷中供帝王娱乐的小丑，一般身材矮小，衣服和帽子上系有小铃，走路时会发出响声。浮士德与助手瓦格纳就演说进行了对话：瓦格纳，可是演说家成功全靠雄辩／我很明白，但是还差得很远／浮士德，成功要走正当的途径！／别学鸣铃小丑的模样／只要有头脑和诚实的心／没什么技巧也可以演讲……

【释义】 用来讽刺用夸夸其谈来显示自身存在的愚夫。

◎ 命运女神

【溯源】 古希腊神话传说中掌管人命运的女神，传说有三位：执掌纺绩命运之线的克罗托，分配命运之线长短的拉刻西斯，负责剪断生命之线的阿特洛波斯。命运女神常被描述为有些跛足的老妪，以示命运变化之慢。

【释义】 常用来谑指丑陋的老太婆。

◎ 缪斯

【溯源】 缪斯是古希腊神话中九位文艺和科学女神的通称。她们均为主神和记忆女神之女。她们以音乐和诗歌之神阿波罗为首领，分别掌管着历史、悲剧、喜剧、抒情诗、舞蹈、史诗、爱情诗、颂歌和天文。古希腊的诗人、歌手都向缪斯呼告，祈求灵感。

【释义】 常用来喻指诗人、文学、写作和灵感等。

◎ 摩西

【溯源】 源自《圣经·旧约·出埃及记》。摩西出生时正值希伯来人在埃及为奴，埃及法老限制希伯来人增添男婴，摩西的母亲便将他装在筐里，放在尼罗河中埃及公主沐浴处。公主把他捡回去收养，取名摩西。摩西长大后，受上帝之命率领以色列人逃出埃及，为以色列人立法，规定典章制度，并申明耶和华是他们唯一的上帝。

【释义】 喻指伟大的领袖、立法者。

◎ 磨平缺口

【溯源】 德语成语。原为农民的劳动用语，指农民用镰刀收割庄稼的时候，不小心镰刀砍到石块上，使刀刃碰出缺口。农民把镰刀在磨刀石上磨几下后，缺口就会磨平。

【释义】 喻指弥补缺陷或改正错误。

◎ 魔鬼

【溯源】 魔鬼在《圣经》中名为撒旦，原为上帝创造的一个天使，因妄图与上帝比高下而堕落，成为魔鬼。魔鬼具有超人的本领，专门抵挡上帝，诱使人犯罪。

【释义】 指代一切邪恶和罪恶的根源。

◎ 魔鬼宿在钱包里

【溯源】 法国旧时钱币上的图案，一面为国王图像，另一面为十字架。基督教认为十字架是信仰的标志，作为邪恶化身的魔鬼害怕十字架，见到十字架就会逃走，只能待在没有装"带有十字架图案钱币"的钱包里，即钱包里没有钱币。

【释义】 喻指身无分文、囊空如洗。

◎ 拇指朝下

【溯源】 源自古罗马时代盛行的竞技角斗活动。角斗士一般由罪犯、逃亡奴隶或战俘充任，他们或与猛兽格斗，或彼此相互角斗。获胜的角斗士可以获得释放——摆脱奴隶或战俘的身份而成为自由人，但必须由当时观看角斗的贵族的最高首领来定夺。如果定夺者朝上伸出大拇指，意为准予释放；朝下伸出大拇指，则表示不予释放。

【释义】 用来表示反对、拒绝等意思。

◎ **拿到台布上**

【溯源】 德语成语。在中世纪的欧洲，会议桌上常常铺着绿色的台布。如果在开会时，有人将某种东西放在台布的醒目处，即表示他要与到会者讨论某件事情。

【释义】 表示谈论某事，或把某事拿到桌面上讨论。

◎ **那就是胡椒里的兔子**

【溯源】 德语成语，源自德国人的饮食习惯。德国人爱用胡椒做食物的调料，经常将胡椒与其他作料混调成卤汁来卤制肉类，尤爱用来烧兔肉。德国人认为胡椒卤汁是兔肉味道好坏的关键，制作时将宰杀干净，或已经烧熟的兔肉浸泡在胡椒卤汁中。

【释义】 喻指症结所在或所处困境的关键。

◎ **纳尔逊风格**

【溯源】 纳尔逊（1758～1805），英国著名海军统帅，21岁时便晋升为上尉。1803年，纳尔逊担任地中海舰队司令，统领英国海军对法国和西班牙海军作战。他提出打破惯常的以一字长蛇阵式的战术编队，而将舰队分为两个纵队，同时攻击法西联合舰队，并将这种战术称为"纳尔逊风格"。1805年10月，英军运用此风格的战术大获全胜，彻底挫败了拿破仑入侵英国的计划。

【释义】 喻指果敢决断、雷厉风行的作风。

◎ **南海泡沫**

【溯源】 源自1720年英国南海公司制造的一起股票投机大骗局事件。自从1718年国王乔治一世出任公司董事长后，公司股息率便上升到100%。1720年，南海公司承诺接收全部国债，又相继创立虚拟的子公司来诱骗投资，使股票行情大涨，到1720年竟然升到1000%。可是，到了12月份，股票又猛跌至124%，导致许多投资者倾家荡产。经下议院调查后发现，至少有三位内阁大臣受贿并参与了这次投机活动，南海公司从此名誉扫地，被迫转卖了大部分权益。

【释义】 喻指易于被揭穿的骗局，或不正当的投机事业。

◎ 涅索斯的血衣

【溯源】 涅索斯是古希腊神话传说中半人半马的怪物，守在达欧厄诺斯河的河边，按规定价格背负旅行的人渡河。希腊大英雄赫拉克勒斯与妻子得伊阿尼拉途经这里时，请涅索斯将妻子背过河。走到河中心时，涅索斯迷恋得伊阿尼拉的美色，忍不住拥抱她。赫拉克勒斯听到妻子的呼救声，在涅索斯快上岸时，用一支沾了毒血的箭射穿了涅索斯的胸膛。涅索斯为了报仇，在临死前骗得伊阿尼拉说，只要把他身上流出的血收集起来，涂在给丈夫穿的紧身衣上，丈夫就不会再爱别的女人。不久，赫拉克勒斯在作战时带回一个美丽的女俘虏。有人告诉得伊阿尼拉，女俘虏是赫拉克勒斯过去的情人。得伊阿尼拉在妒恨中想起自己曾收集的涅索斯的血，于是以送礼为名，派人给丈夫送去了一件华贵的紧身服。赫拉克勒斯不知就里，穿上了这件涅索斯的血衣，因此而丧生。得伊阿尼拉得知后，也用利剑刺胸自杀。

【释义】 喻指无法逃避，不能摆脱的厄运。

◎ 宁可在乡下为王，也不在城里位居人下

【溯源】 语出古希腊传记作家普鲁塔克的《希腊罗马名人传·恺撒传》。据说古罗马统帅恺撒越过阿尔卑斯山后，途经一座只有极少数蛮人居住的小镇时，他的朋友们笑着问他："莫非这里也有权势之争，也有名门望族间的纠纷吗？"恺撒非常严肃地回答说："至于我嘛，我宁可在这里为王，也不愿在罗马位居人下。"显示了恺撒誓要夺取罗马统治权的雄心。

【释义】 比喻宁在小范围内当家做主，也不在大范围内听人支配。

◎ 暖在怀里的蛇

【溯源】 源自伊索寓言《农夫和蛇》。有位农夫在冬天遇到一条冻僵的蛇。农夫很可怜它，就把它放在自己怀里温暖它。蛇受了暖气，渐渐苏醒过来，等到恢复了体力，便咬了农夫致命的一口。农夫在临死前感叹地说道："我怜惜恶人，应该受到这个恶报啊！"

【释义】 喻指恩将仇报的坏人。

◎ 挪亚方舟

【溯源】 源自《圣经·旧约·创世记》。上帝创造世界后，对人世间充满仇恨、忌妒、强暴而感到忧虑，于是决定用洪水来消灭人类。因为挪亚是个义人，上帝想留下他一家人，便叫他造一只方舟躲避灾难。挪亚依照上帝的吩咐，整整用了120年的时间，造成了一只长三百肘、宽五十肘、高十三肘、分上中下三层的大方舟。挪亚一家和部分动物躲在方舟里，经过四十个昼夜的洪水，安然保全了性命。

【释义】 喻指灾难来临时的避难所或救星。

·P

◎ 爬上树胶树

【溯源】 树胶树泛指能产生树胶的树木。这类树木的树皮在受到外力损伤，或被细菌、昆虫等入侵后，就会自动流出核桃般大小的浅黄色胶团。有些善于爬树的小动物，在遭到突然袭击时，常常会爬到高树上躲避。当它们一旦爬上能产生树胶的树木上时，向上爬有被树胶粘住的危险，退下来则有被擒获之忧，顿时陷入进退两难的绝境。

【释义】 喻指处于进退维谷、一筹莫展的困境。

◎ 爬上乐队车

【溯源】 在美国诸州，每当政治性或其他性质的会议召开之际，常常见到一些乐队乘坐五彩缤纷的彩车，吹吹打打地沿街做宣传工作，这种彩车被称为"乐队车"。后来，在各党派的竞选期间，也常常使用这样的乐队车大造声势。一些支持者会爬上乐队车，站在竞选者身旁以示支持。这些支持者通常有一定的社会地位，竞选者的成败与他们的仕途前景有很大的关联。

【释义】 喻指为了个人利益而做出支持某人或某计划的举动。

◎ 帕耳那索斯山

【溯源】 古希腊神话传说中阿波罗和缪斯的居住地，位于希腊中部品都斯山脉的石灰岩山岭，顶峰高 2457 米，山麓有特尔斐神示所和阿波罗神庙。

【释义】 因为阿波罗和缪斯是诗歌艺术之神，所以文学家们常用"帕耳那索斯山"来指代诗坛。

◎ 帕里斯

【溯源】 古希腊神话传说中的特洛亚王子。帕里斯俊美异常，臂力超群，他拐走了斯巴达国王的妻子海伦，引发了特洛伊战争，因此希腊人和特洛伊人都憎恨他。在战争末期，帕里斯在阿波罗的帮助下杀死了希腊大英雄阿喀琉斯，但本人也被毒箭所伤。其妻因丈夫变心而嫉恨，拒绝为其疗伤，帕里斯最后因伤而死。

【释义】 指代美男子或花花公子。

◎ 帕提亚人的箭

【溯源】 帕提亚即为上古时代的安息帝国，位于里海东南，米底以东。公元前 1 世纪，罗马帝国灭了塞琉古王国后，企图继续东侵，与帕提亚人长期作战。帕提亚人多为游牧民，精于骑射，骁勇善战。他们经常在作战时佯装败退，策马奔逃，当敌人追近时，便回头侧身放出一箭，常令敌人在疏忽大意下中箭丧命。

【释义】 常用来表示在分手时讲出的令对方措手不及、无暇回答的尖刻或耐人寻味的话语。

◎ 潘的恐吓

【溯源】 潘是古希腊神话传说中的森林之神和牧神。传说潘生下来时全身长满毛发，下半身是羊脚和羊蹄、头上长着羊角和羊耳、塌鼻、长须，还有尾巴，使母亲见了惊恐万状，把他抛弃。神使赫耳墨斯捡到他，带他到了奥林波斯山，加入神祇行列。潘是一位快乐之神，有时爱清静，不愿被人打扰。如果谁打扰了潘，就会收到他的恐吓而惊惶万状，传说他的吼声能把士兵吓跑。

【释义】 喻指能引起许多人惊慌不安的恐吓。

◎ 潘多拉的盒子

【溯源】 潘多拉是古希腊神话传说中的美女。普罗米修斯盗天火给人间后，天神宙斯为惩罚人类，用黏土塑成一个年轻美貌、虚伪狡诈的姑娘，取名"潘多拉"，意为"具有一切天赋的女人"，并给她一只巨大的密闭魔盒降到人间。潘多拉因好奇偷偷打开魔盒，于是各种恶习、灾难、疾病和战争等立即从里面飞出来，盒子里只剩下唯一美好的东西：希望。但希望还没来得及飞出来，潘多拉就将盒子永远地关上了，从此人类充满灾难却见不到希望。

【释义】 喻指造成灾害和不幸的根源。

◎ 庞奇

【溯源】 英国 17 世纪初流传的傀儡剧《庞奇与朱迪》中的主要角色。庞奇的招牌形象为鹰钩鼻、驼背、头戴睡帽。他在家中是个经常殴打、谩骂妻子的暴君，在外是个蛮横无理、有仇必报、刁钻狡猾，经常与官府作对的无法无天的男人。这部傀儡剧通常在街头巷尾搭台演出，因此庞奇的艺术形象影响非常巨大，被称为"庞奇特征"。

【释义】 指代家庭暴君、蛮横无理的男人。

◎ 抛弃领航员

【溯源】 1890 年 3 月 29 日，英国幽默杂志《笨拙》刊载的一幅讽刺漫画的题目。拿破仑战争结束后，德意志成为一个松散的邦联，受制于奥地利。1862 年，俾斯麦出任普鲁士首相后，极力维护本阶级利益，推行"铁血政策"，实行强权统治，最终完成了德意志的统一。这位为帝国立下汗马功劳的忠臣，却在 1890 年被独断专行的德皇威廉二世革职。《抛弃领航员》这幅讽刺漫画，画着威廉二世正在解雇身着领航员制服的俾斯麦，就是在影射这一事件。

【释义】 喻指抛弃久经考验、精明能干的忠实助手。

◎ 跑得像切除脾脏的狗

【溯源】 在进行剧烈的运动时，人们有时会感到肋下脾脏有刺痛感而不得不停止运动，所以古人认为如果能使脾脏缩小或阻止其扩大，运动员就能跑出最快的速度。17 世纪末，有些外科医生为了使狗跑得更快，便将狗的脾脏切除，但手术远远没达到预期的效果。"跑得像切除脾脏的狗"一语即由此而来。

【释义】 形容跑得很快或飞得很快。

◎ 佩德罗·加西亚斯之灵

【溯源】 在西班牙的塞拉曼加，有两位学者发现了一块墓碑，碑文中写道："佩德罗·加西亚斯之灵在此安息"。两位学者继续探寻，希望能发现更多与此有关的线索。结果，他们只在那里掘到一个钱袋，里面装有一百枚金币。

【释义】 代指钱币、钱财。

◎ 披麻蒙灰

【溯源】 语出《圣经·新约·马太福音》。耶稣在诸城中行了许多异能，那些城的人终不悔改，于是耶稣责备他们说："哥拉汛啊，你有祸了！伯赛大啊，你有祸了！因为在你们中间所行的异能，若是行在推罗、西顿，他们早已披麻蒙灰悔改了。"

【释义】 古代以色列人表示哀痛或忏悔的一种做法，现今仍用来比喻悔恨或痛苦。

◎ 披着狮皮的驴子

【溯源】 源自法国作家拉封丹的同名寓言诗。一头驴子披上狮皮，显出一副凶神恶煞的样子。周围的动物以为狮子来了，都吓得胆战心惊。然而可笑的是，驴子不小心露出了耳朵尖，于是被彻底揭穿了骗局。

【释义】 用来讽刺那些色厉内荏、装腔作势的人。

◎ 披着羊皮的狼

【溯源】 源自《圣经·新约·马太福音》。耶稣在登山训众时告诫门徒说："你们要防备假先知。他们到你们这里来，外面披着羊皮，里面却是残暴的狼。"并告知门徒，要凭借他们的果子去识别，凡不结好果子的树，就砍下来丢在火里。

【释义】 喻指两面派、伪善者、狡猾阴险的人。

◎ 皮格马利翁效应

【溯源】 皮格马利翁是古希腊神话中的塞浦路斯国王，精于雕刻。他不喜欢塞浦路斯的凡间女子，决定永不结婚。有一次，他雕刻了一座美丽的少女像，在夜以继日的工作中，皮格马利翁把全部的精力、全部的热情、全部的爱恋都赋予了这座雕像。后来，爱神看他情感真挚，就赋予雕像以生命，使两人结为夫妻。

【释义】 "皮格马利翁效应"指一个人只要心中强烈期待什么，就一定会得到什么。

◎ 皮洛斯的胜利

【溯源】 皮洛斯是古希腊伊庇鲁斯国王，年少时非常崇拜马其顿国王亚历山大大帝，是个勇敢而有野心的少年。在与罗马的两次战斗中，皮洛斯虽然都取得了胜利，损失却非常惨重。据传在当时，皮洛斯看到有个人为胜利而欢呼雀跃，便对他说道："如果再打一次这样的胜仗，就没有人能跟我回国了。"

【释义】 喻指代价惨重的胜利。

◎ 皮索的公道

【溯源】 皮索是公元前58年罗马的执政官，是个昏庸腐败、凶狠残酷的暴君。有一次，皮索武断地判定一个无辜的人犯有谋杀罪，便下令即刻将其处死。行刑前，那个被皮索认定已被谋杀的人出现了，于是负责行刑的百夫长没有处死犯人，将真实情况报告了皮索。没想到皮索下令处死他们三人，并认为这是最公道的判决。他说那个犯人本来就是要处死的，百夫长没执行命令应该被处死，而正因为那个误以为被谋杀的人才使前面两个人被处死，所以他更应该被处死。

【释义】 用来形容好像很公道，实际上很荒谬的事情。

◎ 平克顿侦探小说

【溯源】 平克顿（1819～1884）是美国著名私人侦探事务所的创建人和侦探，从1842年破获制造伪币集团案开始踏上侦探生涯，著有《莫利·马圭尔派与侦探》和《侦探生涯三十年》。在19世纪后半期，美国出现了许多以侦探平克顿为主人公的侦探小说，被认为是平克顿侦探事务所的广告。

【释义】 喻指低级庸俗的侦探小说或侦探手段。

◎ 泼留希金

【溯源】 俄国作家果戈理的长篇小说《死魂灵》中的人物，是主人公乞乞科夫为购买死魂灵而走访的最后一个地主。泼留希金家道殷实，拥有上千名农奴，可孤独的生活使他变成一个匪夷所思的吝啬鬼。他的穿着打扮如同乞丐，连半张纸片都要捡起来据为己有。别人忘在外面的东西，哪怕是一根马刺，到了他手里就再无归还之理。

【释义】 守财奴、吝啬鬼的代名词。

◎ 珀伽索斯

【溯源】 古希腊神话传说中的飞马，传说由女妖墨杜萨的尸体所变，曾登上奥林波斯山，把雷电送给宙斯。有一次，缪斯们高声歌唱时，赫利孔山兴奋得不断升高，一直顶到天穹。珀伽索斯遵照海神波塞冬的指令，把赫利孔山踩回到地上，据说赫利孔山顶峰的马泉就是这样形成的。

【释义】 引申为诗人灵感的象征。

◎ 破木盆

【溯源】 源自俄国诗人普希金的童话诗《渔夫和金鱼的故事》。海边住着贫穷的渔夫和他的老伴儿。有一天，老渔夫在海里网到一条金鱼，金鱼以满足渔夫提出的要求做交换，哀求渔夫把它放回大海。善良的渔夫没有索取任何报酬就放了金鱼，回到家遭到老伴儿的痛骂，说家里的破木盆已经要不能用了，让他去向金鱼要只新木盆。金鱼满足了她的要求后，贪心的老伴儿又逼着渔夫一次次提出新要求，甚至要当海上的女霸王，让金鱼服侍她。金鱼听完渔夫的要求，一言不发游回海里。老渔夫回到家一看，家里又恢复到最初的样子，摆在老伴儿面前的，还是那只破木盆。

【释义】 常用来喻指得而复失、由盛到衰的境遇。

◎ 仆人眼里无英雄

【溯源】 马其顿国王安提柯二世（前 319 ~ 前 239）曾被颂扬为"神"与"太阳之子"，据此他说道："我的仆人对此一无所知。"针对这句话，法国哲学家蒙田（1533 ~ 1592）在《随笔集》中说道："世界将某人敬奉为神，但在他的妻子和仆人眼中，看不出他有丝毫值得被关注的地方。很少有人会引起自己仆人的赞叹。"

【释义】 意为一个人无论地位多么崇高显赫，其实都是平凡的人。

◎ 葡萄是酸的

【溯源】 源自古希腊寓言作家伊索的寓言《狐狸和葡萄》。有只饥饿的狐狸溜进果园，看到架子上垂着一串熟透的葡萄，不禁垂涎欲滴。可惜葡萄挂得太高，狐狸用力跳了几次都摘不到，只好悻悻然离开。临走时，它自我安慰道："这有什么稀罕的啊，葡萄一定是酸的。"

【释义】 喻讽对无法得到的东西所表示出的怀疑和鄙视的态度。

◎ 普罗米修斯

【溯源】 古希腊神话传说中的提坦神之一，创造人类和造福人类的神。他为人类从奥林波斯山盗来天火，并教会人类如何用火；而且为了人类的幸福，不惜与众神作对。后来，愤怒的宙斯下令将普罗米修斯缚在高加索的悬崖上，用矛刺穿他的胸部，让大鹰在每个白天啄食他的肝脏，夜间再完好复原，如此反复折磨了数千年，直到赫拉克勒斯射死了大鹰，普罗米修斯才得以释放。

【释义】 喻指为了给人类带来福祉而遭受苦难的英雄。

◎ 普洛克汝斯忒斯的床

【溯源】 普洛克汝斯忒斯是古希腊神话传说中的拦路大盗。他在阿提卡厄琉西斯城附近开了一家黑店，店里有两张床，一张很长，一张很短。如果旅客身材矮小，他便把旅客放在长铁床上拉长，直到旅客气绝身亡；如果旅客身材高大，他便把旅客放在短铁床上剁去腿脚，直到旅客因疼痛而死。后来，英雄忒修斯路过此地，捉住了普洛克汝斯忒斯，并以其人之道还治其人之身，把他放在短铁床上，砍掉他的腿，使他受到应有的惩罚。

【释义】 喻指强制别人就范，或不顾具体条件生搬硬套。

· Q

◎ 七个施瓦本人

【溯源】 源自德国《格林童话》中的同名故事。七个施瓦本人决定一起去闯荡世界，做番大事业。他们共同握着根又粗又长的长矛，要去和巨龙搏斗。愚蠢又自大的施瓦本人在路上出尽了洋相，有一次竟把兔子当成怪兽，吓得战战兢兢，不敢上前。后来，他们来到摩泽尔河边，河上既没有桥梁，也没有渡船，误以为当地人说的"下水"即"过河"的意思，于是贸然渡河，最后全淹死在水中。

【释义】 代指愚蠢、遇事不多加思考的人。

◎ 七印封严的书卷

【溯源】 语出《圣经·新约·启示录》。在用七印封严的书卷中，用种种异象列出了世界末日的景象。其主要内容表达了上帝将惩罚一切仇敌，并在胜利之日奖赏他的子民，赐给子民一个崭新的世界。

【释义】 喻指秘不可知、深奥难解的事物。

◎ 骑上高头大马

【溯源】 在中世纪的法国，马是主要的运输工具，大致分为三种：一种是供君主和达官贵人使用的漂亮温驯的检阅马或旅行马，另一种是供运输和普通人乘骑的驿马，还有一种是作战时使用的体型高大的战马。"骑上高头大马"意为开赴前线作战。

【释义】 喻指某人傲慢不恭、盛气凌人的样子。

◎ 乞乞科夫

【溯源】 俄国作家果戈理的长篇小说《死魂灵》中的主人公。俄国的地主们将他们的农奴叫作"魂灵"。乞乞科夫当上法院代书人后，先打通了上至省长下至建筑技师的大小官员的关系，而后去市郊向地主们收买已经死去，但尚未注销户口的农奴，企图把他们当成活的农奴高价抵押给别人，从中牟取暴利。他走访了一个又一个地主，买到大批的死魂灵，可最终被人揭穿了他的罪恶勾当，只好灰溜溜逃跑了。

【释义】 代指具有乞乞科夫式的虚伪、贪婪、狡诈、卑鄙的人。

◎ 恰尔德·哈罗尔德

【溯源】 英国诗人拜伦的长诗《恰尔德·哈罗尔德游记》中的主人公。厌倦了花天酒地的贵族公子恰尔德愤而离开祖国，开始孤独忧郁的漂泊生活。他陆续去过很多国家，可异国的一切都不能震撼他那冷漠的灵魂，他感到只有大海、沙漠、森林、洞窟才是他真正的归处，终于明白自己生活空虚、悲观厌世，所以不再为失望而忧伤。

【释义】 常用来代指孤独、冷漠、消极厌世的人。

◎ 签发贫穷证明

【溯源】 德语成语。在以前的德国，谁想得到国家的救济，就得先出示由官方签发的贫穷证明书，证明自己一贫如洗。由于人们认为贫穷乃是无能的表现，因而"贫穷证明"即转义为"无能的证明"。

【释义】 常用来表示精神方面的空虚和贫乏，或证明某人无能。

◎ 签已抛出

【溯源】 公元前49年，罗马执政官庞培与元老院合谋解除恺撒的军权后，恺撒决定进军罗马，夺取政权。当时他只带了不到三百名的骑兵和五千名步兵，命令指挥官和百人团团长丢下一切重兵器，只带匕首去占领高卢重镇。当他到达卢比孔河边时，他对自己即将挑起内战的行为产生了动摇，他知道渡过这条小河将会给所有人带来怎样的灾难，也知道后人将如何评价他做出的举动。最后，他像是抛弃了顾虑和彷徨，坚定地说出一句话："让签抛出去吧！"然后便渡过河，罗马内战由此爆发。

【释义】 喻指做出最后决定、倾尽所有的力量来搏一胜负。

◎ 强权者的论据

【溯源】 源自法国作家拉封丹的寓言诗《狼和小羊》。一只小羊在溪边喝水，一只觅食的饿狼来到溪边，为了理所应当地吞下小羊，便诬蔑小羊搅浑了它喝的清水。小羊辩解说自己在狼的下游，不可能搅浑狼的清水。狼又说小羊去年说过它的坏话。小羊说自己去年还没出世。狼说那不是小羊就是小羊的哥哥。小羊又说自己没有哥哥。恼羞成怒的狼恶狠狠地说道："总之一定是你们家的另一个，你们的牧人和你们的狗，全都不肯放过我，因此别人都劝我要报这个仇！"说完就扑上去吃掉了小羊。

【释义】 喻指凭借权势获得胜利的荒谬论据。

◎ 窃取某人的雷声

【溯源】 英国剧作家约翰·邓尼斯（1657～1734）为加强自己剧本演出时的舞台效果，研制出可以模拟雷鸣的装置。因为演出被撤销，这个装置就一直闲置而没有派上用场。不久以后，别人在上演莎士比亚的戏剧时，使用了他设计的雷鸣装置，并获得了极大的成功。邓尼斯虽然是个多产的剧作家，但成功之作不多，总是颇受冷落。他设计的雷鸣装置本可为他带来荣誉，却被别人抢先一步搬上舞台，他不禁为此感到十分失落，在一篇文章中抱怨说："上帝啊，这些家伙不上演我的剧本，却在把玩我的雷鸣！"

【释义】 喻指窃取他人的发明成果，或抢先实施了他人的计划，使其成功的愿望破产。

◎ 青鸟

【溯源】 源自比利时作家梅特林克的童话剧《青鸟》。蒂蒂尔和米蒂尔兄妹是樵夫的两个孩子，他们在圣诞节前梦到仙女贝丽吕娜，并在她的拜托下去寻找青鸟，给她病重的女儿治病。兄妹俩在各位精灵的帮助下，随着光的引导走遍了记忆之乡、思念之土、幸福之园、未来王国等地方，历经千辛万苦，寻找象征着幸福的青鸟，都没有找到。清晨，他们从梦中醒来，邻居来为生病的女儿讨圣诞礼物，蒂蒂尔决定把心爱的鸽子送给她，没想到鸽子变成了遍寻不得的青鸟，还治好了小女孩的病。

【释义】 转义为"幸福之源"，象征人类物质上和精神上的幸福。

◎ 丘比特的神箭

【溯源】 丘比特即厄洛斯，爱神之子，主管神、人的爱情和婚姻。他有一张金弓、一枝金箭和一枝铅箭。如果被他的金箭射中，便会产生爱情，即使是冤家也会成为快乐甜蜜的佳偶。如果被他的铅箭射中，便会拒绝爱情，即使是佳偶也会变成痛苦妒恨的冤家。据说丘比特射箭时眼睛是蒙起来射，因此人们把爱情说成缘分。

【释义】 寓意为"爱情的象征"。

◎ 取下护面比武

【溯源】 在中古时期，骑士在开始比武前，都要先取下护面，互致问候，后演变为现代击剑运动中规定的礼节：在比赛结束后，双方运动员取下护面，相互握手以示友谊。取下护面比武，表示与实战不同，而是一种按照规则比试武艺的公开比赛。

【释义】 表示在进行论争时，要光明正大地用真实的身份参与。

·R

◎ **冉阿让**

【溯源】 法国作家雨果的长篇小说《悲惨世界》中的主人公。冉阿让是个失业工人，他诚实、善良，为了挨饿的外甥偷了一块面包，被判五年苦役。因不堪忍受非人的监狱生活，他屡屡越狱以致罪刑加重，共服了十九年的苦役。出狱后，他受到米里哀主教的热情款待，却以怨报德，偷走了主教家的银器。米里哀主教宽厚待人，使他免于再次入狱，他深受感动，决心弃恶从善，后逐渐成为大富翁，还当上了市长。冉阿让好善乐施，满怀仁爱之心，后因救助别人遭到通缉，到处漂泊，受尽不白之冤，在痛苦和孤独中度过晚年。

【释义】 代指乐善好施的慈善家。

◎ **让军曹去代替伏尔泰**

【溯源】 语出俄国作家格里鲍耶陀夫的喜剧《智慧的痛苦》。沙俄军官斯卡洛茹勃粗鲁而愚昧，他最讨厌读书做学问，满脑子是队列训练和军事术语。有一天，不务正业的列彼季洛夫邀请他去参加公爵家的聚会，不但可以喝到香槟酒，还可以与四十多个人高谈阔论，学到很多学问。斯卡洛茹勃听到"学问"二字就反感，于是说道："饶了我吧，用学问骗不了我，叫别人去吧，要是你愿意，我可以给你们派一个军曹去代替伏尔泰，他会把你们排成三列，谁敢哼一声，立刻让谁知道厉害！"

【释义】 用来比喻用残暴的军事手段扼杀自由思想和进步文化。

◎ **让每块石头都翻个身**

【溯源】 公元前479年，希腊军队击败了波斯大将马多尼奥斯的军队。因为盛传马多尼奥斯在自己的营帐内藏匿了大量的珍宝，底比斯的波利克拉特斯便派人仔细搜查，却一无所获。于是，他去阿波罗神庙祈求神谕，得到一句话：让那里的每一块石头都翻个身。他依照神谕行事，果然找到了那些珍宝。

【释义】 比喻为达到目的竭尽全力，不惜牺牲时间和金钱。

◎ 人活着不是单靠食物

【溯源】 语出《圣经·新约·马太福音》。耶稣从约旦河回来，被灵光引到旷野。魔鬼试探耶稣，让他四十天不吃东西。四十天后，耶稣饿了，魔鬼对他说："你若是上帝的儿子，可以吩咐这块石头变成食物。"耶稣回答说："经上记着说：'人活着不是单靠食物，乃是靠上帝口里所说出的一切话。'"

【释义】 指人活着不仅有物质上的需要，还有精神上的追求。

◎ 人类灵魂的工程师

【溯源】 1932年10月26日，苏联领导人斯大林在高尔基处会见作家时，称苏联作家是"人类灵魂的工程师"。后来，教育家米哈伊尔·伊凡诺维奇·加里宁将此语引用到教育界，他说："很多教师常常忘记他们应该是教育家，而教育家也就是人类灵魂的工程师。"

【释义】 对教育工作者和文学艺术工作者的特定称谓。

◎ 扔出手套

【溯源】 在中世纪时期的欧洲，人们喜爱随身佩带刀剑，一旦发生争执，常常用决斗的方式来解决矛盾。手套是举行决斗仪式的标志，扔出手套代表挑战，对手拾起手套代表接受挑战。

【释义】 "扔出手套"与"拾起手套"常用来表示挑战和应战。

◎ 日光之下无新事

【溯源】 语出《圣经·旧约·传道书》。传道者说："虚空的虚空，凡事都是虚空，人一切的劳碌，就是他在日光之下的劳碌，这有什么益处呢？一代过去，一代又来，地却永远长存。日落日出，总归所出之地。风儿南刮北转不住地旋转，最终返回原道……已有的事，后必再有；已行的事，后必再行。日光之下无新事，没有一件事能有人指着说是新的，因为在我们以前的世代，早已有了。已过的世代，无人记念；将来的世代，后来的人也不会记念。"

【释义】 喻指万事皆空的消极厌世思想。

◎ 日历经常有错

【溯源】 语出俄国作家格里鲍耶陀夫的喜剧《智慧的痛苦》。贵族老妇人赫廖斯托娃与贵族官僚法穆索夫，在贵族青年恰茨基拥有的农奴数目上发生了争执。赫廖斯托娃说恰茨基有300个农奴，法穆索夫说恰茨基有400个农奴，并说他的日历上就是这么记着的。赫廖斯托娃不甘示弱地说道："日历经常有错！"

【释义】 喻指世界上没有绝对正确、十全十美的东西。

◎ 日子过得好，就不会去飞

【溯源】 语出俄国民间说书艺人戈尔布诺夫所讲的故事《航空者》。有一群人围着个大气球议论纷纷。这只载人的大气球即将起飞，乘坐气球的是一个德国商人和一个裁缝。人们不理解裁缝为什么要去冒这种险，有人问道："裁缝喝醉了吧？为什么要去飞呢？"又有个人回答说："一个人不走正道吗，就会去飞了。日子过得好当然是不会去飞的，不过，他学坏了……"

【释义】 喻指迫不得已去做某事。

◎ 如坐托盘

【溯源】 在旧时欧洲一些国家里，仆人往往托着盘子将菜肴送给客人。后来，大旅馆里的仆人也用精美的托盘为客人传递名片、信件、报纸等物品。因为托盘里的东西大家都可以看到，所以德国的莱比锡人就把戏院里的第一排座位比作托盘。

【释义】 喻指处于十分显眼、引人注目的位置上。

◎ 辱上加辱

【溯源】 源自《伊索寓言》。有只蚊子落在一个男人的秃头上，男人想打蚊子，没想到没打着蚊子，自己的秃头却挨了一巴掌。蚊子见了说道："我不过是小小叮了你一下，你就要打死我，那么你给自己已经受到侮辱的头上，又加上一种凌辱，你将如何处置你自己呢？"

【释义】 喻指对已经受到伤害的人，再次施加伤害或凌辱。

◎ 撒丁之笑

【溯源】 据传，意大利撒丁岛上有一种有毒植物，如果误食了这种植物，临死前脸就会抽搐变形，仿佛在笑的样子。特洛伊战争后，希腊英雄俄底修斯经历千辛万苦，终于回到故乡伊塔刻岛。当他得知岛上的贵族青年都以为他死了，纷纷向他的妻子求婚，并经常在宫中饮酒作乐，挥霍他的财产后，就决定扮成乞丐去报复那些求婚者。那些求婚者见到俄底修斯装扮的乞丐，都出言侮辱他，还向他扔去牛脚。俄底修斯闪身躲过牛脚，沉默地发出"撒丁之笑"，心里盘算着把这群求婚者全部杀死。

【释义】 代指意味深长的冷笑。

◎ 塞勒涅

【溯源】 古希腊神话传说中的月神。塞勒涅头戴金冠，身长翅膀，每日乘着光芒四射的马车在天空中奔驰，然后隐没于大洋河中。传说她爱上了美少年恩底弥翁，身为凡人的恩底弥翁为了长生不老和永葆青春，求宙斯让他在拉特摩斯山洞里长眠不醒。塞勒涅每晚驾车驰过天空时，都会来到山洞里与酣睡的恩底弥翁亲吻一次，这种无望的爱情使她的面容总是呈现一种忧伤。

【释义】 常被用来指代月亮。

◎ 三十月八十六日

【溯源】 语出俄国作家果戈理的讽刺小说《狂人日记》，是小说的主人公波普里希钦的日记上所写的日期。作者以此来表示一个狂人的狂妄言行，看似荒诞可笑，却强化了职位卑微的小公务员的命运的悲剧性。

【释义】 用来讽刺无稽之谈或痴心妄想。

◎ 杀鸡取金蛋

【溯源】 源自《伊索寓言》中的《生金蛋的鸡》。有个人养了只会生金蛋的鸡，他以为鸡的肚子里有比金蛋更大的金块，就把鸡杀了，结果发现这只鸡与别的鸡没什么不同。他原本想发次大财，结果却一无所获。

【释义】 比喻只顾眼前利益，结果却损害了长远利益。

◎ 山鲁佐德的智慧

【溯源】 山鲁佐德是阿拉伯民间故事《一千零一夜》中的人物，萨桑国宰相的女儿。萨桑国王山鲁亚尔是个残忍的暴君，他每天娶一位女子行乐，在第二天早晨将其杀死。山鲁佐德为了拯救无辜的姐妹，自愿嫁给国王。聪明机智的山鲁佐德擅长讲各种有趣的故事，到了晚间就讲故事吸引国王，每讲到紧要关头都恰值天亮，国王只好留待第二天再杀她。就这样日复一日，一直讲了一千零一夜，国王终于被感化，不再杀旧娶新。

【释义】 喻指智慧超群、机智敏锐的女子。

◎ 山姆大叔

【溯源】 源自 1812 年美英战争时期。纽约州一位诚实能干的肉类包装商被人们亲切地称为"山姆大叔"。他担任纽约州和新泽西州的军需检验员，负责在供应军队的牛肉桶和酒桶上打戳。人们发现该厂的牛肉桶上都盖有 E. A U. S. 标记。本来，E. A 是一个军火承包商的名字，U. S. 是美国的缩写。碰巧山姆大叔（Unele Sam）的缩写与美国的缩写（U. S.）相同，人们就管美国叫"山姆大叔"。

【释义】 美国的民族象征。美国人把"山姆大叔"诚实可靠、吃苦耐劳以及爱国主义精神视为民族的骄傲和共有的品质。

◎ 舌头最难制伏

【溯源】 语出《圣经·新约·雅各书》。先知要求信徒们要管束自己的舌头。"……舌头在身体里也是最小的，却能说大话。看哪，最小的火能点着最大的树林。舌头就是火，在我们身体中，舌头是个罪恶的世界，能污秽全身，也能把生命的轮子点起来，并且是从地狱里点着的。各类的走兽、飞禽、昆虫、水族，本来都可以制伏，也已经被人制伏了。唯独舌头没有人能制伏，是不止息的恶物，装满了害死人的毒气……"

【释义】 喻指出言谨慎是一件很困难的事情。

◎ 伸出白蹄

【溯源】 语出法国作家拉封丹的寓言诗《狼、母山羊和小山羊》。为了有足够的乳汁哺育小山羊，母山羊要出门吃些新鲜的青草。母山羊把门关好，并嘱咐小山羊，只有听到妈妈说"狼和它的同伙见鬼去吧"这句暗号，才可以把门打开。正巧一只狼路过这里，听到母山羊的话。母山羊走远后，狼就装出母山羊的声音去敲门，说："狼和它的同伙见鬼去吧！"狼以为马上就能吃到肥嫩的小山羊，没想到小山羊非常谨慎，从门缝里向外看了看说："伸出白蹄让我瞧瞧！要不我决不开门！"狼看了看自己灰突突的爪子，只好灰溜溜走了。

【释义】　指亮出是自己人的证明、出示通行证。

◎ 深渊

【溯源】　语出《圣经·新约·路加福音》。有位一生穷奢极侈的财主死后去阴间备受痛苦，而一位名叫拉撒路的乞丐死后却被带到始祖亚伯拉罕的怀里。财主祈求亚伯拉罕救他脱离苦海，亚伯拉罕说道："……在你我之间，有一道深渊相隔，这边的人不能到你那边去，也不让你那边的人到这边来。"

【释义】　比喻难以消除的隔阂或无法逾越的界限。

◎ 深陷凯里街

【溯源】　凯里街是英国伦敦中心区一条街道的名字，位于大法官法庭巷右侧。在 19 世纪 40 年代，有一家法院曾搬至凯里街，并很快破产。现今，在凯里街设有专门审理破产类经济案件的法院。

【释义】　喻指陷入破产的困境。

◎ 神经战

【溯源】　在 1914 年第一次世界大战期间，德军元帅兴登堡对德国《新自由报》的记者评论苏德战争的形势时说道："目前同俄国进行的战争，首先是个神经问题。只要德国和奥匈帝国具有坚强的神经，能够坚持到底，那么我们将取得胜利。"

【释义】　意指参战者在勇气、耐力、毅力等方面的较量。

◎ 生存竞争

【溯源】　语出英国生物学家达尔文的名著《物种起源》。生存竞争即为生存而进行的斗争，指同种或异种生物相互竞争，以维持个体生存并繁衍种类的自然现象。

【释义】　表示人类为生存而进行的斗争。

◎ 生活在天府之中

【溯源】 意大利诗人但丁依据古希腊天文学家托勒密的地心说体系，在作品《神曲》中把太空分为月球天、水星天、恒星天、水晶天、金星天、太阳天、土星天、火星天、木星天共九重天。九重天外是上帝和其他精灵居住的天府，住在这里的灵魂，保持着人类的面目，穿着白袍，排列在一个大而无边的圆形剧场座中，从那里瞻望上帝，淹没在上帝的光和爱中。

【释义】 喻指过着幸福美好的生活，也暗喻某人生活在脱离实际的幻想中。

◎ 生在紫色中

【溯源】 在古代的欧洲，紫色染料非常昂贵。据传，罗马人在法律中明文规定，只有达官贵人才能穿紫色的衣服，其他罗马人若穿紫色衣服，就要被处以极刑。所以，紫色成了权力、地位和财富的象征，就连皇后待产的产房都使用紫色装饰，称作"紫屋"，"生在紫色中"一语即由此而来。

【释义】 喻指出身于王室显贵之家。

◎ 圣安东日和奥奴弗里日

【溯源】 源自俄国作家果戈理的讽刺喜剧《钦差大臣》。几个商人带着礼品，来向假冒的钦差大臣控告市长敲诈勒索的罪行："说实话，这样的市长谁都没见过。只要看到他来，就得赶紧把店里的东西藏起来，他连放在桶里七年的破黑枣都不放过，一抓就是一大把。他的命名日在圣安东日，每逢这个节日，总得给他送去很多东西，他什么都不用自己添置。可是这还不够，他说奥奴弗里日也是他的命名日。有什么办法呢？每逢奥奴弗里日，还是得再孝敬他。"

【释义】 用来讽刺为了满足私欲把同一件事庆祝两次的人。

◎ 圣马丁之夏

【溯源】 圣马丁（约 316 ~ 397），法国酒店、葡萄种植者及乞丐的主保圣人。每年的 11 月 11 日是圣马丁的纪念日，欧洲许多国家都在这天过圣马丁节。虽然圣马丁节前后正值欧洲大陆初冬降临之际，可这段时间有时会出现持续一周以上的燥热天气，被称为"圣马丁之夏"。

【释义】 指代秋末冬初时节出现的燥热天气。

◎ 狮子的一份

【溯源】 源自《伊索寓言》中的寓言《狮子、驴和狐狸》。狮子、驴和狐狸达成协议，要合伙外出打猎，获得的猎物平均分配。它们捕获了很多猎物，狮子让驴分配猎物。驴将猎物平均分成三份，并请狮子和狐狸先挑。狮子大怒，扑过去吃掉驴，然后让狐狸分。狐狸只给自己留下极少的部分，其余全部是狮子的那份。狮子问它为何要这么分，狐狸回答说："驴的灾难。"

【释义】 比喻最大、最多的一份，或依靠强权攫取的最大利益。

◎ 狮子也有感激老鼠的时候

【溯源】 源自《伊索寓言》中的寓言《狮子和老鼠》。一只老鼠爬到正在酣睡的狮子身上，惊醒了狮子，被狮子捉住并打算吃掉。老鼠央求狮子放掉它，并表示有朝一日定会相报。狮子对老鼠不自量力的诺言付之一笑，便放掉了它。不久以后，狮子被猎人抓获，捆在一棵大树上。老鼠听到狮子绝望的叫声，前来咬断绳索，把狮子救下来说道："当初你笑我自不量力，现在你应该明白，老鼠也是能够知恩图报的。"

【释义】 喻指强者有时也会需要弱者的帮助。

◎ 施给乞丐的稀汤

【溯源】 语出德国作家歌德的《浮士德》。魔鬼靡菲斯特和浮士德订约之后，带领浮士德去周游世界。为了让浮士德恢复青春，他们先来到魔女那里去喝返老还童的魔汤。魔女出门赴宴，家里只剩一群猴子。一只猴子正搅拌着一口煮沸的大锅。魔鬼问猴子在搅拌什么，猴子回答说正在做施给乞丐的稀汤。这种施给乞丐的稀汤如水，根本谈不上有任何营养。

【释义】 喻指某文学作品内容浅薄、空洞无物。

◎ 施普卡平静无事

【溯源】 施普卡是位于保加利亚中部巴尔干山脉的一个隘口。在 1877 年俄土战争时，俄保联军曾扼守施普卡，多次击退土耳其人的进攻。当时正值隆冬季节，士兵们衣着单薄、疲惫不堪，以致很多人冻死在阵地上，可官方的战报上却不断重复着"施普卡平静无事"来谎报军情。

【释义】 喻讽掩盖真相、粉饰太平的人或行为。

◎ 失去酒花和麦芽

【溯源】 啤酒多用谷物特别是大麦芽来酿造，在公元前 10 世纪时开始添加酒花。在旧时的德国，有很多家庭酿造啤酒，缺乏经验的家庭主妇常常因酿造失败，失去啤酒中宝贵的酒花和麦芽，使酿坏的啤酒再也无法挽救。由此，德国人便用"失去酒花和麦芽"来喻指不可救药、无法挽回。

【释义】 喻指某人恶习难改，无可救药。

◎ 时间就是金钱

【溯源】 美国著名政治家、科学家本杰明·富兰克林（1706～1790）写在《致青年商人书》中的一句名言。在这篇文章中，富兰克林告诫青年商人要珍惜时间，讲究效率，他说道："要记住，时间就是金钱。"这句话已成为各方面人士的座右铭。

【释义】 形容时间的宝贵，一定要珍惜时间。

◎ 食忘忧果人的国家

【溯源】 希腊英雄俄底修斯和部下在特洛伊战争后的回国途中，绕过伯罗奔尼撒南端的玛勒亚半岛时，被一阵大风吹回大洋，在暴风雨里漂流了九天九夜，到达了食莲人的海岸。那里人唯一的食品就是莲子。他们热情款待俄底修斯派去的探子和使者，请他们品尝比蜜还甜的莲子，吃过莲子的人都愿意留在那里，永远不回故乡。俄底修斯只好用武力强制性地带他们离开。

【释义】 喻指忘却一切烦恼忧愁的地方。

◎ 事实是顽强的东西

【溯源】 英语格言，语出 1794 年法国作家勒萨日的长篇小说《吉尔·布拉斯·德·山悌良那传》的英译本。翻译者为英国小说家斯摩莱特，他把书中的"事实证明"译成了"事实是顽强的东西"，此后便流传开来。

【释义】 喻指事实是真实存在的，不可怀疑和否认。

◎ 手持长矛的市民

【溯源】 德意志国王亨利一世统治时期，德国各地兴建了许多城堡。这些城堡大都建筑在陡峭的山丘上，周围有壕沟环绕及外围防御工事。城堡内的居民都备有长矛等武器，如果有外敌入侵，便拿起长矛保卫城堡，因此有"手持长矛的市民"之称。后来，火器迅速普及，可有些城堡内的居民仍像祖辈那样手持长矛抵御外敌，因而遭到失败。

【释义】 喻指死守老规矩，思想保守，缺乏创新精神。

◎ 手放在心窝上

【溯源】 在古代的德国，人们认为内心的力量能唤出人的真心话，法律也规定妇女和神职人员在法庭上起誓时，必须将手放在左胸，只有自由的男性公民起誓时将手放在胡须上，这种习俗沿袭至今。

【释义】 要求别人说真话，或表明自己说的是真话。

◎ 鼠疫流行时的宴会

【溯源】 源自俄国诗人普希金的同名诗体悲剧。作者在作品中描写了面对死亡威胁时出现的三种态度。第一种态度以年轻人为代表，他们在街头聚集痛饮，企图在狂欢中忘却对死亡的恐惧。第二种态度以神父为代表，他劝导人们皈依上帝，用上帝的天堂来宽慰人心。第三种以宴会主席为代表，昂首挺胸高唱《鼠疫颂》，抒发了视死如归的壮烈胸怀。

【释义】 比喻发生天灾人祸时，某些人所过的醉生梦死、寻欢作乐的生活。

◎ 双十佳人

【溯源】 语出英国作家莎士比亚的喜剧《第十二夜》。伯爵小姐的仆人费斯特奉命为客人们唱一首情歌助兴，歌中唱道："什么是爱情？它不在明天！欢笑嬉戏莫放过眼前，将来的事有谁能预料？不要蹉跎了大好年华！来吻我吧，你双十佳人，转眼青春化成衰老。"

【释义】 指代妙龄女郎、二八佳人。

◎ 谁笑在最后，才笑得最好

【溯源】 语出法国作家弗洛里昂的寓言《两个农夫和云》。农夫居约认为天空正出现的乌云是不祥之兆，如果下冰雹，庄稼就会颗粒无收，农民就会破产，饥荒和瘟疫等灾难也会接踵而至。农夫路加却认为乌云是吉兆，如果下雨，庄稼得到雨水的滋润就会获得丰收，农民的生活就会富裕起来。两个人固执己见，争论不休。路加说："既然如此，大家就等着瞧吧！谁笑在最后，才笑得最好。"忽然，一阵风把天上的乌云吹散了，即没下冰雹，也没下雨。

【释义】 喻指只有获得最后的胜利，才是真正的胜利。

◎ 硕大无朋的白菜

【溯源】 1839 年，巴黎各报刊均在广告中大肆宣扬一种新的白菜，声称这种白菜来自新西兰，比李树高，比橡树矮，不但人和牲口都可以食用，夏天还能在白菜下乘凉。好奇的人们听信报上的宣传，买了些种子种植，希望能长出硕大无朋的白菜。然而，几个月后，从地里长出来的是最常见的白菜，由此还引发出一场官司。

【释义】 喻指无稽之谈，骗人的谎言。

◎ 斯巴达人

【溯源】 古希腊多里安人的后裔，大约在公元前 1100 年由希腊北部南迁至伯罗奔撒半岛，于公元前 9 世纪在半岛东南部的埃夫洛塔斯河右岸建立了斯巴达城，而后建立了斯巴达国家。斯巴达人反对奢华，崇尚武力，从小就受到蔑视危险、不怕艰难险阻、忍受各种痛苦的训练，素以生活简朴、意志刚强、勇武善战、遵守纪律而著称。

【释义】 指代刚毅地忍受各种痛苦和不幸的人。

◎ 斯芬克斯之谜

【溯源】 斯芬克斯是古希腊神话传说中狮身、蛇尾、人面、美女头，以隐谜吃人的怪兽。它住在埃及最大的胡夫金字塔前，凡是经过这里的人都要猜它的谜语，猜不对就要被它吃掉。它的谜语是：早晨四条腿走路，中午两条腿走路，傍晚三条腿走路；腿最多的时候，也是最弱的时候，这是什么？许多年过去了，不知有多少人因猜不出谜底而被它吃掉。后来，科林斯国王的养子俄狄浦斯猜中谜底是人。因为人在婴儿期用四肢爬行；到了生命的中午，他变成壮年，只用两条腿走路；到了生命的傍晚，他年老体衰，自然要借助拐杖走路，所以被称为三条腿走路。俄狄浦斯答对了，斯芬克斯羞愧难当，坠崖而死。

【释义】 常被用来比喻复杂、神秘、难以理解的问题。

◎ 送某人到四月份去

【溯源】 德语成语，源自西方愚人节习俗。在很久以前，4 月 1 日是许多欧洲国家的春节和新年的开始。传说在 1564 年，法王查理九世决定把新年的第一天移至 1 月 1 日。17 世纪末，罗马教皇英诺森十二世正式下令将新年定为 1 月 1 日。然而在 4 月 1 日这天，人们仍然像以前过新年一样赠送礼物和寻欢作乐，但多为恶作剧，不但会做出很多荒谬可笑的事情，甚至虚构新闻，互相蒙骗取乐。

【释义】 喻指欺骗某人、捉弄某人。

◎ 苏格拉底式的佯装无知

【溯源】 苏格拉底是古希腊著名的哲学家，他机智聪慧，能言善辩。在伯罗奔尼撒战争时期，他经常站在街头，与人辩论关于正义、勇敢、真善美等伦理道德问题，以教育民众，匡正民风。他在辩论前，总是假意接受对方的论点，然后故作无知地提出疑问，诱使对方作出答复，然后提出巧妙的反诘，揭示对方论点中的谬误之处，使对方的论点在不知不觉中被击败，从而确立自己的观点。

【释义】 喻指像苏格拉底一样，应用反诘式论辩法。

◎ 酸小姐

【溯源】 语出俄国作家波米亚洛夫斯基的中篇小说《小市民的幸福》。贵族小姐叶莲娜因天真幼稚、精神空虚、举止轻佻而被人称为"酸小姐"。她整日向往吃喝玩乐、无忧无虑的生活，所以十分憧憬能有个称心如意、陪着自己消遣的未婚夫。她爱上了教父的用人莫洛托夫，可贵族家庭的偏见和陋习令莫洛托夫饱受侮辱，使他最后离开了教父。叶莲娜顿时又陷入痛苦与悲伤之中。

【释义】 指代娇生惯养、装腔作势、目光短浅的姑娘。

◎ 所多玛和蛾摩拉

【溯源】《圣经》中记载的著名的罪恶之城，因罪大恶极触怒上帝，使上帝决定将其毁灭。犹太人始祖亚伯拉罕恳请上帝饶恕这两座城市，因为城里有"义人"。于是上帝派天使去探察情况。天使到达后，除了亚伯拉罕及其侄儿罗得以外，没有见到一个义人，反而遭到民众的围攻。上帝大怒，降下硫磺与火，将两座城予以毁灭。

【释义】 喻指嘈杂混乱、罪孽深重的地方。

◎ 所罗门的财富

【溯源】 源自《圣经·旧约·列王记上》。所罗门是大卫王之子，以色列人的第三代国王。在所罗门的统治时期，以色列疆域广大，国力强盛，银子多如石头，香柏木多如普通的桑树。为了炫耀自己的财富，所罗门下令制造了每面约用黄金七公斤的大盾牌两百面，每面约用黄金两公斤的小盾牌三百面，他使用的餐具都为纯金制造。

【释义】 喻指巨大的、用之不竭的财富。

◎ 所罗门的智慧

【溯源】 所罗门曾向上帝祈求智慧，使自己能够理智、正确地辨别是非。上帝非常高兴，对他说："你既然不为自己求富求寿，也不求灭绝你仇敌的性命，仅求智慧使自己可以听讼。我就应允你所求的，赐你聪明智慧，甚至在你之前、在你之后都没有如你的。你没求的富足与尊荣我也赐给你，使你在世的日子，没有列王能比过你。你若如你父般遵行我的道，谨守我的律例和诫命，我必使你长寿。"于是，所罗门的智慧如同海沙不可测量。他作有箴言 3000 句、诗歌 105 首，而且对天文地理、植物动物无所不知，他的名声在列国传扬。

【释义】 比喻拥有杰出的、超人的聪明才智。

◎ 所罗门判案

【溯源】 源自《圣经·旧约·列王记上》。有一天，同住一房的妓女争抢一个男孩。她们两人的孩子生日只差三天，其中一个妓女在夜间不小心压死了自己的孩子，就偷换了对方的孩子。被换了孩子的妓女第二天发现死的孩子并不是自己的孩子，两个人便闹到所罗门那里。所罗门命人拿来一把刀，说："将活孩子劈成两半，每个妇人分一半。"孩子的母亲怕自己的孩子受到伤害，急忙说："求我主将活孩子给那妇人吧，千万不要杀了孩子。"而那个妓女说："这个孩子不归你，也不归我，将他劈了吧！"所罗门据此断案说："舍不得杀孩子的妇人，才是孩子的母亲。"

【释义】 比喻断案时明察秋毫、英明迅速。

◎ 他额头上写着

【溯源】 德语成语，语出德国作家歌德的诗体悲剧《浮士德》。浮士德在魔鬼靡菲斯特的帮助下，获得了美丽的少女甘泪卿的爱情。忠厚善良的甘泪卿对靡菲斯特非常反感，她从心底憎恶他，厌恶到一见他就觉得心如刀扎，她对浮士德说道："我不愿与那种人相处！他每次走进门，总是那样瞧不起人，半带着愤怒。看来他对任何事都不感兴趣，他额头上写着，他不会爱任何人。"

【释义】 意指内心的活动通过面部表情表露得一览无余。

◎ 他能看懂布满星辰的书卷，也能同海浪对话

【溯源】 语出俄国诗人巴拉丁斯基的诗作《歌德之死》中对歌德的赞扬。"他同大自然同命运共呼吸 / 能听懂溪水绵绵的细语 / 能明白绿叶簌簌的话音 / 能察觉青草长出的嫩芽 / 能看懂布满星辰的书卷 / 能同海浪进行对话。"

【释义】 用来赞颂学识渊博、造诣深厚的文学艺术界的人才。

◎ 他酿造啤酒不用麦芽

【溯源】 德语成语。在酿造啤酒时，只有选用上好的麦芽和啤酒花才能酿制出优质啤酒。有的人在酿造啤酒时，用其他淀粉代替麦芽冒充正宗啤酒，来欺骗顾客而从中获利。"他酿造啤酒不用麦芽"一语即由此而来。

【释义】 喻指以假充真、以次充好的骗人勾当。

◎ 他在寻找彼得的钥匙

【溯源】 语出罗马教皇西克斯图斯五世之口。彼得原名为西门，他首先承认耶稣是基督，是上帝的儿子，于是耶稣给他另起名为彼得，意为"磐石"，并说要把教会建立在此磐石之上，连"天国的钥匙"也要交给彼得。因此，"彼得的钥匙"象征着至高无上的权力。西克斯图斯五世在被选为教皇前，走路总是弯腰曲背，挂着拐杖，一副即将离世的样子。人们出于怜悯选他当了教皇后，他突然变得身体康健、精神矍铄，使人们非常惊讶。他解释道："我弯腰走路，是因为我

在寻找彼得的钥匙，现在我已经找到了。"

【释义】 喻指为了获取名利地位，而不惜改变观点和行为的人。

◎ 苔丝德蒙娜

【溯源】 英国作家莎士比亚的悲剧《奥赛罗》中的女主人公。苔丝德蒙娜不顾世俗的偏见和失去父亲的宠爱，嫁给了异族军官奥赛罗。她心地纯净无瑕，为人忠厚善良，对爱情忠贞不贰、至死不渝。即使面对丈夫无端的诋毁和肆意侮辱，甚至丈夫在失去理智时将她残杀，在最后时刻，她仍出于爱心为丈夫开脱杀人的罪名。

【释义】 指代为爱情忠贞不渝的女性。

◎ 泰奥隆的烘炉

【溯源】 传说在法国有个叫泰奥隆的人，他突发奇想要做人工孵化小鸡的实验，于是请人做了一个烘炉，生起火，又买来许多鸡蛋放在烘炉内。到了小鸡应该出壳的那天，他邀请朋友们前来观看雏鸡。可是，等了很久也不见破壳而出的小鸡，他忍不住打破一个鸡蛋，原来鸡蛋早就被烤熟了，朋友们见状大笑不已。

317

【释义】 喻讽做某事遭到失败。

◎ 坦塔罗斯的苦难

【溯源】 坦塔罗斯是宙斯之子，吕狄亚的西皮罗斯国王，因得罪众神被打入地狱。他在地狱里站在齐颈的水中，每当口干舌燥低头饮水时，水便退去，只剩焦干的黑土。他头上垂着的树枝上结满水果，但只要他去摘，果枝就会被大风吹入云霄，而且头上悬着随时都可能落下将他砸死的巨石。

【释义】 喻指因可望而不可即所带来的痛苦和折磨。

◎ 汤姆叔叔

【溯源】 美国作家斯托的长篇小说《汤姆叔叔的小屋》中的主人公。汤姆是种植园主谢尔比的家奴，从小侍候主人，成年后担任总管。他勤劳善良，对主人忠心耿耿，是个虔诚的基督教徒。谢尔比因投机股票失败，把汤姆和另外两个黑奴卖给奴隶贩子抵债。那两个黑奴冒着生命危险逃到了加拿大，而汤姆却出于对主人的忠诚被奴隶贩子卖到新奥尔良。而后他依次辗转做了几个主人的奴隶，最后落在残忍无道的种植园主手里受尽了折磨和毒打。当谢尔比的儿子乔治赶来赎他回去时，他已经被打得奄奄一息，得知乔治的来意后，欣慰地闭上了眼睛。

【释义】 指代对白人的奴役逆来顺受、百般屈从的黑人。

◎ 唐璜

【溯源】 欧洲中世纪传说中的一个西班牙贵族。唐璜是个好色之徒，他要占有女人的肉体来满足他的男性虚荣感。他对女人向来不投入感情，也从来不用金钱去买性。他本着他的男性魅力来引诱女人跟他上床，当他得到了一个女人的肉体，便立刻转移目标，寻找新的征服对象。

【释义】 指代到处勾引女人、作恶多端的浪荡之徒。

◎ 堂吉诃德

【溯源】 西班牙作家塞万提斯同名长篇小说中的主人公。堂吉诃德非常迷恋中世纪的骑士小说，痛恨不合理的社会现象，企图用古老的骑士道德达到改造社会的目的。他三次假扮骑士外出寻找冒险的事业，因为满脑子都是骑士小说中的情节，他便以为处处都是妖魔鬼怪，闹出很多荒唐可笑的事，既害了别人，自己也挨打受苦，弄得头破血流。

【释义】 指代脱离实际、耽于幻想，在现实面前碰得头破血流的人。

◎ 掏乌鸦窝的家伙

【溯源】 语出法国剧作家布尔索在致友人巴贝的信中所讲的趣事。有个已婚的年轻人来到教堂向教士忏悔，说自己因为掏乌鸦窝而踩坏了邻居的篱笆。教士问他抓到乌鸦没有。年轻人回答乌鸦还没长大，星期六晚上再去抓。等他星期六晚上去掏乌鸦窝时，发现鸟窝里空空如也，他便怀疑是教士把乌鸦掏走了。过了几个月，年轻人又去教堂向教士忏悔，说自己虽然已婚，却爱上村里一个姑娘，那个姑娘也爱他。教士问他："她一定长得很漂亮吧？"年轻人回答："是很漂亮，是村里最漂亮的姑娘。"教士又问道："她住在哪里呢？"年轻人愤愤地说道："掏乌鸦窝的家伙，我再也不会上当受骗了！"

【释义】 喻指骗子、处心积虑制造骗局的人。

◎ 套中人

【溯源】 俄国作家契诃夫同名短篇小说中的主人公，是位名叫别里科夫的中学教师。他的性格非常孤僻、古怪，即使在晴天，他也要穿雨鞋，带雨伞，并穿上棉大衣，像蜗牛那样竭力缩进自己的硬壳里。他的雨伞和怀表总是用套子包着，连自己的脸也要藏在竖起的衣领里，就像蒙着一个套子。他的卧室像个箱子，床上挂着帐子。他总是战战兢兢地躺在被褥里蒙上脑袋，怕人杀他，怕贼偷他的东西，仿佛要为自己制造一个与世隔绝的套子，不受外界的影响。在他的眼睛里，只有沙皇政府的告示和禁令才是金科玉律，搞得学校的校长、同事，甚至全城的人都怕他。同事企图通过恋爱结婚来改变别里科夫的性格和生活方式，便给他介绍了女朋友。他虽然喜欢女友，也因害怕结婚承担义务而迟迟不肯求婚。

【释义】 指代顽固保守、与世隔绝、反对新生事物的人。

◎ 忒堤斯

【溯源】 古希腊神话传说中的提坦女神，第一代天神乌剌诺斯和地母该亚的女儿，大洋神俄刻阿诺斯的姐妹和妻子，众河神和众大洋女神的母亲，被视为万物之母。她和俄刻阿诺斯同为江湖河海一切水域的化身，他们的祭坛也常常合造在一起。

【释义】 在西方诗歌中，忒堤斯常被比作大海的化身。

◎ 忒弥斯

【溯源】 古希腊神话传说中主司法律与秩序的女神，第一代天神乌剌诺斯和地母该亚的女儿，第三代天神宙斯之妻。其艺术形象为手持丰裕之角和天平，眼睛蒙着布，以示公正无私、不偏不倚。与其相关的词语有喻指法庭的"忒弥斯的神庙或祭坛"，喻指法官的"忒弥斯的祭司"，喻指公正裁判的"忒弥斯的天平"。

【释义】 常被用作公正裁判的象征。

◎ 特利什卡的外套

【溯源】 源自俄国作家克雷洛夫的同名寓言。特利什卡的外套肘部破了个洞，他觉得问题不大，便剪下1/4的袖管补洞。洞补上了，可袖子短了一大截，穿在身上大家都笑话他。于是，特利什卡又把前襟和下摆剪下来接到袖子上。袖子接长了，虽然他的外套比坎肩还要短一截，他依然得意不已。

【释义】 喻指无法修补或改良的事物。

◎ 特洛伊木马

【溯源】 古希腊神话传说中特洛伊战争时，希腊人攻打特洛伊城九年不下，后来想了个计策，把勇士们藏在一只特制的木马中，攻城部队扔下木马，佯装撤退，于是特洛伊人把木马当战利品运进城内。夜里，木马中的勇士出来打开城门，与攻城军队里应外合，占领了特洛伊城。

【释义】　喻指潜伏在内部的敌人、骗人的伎俩，并把潜伏到敌方内部进行破坏和颠覆活动的办法称为木马计。

◎ 提包客

【溯源】　美国南部重建时期（1865～1877），北方同情黑人的共和党人和废奴运动者纷纷来到南方，帮助这里的黑人、中产阶级和下层贫穷白人在各州建立民主政权。那些蓄奴主义者、被推翻的种植园主及北方的反动资产阶级，极端仇视新生的政权。因为前来的北方人大多一身轻装，仅随身携带一只装着日常生活用品的手提包，所以他们便蔑称前来的北方人是捞取好处的"提包客"，新建立的政府为"提包客—无赖汉—黑人混合政府"。

【释义】　现用来讽喻靠投机取巧、招摇撞骗等手段谋取私利的外地人。

◎ 替罪羊

【溯源】　源自《圣经·旧约·利未记》。古代犹太教在每年赎罪日的清晨，由大祭司举行赎罪祭，杀两头公羊，一头为赎众祭司的罪，一头为赎民众的罪，并把羊血洒在存放上帝约法的圣柜赎罪板上。然后，大祭司把双手按在准备好的一只活公羊的头上，诉说自己和民众所犯之罪，表示全民族的罪过已由此羊承担，最后将羊逐入旷野沙漠，意为众人之罪由此羊负去，因而得来"替罪羊""赎罪羊"或"负罪羊"之称。

【释义】　喻指代人受过、替人受罚者。

◎ 天才即忍耐

【溯源】　源自法国著名博物学家布丰（1707～1788）的一句话："天才是由耐心构成的，具有这种耐心才能长时间地研究任何思想，直到发现有益的、可靠的回报。"

【释义】　比喻无论做学问还是做研究、实验，都需要具备不间断的潜心探索的精神。

◎ 天鹅的歌

【溯源】　在古代西方的迷信传说中，天鹅在临死前会唱歌，而且声音悦耳动听。古希腊寓言诗人伊索在《天鹅》中写道："据说，天鹅临死才唱歌。有个人遇见一个卖天鹅的人，他听说天鹅的歌声十分悦耳，就买了只回家。可是，当他请客吃饭时，让天鹅在餐厅唱歌，天鹅始终默不作声。直到有一天它知道自己要死了，才为自己唱起挽歌。"

【释义】 喻指天才的最后一次出色的表现。

◎ 天国的小鸟不知道劳累和烦恼

【溯源】 源自俄国诗人普希金的长诗《茨冈》。俄国贵族阿列哥因为不喜欢在窒息的城市过着奴役的生活，便来到自由的茨冈人中，并爱上了茨冈女子金斐拉。普希金在诗中用天国的小鸟喻赞了茨冈人自由自在的生活："天国的小鸟儿无从知道 / 什么是劳累，什么是烦恼 / 它也不需要去辛辛苦苦营筑那经年耐久的窠巢 / 深夜里它在树枝上打盹儿 / 东方升起了红色的太阳 / 鸟儿就倾听上帝的声音 / 拍动着两翼，宛转地歌唱。"

【释义】 形容生活得自由自在，无忧无虑的人。

◎ 天使

【溯源】 基督教教义认为天使是上帝创造的一种精神体，不仅能传达执行上帝的旨意，而且能帮助人获救或蒙受恩惠。天使常被描绘成有双翼的美女，绝大多数圣洁无瑕且忠于上帝，也有堕落犯罪者，成为邪恶之灵——魔鬼。

【释义】 特指上帝的使者，也用来表示圣洁的人或最亲爱的人。

◎ 添加他的芥末

【溯源】 德语成语。西方人喜欢将芥末撒在做好的菜肴上，以增加香味和刺激食欲。但是，并不是所有人都喜欢这种调料，如果未询问他人需要，就擅自为其添加芥末，有时就会引起对方的反感。

【释义】 喻指未经要求就发表自己的意见和看法。

◎ 挑起栅栏争执

【溯源】 德语成语。在德国，爱争吵的邻居经常会为了些鸡毛蒜皮的小事而争执不休。争执的缘由不外乎花园里飘进了邻居家的落叶，或隔壁养的小动物从篱笆钻进了自己的园子等。争吵时，双方总是各自站在隔离花园的栅栏旁，互相大声斥责、讽刺挖苦，有时竟发展到动手殴打。"挑起栅栏争执"一语即由此而来。

【释义】 喻指挑起争吵、引发冲突。

◎ 条条道路通罗马

【溯源】 古罗马在向外扩张征服意大利的过程中，为了军事统治的需要，以罗马为中心修筑了规模宏大的古代交通运输网。其中著名的有阿皮亚大道、波匹利亚大道、奥莱莉亚大道、弗拉米尼大道、埃米利亚大道、瓦莱里亚大道、拉丁大道等，另有无数条支线通往帝国各行省。这些道路四通八达，故有"条条道路通罗马"之说。

【释义】 比喻达到同一目的可以有多种不同的方法和途径。

◎ 铁血政策

【溯源】 19世纪中期，普鲁士首相俾斯麦(1815～1898)在奥普战争前夕说过："德意志的统一不是通过言词，而是通过血与铁。"1886年1月，他在议会会议上进一步说道："要让国王掌握最大的军事力量，换句话说，就是掌握尽可能多的血和铁，那时他便能推行诸位所希望的政策。政策不是用演说词、士兵庆祝会和歌曲制定的，而只能用铁和血来制定。"

【释义】 喻指野蛮的暴力政策或战争政策。

◎ 听到草在生长

【溯源】 日耳曼成语。统治瑞典的格尔菲国王想了解宇宙的本质，在阿斯加尔德的神殿里拜访了诸位大神。当格尔菲国王询问各位神祇的情况时，第三位至高无上者向他介绍神祇海姆达尔说："海姆达尔是众神的守护神。他的睡眠比鸟还少，夜间能看清数百里外的东西，能听到牧场上的青草和羊毛生长的声音。"

【释义】 原意形容神祇或伟人的超凡能力，后用来形容听觉异常灵敏。

◎ 听到鸟儿歌唱

【溯源】 在欧洲的许多神话传说中，鸟儿具有神奇的本领。它们能悄悄地告诉人们重要的消息，警告人们避开灾祸。在古代冰岛神话中主神奥丁的肩上就有两只神鸦，每天破晓时分，奥丁便派它们巡视世界各地，然后飞回来，将当天的所见所闻报告给他。

【释义】 喻指暗中知晓别人不知道的消息。

◎ 同风车搏斗

【溯源】 源自西班牙作家塞万提斯的长篇小说《堂吉诃德》。有天傍晚，堂吉诃德远远望见平原上耸立着几十架巨大的风车。他认为是魔法师在与他作对，要剥夺他的光荣，所以把巨人变成了风车。于是他决心投入一场正义的战争，把这种坏东西从地球上消灭掉。他举起长矛，骑着瘦马向风车冲了过去。这时，一阵微风吹来，转动了风车庞大的翅翼，堂吉诃德一枪刺中了风车翅翼，长矛被转动的翅翼折成几段，自己也被风车拐带得连人带马滚翻在地。

【释义】 比喻同假想的敌人或障碍做徒劳无益的斗争。

◎ 同用一只碗吃饭

【溯源】 在古代的法国，新郎新娘在新婚之日必须用同一只碗吃饭，以表示夫妻恩爱，亲密无间。在法国西部和中部的农村，至今仍保留这一习俗。

【释义】 喻指关系极为密切，或拥有共同的利益。

◎ 徒爱空想的蠢人

【溯源】 语出德国作家歌德的诗体悲剧《浮士德》。浮士德博士沉湎于中世纪的书斋中，读了近五十年的书，过着与外界脱节的生活。他虽然涉猎了各科学术领域，得到的却是烦琐、脱离实际的知识，而且越学越觉得知识贫乏，于是他陷入苦闷的深渊。魔鬼靡菲斯特乘机引诱他脱离书斋，去追求尘世的享乐，鼓动他说道："先生，你的观点是和常人一样，我们应该及时行乐，趁生命的欢乐尚未远扬……我说，徒爱空想的蠢人，犹如一匹着魔的畜生，不管周围有牧场美好青青，却在干枯的荒原上四处找寻。"

【释义】 代指脱离实际、热衷于空想的人。

◎ 兔子的记忆力

【溯源】 法语成语。兔子的记忆力很差，对发生过的事情，哪怕是刚刚经历过的危险，也会在瞬间忘得一干二净。如果把它从洞里赶出去，它马上就会跑回洞里去，以至人们曾怀疑它是否有大脑。

【释义】 喻指某人十分健忘，或记忆力极差。

◎ 吞吃了扫帚柄

【溯源】 在15世纪时，德国人常把身子挺得笔直、不能弯腰或不敢弯腰的人，比喻成吞吃了扫帚柄。后来，德国作家舍费尔在一首幽默歌曲中，将那些论调死板、拘泥于形式的人比作像扫帚柄一样僵硬。而后，"吞吃了扫帚柄"便随着歌曲更广泛地流传起来。

【释义】 喻讽行动笨拙不灵活的人，或为人处世桀骜不恭的人。

◎ **吞下游蛇**

【溯源】 法语成语。在 17 世纪时的法国，有些爱开玩笑的主人，用河中的游蛇代替法国人都爱吃的鳗鱼来招待客人，以测试客人胃的承受能力，因为吃多了游蛇肉，会产生大量的胃酸。而客人即使感到胃不舒服，也不好意思声张。"吞下游蛇"一语即由此而来。

【释义】 比喻受到侮辱后把气愤藏在心底，不发作、不加以反击。

· **W**

◎ **豌豆上的公主**

【溯源】 源自丹麦作家安徒生的同名童话。有位王子想娶个真正的公主为妻，但找遍全世界也没找到。在一个狂风暴雨的夜晚，有个女子前来借宿，并声称自己是真正的公主。老皇后在为她铺被的时候，在床榻上放了一粒豌豆，又在上面铺了二十床垫子和二十床鸭绒被。第二天早上，公主说她辗转反侧了一夜，因为她感觉睡在一块很硬的东西上面，身上也被硌得青一块紫一块。大家见她有这么娇嫩的皮肤，确信她是位真正的公主，王子便娶她为妻。

【释义】 用来讽刺娇生惯养、弱不禁风的人。

◎ **玩霍克斯博克斯**

【溯源】 德语成语。据传"霍克斯博克斯"原为英国一位魔术师的名字，17世纪由英国经荷兰传入欧洲大陆，成为魔术师变魔术时念的咒语。1667 年，英国一本关于魔术技巧的教科书《少年霍克斯博克斯魔术解析》传入德国。"玩霍克斯博克斯"一语即流传起来。

【释义】 喻指某人故弄玄虚。

◎ 婉言可以释怒

【溯源】 源自《圣经·旧约·箴言》。原文为："回答柔和，使怒消退。言语暴戾，触动怒气。智慧人的舌，善发知识。愚昧人的口，吐出愚昧。耶和华的眼目无处不在，恶人、善人，他都鉴察。"其中"回答柔和，使怒消退"即"婉言可以释怒"。

【释义】 指说话时语气如温和委婉，就可以化解对方的怒气。

◎ 汪达尔人

【溯源】 古日耳曼人的一支。公元429年，汪达尔人在首领萨利克的率领下，横渡直布罗陀海峡，进入北非，又于439年攻陷迦太基城，建立了汪达尔王国，夺得罗马帝国阿非利加行省的大部分疆土。445年，汪达尔人攻陷罗马城，在城内进行十四天的烧杀抢掠，破坏了大批量的文化艺术珍品，他们的野蛮行径使罗马王朝感到非常震惊。布鲁瓦的主教亨利·格雷戈伊雷在给修道院的报告中，索性把罗马珍贵文物的被毁全归罪于汪达尔人，并将这种摧残文化艺术珍品的行为称作"汪达尔主义"。

【释义】 指代大肆破坏文化艺术珍品的人或毁灭一切的破坏狂。

◎ 往慕尼黑运啤酒

【溯源】 德国南部的巴伐利亚盛产啤酒花，啤酒业十分发达，酿造的啤酒被称为"巴伐利亚牛奶"，尤其首府慕尼黑更是以酿造啤酒为传统行业。慕尼黑不但有7座著名的啤酒厂，还有举世闻名的啤酒节，甚至在理工学院都开设了啤酒专业，为世界各国培养啤酒酿造师。

【释义】 喻指多此一举，根本没必要。

◎ 往账单上撒盐

【溯源】 法语成语。在古代的法国，食盐非常珍贵，如果在食品中多用了盐，就要提高食品的价格。于是，很多饭店和旅店的老板在与顾客结账时，常常谎称饭菜中多用了盐，在账单上增加"多用盐"一项，以此向顾客多收费。"往账单上撒盐"一语即由此而来。

【释义】 喻指故意哄抬价格、索取高价。

◎ 往爪子上抹油

【溯源】 公元6世纪法兰克王国的国王克洛戴尔一世时期，教会被授权向出售猪肉的人征收什一税。为了便于征税，巴黎教会把猪肉市场设在巴黎圣母院前的广场上。税吏在收税时，出售猪肉的人常常偷着往他们手里塞上块猪油或猪肉，以便缴纳少量税额，这样税吏的手上便被抹了油。"往爪子上抹油"一语即由此而来。

【释义】 表示用物质或金钱贿赂某人、收买某人。

◎ 往嘴里放甘草

【溯源】 甘草也称为"甜草"，根和茎很甜，往别人嘴里放甘草，就是给其些甜头尝尝，堵住他的嘴。德国中世纪剧作家萨克斯在《三个丑角敲板说唱》中提到对付泼妇骂街的办法，就是"向破口大骂者的嘴里放甘草，这一招准有效"。

【释义】 喻指用温言软语劝说对方，使对方不再发怒。

◎ 威廉·退尔

【溯源】 14世纪瑞士民间传说中反抗奥地利暴政的民族英雄。威廉·退尔是乌里郡比格伦地方的农民，因为蔑视奥地利当局，被迫向放在儿子头上的苹果射箭，后因威胁要杀死总督被捕，在送往监狱的途中逃脱，最后终于在一次伏击中杀死了总督。

【释义】 指代敢于争取自由、反抗暴政的英雄。

◎ 维纳斯

【溯源】 古罗马神话中的爱神与美神，即古希腊神话传说中的阿佛洛狄忒。传说世界之初，统管大地的该亚女神与统管天堂的乌剌诺斯结合生下了一批巨人。后来夫妻反目，该亚盛怒之下命小儿子克罗诺斯用镰刀割伤其父。乌剌诺斯身上的男根落入大海，激起泡沫，就这样诞生了维纳斯。

【释义】 被用作爱情、性欲、美的象征。

◎ 维特与绿蒂

【溯源】 德国作家歌德的小说《少年维特的烦恼》中的男女主人公。维特在一次舞会上结识了法官的长女绿蒂，她的音容笑貌、体态举止无不使他神魂颠倒。绿蒂虽然已经与阿尔伯特订婚，却对维特非常倾心。阿尔伯特归来后，维特经过激烈的思想斗争，最后决定远离他们。因为运气不济，他在现实生活中处处碰壁，无法施展自己的理想与抱负，又在爱情的驱使下回到绿蒂的身边。绿蒂已经做了阿尔伯特的妻子，为了忠于丈夫，不得不疏远维特。绿蒂的态度使维特万念俱灰，给她留下一封信后举枪自杀。

【释义】 代指热恋中的情人。

◎ 为柏隆娜效力

【溯源】 柏隆娜是古罗马神话中的女战神，战神玛尔斯的妻子，其名字的本意即为战争。公元前4世纪，古罗马开始设有柏隆娜神庙，并在庙旁举行宣战仪式：由祭司团的主祭司将一支长矛投进象征敌国领土的地块，即标志战争开始。后来，柏隆娜与玛尔斯一样，成为战争的象征。

【释义】 意指服兵役、加入军队、投入战争。

◎ 为了过路的人

【溯源】 有一次，法国国王亨利四世在路过一座叫锡托的村庄时，忍不住赞叹那里的景色："啊，这里真美！我的天啊，真是个美丽的地方！"有位修士听到国王的赞扬，连声说道："为了过路的人。"亨利四世问他这句话的含义，修士答道："陛下，我想说的是，这里很美，是对过路人来说的，不是对常住在这里的人来说的。"

【释义】 用来讽刺剥削阶级不劳动就能拥有和享受人间的一切美好，而劳动者却无权享受自己的劳动成果。

◎ 为了李子

【溯源】 在法国的都兰地区、普瓦都地区、法兰西岛地区和胜东日地区，李树园随处可见。遇到收成好的年头，李子多得使农民来不及摘取，只能爬上树将李子打落在地，再一筐筐装起来，因此，李子在这些地区被视为最微不足道的东西。

【释义】 喻指鸡毛蒜皮、微不足道的小事。

◎ 为了漂亮的眼睛

【溯源】 语出法国剧作家莫里哀的喜剧《可笑的女才子》。贵族青年拉·格朗吉和让·克瓦西分别向资产者高尔吉毕斯的女儿和侄女求婚。因为不懂两位女才子所期望的、风雅的求婚程序，遭到两位小姐的冷落。他们怀恨在心，让他们的两个漂亮男仆穿上华贵的衣服，去向两位小姐求爱。两位仆人在小姐们的面前假充斯文，编造歪诗，博得了她们的欢心。正当他们成双成对跳起舞时，两位仆人的主人出现在他们的面前，揭穿了仆人的身份，并对两位可笑的女才子说道："不能让他们穿着我们的衣服来博取你们的欢心。你们要是愿意爱他们，那就为了他们漂亮的眼睛而爱他们吧。"两位女才子顿时悔恨交加、无地自容。

【释义】 比喻单凭事物表面或个人喜恶来处理事情。

◎ 闻到烤肉香

【溯源】 德语成语,源自德国古代民间的一则寓言。有位农民邀请动物到他家做客,动物兴冲冲地前往赴约,等它到达农民家门口时,突然转身就逃。原来,它嗅到在农民的锅里,正飘着它的同伴被炖熟后的香味。

【释义】 表示预感到要发生不妙、不愉快的事情,或将遇见有利可图的事情。

◎ 我不愿走这座桥

【溯源】 语出德国作家格勒特的寓言《农夫和他的儿子》。有位刚从外地回来的年轻人告诉他的父亲,他在外地亲眼见到一条像马那样大的狗。可是,他跟着父亲越往前走心越忐忑,因为在不远的前路有一座桥。这座桥使他想起父亲讲过的故事,凡是说谎的人都将在桥上跌断腿,而且有个说谎的人曾在这座桥上跌断了腿。年轻人想收回自己的谎话,却不愿直截了当地承认自己欺骗了父亲,于是便停下来说道:"我不愿走这座桥。"以此向父亲表示,那条像马一样大的狗是他在撒谎。

【释义】 现用来表示感到某件事情不大可信。

◎ 我的杯子不大,但我是用自己的杯子喝水

【溯源】 语出法国诗人缪塞写在诗体剧作《杯与唇》前的献辞。当时,有人指责他在创作中模仿拜伦,对此缪塞在献辞中反驳道:"我的杯子不大,但我是用自己的杯子喝水。"表示尽管自己的创作水平一般,却具有自己的特色,而不至于去模仿别人。

【释义】 喻指遵循自己的原则或思想、坚持自己的创作风格。

◎ 我的胸中有两个灵魂

【溯源】 语出德国作家歌德的剧本《浮士德》。浮士德博士沉浸于中世纪的书斋中,虽然探索了各种学术领域,得到的却是烦琐、脱离现实的知识,越学越感到知识贫乏。他和弟子瓦格纳离开书斋去郊游,大自然的美景使他产生了"新的冲动",使他想要"赶去吞饮那永恒的光辉"。而瓦格纳只知道钻在书堆里读书,说自己"从没感到有这种冲动",于是浮士德对瓦格纳说道:"啊,你只知道有一种冲动,另外的一种你便全无所知!啊,我的胸中有两个灵魂,一个想要同另一

个分离。一个怀着一种强烈的情欲，以它的卷须紧紧攀附着现世；另一个却拼命要脱离尘俗，高飞到崇高的先辈的居地。"

【释义】 表示内心存在着两种互相矛盾的思想。

◎ 我们的兄弟以撒基

【溯源】 源自关于俄国基辅洞窟修道院的修士以撒基的一桩传闻。有天半夜，几个装扮成美少年的魔鬼来到洞窟中，对以撒基说道："以撒基，我们是天使，你看，基督向你走来了，快去拜他！"以撒基不知道是魔鬼在诱惑他，便像拜基督那样跪拜魔鬼。魔鬼见状高兴地叫道："我们的兄弟以撒基！"魔鬼们又叫以撒基在他们的伴奏下跳舞，以撒基无休止地跳着，最后精疲力竭地昏倒在地。

【释义】 指代志同道合的朋友或臭味相投的人。

◎ 我们的祖先拯救过罗马

【溯源】 语出俄国作家克雷洛夫的寓言《鹅》。农夫赶着一群鹅要到城里去卖，半道上遇到一个过路人，鹅对他抱怨说，农夫对它们粗暴无礼，一点都不尊敬它们。过路人问道："你们有什么值得赞扬的地方吗？有什么贡献吗？"鹅回答："我们什么都不会，但我们的祖先拯救过罗马。"过路人说道："祖宗有功，光荣归属于它们，何必老是炫耀祖宗呢？你们没有什么用处，只配被人拿去烤着吃！"

【释义】 用来讽刺无所作为、不思进取，只会炫耀祖先功劳的人。

◎ 我们耕了地

【溯源】 语出俄国诗人德米特里耶夫的寓言《苍蝇》。一头公牛耕完地，拖着疲惫的身子要回家休息。牛角上有只苍蝇，在途中遇到另一只苍蝇，那只苍蝇问道："你从哪里过来的啊？"牛角上的苍蝇趾高气扬地说道："我们耕了地！"

【释义】 喻讽未付出什么辛苦却贪取他人功劳为己有的人。

◎ 我们没在一起放过猪

【溯源】 源自德国民间故事《希尔德市民》。国王要到希尔德市巡视，准备宣布希尔德市为直辖市，并免去该城居民的销售税。希尔德市民在市政厅里热烈地讨论如何欢迎新国王，突然想起希尔德市还没有市长，于是决定以赋诗来定人选，谁的诗最押韵，就让谁当市长。有个猪倌在老婆的启发下，拼凑了首打油诗，居然一举夺魁当上了市长。后来，有个以前同他一起放过猪的伙伴，亲热地以"你"相称与他谈话时，他立刻制止，并说道："我们没在一起放过猪。"

【释义】 现用来表示告知与某人萍水相逢，不要过于亲热。

◎ 我是剑，我是火焰

【溯源】 语出德国诗人海涅的散文诗《颂歌》。1830 年 7 月，法国爆发了推翻波旁复辟王朝的革命，在革命激情鼓舞下，海涅写下了《颂歌》，以鼓舞人们的斗志，激励人们战斗。"我是剑，我是火焰。黑暗里我照耀着你们，战斗开始时，我奋勇当先，走在队伍的最前列……"

【释义】 常用来鼓舞斗志，激励他人奋发进取。

◎ 我思考，所以我存在

【溯源】 即"我思故我在"，是法国历史上最伟大的哲学家笛卡尔全部认识论哲学的起点，也是他"普遍怀疑"的终点。其含义为：我无法否认自己的存在，因为当我否认、怀疑时，我就已经存在！所以，否认自己的存在是自相矛盾的。而否认和怀疑是一种思考活动，所以说"我思故我在"。

【释义】 现使用时失去原有的哲学内涵，表示"我思想，所以我活着"。

◎ 我要写上一个大写字母 P

【溯源】 中世纪时期，德国曾流行一种瘟疫性的黑死病和黑痘病，疾病传染力非常强，夺去了许多人的生命。在德文中，瘟疫和黑痘病的第一个字母都是 P，因此人们就在患病家庭的房屋上写个大写的字母 P，以警告未染病的人不要接近此屋。从那以后，德文字母 P 就成了面临各种危险的标志。

【释义】 现常用来表示要去阻止某事。

◎ 我也踢了它一蹄子

【溯源】 语出俄国作家克雷洛夫的寓言《狐狸和驴子》。狐狸遇见驴子，问它从哪儿来。驴子回答说："我刚离开狮子那老东西，以前它吼叫一声，连树林都会怕得发抖，我也吓得赶紧躲起来。可现在它老朽了，已经毫无力气，躺在洞里像块木头似的。大家谁也不怕它，都去找它算账报仇，有的咬它，有的用角戳它。"狐狸又问驴子："你大概还不敢碰它吧？"驴子回答说："我？我怕它什么啊？我也踢了它一蹄子，让它尝尝驴蹄的滋味！"

【释义】 用来讽刺乘人之危、落井下石的卑劣小人。

◎ 乌托邦

【溯源】 理想中最美好的社会。乌托邦本是英国空想社会主义者莫尔所著书名的简称。作者在书里描写了他所想象的实行公有制的幸福社会，并把这种社会叫作"乌托邦"，意即不存在的地方。

【释义】 现多用来泛指不能实现的愿望、计划等。

◎ 无底坑

【溯源】 语出《圣经·新约·启示录》。原文为："我又看见一位天使从天而降，手里拿着无底坑的钥匙和一条大链子。天使捉住那龙，就是古蛇，又叫魔鬼或撒旦，把他捆绑一千年，扔在无底坑里，将无底坑关闭，用印封上，使他不得再迷惑列国。等到那一千年完了以后，必须暂时释放他。"

【释义】 指代地狱、深渊。

◎ 无法为之作诗

【溯源】 德语成语。在 19 世纪的德国，经常有些艺人在街头或集市上采用一边展示画片，一边根据画片内容即兴作诗、唱歌的形式卖艺。有的时候，画片上内容过于离奇古怪，以至艺人一时找不出合适的内容与之相配，"无法为之作诗"一语即由此而来。

【释义】 现引申为对某件事感到费解，弄不清某事的来龙去脉。

◎ 无所畏惧和无可指责的骑士

【溯源】 原指法国著名骑士皮埃尔·德·泰拉伊尔·巴亚尔（约 1473 ～ 1524）。巴亚尔原为法国军队中的一名军人，1494 年随法国国王查理八世入侵意大利，因在 1495 年福尔诺沃战役中建立战功，被封为骑士。弗兰西斯一世即位后，任命他为多菲内总督。巴亚尔曾率领一千人坚守梅济耶尔，成功抵抗 35000 名敌军，使法国中部免遭入侵。

【释义】 喻指勇敢无畏、品德高尚的人。

◎ 无谄媚的忠诚

【溯源】 俄国沙皇帕维尔一世在封宠臣阿拉克切也夫（1769 ～ 1834）为伯爵时，在纹章上的题词。阿拉克切也夫是个没有受过多少教育的人，贪污、谄媚、专制、野蛮、残酷是他的主要性格特点，被称为"阿拉克切也夫大暴政"。他拥有很多特权，有沙皇签字的空白公文笺，可以随便使用。他对农奴特别残忍，甚至连妇女和儿童也会因为极其微小的过失而受到几个星期的颈枷惩罚。因此，人们曾把这个题词改称为"对谄媚的忠诚"。

【释义】 讽刺在权势面前卑躬屈膝、阿谀奉迎的人。

◎ 无一日不作画一幅

【溯源】 源自公元前 4 世纪，用以赞颂古希腊画家阿佩莱斯勤学苦练的精神。阿佩莱斯非常擅长肖像画，尤其对神祇和英雄画得格外生动，曾担任马其顿腓力二世及其子亚历山大大帝的宫廷画师。传说，他为了提高自己作画的技艺，"无一日不作画一幅，哪怕在画上画一条线也好，这已成为阿佩莱斯经久不变的守则"。

【释义】 常用来形容孜孜不倦、奋发进取的精神。

◎ 武士阿尼卡

【溯源】 古俄罗斯民间诗歌中的人物形象。武士阿尼卡经常吹嘘自己孔武有力、聪明智慧、天下无敌。可当他遇到死神时吓得心惊胆战，最后被死神战胜。

【释义】 指代争强好斗，却遭到失败的人。

◎ 五朔节花柱

【溯源】 每年的 5 月 1 日原为欧洲传统的五朔节，人们要在那天举行盛大的庆典。其中最后一项活动就是在广场中央竖起一根高高的柱子或树枝，在上面装饰五彩缤纷的鲜花和彩带，称为"五朔节花柱"或"五朔节花树"。人们围绕着花柱载歌载舞，祈祷风调雨顺和人畜两旺。后来，在 1889 年 7 月召开的第二国际成立大会上，决定将该日定为国际劳动节。

【释义】 谑指身材高大、行动笨拙的女人。

◎ **希波克拉底誓言**

【溯源】 希波克拉底（约前460～前377）出生于著名的僧医世家，是古希腊的名医，内、外科医术都非常高超，被西医界誉为医学之父。《希波克拉底誓言》是《希波克拉底文集》中的一篇著述，内容分为两部分：第一部分陈述医师与学生之间应当相互承担的义务，第二部分是有关医师的誓约。规定医师要发誓尽其所能、毫无怨言地为患者服务，不谋求私利，还要保护患者的隐私。据有关文献记载，这篇誓言并非希波克拉底所著，但仍被医学界奉作医务工作者的道德准则，许多医学院在入学典礼和毕业典礼上，都把诵读这篇誓言作为一项重要程序。

【释义】 指代医务工作者必须遵守的道德准则。

◎ **希尔德市民**

【溯源】 源自16世纪德国同名民间故事集。故事中的希尔德市民原是希腊七贤之一的后代，他们比其他地方的人聪明、勤劳，总是帮助其他地方的人解决一些问题，因此名声远扬，各地的帝王将相、王孙贵族都来聘请他们做顾问，使希尔德市民赢得了金钱和荣誉。因为男人们都出去当顾问，妇女们只好代替了男人们的工作，渐渐地，希尔德的情况越来越糟糕。牲畜走失、庄稼腐烂、房屋漏雨……教堂的钟走得也不准确了，甚至希尔德的孩子也变得愚笨而没有教养。妇女们给自己的丈夫写信，诉说希尔德的现状，于是希尔德的男人们纷纷回到了希尔德。他们认为希尔德的衰落是聪明惹的祸，不想让别人再来请自己出去工作，便开始装傻，做出很多傻瓜才能做出的事情，果然没有人再来请他们做顾问。可是后来，他们从有意识地做蠢事，变成了习惯做蠢事，到最后真的变成了蠢人。

【释义】 指代愚蠢无知的人或爱开玩笑的人。

◎ **希腊式的汤**

【溯源】 有一天，法国诗人拉康（1589～1670）来到女作家德·古尔内小姐的家里。古尔内给他读自己写的几首讽刺短诗，并询问他的意见。拉康坦率地说诗写得不太好，因为毫无讽刺的锋芒。古尔内说，不必多注意这点，因为这是希腊式的讽刺短诗。随后，他们同去一位名医家吃晚餐，席间上了一道淡而无味的汤，古尔内小姐对拉康说："这汤真差劲。"拉康幽默而略带讽刺地回答："小姐，这是希腊式的汤。"

【释义】 喻指淡而无味的食物或言而无物的作品。

◎ 锡巴里斯人

【溯源】 公元前 720 年左右，亚该亚人和特洛曾尼人在今意大利科里利亚诺附近建立了锡巴里斯城，城内居民称为锡巴里斯人。因地理位置优越，锡巴里斯城很快就繁荣起来，居民们富足而骄奢。曾有个锡巴里斯人抱怨在夜里无法安睡，有人问他原因，他回答说，有片玫瑰花的花瓣压在他身下，弄得他辗转反侧，难以成眠。可见锡巴里斯人是多么故作娇贵。

【释义】 指代追求感官享乐、奢淫放纵的人。

◎ 洗干净脖子干站在那儿

【溯源】 德语成语，源自一则犹太民间笑话。小莫里茨的姑妈要来探访，妈妈让他把脖子洗干净，免得在姑妈面前出丑。小莫里茨对妈妈的吩咐无动于衷，还振振有词地对妈妈说："要是姑妈不来呢？我不就洗干净脖子干站在那儿了啦！"

【释义】 喻指白费功夫或出洋相。

◎ 洗礼

【溯源】 基督教的入教仪式。基督教认为，人类的始祖亚当和夏娃受诱惑偷吃禁果，犯了整个人类背负的"原罪"。即使刚出世即死去的婴儿，也具有与生俱来的原罪。除原罪外，凡是违背上帝旨意的罪过即为"本罪"或"现犯罪"。所以凡是入教的人，必须先经过洗礼，以赦免其人的"原罪"和"本罪"。洗礼时，可以把受洗者的全身或半身浸入水中施行"浸礼"，也可以在受洗者的额上或头上洒水或滴水施行"注水洗礼"。

【释义】 现使用时除了保留其宗教含义外，还转义为初次接受锻炼或考验。

◎ 下猫狗雨

【溯源】 在斯堪的纳维亚神话中，猫被视为具有能够影响天气的巨大魔力的神物，驾乘暴风雨的女巫便化作猫形，所以猫常被作为倾盆大雨的象征。狗同狼一样，是众神之父和风神的圣兽，于是被视为风的象征。

【释义】 在现代英语口语中，指代倾盆大雨、暴风骤雨。

◎ 下士的寡妇自己打自己

【溯源】 源自俄国作家果戈理的讽刺喜剧《钦差大臣》。某市的市长是个昏官，当他得知钦差大臣要前来微服私访时，不由得为自己所做的那些敲诈勒索、贪赃枉法的事担心，而且他还打过一个下士的寡妇。所以当他见到假冒的"钦差大臣"时，吓得不打自招，说下士的寡妇造谣说被他打过。后来，他得知下士的寡妇前来向"钦差大臣"告状，就为自己辩护说："下士的寡妇在您面前谎告，说我打她。她这是血口喷人，真的，血口喷人！她自己把自己打了。"

【释义】 喻指不打自招、欲盖弥彰。

◎ 夏天落雪

【溯源】 语出《圣经·旧约·箴言》。原文为："夏天落雪，收割时下雨，都不相宜，愚昧人得尊荣也是如此。"夏天落雪是反常的自然现象，收割时下雨会给农民带来麻烦和损失，《箴言》以此比喻愚昧无知的人不配受到尊敬和获得荣誉。

【释义】 喻指违背常理的事物或现象。

◎ 夏娃

【溯源】《圣经》中人类始祖亚当的妻子。上帝创造亚当后，觉得他独居很孤单，便取了他的一根肋骨造成女人作为他的配偶，就是夏娃，两个人幸福地生活在伊甸园里。后来夏娃因为好奇，在蛇的诱惑下，与亚当摘食了禁果，使上帝发怒惩戒他们，将他们逐出伊甸园。

【释义】 常用来比喻好奇的女人或赤裸的女人。

◎ 先要和他吃掉一舍非尔盐

【溯源】 德语成语。舍非尔是德国古老的计量单位，每一舍非尔在三十至三百升之间，因此要吃掉一舍非尔盐绝非易事，而且人体每天能接受的盐分有限，食用过多会损害身体，所以合吃掉一舍非尔盐的人，必然是共同生活了很长时间的人，彼此有相当程度的了解。

【释义】 喻指想要真正了解一个人，必须要与之生活一段时间。

◎ 香格里拉

【溯源】 英国作家詹姆斯·希尔顿在他所著的《失去的地平线》一书中，写到了一个叫香格里拉的地方。这个地方在中国西部的群山中，那里的人们与世隔绝，过着和平、宁静、悠闲的幸福生活，而且永远青春不老。如果离开这个地方，人就会很快衰老。

【释义】 现常用来指代美好的幸福之地。

◎ 想逮人的人反倒被人逮住

【溯源】 源自法国拉封丹的寓言诗《老鼠和牡蛎》。有只老鼠外出远游，离开自己常年居住的地方，它感到世界十分辽阔广大。几天后，它在海边看到许多牡蛎，以为是看到了大船。正好有只牡蛎张开了贝壳，在阳光下美美地品尝着新鲜空气。这只牡蛎看上去无比鲜美，使老鼠不由得垂涎三尺，便走向那只牡蛎，伸长脖子去咬。这时，牡蛎突然合上壳，紧紧夹住了这只无知又贪食的老鼠。作者借此嘲笑那些对世事毫无经验，见到点微不足道的事便惊奇不已的人，并指出：想逮人的人反倒被人逮住。

【释义】 比喻想做坏事的人先得到了报应。

◎ 象牙塔

【溯源】 源自19世纪法国诗人、文艺批评家圣佩韦·查理·奥古斯丁的书函《致维尔曼》。奥古斯丁批评同时代的法国作家维尼作品中的悲观消极情绪，主张作家从庸俗的资产阶级现实中超脱出来，进入一种主观幻想的艺术天地——象牙之塔。

【释义】 被用来比喻与世隔绝的梦幻境地，现也有人把大学说成"象牙塔"。

◎ 像奥布尔人那样死去

【溯源】 源自古罗斯编年史《往年纪事》。大约在6世纪，奥布尔人征服了斯拉夫人的一个部族杜列布人，并千方百计地虐待和蹂躏杜列布人。上帝知道后大怒，下令杀灭奥布尔人，把奥布尔人杀得一个不剩。因此至今还流传着一句谚语：像奥布尔人那样死去，没有部族，没有后代。

【释义】 比喻人或事物消失得无影无踪或彻底灭亡。

◎ 像白狼一样有名

【溯源】 在法国旧时的民间，传说法国的狼是黑里夹深灰的颜色，西伯利亚的狼却是很浅的颜色。每当冬季来临，西伯利亚的狼便迁到法国过冬，使人们谈狼色变。可是，即使这些狼很有名，却没有人见过这些狼，人们只是凭想象认为它们一定是白颜色的、非常可怕的白狼。"像白狼一样有名"即由此而来。

【释义】 常用来喻指某人非常有名气。

◎ 像被塔兰托毒蛛蜇了一样

【溯源】 塔兰托毒蛛属狼蛛科，生活在洞穴中，大约有 2.5 厘米长，不织网，而是追捕猎物，对人体无危险。人们过去曾错误地认为，如果被它蜇后就会患塔兰托毒蛛病，患者又哭又跳，最后发展成歇斯底里的狂舞。"像被塔兰托毒蛛蜇了一样"即由此得来。

【释义】 形容某人突然惊跳起来。

◎ 像柴郡猫那样咧嘴傻笑

【溯源】 柴郡是英格兰西北部的一个郡，此语多认为源自英国作家刘易斯·卡罗尔的《爱丽丝漫游奇境记》。爱丽丝梦入奇境，来到一位公爵夫人家中。厨房正熬着放了很多胡椒的汤，强烈的辣味使房间里的人都一个劲儿地打喷嚏，只有猫若无其事地咧着嘴傻笑。爱丽丝感到很奇怪，便问公爵夫人说："您的那只猫为什么总是这样咧嘴笑？"公爵夫人回答说："因为这是只柴郡猫，所以才这样笑。"

【释义】 喻指咧着嘴巴、无缘无故傻笑的人。

◎ 像从镜子里偷来的

【溯源】 语出德国作家莱辛的《爱米丽雅·迦洛蒂》。意大利一个封建小国的统治者赫托勒公爵，看中了没落贵族沃多雅多的女儿爱米丽雅。一位画家受沃多雅多之托，为爱米丽雅画了幅肖像。当他拿着刚画好的肖像顺道来拜见赫托勒公爵时，公爵见到这幅肖像非常逼真，情不自禁地喊道："像从镜子里偷来的！"从此便对爱米丽雅更加日思夜想。荒淫无耻、专制残暴的赫托勒在爱米丽雅去参加婚礼的路上，派人杀死了她的未婚夫，并将她诱骗到自己的别墅，想把她占为己有。沃多雅多从被赫托勒抛弃的情妇那里得知公爵救女儿的卑鄙意图后，就亲手杀死自己的女儿，保全了女儿的清白。

【释义】 形容与某人十分相像。

◎ 像冬天的草一样生长

【溯源】 德语成语。1502 年，德国莱比锡大学一位神学研究者在论及德国神学研究的现况时说道："我们神学现在就像冬天里的草一样生长。"意思是神学研究正处于困境中，就像冬天里的草一样停止了生长。

【释义】 喻指某件事情进展极其缓慢。

◎ 像肥皂泡一样破灭

【溯源】 源自德国作家席勒的剧本《海盗》。卡尔因为弟弟弗朗茨的离间，被迫到森林中做了强盗。他妄图用反对律法来建立律法，带着强盗们打进宫中，弟弟弗朗茨自杀，父亲穆尔伯爵也气绝身亡。他的未婚妻爱米丽亚苦苦挽留卡尔，希望卡尔能放弃绿林生活，不再当强盗首领，在宫中开始新的生活。卡尔也想"丢弃杀人的棍棒"，可强盗们坚决让卡尔带领他们"继续前进"，并指责卡尔说："嘿，懦夫！您那趾高气扬的计划哪去了？不过是肥皂泡，被女人一吹就破灭！"

【释义】 喻指事物化为乌有，或计划、理想等无法实现。

◎ 像哈瑙人那样等待

【溯源】 源自第六次反法同盟联军同拿破仑一世进行的战争。1812 年 10 月，双方在莱比锡城下进行决战，法军遭到失败后，向莱茵河方向撤退。巴伐利亚的魏莱特将军率领四万军队埋伏在哈瑙附近，企图等法军经过时予以痛击，截断拿破仑到莱茵河的退路。可是，在 10 月 30 日和 31 日两天的时间，魏莱特将军的军队被数倍于他们的法军打败。

【释义】 形容毫无把握的等待。

◎ 像霍恩贝格放炮那样熄火

【溯源】 源自德国一则民间笑话。在黑森林中有座小城叫霍恩贝格，有一次，得知施瓦本公爵要前来访问，市民们激动万分。他们将古代的大炮搬到山上，买了一桶火药，准备用隆隆的礼炮声欢迎公爵的到来。公爵到来那天，人们一大早就在山顶开始忙碌，把火药装入擦得锃亮的铜炮膛内，炮手们也精神抖擞地伫立一旁，做好随时燃放礼炮的准备。当太阳把大家晒得汗如雨下时，公爵的车队终于姗姗而来，隆隆的礼炮声欢天喜地地响起来，圆满地完成了欢迎公爵的任务。可当人们到山下一看，他们迎接的只是公爵派出的先遣队，公爵本人则过了些时间才悄悄地进了小城。

【释义】 形容雷声大雨点小，徒劳无功地空忙一场。

◎ 像基尔肯尼的猫一样打斗

【溯源】 1798 年 5 月，爱尔兰人联合会为争取民族独立，举行武装起义。有支德国黑森人组成的雇佣军，奉英国殖民当局的命令，前来镇压起义。有一天，几个无聊的士兵将两只猫的尾巴系在一起，然后用布条逗引它们互相厮打。当军官听到喧闹声过来制止时，一个士兵连忙挥刀斩断了猫尾巴，两只猫痛得飞也似地逃跑了。军官到达现场，没见到猫，只见到两根血淋淋的猫尾巴。士兵解释说："两只猫刚才斗得很凶，你吃我一口，我咬你一口，直到吃得只剩下各自的尾巴了。"

【释义】 常用来谑指斗得两败俱伤或同归于尽。

◎ 像来自丛林的齐顿

【溯源】 齐顿（1699～1786）是欧洲七年战争期间普鲁士轻骑兵的元帅，以擅长突袭战术闻名。他常常命令轻骑兵埋伏在丛林后面，然后向敌军发起突然袭击，以这种突袭战术在七年战争中屡屡获胜，他的名字及其战术被广为传播，深入人心，被称为"来自丛林的齐顿"。

【释义】 喻指突然出现的人或事物。

◎ 像诺曼底人那样答话

【溯源】 诺曼底是古代法国北部的一个行省。诺曼底人自古就以计谋和谨慎著称。他们在回答问题时，常常含糊其词、模棱两可，既不表示肯定，也不表示否定，让人摸不着头脑，所以"诺曼底人的答话"与"不置可否"同义。

【释义】 表示态度不明朗，不表明自己真实的想法和意见。

◎ 像热面包那样畅销

【溯源】 德语成语。面包是德国人的主食之一，除了自家焙烤外，多向市场购买。刚出炉的面包松软香甜，飘着浓浓的奶油香气，非常受欢迎，往往被在旁等候的顾客抢购一空。

【释义】 喻指某种商品销售得十分快，也用来指代即将出阁的闺女。

◎ 像受难的灵魂在游荡

【溯源】 在宗教传说中认为，犯有大罪的人死后，灵魂会被投入烈火熊熊的地狱受无休止的惩罚；罪过不大或罪已被赦免但需要做完补赎的人死后，其灵魂既不能升入天堂，也不必下地狱，而是被置于炼狱中暂时受苦，待炼净罪过，做完补赎，便可升入天堂。"像受难的灵魂在游荡"一语即由此而来。

【释义】 现用来形容精神上极度不安或非常痛苦的人。

◎ 像一根红线贯穿着

【溯源】 1796 年，英国海军部发布命令，规定英国海军使用的绳索，无论粗细，在制作时都要加一股红线贯穿始终。如果不把绳子拆开，便无法抽出这根红线。所以，即使极短的绳子，也能很容易认出是英国海军的绳索。

【释义】 喻指贯穿某部作品、某种理论或某种行为的主导思想。

◎ 向鹿报仇的马

【溯源】 源自法国作家拉封丹的寓言诗《一匹要向鹿报仇的马》。在很久以前，人类并不知道马能帮助干活，马、驴、骡都生活在森林里。有匹马和奔跑如飞的鹿发生了争执，马追不上鹿，便向人求援。人给马套上马嚼，一刻不停地追赶鹿。就这样，人知道了马的用处，在事后留下马，给它盖马厩、备饲料，于是马悔之晚矣，只能套着嚼头，终日劳作。

【释义】 比喻因小失大、小不忍则乱大谋。

◎ 向四面墙啼叫

【溯源】 早在 1300 年，就有幅画描绘了古代德国的一种法律习俗。在德国，四面墙表示房屋、住宅，象征着家庭财产。婴儿出世后，大人要抱着他，让他向着四面墙哇哇啼哭，以此声明他已来到人间，并且是财产的合法继承人。邻居们听到孩子的哭声后，就可以出庭，对此作证。

【释义】 现用来证实自己有生命力和能力。

◎ 向月亮狂吠

【溯源】 德语成语，源于德国作家武斯特曼编纂的寓言集中的《哈巴狗和月亮》。有只胖墩墩的哈巴狗在月光下溜达到水沟边，它想纵身跳过去，没想到掉进了水沟。它不怪自己无能，却迁怒于月亮，对着月亮就狂吠起来，似乎是月亮使它成了落水狗。

【释义】 喻指徒劳无益地谩骂别人。

◎ 消失在活板门里

【溯源】 德语成语。活板门最早是古希腊剧场舞台上的一种机关。因剧情需要，舞台上要经常撤换道具和布景，为了节约时间，布景可直接降入舞台上的活板门里。而且为了增强演出效果，剧中人物尤其是为了救苦救难而出现的角色，常常通过活板门突然出现在舞台上，并能转瞬即逝。

【释义】 喻指突然消失得无影无踪。

◎ 小老好人还活着

【溯源】 法语成语，源自旧时法国民间流行的一种传火游戏。参加游戏的人围成一圈，相互传递一个燃烧的纸卷。接到纸卷者必须立即往下传，同时说一句"小老好人还活着"。最后，纸卷在谁的手里熄灭了，谁就得受罚。

【释义】 用来表示自己或某人还活着、还健在。

◎ 小绳子在路上也用得着

【溯源】 语出俄国作家果戈理的讽刺喜剧《钦差大臣》。赫列斯塔科夫是彼得堡的一位十四品文官，在路过某市时，被该市市长错当作前来微服私访的"钦差大臣"，受到百般奉承和热情款待。他将错就错，接受市里官员和商人的贿赂。他的仆人奥西普担心主人的骗局被揭穿，劝主人赶快溜走。这时，一群商人来向赫列斯塔科夫告市长的状，还带了一篮子酒和糖贿赂他。赫列斯塔科夫假惺惺地表示他不收任何贿赂，只想向商人们借钱。商人们给他钱后，请他把糖也一并收下，他却再次声明不收任何贿赂。站在一旁的奥西普对主人说道："大人阁下，您为什么不收？收下吧！路上什么都用得着，糖和口袋交给我！所有的东西都交给我！随便什么东西都有用处。那是什么？一根小绳子？小绳子也给我！小绳子在路上也用得着。马车坏了，或是出了什么别的事，可以用绳子来捆。"

【释义】 讽喻受贿者巨细皆收、来者不拒的贪婪。

◎ 小箱子本来很容易打开

【溯源】 源自俄国作家克雷洛夫的寓言《小箱子》。有人拿来只小巧玲珑、惹人喜爱的箱子。一个自作聪明的工匠见到后，认为小箱子没有装锁，一定有秘密机关，并吹嘘说自己能把箱子打开。他拿起箱子，翻过来，转过去，一会儿按按钉子，一会儿摸摸把手，摆弄了半天，忙得满头大汗也没能打开，只好离箱而去。其实小箱子没有什么机关，很容易就能打开。作者评论道："有时我们会干傻事，原本简单的事情，偏要去故弄玄虚；动手就能解决的事情，偏要去绞尽脑汁。"

【释义】 表示不要绞尽脑汁，用复杂的办法去解决原本就很简单的问题。

◎ 小鱼是会长大的

【溯源】 语出法国作家拉封丹的寓言诗《小鱼和渔夫》。原文为："小鱼是会长大的，只要老天爷让它活下去。但要是把它放了再等着它，据我看这也真是个大傻瓜，因为实在没有把握再能逮住它。"

【释义】 用来说明再弱小的事物也总有一天会变强大。

◎ 心灵的主宰

【溯源】 语出俄国诗人普希金的诗歌《致大海》。诗人通过对大海的讴歌，倾诉了对自由的热爱和向往，又由大海想到为自由献身的英雄拿破仑和拜伦，表达了对他们的赞颂和倾慕："一面峭壁，一个光荣的坟墓……那里，种种伟大的回忆已在寒冷的梦里沉浸，啊，是拿破仑熄灭在那里。他已经在苦恼里长眠，紧随着他，另一个天才，像风暴之声驰过我们面前，啊，我们心灵的另一个主宰。"

【释义】 常用来赞誉对同时代人的思想产生巨大影响的杰出人物。

◎ 新大陆

【溯源】 16世纪前西欧对美洲的称呼。1492年8月，意大利航海家哥伦布为寻找向西航行到亚洲印度的航路，率领船队横渡大西洋，于当年10月抵达巴哈马群岛，又航行至古巴、海地等岛。后又经过三次西行，到达列斯群岛、牙买加岛、特立尼达以及中南美的加勒比海沿岸。这是欧洲人第一次发现的新世界的土地，所以称为"新大陆"。

【释义】 喻指发现他人没有发现的新事物。

◎ 新的房子，旧的脑筋

【溯源】 语出俄国作家格里鲍耶陀夫的喜剧《智慧的痛苦》。官僚贵族法穆索夫向沙俄军官斯卡洛茹勃吹嘘莫斯科贵族腐朽、糜烂的生活，并赞扬莫斯科是一座难得的京城。斯卡洛茹勃也附和说一场大火使莫斯科更加美丽了。法穆索夫更得意地鼓吹大火过后，街道和房屋全部是新的格局。这时，恰茨基在旁边尖锐地指出说："新的房屋，旧的脑筋。放心吧，无论是时间的流逝、格局的翻新，还是熊熊的大火，都改换不了这陈旧的脑筋。"

【释义】 比喻表面上虽然改变，实质上还是老一套。

◎ 信心没有行为就是死的

【溯源】 语出《圣经·新约·雅各书》。雅各在写给侨居各地的犹太十二部族的书信中说道："我的弟兄们，如果有人说自己有信心，却没有行为，有什么益处呢？这信心能救他吗？若是弟兄或姐妹赤身露体，又缺了日用的饮食，你们中间有人对他们说'平平安安地去罢，愿你们穿得暖，吃得饱'，却不给他们身体所需用的，这有什么益处呢？这样，信心若没有行为就是死的。"在这里，"信心"指对上帝和基督的信仰，这段话的意思是仅有信仰而缺乏实践信仰的行动，无法获得基督的救赎和上帝的恩惠。

【释义】　用来说明理想和信念必须与实际行动相一致。

◎ 星期五

【溯源】　英国作家笛福的长篇小说《鲁滨逊漂流记》中的人物。主人公鲁滨逊从一群食人族的手中救下一个俘虏，因为那天正好是星期五，鲁滨逊就用"星期五"作为他的名字。从此，星期五就成了鲁滨逊忠实的仆人兼朋友，他很快就学会了讲英语，还帮助鲁滨逊救出其他的白人和自己的父亲，最后随鲁滨逊回到了英国。

【释义】　指代可靠的助手、得力的雇员、忠实的仆人。

◎ 幸福曾经是这样可望而又可即

【溯源】　语出俄国诗人普希金的诗体小说《叶甫盖尼·奥涅金》。贵族青年奥涅金错把真挚的爱情看作上流社会小姐的卖弄风骚，因此拒绝了达吉雅娜小姐的爱情。几年后，达吉雅娜已成为众人倾慕的将军夫人，他们在彼得堡重逢后，奥涅金在虚荣心的驱使下，疯狂追求她，想征服这位"难以接近的女神"。达吉雅娜表面上对奥涅金的追求无动于衷，内心却思绪万千。奥涅金当年的拒绝在她心里造成了很深的创伤，而且她已经嫁为人妇，道德和地位已经在他们之间竖起不可逾越的障碍，因此尽管她依然爱着奥涅金，还是拒绝了他，对他说道："幸福消失了，但它曾经是那样可望而又可即！……而现在，我的命运已经注定。也许，这一切来得太突然，我不够谨慎。但年老的母亲流着泪哀求我，而且任何安排对可怜的达妮又有什么区别？于是我结了婚。您应该——我请求您——立刻离开我。"

【释义】　表示对过去没能及时抓住本应得到的幸福而感到惋惜和懊悔。

◎ 幸福的人儿不看钟

【溯源】　语出俄国作家格里鲍耶陀夫的喜剧《智慧的痛苦》。贵族官僚法穆索夫的女儿索菲娅看上了父亲的秘书莫尔恰林。有一天，他们在索菲娅的房间里聊了个通宵。女仆好不容易才把他们叫出来，让他们赶紧分开，免得被家里人发现，并说自己见老爷过来时都吓呆了。索菲娅答道："幸福的人儿不看钟。"

【释义】 用来形容沉浸在幸福之中的人，常常忽视了时间的流逝。

◎ 凶恶的七

【溯源】 在 15 世纪德国的纸牌游戏中，"七"是张画着鬼怪形象的王牌，可以吃掉其他所有的牌，包括国王、教皇、主教。后来，统治者们认为这样有损于自己的形象和统治，就决定"召魔驱鬼"，用破口大骂的泼妇漫画像替换了纸牌上的鬼怪形象，"凶恶的七"一语即由此而来。

【释义】 用来指代没有修养的恶妇和泼妇。

◎ 熊的效劳

【溯源】 源自俄国作家克雷洛夫的寓言《隐士与熊》。有个离群索居的隐士，因为寂寞与一头大熊成了形影不离的莫逆之交。在一个热天，他们一起出游。隐士没有大熊强健，后来就累得再也走不动了。大熊让隐士躺下好好睡一觉，自己在旁边为他看守。隐士躺下后很快就进入梦乡，大熊在旁边不断地用爪子赶走落在朋友头上的苍蝇，可讨厌的苍蝇被赶跑又飞回来，使大熊非常烦躁。它决定用石头将苍蝇砸烂，于是抓起块大石头，当苍蝇又落在隐士头上时，便用力地砸了下去，可怜的隐士在梦里就一命呜呼了。

【释义】 比喻不恰当的效劳不但没有益处，往往还会带来一定的危害。

◎ 熊市

【溯源】 源自法国作家拉封丹的寓言诗《熊和两个伙伴》。有两个手头很紧的伙伴向他们的邻居兜售熊皮，可这张熊皮还长在活熊的身上，他们许诺会很快地杀死这只熊。因为他们卖的是尚未拥有的东西，因此被人们戏称为"卖熊皮的人"或直呼为"熊"，而做空头买卖的市场就被称为"熊市"。

【释义】 现成为股票市场和实物市场的用语。

◎ 许德拉

【溯源】 古希腊神话传说中阿耳戈斯的勒耳那沼泽里的一条九头怪蛇，常常爬到岸上伤害人畜、毁坏庄稼。许德拉的九个头中，有一个头永生不死，另外八个头被砍掉后还能长出新头。后来，大英雄赫拉克勒斯在车夫的帮助下，用点燃的树枝烧灼蛇头，使它长不出新头，最后砍下它那颗不死的头，将它埋在路边，用石头镇住。

【释义】 喻指非常难对付的敌对势力。

· Y

◎ 押沙龙的头发

【溯源】 源自《圣经·旧约·撒母耳记下》。押沙龙是以色列国王大卫的儿子，是全以色列最俊美的男子，从头到脚，全身无一处斑疵，深得人们的称赞。押沙龙长着又长又密的头发，每年要修剪一次，剪下来的头发足有两公斤重，非常令人羡慕。因为同父异母的兄弟暗嫩奸污了押沙龙的妹妹他玛，押沙龙将他杀死后逃走。押沙龙被召回后，便募集人马策划叛变夺取王位。有一天，押沙龙率领的以色列人被大卫的军队在森林里打败，死伤很惨重。押沙龙骑着骡子经过一棵大橡树时，他的头发不幸被树枝缠住，骡子跑开，他被挂在树上。大卫的元帅约押赶到，违背大卫不得伤害押沙龙的命令，用三支标枪刺进押沙龙的胸膛，将他杀死，把尸体扔进树林里的一个大坑，并在上面压了一大堆石头。

【释义】 比喻俊美的人却因俊美所害。

◎ 雅歌

【溯源】 《圣经·旧约全书》中的一卷，原意为"歌中之歌"，意即最高雅的歌。全卷共八章，采用情侣对话的形式，体现了男女间热恋的心情。犹太人认为《雅歌》描写的是上帝和他的子民的关系，基督教则认为描写的是基督和教会的关系。《雅歌》因其高度的艺术成就而使篇名成为成语。

【释义】 用来赞誉伟大的作品和最优秀的杰作。

◎ 雅尔纳克的一剑

【溯源】 1547 年，在法国发生了最后一次经国王批准的决斗。雅尔纳克男爵继承的产业不多，却整天挥霍无度，处处炫耀，使人怀疑他的经济来源。他的朋友、国王的宠臣夏泰涅雷在与人闲谈时透露说，雅尔纳克的钱是岳母给的，因为岳母对他"满怀温情"。雅尔纳克听说后觉得自己受到了侮辱，为了维护自己的名誉，与夏泰涅雷进行决斗。在决斗中，虽然雅尔纳克因长时间发烧，身体十分虚弱，仍然出其不意地在夏泰涅雷的腿弯处刺了一剑，并表示到此为止，不会结束对方的性命。可夏泰涅雷深感无颜见人，愤怒地撕去伤口上的绷带，三天后死去。

【释义】 指代"致命的一剑"，或喻指暗箭伤人。

◎ 雅努斯

【溯源】 又译为"伊阿诺斯"，古罗马神话中的两面神。雅努斯有两副面孔，一副是老年人回顾过去的面孔，一副是青年人瞩望未来的面孔。他的标志是钥匙和手杖。他的右手上刻着数字三百，左手上刻着数字六十五，合在一起就是一年的天数。

【释义】 因雅努斯的两副面孔，这个名字逐渐转义为两面派、伪君子的代名词。

◎ 亚伯拉罕人

【溯源】 在英国的都铎王朝和斯图亚特王朝时代，伦敦伯利恒皇家医院有个"亚伯拉罕"病区，该区主要收治精神病患者，是欧洲第一个精神病防治机构。该区患者被称为"亚伯拉罕人"，他们并无危害行为，所以医院允许他们外出。他们穿着带有标志的患者服在街上游荡，还时常向行人讨要食物。于是，一些游手好闲、懒惰成性的人便装扮成亚伯拉罕病区的精神病人，到处行乞度日，甚至有些狡诈的窃贼也混杂其中，在乞讨时干些顺手牵羊的勾当。

【释义】 喻指装病逃避工作的人。

◎ 亚当

【溯源】 《圣经》中的人物。上帝在创世的第六天，按照自己的形象和样式，用地上的尘土造人，将生气吹在他的鼻孔里，就成了有生命和灵气的活人，并为他取名亚当。后来，上帝又从亚当身上取出一根肋骨，造成一个女人，做了亚当的妻子，然后将他们置于伊甸园，过着无忧无虑的生活。

【释义】 代指人类的始祖。

◎ 亚历山大

【溯源】 亚历山大（公元前 356 年 7 月 20 日～前 323 年 6 月 10 日）是古代马其顿国王，生于马其顿王国首都派拉城，曾师从古希腊著名学者亚里士多德，是世界历史上著名的军事家和政治家。他 18 岁随父出征，20 岁继承王位，在担任马其顿国王的短短十三年中，以其雄才大略东征西讨，在横跨欧、亚的辽阔土地上，建立起一个西起古希腊、马其顿，东到印度恒河流域，南临尼罗河第一瀑布，北至锡尔河的以巴比伦为首都的疆域广阔的国家，创下了前无古人的辉煌业绩。

【释义】 指代无往不胜的征服者或杰出的军事家。

◎ 亚历山大与海盗

【溯源】 据14世纪的拉丁文故事集《罗马人传奇》记载，有一次，亚历山大捕获了一位颇有名气的海盗，质问他为何胆大包天，骚扰四海。海盗面无惧色，镇定自若地回答道："那么你为什么胆敢劫掠天下？其实我们两个人是一样的，只不过我单靠一条小舟在海上做强人，你带着千军万马以武力征服诸国，所以被奉为帝王罢了。"海盗的这番话令亚历山大无言以对，他非常欣赏这位海盗的勇气和机智，便封他为诸侯，让他做了一名执法官。

【释义】 喻指彼此是同类，没有什么差别。

◎ 亚马西斯的戒指

【溯源】 公元6世纪时，爱琴海萨摩斯岛的僭主波利克拉特斯在东爱琴海上建立霸权，控制了爱奥尼亚群岛和大陆上的一些城镇。他拥有庞大的舰队，经常四处进行海盗活动，使希腊人极其痛恨他。尽管如此，他依然能事事如意，一帆风顺。埃及法老亚马西斯非常担心波利克拉特斯，他认为凡事过于顺利，反倒是一种不祥之兆，就劝波利克拉特斯舍弃一件最心爱的宝物，以求神明护佑，消灾避祸。于是，波利克拉特斯将一枚极珍贵的宝石戒指扔进大海。没想到几天后，有个衣衫褴褛的渔夫送来一条鱼，御厨剖开鱼腹，竟然发现那枚戒指藏在里面。亚马西斯得知此事，认定是神灵暗示他们已经抛弃波利克拉特斯，不再护佑这位暴君，便与他断绝了往来。果然，在公元前522年左右，波利克拉特斯被萨迪斯的波斯总督诱去，钉死在十字架上。

【释义】 喻指无法逃脱的厄运。

◎ 淹死在格拉潘的水塘里

【溯源】 法国歌谣作家马纽埃尔·德·库朗热（1633～1716）在回忆录中曾谈到一则趣事：两个农民为一口水塘的所有权发生了争执，便去法院打官司。其中一个农民叫格拉潘，他在接受法官的讯问时，被一些细节问题搞得昏头昏脑，不是回答不出来，就是前言不搭后语。最后，他又气又急地对法官说道："对不起，先生们，我觉得我要淹死在格拉潘的水塘里了，我听从你们的判决。"

【释义】 表示谈话时思路突然中断，说出与谈话主题毫无关系的言语。

◎ 盐约

【溯源】 语出《圣经·旧约·民数记》。以色列人逃出埃及后，上帝指令亚伦担任祭司，并说明了祭司应得之物："凡以色列人所献给耶和华圣物中的举祭，我都赐给你和你的儿女，当作永得的份。这是给你和你的后裔，在耶和华面前作为永远的盐约。"

【释义】 "盐"在这里是不可废坏的意思，"盐约"意为不可背弃的盟约。

◎ 眼睛就是身上的灯

【溯源】 语出《圣经·新约·马太福音》。耶稣劝勉信徒要摈弃世俗的价值观念，选择天上的或灵性上的价值观念，他说道："眼睛就是身上的灯，你的眼睛若明亮，全身就光明；你的眼睛若昏花，全身就黑暗。你里头的光若黑暗了，那黑暗是何等大呢！"

【释义】 在使用时意同"眼睛就是心灵的窗户"。

◎ 眼中的刺

【溯源】 语出《圣经·新约·马太福音》。耶稣在加利利传道时，对门徒说："你们不要论断人，免得你们被论断。因为你们怎样论断人，也必怎样被论断。你们用什么量器量给人，人也必用什么量器量给你们。为什么看见你弟兄眼中有刺，却不想自己眼中有梁木呢？"

【释义】 比喻微小的错误、缺点和缺陷。

◎ 羊脂球

【溯源】《羊脂球》是法国作家莫泊桑的短篇小说，描写了在普法战争期间，法国妓女艾丽萨贝特·鲁西的不幸遭遇。艾丽萨贝特·鲁西是个身材矮小的妙龄女郎，因为浑身滚圆，人们给她起了个绰号叫"羊脂球"。她丰满鲜润，令人垂涎，受人追逐。她为了大家牺牲自己，事后却被那些顾爱名誉的混账人物所轻视，一腔爱国之心和自我牺牲精神被廉价出卖。

【释义】 比喻身材矮胖、容颜娇美的年轻女子。

◎ 要爱你们的仇敌

【溯源】 语出《圣经·新约·马太福音》。耶稣登山训众时说道："你们都听过'以眼还眼，以牙还牙'，但我要告诉你们，不要与恶人作对。有人打你的右脸，连左脸也转过来由他打；有人想告你，要拿你的里衣，连外衣也由他拿去；有人强迫你走一里路，你就同他走二里；有求你的，就给他；有向你借贷的，不可推辞。你们都听过'爱你的邻舍，恨你的仇敌'。只是我告诉你们，要爱你们的仇敌，为那逼迫你们的祷告。"

【释义】 表示要宽恕别人，宽宏大量。

◎ 野马也休想从我这里得到口风

【溯源】 在欧洲中世纪，曾有过四马分尸的酷刑。受刑者的四肢分别用绳索系在四匹马的身上，行刑时，执刑者驱赶四匹马朝不同的方向猛拉，受刑人便会因肢体被强行撕裂而身亡。"野马也休想从我这里得到口风"中的野马即指行刑时的马，意为临死前也不会透露什么言辞。

【释义】 喻指守口如瓶，绝不透露一丝口风。

◎ 夜间的猫都是灰色

【溯源】 源自德国作家歌德的剧本《浮士德》。魔鬼靡菲斯特向皇帝建议挖掘地下宝藏，以挽救帝国经济的崩溃。皇帝迫不及待地说道："神秘且由你！黑暗又有何益？有点价值的，总得见见天日。深夜里谁能把恶人辨认出来？母牛是黑色，猫儿都是灰色。地下如有装着金币的宝壶，快拿你的锄头把它挖出。"

【释义】 形容在夜间辨别不清事物，或不惹人注目。

◎ 夜莺，我听到了你的脚步声

【溯源】 夜莺是一种体态轻盈的小鸟。人们认为，能听到夜莺脚步声的人，一定是感觉特别灵敏，能猜透别人心思的人。所以当民歌《夜莺夫人》出现以后，其中的一句歌词"夜莺，我听到你歌唱"就被改为"夜莺，我听到了你的脚步声"。

【释义】 表示知道某人在想什么、打什么主意。

◎ 衣服里子

【溯源】 语出英国作家莎士比亚的悲剧《奥赛罗》。奥赛罗轻信伊阿古的谗言，认定新婚妻子苔丝德蒙娜与副将凯西奥私通，便用最恶毒的言语辱骂她。伊阿古的妻子爱米利娅为苔丝德蒙娜叫屈，断言一定有个万劫不复的恶人在造谣中伤，挑拨离间。可她不知道，这个恶人竟是自己的丈夫，她对正站在旁边的伊阿古说道："哼，可恶的东西！前回弄得你这鬼头也露出衣服里子来，疑心我跟这摩尔人关系暧昧的，就是这种家伙。"

【释义】 喻指事物的阴暗面、不光彩的一面。

◎ 衣袖里藏着一张爱司牌

【溯源】 在大多数的纸牌游戏中，爱司通常是最大的一张牌。玩牌时，常有些人作弊，将此牌藏在衣袖中作为应急的王牌，伺机用之取胜。

【释义】 喻指握有制胜的妙计、计划。

◎ 伊甸园

【溯源】 源自《圣经·旧约·创世记》。上帝创造天地、大海、万物后，又按照自己的外形造了男人亚当，在东方的伊甸建了一个园子，把亚当安置在伊甸园中。园里有各种赏心悦目的树木，树上结满可以做食物的各种各样的果子，还有两棵奇特的树：生命树和知善恶树。园中有一条河滋润着花草树木，上帝又造出各种飞禽走兽陪伴着他。后来，上帝觉得亚当很孤独，就取了他的一根肋骨，造成一个女人，作为亚当的妻子，取名为夏娃，与亚当在伊甸园里过着幸福快乐的生活。

【释义】 喻指乐园、天堂、丰裕质朴的地方。

◎ 伊利亚特

【溯源】《伊利亚特》是荷马史诗中直接描写特洛伊亚战争的英雄史诗。希腊联军主将阿喀琉斯因喜爱的一个女俘被统帅阿伽门农夺走，愤而退出战斗，特洛伊人乘机大破希腊联军。在危急关头，阿喀琉斯的好友帕特洛克罗斯穿上阿喀琉斯的盔甲上阵，被特洛伊大将赫克托尔杀死。阿喀琉斯悔恨至极，重上战场杀死赫克托尔。《伊利亚特》塑造了一系列古代英雄形象，赞美了他们的刚强威武、机智勇敢，讴歌他们在同异族战斗中所建立的丰功伟绩和英雄主义、集体主义精神。

【释义】 指代描写保卫祖国、抗击侵略的英雄业绩的文学佳作。

◎ 伊洛斯

【溯源】 古希腊诗人荷马的史诗《奥德修记》中的人物，是伊塔刻岛上一个著名的乞丐。伊洛斯身材高大、虎背熊腰，而且食量极大。可他的肌肉却松软无力，只能靠为别人传递消息赚几个小钱。伊塔刻岛国王俄底修斯在特洛亚战争结束后，经过了十年的漂泊和磨难，最后化装成乞丐回到故乡。伊洛斯听说又有乞丐来到城里，便心怀忌妒，在别人的怂恿下与俄底修斯决斗，被俄底修斯击碎了头骨，扑倒在地。

【释义】 常作为穷人或乞丐的代名词。

◎ 伊西斯的面纱

【溯源】 伊西斯是古代埃及最重要的女神，是母性和丰产的庇护者，主司生命和健康，也是秘密的保护者。在埃及尼罗河三角洲的古都赛伊斯的伊西斯的神庙里，镌刻着一句话：我乃往事、今事和未来之事。任何死者都未能揭开我的面纱。

【释义】 喻指未揭开的秘密或隐藏着的真理。

◎ 一半无花果，一半葡萄

【溯源】 科林斯是古代希腊的一座城市。据传，科林斯人与意大利人做生意时，经常把当地盛产的葡萄发往意大利的威尼斯。为了获取更多的利润，科林斯人竟然毫无顾忌地欺骗买主，把无花果掺杂在葡萄里，"一半无花果，一半葡萄"即由此而来。

【释义】 原意为好坏参半、半真半假，现引申为半喜半怒、半推半就。

◎ 一磅肉

【溯源】 源自英国剧作家莎士比亚的讽刺喜剧《威尼斯商人》。威尼斯富商安东尼奥为了成全好友巴萨尼奥的婚事，向犹太人高利贷者夏洛克借债。由于安东尼奥贷款给人从不要利息，并帮夏洛克的女儿私奔，怀恨在心的夏洛克乘机报复，佯装也不要利息，但若逾期不还就要从安东尼奥身上割下一磅肉。后来，安东尼奥因商船失事，无力偿还贷款。夏洛克去法庭控告，根据法律条文要安东尼奥履行诺言，要在安东尼奥心口附近割一磅肉。为了救安东尼奥的性命，巴萨尼奥的未婚妻鲍西娅假扮律师出庭，为安东尼奥辩护。她答允夏洛克的要求，但要求所割的一磅肉必须正好是一磅肉，不能多也不能少，更不准流血，导致夏洛克因无法执行而败诉，害人不成反而失去了财产。

【释义】 指代无理苛刻的要求。

◎ 一千零一夜

【溯源】 又译为《天方夜谭》，是一部古代阿拉伯民间故事集。全书共有故事 134 个，大多生动描绘了中世纪阿拉伯社会生活的复杂画面，反映了平民大众的思想感情，情节离奇曲折、变幻莫测，想象力丰富，具有浓厚的浪漫主义色彩。

【释义】 喻指非比寻常、奇妙无比的事物。

◎ 一物在手胜于两物在望

【溯源】 语出法国作家拉封丹的寓言诗《小鱼和渔夫》。有位渔夫在河边捉到一条鲤鱼，虽然鱼很小，但他认为这是顿美餐和盛宴的第一步。可怜的小鱼对渔夫说道："你要我有什么用呢？我顶多只够你吃半口！要是你让我长成大鲤鱼，你会重新钓到我的，有个大税官会出高价把我买走。否则，你还得去找上百条像我这样小的鱼，才能做成一盘菜。不过，这又算是什么菜呢？"渔夫没有被小鱼骗住，最后将它下了煎锅。作者评论道："这就是一物在手胜于两物在望，这一个是可靠的，另一个却不是这样。"

【释义】 喻指要善于抓住眼前的机会。

◎ 一燕不成春

【溯源】 源自伊索寓言《浪子和燕子》。有位浪子将父亲的遗产挥霍殆尽，只剩下一件外衣。有一天，他见到一只燕子，以为春天已经来临，便把外衣也卖掉了。严冬来临时，燕子被冻死了。浪子对燕子说："朋友，你毁了我，也毁了你自己。"

【释义】 比喻不能根据个别现象去推测事物的整体。

◎ 银叉派

【溯源】 语出英国作家威廉·梅克庇斯·萨克雷的散文集《势利人脸谱》。在古埃及，最初白银的价格比黄金昂贵，因此白银制品被贵族上流社会所垄断，成为财富及权势的标志。作者在文中借"银叉"喻指上流社会的生活和礼仪，讽刺那些只会描写上流社会奢靡生活的文学创作，称这类作家为"银叉派"。

【释义】 指代热衷描写上流社会生活情趣的作家。

◎ 引起纠纷的苹果

【溯源】 在特洛伊战争爆发前夕，忒萨利亚英雄帕琉斯和海洋女神忒提斯结婚时，奥林波斯诸神都被邀请参加了婚礼，唯独忘了请不和女神厄里斯。为了报复，厄里斯在婚宴上丢下一只金苹果，上面写着"赠给最美丽的女神"。天后赫拉、智慧女神雅典娜、爱神阿佛洛狄忒都认为这只苹果是送给自己的，互相争执不下，便请天神宙斯裁决。宙斯让她们请特洛伊王子帕里斯公断，三位女神分别许给他富贵、智勇、美女，希望他能把金苹果断给自己。帕里斯想获得绝代佳人的爱情，就把苹果判给了爱神。于是，爱神帮他拐走了斯巴达王的妻子海伦。为了夺回海伦，希腊人远征特洛伊，开始了长达十年的特洛伊战争。

【释义】 喻指引起争执和纠纷的根源。

◎ 印第安之夏

【溯源】 据传，初期来到美洲定居的欧洲人，在第一次霜冻后便开始做过冬的准备。当地的印第安人告诉他们不必着急，天气还会转暖。果然不久后又出现了阳光灼热、异常温暖如夏日般的天气，移民们便将这种天气称为"印第安之夏"。

【释义】 指深秋或初冬时出现的温暖天气，或喻指人生暮年时的回春期。

◎ 樱草花间的小径

【溯源】 语出英国作家莎士比亚的悲剧《哈姆莱特》。丹麦王子哈姆莱特与御前大臣波洛涅斯的小女儿奥菲利娅热恋着。奥菲利娅的哥哥雷欧提斯规劝妹妹不要把丹麦王子的献媚求爱当作真情，他认为那不过是青年一时的感情冲动，即使王子真的钟情于她，王子目前的状况也不允许他自由地选择心上人。他奉劝妹妹一定要自珍自爱，不要让宝贵的贞洁受到欲望的玷污。听罢哥哥的劝诫，奥菲利娅答道："我将要记住你这个很好的教训，让它看守着我的心。可是，我的好哥哥，你不要像有些牧师那样，指点我上天去的险峻荆棘之途，自己却在樱草花间的小径上流连忘返，忘记了自己的箴言。"

【释义】 喻指寻欢逐乐的去处，或使人堕落的生活道路。

◎ 硬币终于落下

【溯源】 购物者向自动售货机投入硬币后，有时会遇到售货机失灵的时候。这时，顾客往往会用拳头敲击售货机，在震动之下硬币也许会落下去，使售货机恢复正常。后来，德国人便用自动售货机比喻一个人的接受能力。"硬币落得快"表示接受能力强，"硬币落得慢"表示接受能力差，"硬币上有降落伞"表示接受能力特别缓慢。

【释义】 "硬币终于落下"喻指恍然大悟、茅塞顿开。

◎ 用浮石磨光某人

【溯源】 德语成语。在古代的德国，人们常用浮石磨光兽皮做衣服，僧侣也用这种方法磨光羊皮用于书写。"用浮石磨光某人"一语即由此而来，原为旧时德国兵营用语，意为用严格的操练来造就合格的士兵。

【释义】 表示用尽一切办法造就理想的人才。

◎ 用帽子表态

【溯源】 15世纪时，法国出现了一种无沿软帽，深受男女喜爱。到了17世纪，法官和政府官员也戴起了这种帽子。在开司法会议或其他会议时，到会者常举起帽子来表示赞同某项决定，因此，"举帽子"逐渐成了表态的一种方式。

【释义】 指随声附和、同意他人意见。

◎ 用拖缆系住某人

【溯源】 源自德国海员用语。船只在航行途中，因无风或缺乏燃料而无法继续前进时，只能靠有动力的船把它拖进港口，这时就要用拖缆把两条船系住。后来，人们将这一做法用于比喻人际关系，"用拖缆系住某人"一语即由此而来。

【释义】 表示在学习或工作上帮助别人，拉别人一把。

◎ 用言语把人心燃亮

【溯源】 语出俄国诗人普希金的《先知》。普希金采用《圣经》语言，模仿上帝差遣先知以赛亚，使背弃上帝的以色列人遭受灾难的形式，表达了自己向人民宣传革命真理的决心。"……然后，他用剑剖开我的胸膛，挖出一颗颤抖的心脏，又往裂开的胸中，塞进一块熊熊燃烧的火炭。我像一具死尸躺在荒野上。于是上帝的声音向我呼唤：'起来吧，先知！要听，要看，让我的意志附在人的身上。去吧，走遍大地和海洋，用我的言语把人心燃亮。'"

【释义】 喻指满怀激情地进行宣传教育工作。

◎ 犹大

【溯源】 耶稣的十二使徒之一，负责为耶稣及使徒掌管钱囊。有一次，伯大尼的马利亚用极珍贵的香膏抹耶稣的脚时，他问道："这香膏为什么不卖三十个银币周济穷人呢？"犹大说这话，并不是挂念穷人，而是因为他是个贼，常取钱囊中所存的钱。后来，犹大以三十个银币将耶稣出卖给犹太教当局。耶稣死后，犹大悔恨莫及，把三十个银币掷于殿中，自缢而死。

【释义】 常用作叛徒的代名词。

◎ 犹大的亲吻

【溯源】 犹大是《圣经》中耶稣基督的亲信子弟十二门徒之一。耶稣传布新道虽然受到百姓的拥护，却引起犹太教长老祭司们的仇恨。他们用三十个银币收买了犹大，要他帮助辨认耶稣，犹大与他们约好暗号，他跟谁接吻，谁就是耶稣。当他们到客西马尼园抓耶稣时，犹大假装请安，拥抱和亲吻耶稣。耶稣随即被捕，后被钉死在十字架上。

【释义】 比喻用花言巧语掩饰的叛卖行为。

◎ 犹杜什卡·戈洛夫廖夫

【溯源】 俄国作家萨尔蒂科夫·谢德林的长篇小说《戈洛夫廖夫老爷们》中的主要人物，原名为波尔菲里·弗拉季米罗维奇·戈洛夫廖夫。他从小就会察言观色，花言巧语，而且特别阴险狡诈，被人称为"犹杜什卡"，即"小犹大"。

【释义】 贪婪、无耻、伪善、阴险、残暴等各种丑恶品质的代名词。

◎ 有九条命的猫

【溯源】 猫的大脑大而发达，嗅觉和听觉都十分灵敏。它的脊椎骨以肌肉相连，不靠韧带固着，因而身体十分柔软，可以自由屈伸。猫上跳和前蹿时永远以四足先着地，且仅以脚趾着地行走，所以走路异常轻盈。它的足底生有厚软的肉趾，即使从很高的地方跌落下来，也不会受伤。正因为猫具备很多优异的自然属性，所以不易遭到其他动物的攻击和伤害。旧时的英国人不解其中奥妙，迷信地认为猫是长生不老之物，有九条命。"九"乃极言猫生命力的强大，其实猫的自然寿命仅为九至十年。

【释义】 喻指生命力极强的人。

◎ 有手有脚

【溯源】 源于德国古代的一种刑罚。对于骑士来说，要用右手执剑，左脚踩镫上马，因而右手和左脚非常重要。如果一个人被砍去右手和左脚，无异于使他成为一个废人，所以在当时是一种极其残忍的刑罚。"有手有脚"便衍生为健全和完满的标志。

【释义】 比喻考虑周全或理由充分。

◎ 有我自己酿造的一滴蜂蜜

【溯源】 语出俄国作家克雷洛夫的寓言《鹰和蜜蜂》。鹰嘲笑在花丛里忙碌的蜜蜂道："凭你的智慧和勤劳，做这样的苦工，真叫人可怜。你们成千上万的蜜蜂，仅为酿蜜忙上一个夏天，可谁能证明你的劳动，谁又能理解你的艰辛？到头来还不是忙碌一辈子，无声无息地死去！我跟你们不同，当我在天空中翱翔的时候，百鸟不敢起飞，山鹿不敢露面，牧童不敢离开畜群！"蜜蜂回答说："光荣归于你，愿天神宙斯对你仁慈！我生来就是为了大众的利益，从不想炫耀自己的业绩。能看到蜂箱里有我自己酿造的一滴蜂蜜，我也就感到欣慰了。"

【释义】 用来赞扬不计较个人名利、默默无闻的普通劳动者。

◎ 于连

【溯源】 法国作家司汤达的长篇小说《红与黑》中的主人公。于连出生于小私有者家庭，两个哥哥都是粗俗之辈。瘦小清秀的于连曾崇拜拿破仑，但是他看到拿破仑的时代已经终结，为了尽快飞黄腾达，他只得从事神职工作。凭着自己的聪明才智和坚韧不拔的毅力，他被市长雷纳尔选作家庭教师，并赢得雷纳尔夫人的爱慕。后来为避免事情败露，他不得不到神学院学习。后来，神学院院长推荐他到德·拉穆尔府任秘书，得到了德·拉穆尔小姐的爱情。正当他以为自己将要获得成功时，雷纳尔夫人来信告发了他。愤怒的于连疯狂地在教堂打伤了雷纳尔夫人，也因此被判死刑。

【释义】 指代出身低微、想方设法一心要进入上层社会的人。

◎ 与其学夜莺，还不如学金翅雀

【溯源】 源自俄国作家克雷洛夫的寓言《椋鸟》。椋鸟从小就学会了金翅雀的叫声，而且学得惟妙惟肖，受到林中鸟儿的欢迎。它却不知足，听到别人夸夜莺唱得好听，就去学夜莺。可是，当它唱夜莺的歌时，那声音简直不堪入耳，时而听着像猫的喵喵声，时而听着像山羊的咩咩声，吓得四周的鸟儿都纷纷飞走了。

【释义】 比喻人要有自知之明，做任何事情都应该量力而行，切不可图慕虚荣。

◎ 原罪

【溯源】 基督教认为，人类始祖亚当和夏娃因为受到诱惑，违背了上帝的命令，偷食了伊甸园内的禁果，这个罪过成为人类的原始罪过，一直传至亚当的所有后代，成为人类一切罪恶和灾祸的根由。即使是刚出世就死去的婴儿，虽未犯任何罪，但因为有与生俱来的原罪，仍然是罪人，需要基督的救赎。

【释义】 泛指一切罪恶的根源。

◎ 圆桌会议

【溯源】 源自西欧中世纪有关英国国王亚瑟的传奇。亚瑟王在与他的骑士们共商国是时，大家都围坐在一张圆形桌子的周围，骑士和君主之间不排位次，"圆桌会议"由此得名。圆桌会议是一种平等对话的协商会议形式，至今仍在许多国际会议中使用，在英国的温切斯特堡还保留着一张这样的圆桌。

【释义】 平等交流、意见开放的代名词。

◎ 约伯的安慰者

【溯源】《圣经》中约伯的三位朋友。他们听说约伯遭难后，便远道赶来探望约伯。他们从传统的宗教观念出发，认为约伯之所以遭此大难，一定是他获罪于上帝而受到了惩罚，因而劝约伯向上帝忏悔。朋友们对约伯无端的指责使他感到更加痛苦，他说道："你们为什么无休止地使我悲伤，用言语一再地折磨我？你们不停地侮辱我，你们虐待我却不以为耻。纵使我错了，我的错误自己承担，你们自以为比我良善，把我的祸患当作我犯罪的证据，难道你们看不出这是上帝的作为吗？"

【释义】 喻指那些安慰不成，反使别人增加痛苦的人。

◎ 约翰·汉考克

【溯源】 约翰·汉考克（1737年1月12日～1793年10月8日）为富商出身，美国独立战争的领袖，《独立宣言》的第一个签署人。据传，他在《独立宣言》上的签名写得要比别人的大两倍，签完后还风趣地说道："好啦，现在英国国王不用戴眼镜就可以看清我的名字了。"以致他的签名在当时成为一个重大事件，并广为人们所传颂。

【释义】 亲笔签名的代名词。

◎ 越过树桩和石块

【溯源】 德语成语。在中世纪，德国的道路高低不平，遇到下雨时更是泥泞难行。后来，人们在松软泥泞的路段铺上圆木，在沼泽地带打下树桩，垫上石块，以便于行人和车辆通过。

【释义】 喻指克服重重困难，越过种种障碍。

◎ 越过栅栏

【溯源】 在古代的德国，法庭审判犯人都在露天公开进行。为了防止人群拥挤，保证公审的顺利进行，便在法庭与人群之间打了许多木桩，并用绳子圈起来，后来又用固定的木栅栏代替临时的木桩和绳子。如果有人在审判时越过栅栏，就要受到相关的惩罚。

【释义】 比喻超过了规定的限度。

·Z

◎ 载入伯克系谱

【溯源】 英国系谱学家约翰·伯克（1787～1848）曾在1826年出版了一本关于系谱的专著。书中收录了新颁布或修订的纹章，王室、王族等贵族世系，王室授权证书持有者，主教、大主教等高级神职人员的传记，骑士名录，爵位一览表以及废除的各类称号等。后来，他的儿子继承父业，开始出版年度修订本，而且一直被公认为是最具权威性的英国所有贵族世系系谱的专著。因此，如果能被收入伯克氏的贵族世系系谱专著中的人，必为贵族无疑。

【释义】 喻指出身于贵族世家。

◎ 在埃癸斯神盾之下

【溯源】 埃癸斯神盾是古希腊神话传说中主神宙斯和智慧女神雅典娜的标志，有时也是太阳神阿波罗的标志。神盾象征雷电交加时的乌云，它时而光芒四射，时而漆黑一团，不可抗拒，令人惊惧。在现代语中，"埃癸斯神盾"转义为庇护或保护。

【释义】 喻指在庇护之下，处在保护之下。

◎ 在贝尔特王后劈麻时代

【溯源】 贝尔特王后是法兰克国王丕平的妻子，查理大帝的母亲。据传，丕平去世后，贝尔特王后曾将大麻和亚麻劈成一股股细麻，为自己和儿子做成一种中间分开、紧贴两鬓的假发戴在头上。许多妇女见后也争相效仿，使这种假发在当时极为流行，并被称为"贝尔特假发"。"在贝尔特王后劈麻时代"一语即由此而来。

【释义】 用来表示在很久以前，很早的时候。

◎ 在城门关闭之前

【溯源】 德语成语。12世纪初，德意志开始向东方移民。在移民的过程中，产生了许多新城市，各城市之间结成城市同盟，以对付诸侯的侵袭及维护共同的经济利益。因此在当时，每座城市都有十分坚固的城门，在天黑前要关闭城门。城门关闭后再想进城的人，必须交纳进城费，否则就被拒之城外。

【释义】 喻指及时赶到或在最后一刻赶到。

◎ 在纯金上镀金

【溯源】 语出英国剧作家莎士比亚的戏剧《约翰王》。原文为"……炫耀着双重的豪华，在尊贵的爵号之上添加饰美的谀辞，在纯金上镀金，替纯洁的百合花涂抹粉彩……实在是浪费而可笑的多事。"

【释义】 喻指多此一举或不必要的锦上添花。

◎ 在坟墓中翻身

【溯源】 德国有句成语："如果他知道这个，他在坟墓里也会翻身。"人们都相信死后有灵魂存在，因此从事占卜算命的人便利用这种迷信告诫活着的人，让某人的言行举止不可违背先辈生前的意志，否则死去的先辈知道后，会气得在坟墓中翻身。

【释义】 表示死后也不得安息。

◎ 在火山上跳舞

【溯源】 1830年6月5日，法国驻那不勒斯大使萨尔旺迪伯爵出席了奥尔良公爵为欢迎那不勒斯国王在罗亚尔宫举行的舞会。在舞会上，人们纷纷恭维奥尔良公爵，唯有萨尔旺迪伯爵从他身边走过时，对他说了一句话："这是地道的那不勒斯的节日……我们是在火山上跳舞。"这句喻指法国即将爆发推翻波旁王朝革命的话，第二天就出现在各大报纸上。

【释义】 形容情势非常危险，或正处于极度危险之中。

◎ 在玫瑰花下说话

【溯源】 从大海泡沫中生出来的爱神维纳斯以美貌俘获了诸神，曾与许多神祇和凡人相好，有关她的流言蜚语不胫而走，维纳斯的儿子小爱神丘比特为了维护母亲的声誉，给沉默之神哈尔波克剌忒斯送去一束玫瑰花，请求不要把他母亲的风流韵事张扬出去。接受了玫瑰花的沉默之神果真守口如瓶，成了名副其实的沉默之神。后来在德国，玫瑰花便被视作沉默和严守秘密的象征。

【释义】 喻指在谈论不该外传的事情。

◎ 在七重天

【溯源】 源自古希腊哲学家亚里士多德的著作《论天》。亚里士多德认为，宇宙以地球为中心，天穹则是由七重静止的晶体层组成。按照西方的迷信说法，离地最远的第七重天就是天堂。

【释义】 喻指事业或幸福达到了顶峰。

◎ 在深水中

【溯源】 语出《圣经·旧约·诗篇》中关于呼救的祷告词："上帝啊，求你救我，因为众水要淹没我。我陷在深淤泥中，没有立脚之地。我到了深水中，大水漫过我身。我因呼求困乏，喉咙发干；我因等候上帝，眼睛失明。"

【释义】 原指在灾难中，后用来表示陷入困境、蒙受灾难。

◎ 在同一船舷上

【溯源】 在古代的法国，社会等级制度非常森严，连战舰上也是如此。在当时，战舰上的人可分为两种：一种是不参加作战，只负责航行的水手；一种是不管航行，只管打仗的士兵。在战船上，每个人只能属于一个船舷，例如军官总是待在船的右舷，水手则待在船的左舷，驾驶人员也在右舷，背朝左舷。由于两边船舷的人等级不同，他们的想法自然也就不相同。

【释义】 喻指想法或意见相同的人。

◎ 在账单上画线

【溯源】 古代德国人在账单上画一条线，表示账单开错了或账已付清，如果酒店主人或商人在账单上画一条线，就表示他的一笔生意落空或开出的账单无效。

【释义】 喻指破坏某人的计划，或抹杀某人的成绩。

◎ 造谣学校

【溯源】 源自18世纪英国戏剧家谢里丹的同名喜剧。出身寒微的提兹尔夫人嫁给年迈的爵士后，一心想学贵妇人的派头，与一群道德败坏、专爱搬弄是非的人混在一起，以致差点失身给伪君子约瑟·萨尔菲斯，最后在丈夫的感化下才悔悟过来。

【释义】 指代专爱搬弄是非，造谣中伤的群体。

◎ 摘取金杯

【溯源】 在旧时的法国农村，节日期间经常举行一项攀登夺彩杆的体育比赛。人们在广场上竖起一根很高的杆子，把杆子涂一层油脂或黑色肥皂，使它变得滑溜以增加登攀的难度。杆子顶端固定了一个半圆形的金属环，环上挂着比赛的奖品，谁能爬到顶端，谁就可以摘取上面的奖品。到了19世纪，杆子顶端的奖品逐渐被金杯所代替。

【释义】 喻指夺得冠军或经过努力获得了成功。

◎ 斩断戈尔迪之结

【溯源】 戈尔迪是古希腊传说中弗里吉亚的国王。他原是个普通农民，有一天耕地时，牛轭上落了一只鹰。女预言家告诉他，这是他要当国王的吉兆。不久后，弗里吉亚国王驾崩，弗里吉亚人向神谕请示选谁为王。神说："你们在前往宙斯神庙的路上，最先遇到的乘牛车者。"弗里吉亚人按照神示遇见了坐在牛车上的戈尔迪，就奉他为王。戈尔迪即位后，将那辆改变他命运的牛车置于宙斯神庙之中，并用树皮绳把牛轭捆在牛车上，打了一个极难解开的绳结。神谕凡能解开此结者，便是全亚洲的主宰。

【释义】 喻指大刀阔斧地去解决复杂的难题。

◎ 占据街道的高处

【溯源】 古代法国的街道是两边高、中间低，在街道中央形成一条小沟，以便排除雨涝或各种污水。因此，人们上街时总喜欢走在高的地方。当时有一种礼节，如果两个身份不同的人在街上相遇，身份卑微者要让身份高贵者走在高处。

【释义】 喻指在社会上占据显要的地位。

◎ 折颈断腿

【溯源】 德国古代的人们曾迷信地认为，祝福别人时，如果说"正话"，就会把恶魔招来，酿成灾祸；如果说"反话"，反而能迷惑恶魔，使诸事顺遂。所以在举行颇有冒险性的飞行、登山、航海等活动，或前途未卜的演出、考试时，常用"折颈断腿"来祝福对方。

【释义】 表示对别人的衷心祝愿。

◎ 哲人石

【溯源】 又称为点金石，是古代炼金术士所追求的，据说能将其他物质变成黄金的炼金药或炼金丹。炼金术不仅研究点石成金的方法，还研究用哲人石医治百病，使人长生不老。实际上，自然界根本不存在这种哲人石，也不能用合成的方法制取黄金。

【释义】 原用来嘲讽荒诞离奇、无法实现的幻想，后转义为一切事物的起点或开端、医治百病的灵丹妙药等。

◎ 这就是狮子狗的原形

【溯源】 语出德国诗人歌德的剧本《浮士德》。魔鬼变作一条黑狗来到浮士德的书斋，浮士德以为它是条普通的狗，并没有注意它。可是，这条狗忽而跑动，忽而咆哮，不断给潜心翻译《圣经》的浮士德制造麻烦。一会儿，魔鬼又变作体大如河马、眼冒火焰、口吐獠牙的怪物。浮士德念起咒语，魔鬼又变成一位浪荡的学生，出现在火炉后边，浮士德恍然大悟地说道："这就是狮子狗的原形！浪荡学生！这种事真笑煞人！"

【释义】 喻指事物的本质或问题的关键。

◎ 这是另一副衣袖

【溯源】 法语成语。中世纪时，法国人衣服上的袖子是一种装饰，可以随时取下来，根据需要装上另一种色彩或式样的袖子。情侣之间、夫妻之间还可以像交换戒指那样交换衣袖作为信物，表示忠贞不渝的爱情。

【释义】 意为这是另一回事或另一个问题。

◎ 这事有钩子

【溯源】 德语成语。当鱼儿扑向鱼钩上的饵料时，它并不知道要为此付出生命，所以在德语口语中，钩子常用来表示隐藏着的困难或麻烦。传说有个小伙子找到牧师，让教堂公布他的婚姻，并表示事情还有点麻烦。牧师询问麻烦是什么，小伙子回答说女方不喜欢他。牧师听后说道："我亲爱的朋友，你这可不是小钩子，而是大钩子。"

【释义】 喻指隐藏着困难或麻烦。

◎ 这种烟草味道很浓

【溯源】 源自中世纪德国有关魔鬼的传说。有一回，魔鬼在森林里遇到一个手持猎枪的猎人。他询问猎人手里拿的是什么，有什么用处。猎人骗魔鬼说是烟斗。魔鬼信以为真，便请求给他吸一口，猎人随即朝魔鬼脸上放了一枪。谁料到，毫发无损的魔鬼满不在乎地说道："这种烟草味道很浓！"

【释义】 用来比喻过分要求或厚颜无耻等意。

◎ 真正的斯洛文尼亚人

【溯源】 斯洛文尼亚人在奥地利是少数民族，旧时常处于被压迫的地位，生活十分贫苦。可是他们很聪明，善于经商，多以小商贩为业，穿着破衣烂衫，挨家挨户地兜售自己的货物。

【释义】 喻指机灵狡黠或不修边幅、衣衫褴褛的人。

◎ 镇静地说出重要的话

【溯源】 语出德国作家歌德的剧本《伊菲革涅亚》。阿伽门农率领舰队远征特洛伊，途经奥利斯港时，在狩猎中射死一只献给阿尔忒弥斯的赤牝鹿。女神因此使奥利斯港风平浪静，舰队无法远航。祭司和预言家卡尔卡斯告诉阿伽门农，只有把他的爱女伊菲革涅亚献祭给阿尔忒弥斯，他们才能够出发。阿伽门农只得忍痛将女儿送上祭坛。当卡尔卡斯挥刀砍向伊菲革涅亚的千钧一发之际，女神赦免了她，并将她掳走，送到陶里刻的阿尔忒弥斯神庙里当了女祭司。陶里刻国王托阿斯爱上美丽温柔的伊菲革涅亚，要娶她为妻。伊菲革涅亚婉言拒绝了托阿斯的求婚，向他叙述了自己的身世，并倾吐了思乡之情。国王听后非常震惊，说道："你如此镇静地说出了重要的话。"

【释义】 形容泰然自若、从容不迫地叙述一件极其震撼人心的事情。

◎ 知道老鹰和苍鹭的不同

【溯源】 语出英国作家莎士比亚的悲剧《哈姆莱特》。弑兄霸嫂、篡夺王位的克劳狄斯发现侄儿哈姆莱特回国后一直精神恍惚，不禁心生疑窦，便派遣王子少年时代的两位朋友前去窥探王子心神不定的原因。王子见朋友突然来访，料到是奸叔的安排，为了迷惑他们，就故意装作疯癫地说道："我欢迎你们，可是我的父亲叔父和母亲婶母可弄错啦。"朋友急忙追问究竟弄错了什么。哈姆莱特回答道："天上刮着西北风，我才发疯。风从南方吹来的时候，我知道老鹰和苍鹭的不同。"老鹰与苍鹭无论在形体、生活习性方面都有显而易见的不同，极易区别。

【释义】 暗指具备起码的、最根本的辨别能力。

◎ 知道兔子怎样逃跑

【溯源】 德语成语。兔子听觉灵敏，善于奔跑。兔子在被猎犬追赶时，常在逃窜时突然改变方向，致使猎人很难捕捉到它。然而，有经验的猎人不会被它迷惑，总是注意兔子逃跑的主要方向，因而能一举抓获它。

【释义】 喻指了解事物的发展规律，对事态发展掌握得一清二楚。

◎ 知识的钥匙

【溯源】 语出《圣经·新约·路加福音》。耶稣在传道时谴责犹太教的律法师时说道："你们律法师有祸了，因为你们把知识的钥匙夺了去，自己不进去，正要进去的人，你们也阻挡他们。"

【释义】 指获取知识的秘诀、途经、方法等。

◎ 知识就是力量

【溯源】 英国哲学家弗兰西斯·培根（1561～1624）的名言。培根坚信以掌握自然界发展规律为内容的人的知识本身就是一种巨大的力量，他在《新工具》一书中提出"人的知识和人的力量合而为一"，即知识就是力量，力量就是知识。

【释义】 常用来激励人们去探索新知识，开拓新的未知领域。

◎ 只可到这里，不可越过

【溯源】 语出《圣经·旧约·约伯记》。约伯因受上帝的试探而家破人亡，他不明白上帝为什么让这么多灾难降临在他身上，他质问上帝，并表示愿与上帝理论。上帝没有回答约伯的问题，而是以诘问的方式，通过对自然界神秘性的描写来显现自己神圣的权力。上帝对约伯说道："海水的冲击，如出胎胞，那时谁将他关闭呢？是我用云彩当海的衣服，用幽暗当包裹它的布，为它定界限，又安门和闩，告诉它说：'你只可到这里，不可越过。你狂傲的浪要到此止住。'"

【释义】 喻指绝对的界限，不可超越半步。

◎ 置某人于墙脚之下

【溯源】 在古代战争中，有些下级军官常因攻城而闻名。他们带领为数不多、训练有素的士兵，灵活地翻越城墙，扼死哨兵，达到攻城的目的。他们的事迹总是长时间地被人们传颂。在传颂过程中，难免有些夸张的成分，尤其是喝了酒的士兵，说起攻城的同伴更是添油加醋，说得神乎其神，使听的人似信非信。唯一能证实他说的话的办法，就是将他们置于城墙脚下，看他们究竟如何攀上墙头。"置某人于墙脚之下"即由此而来。

【释义】 现转义为把某人难住，逼得某人走投无路或迫使某人做出决定。

◎ 仲夏的疯狂

【溯源】 源自英国作家莎士比亚的喜剧《第十二夜》。伯爵小姐奥丽维娅府上的管家马伏里奥是个惯于媚上欺下的奴才。女仆玛利娅为了狠狠教训这个可恶的奴才，便模仿伯爵小姐的笔迹和口吻，给他写了一封表示爱慕的信。马伏里奥看后心神荡漾，不由得做起富贵梦来。他依照信上的吩咐，穿上黄袜子，扎上十字交叉式的袜带，出现在伯爵小姐面前。奥丽维娅见马伏里奥令人厌恶的装束和忸怩作态的神情，顿时心生不快地惊呼道："哎哟，这家伙简直是得了仲夏的疯病！"

【释义】 喻指狂热，毫无理智、十足的疯狂。

◎ 种的是风，收的是暴风

【溯源】 语出《圣经·旧约·何西阿书》。先知何西阿谴责以色列人崇拜偶像、背弃上帝的行为，指出他们必将遭到惩罚："他们立君王却不由我，他们立首领我却不认。他们用金银为自己制造偶像，以致被剪除。撒玛利亚啊，耶和华已经丢弃你的牛犊，我的怒气向拜牛犊的人发作，他们到几时才能无罪呢？这牛犊出于以色列，是匠人所造的，并不是神。撒玛利亚的牛犊必被打碎。他们所种的是风，所收的是暴风。所种的不成禾稼，就是发苗也不结实，即便结实，外邦人必吞吃。"

【释义】 比喻所犯的过失或罪行将受到加倍的惩罚。

◎ 宙斯

【溯源】 古希腊神话传说中奥林波斯诸神的领袖，克洛诺斯和瑞亚之子，第三代神王。他主宰天空，以雷电为武器，维持着天地间的秩序，拥有无上的权力和力量，公牛和鹰是他的标志。他的兄弟波塞冬和哈得斯分别掌管海洋和冥界，女神赫拉是他的最后一位妻子。

【释义】 常被用来比喻最伟大的、无与伦比的人物，也用来喻讽凶恶的长官和威严的首长。

◎ 朱庇特，你发怒了

【溯源】 朱庇特是古罗马神话中的主神，即古希腊神话中的宙斯。他威力无比，能随意降祸赐福，并掌管云雨雷电，是众神之王和人类的主宰。普罗米修斯窃取天火送到人间，朱庇特大为震怒，他要降雷霆闪电击灭那些不顺从他的人。普罗米修斯对他说："朱庇特，你发怒了，就是说，你错了！"

【释义】 指在论战中的发怒，正是自认理屈的表现。

◎ 助理牧师的鸡蛋

【溯源】 语出英国著名讽刺杂志《笨拙》于1895年11月登载的一则小故事。有个生性懦弱的助理牧师去主教大人家里吃早点。主人端来一只鸡蛋招待他，并问他这只鸡蛋是不是很好吃。谁知道，这个鸡蛋竟然是只坏鸡蛋。胆小怕事的助理牧师担心说实话会冒犯主教大人，便吞吞吐吐地回答："有一部分还是挺好的。"

【释义】 喻指好坏参半或只有一部分是好的。

◎ 抓住机运女神的头发

【溯源】 机运女神为古希腊神话中的堤刻，传说为大洋神俄刻阿诺斯和万物之母忒堤斯的女儿。在造型艺术中，堤刻常被表现为长有双翼、头戴王冠、手持权杖和丰裕之角的青年女性。她的头后部的头发被剃光，前部垂着一条长长的辫子，表示这是唯一能抓住机运女神的地方。

【释义】 指要及时抓住机会，不要让机遇错过。

◎ 抓住魔鬼的尾巴

【溯源】 旧时法国的钱币，正面是国王的头像，反面是十字架。作为邪恶化身的魔鬼非常害怕基督信仰标志的十字架，所以尽管魔鬼无处不在，却不敢与钱币一起待在钱袋里，只有钱袋空空的时候，魔鬼才敢驻足其中。旧时的钱袋多用一根带子封口，当钱袋中无钱时，表示魔鬼在里面藏身，抓住钱袋的带子，就相当于抓住魔鬼的尾巴。

【释义】 意为走投无路，陷入穷途末路的境地。

◎ 抓住烧红的铁块

【溯源】 源自中古时期的神明裁判，就是假借"神"的力量，证实诉讼当事人是否有罪。在施行神明裁判时，要对诉讼双方进行火的考验、水的考验、决斗等各种考验。其中火的考验是从盛满沸水的锅中取出某种物体，或把烧红的铁块拿在手中一段时间。到了规定的时限，如果手上的伤愈合，就证明受考验者无罪，反之则有罪。

【释义】 现引申为对付非常复杂、棘手的问题。

◎ 装作负鼠

【溯源】 负鼠产于美洲，是一种有袋类野生动物，主要生活在近水林地的树木上。负鼠在遇到攻击时，常常会顺势倒在地上，双眼紧闭，将舌头从半张的嘴中伸出，佯装死去，任凭攻击者如何动作，决不理会。一旦危险过去，它便一跃而起，逃之夭夭。

【释义】 比喻装睡、装糊涂、装死，也喻指为了掩盖真实目的而做出口是心非的行为。

◎ 追猎白鹿

【溯源】 德语成语。传说白鹿总是把猎人引进深山老林，使猎人迷失方向，最终一无所获，无功而返。因此猎人遇见白鹿，常常不敢贸然追逐，只能将其放过。

【释义】 转义为旷日持久且毫无收获的跟踪或追求。

◎ 自在之物

【溯源】 源自德国古典哲学家康德（1724～1809）的哲学用语。康德是德国古典唯心主义的创始人，终身未娶，一生致力于研究事业。他主张在人的意识之外，存在着不可知的"自在之物"，它不依赖于感觉，但能刺激感官，引起感觉。康德宣称"自在之物"是不可认识的"本体"，人们认识的只是"现象"。

【释义】 喻指某种不可知的事物或未知数。

◎ 走马观欧洲

【溯源】 20世纪20年代末，苏联诗人扎罗夫、乌特金、别泽缅斯基去捷克斯洛伐克和奥地利旅行。由于这两个国家内具有反苏情绪，警方要求他们尽量缩短逗留时间，尽快出境。回国以后，扎罗夫把在西欧旅行时得到的浮光掠影的印象写成了游记，题为《走马观欧洲》。

【释义】 形容非常粗略地观察一下。

◎ 走运的汉斯

【溯源】 德国作家格林兄弟同名童话中的主人公。汉斯是个非常忠诚的奴仆，他辛辛苦苦地为主人干了七年的活，渴望能回家看望下母亲。临行前，主人给了他一块金子作为酬报。在回乡途中，汉斯越走越累，所以用金子换了一匹马，骑上赶路。走了一阵，他又觉得饥饿难耐，就用马换了头母牛。就这样，他接着换下去，母牛换成小猪，小猪换成白鹅，白鹅换成磨刀石，最后连磨刀石都不小心掉进井里。然而，汉斯并不觉得可惜，反倒觉得既轻松又愉快，唱着歌回到了母亲身边。

【释义】 谑指对什么都感到满足的幸运儿。

◎ 嘴衔银匙降生

【溯源】 在古代，银质器皿一直是豪门贵族的专有品，是财富和权势的标志。在旧时英国的上流社会中，新生儿接受洗礼时，其教父和教母通常要向他赠送银质汤匙，祝愿他吃穿不愁、享尽荣华富贵。"嘴衔银匙降生"一语即由此习俗衍生而来。

【释义】 喻指某人生来富贵，或出身于富贵之家。

◎ 最后的晚餐

【溯源】 源自《圣经·新约》，耶稣被钉上十字架前夕，与十二门徒共进的最后一次晚餐。吃晚饭的时候，耶稣说道："我实在告诉你们，你们中间有一个要出卖我了。看哪，那叛徒之手，与我同在一张桌子上！人子固然要照所预定的去世，但出卖人子的人有祸了！"门徒们面面相觑，猜不透耶稣说的是谁。约翰问道："主啊，是谁呢？"耶稣回答说："我蘸一点饼给谁，就是谁。"说完，耶稣蘸了一点饼递给犹大。犹大吃了那一点饼，立刻就出去了。果然，当晚耶稣在客西马尼园祷告时，犹大以亲吻为暗号，将耶稣出卖。

【释义】 常用来谑指在某地或与某人吃的最后一顿饭。

◎ 左脚先着地

【溯源】 德语成语。古代的欧洲人都视"左"为不祥，把左手、左脚、左腿都当成不祥之物。古罗马占卜师认为，鸟从左边飞来，即预示着疾病无法医治。

如果某人情绪不佳，人们便会开玩笑说，这个人一定是早晨起来时左脚先着地。

【释义】 谑指晦气、倒霉或心情沮丧。

◎ 左手婚

【溯源】 源自古代日耳曼王室和贵族沿袭的婚姻习俗。王室子弟或贵族子弟如果娶门第低微的女子为妻，在结婚时不按惯例举右手盟誓，而是必须举左手盟誓，所以称为"左手婚"。左手婚虽然在法律上认可，但并未被传统的贵族婚姻观念所接受。法律规定妻子无权继承丈夫世袭的爵位、封地和财产，其子女也不享有这种权利。

【释义】 喻指门第不相称的婚姻。

◎ 坐在盐钵上首

【溯源】 源自英国旧俗。古时因为食盐匮乏，价格昂贵，被视为奢侈品。在达官显贵的宴席上，食盐是款待客人的珍贵物品。盛盐的容器多为硕大的银钵，摆放在餐桌的中部或上首。尊贵的客人通常被安排坐在离盐钵较近的席位上，以示尊重。"坐在盐钵上首"一语即由此而来。

【释义】 喻指受到重视，被奉作上宾，处在举足轻重的位置。